KB119977

사회복지개론

손병덕 · 백은령 · 성문주 · 신승연
오혜정 · 이상무 · 이은미 · 황혜원 공저

Introduction
to
Social Welfare

학지사

사회복지사는 1970년대에 사회사업가 또는 사회복지사업종사자로 불리다가 1983년 5월에 「사회복지사업법」 개성에 따라 명칭이 '사회복지사'로 규정됨과 동시에, 자격증 발급을 시작하면서 사회복지 전문인으로 자리 잡았다. 이후 사회사업은 사회사업학의 학문적 체계에서 사용되었고, 사회복지사의 영문 표기는 'Social Worker'를 사용하고 있다.

우리나라는 「사회복지사업법」 제11조 제1항에 의하여 '사회복지에 관한 전문지식과 기술을 가진 자'를 사회복지사로 규정하고, 봉사 정신을 기반으로 사회복지 관련 전문지식 및 기술을 습득하여 사회복지 실천대상의 인간다운 삶의 회복을 돕기 위해 적용하는 전문인으로 인정하고 있다. 제4차 산업혁명과 코로나 상황을 맞고 있는 이때에 사회복지 전문인들이 사회보장과 사회서비스 전 분야에 걸쳐 중요한 역할을 할 것으로 기대한다.

사회복지사는 「국민기초생활 보장법」, 「아동복지법」, 「노인복지법」, 「장애인복지법」, 「한부모가족지원법」, 「영유아보육법」, 「성매매방지 및 피해자보호 등에 관한 법률」, 「정신건강증진 및 정신질환자 복지서비스 지원에 관한 법률」, 「성폭력방지 및 피해자보호 등에 관한 법률」, 「입양특례법」, 「일제하 일본군위안부 피해자에 대한 보호 · 지원 및 기념사업 등에 관한 법률」, 「사회복지공동모금회법」, 「장애인 · 노인 · 임산부 등의 편의증진 보장에 관한 법률」, 「가정폭력방지 및 피해자

보호 등에 관한 법률」, 「농어촌주민의 보건복지 증진을 위한 특별법」, 「식품등 기부 활성화에 관한 법률」, 「의료급여법」, 「기초연금법」, 「긴급복지지원법」, 「다문화가족지원법」, 「장애인연금법」, 「장애인활동 지원에 관한 법률」, 「노숙인 등의 복지 및 자립지원에 관한 법률」, 「보호관찰 등에 관한 법률」, 「장애아동 복지지원법」, 「발달장애인 권리보장 및 지원에 관한 법률」, 「청소년복지 지원법」에 따른 보호·선도(善導) 또는 복지에 관한 사업과 사회복지상담, 직업지원, 무료 숙박, 지역사회복지, 의료복지, 재가복지, 사회복지관 운영, 정신질환자 및 한센병력자의 사회복귀에 관한 사업 등 각종 복지사업과 이와 관련된 자원봉사활동 및 복지시설의 운영 또는 지원을 목적으로 하는 사업에 종사한다.

『사회복지개론』은 이처럼 다양한 사회복지사업 분야에 대한 이해를 높여 사회복지 전문인으로서 준비할 수 있도록 돕는다. 제1장 인간의 삶과 사회복지와 제14장 한국 사회복지의 전망과 과제는 손병덕 교수, 제2장 사회복지의 가치, 이념과 윤리 그리고 전문성과 제7장 사회복지의 중범위·거시적 실천방법은 성문주 교수, 제3장 사회복지의 구성요소와 제13장 사회복지의 실천분야 Ⅵ: 의료·정신건강·학교사회복지는 이은미 교수, 제4장 사회복지의 역사와 제8장 사회복지의 실천분야 Ⅰ: 아동·청소년복지는 황혜원 교수, 제5장 복지국가론과 제11장 사회복지의 실천분야 Ⅳ: 산업·군사회·교정복지는 이상무 교수, 제6장 사회복지의 미시적 실천방법과 제10장 사회복지의 실천분야 Ⅲ: 장애인·가족복지는 백은령 교수, 제9장 사회복지의 실천분야 Ⅱ에서 노인복지는 신승연 교수, 제9장 사회복지의 실천분야 Ⅱ에서 여성복지와 제12장 사회복지의 실천분야 Ⅴ: 다문화가족복지는 오혜정 교수가 각각 집필하였다.

사회복지개론 학습을 통해 사회복지분야들에 대한 이해와 관심이 한층 생길 수 있기를 바라고, 이 책이 출판될 수 있도록 적극 도와주신 학지사 김진환 대표님과 수고를 아끼지 않으신 교정 담당 선생님의 수고에 감사드린다.

2021년 8월
손병덕, 백은령, 성문주, 신승연
오혜정, 이상무, 이은미, 황혜원

제4장
사회복지의 역사   87

제5장
복지국가론   117

제6장
사회복지의
미시적 실천방법　　　　133

제7장
사회복지의
중범위 · 거시적 실천방법　　　163

제8장

사회복지의 실천분야 I: 아동 · 청소년복지　191

제9장

사회복지의 실천분야 II: 노인 · 여성복지　235

제10장

사회복지의 실천분야 III: 장애인 · 가족복지　277

제11장
사회복지의 실천분야 Ⅳ : 산업 · 군사회 · 교정복지　315

제12장
사회복지의 실천분야 V :
다문화가족복지   335

제13장
사회복지의 실천분야 Ⅵ :
의료 · 정신건강 ·
학교사회복지   355

제14장
한국 사회복지의 전망과 과제   387

제1장

인간의 삶과
사회복지

이 장에서는 인간의 다양한 욕구와 이에 따른 사회적 위험을 해소하기 위한 사회복지 서비스의 필요성에 관하여 논의한다. 인간의 기본적 욕구로부터 인간가치의 실현에 이르기까지 인간욕구의 문제를 사회복지 실천과 관련하여 생각해 본다. 특히 인간의 생애주기별 욕구에 적절하게 대응하는 사회복지서비스를 이해하고, 사회과학의 분야에서 사회복지가 학문체계와 실천이 가지는 특성에 관하여 실제 예를 들어 탐색하기를 시도한다.

1. 인간 욕구와 사회적 위험과 사회복지

심리학자 매슬로(Maslow, 1954)는 인간이 태어나고 성장하며 죽음에 이를 때까지 생리적 욕구로부터 안전에 대한 욕구, 사랑과 소속의 욕구, 자존감의 욕구, 그리고 자아실현의 욕구를 위계적으로 가지고 그 욕구를 성취하려 한다고 관찰하였다. 즉, 인간은 세상에 태어난 이후 생존을 가능하게 하는 물, 공기, 음식, 의복, 주거공간, 종족 번식과 같은 생리적 욕구를 가진다는 것이다. 만약 생리적 욕구가 어느 정도 성취가 되면 자신을 불안하게 하는 외부로부터의 공격이나 재해, 폭력, 학대, 건강과 복지문제, 경제적 불안정, 고용불안 등을 살아가면서 경험하게 되므로, 이와 같은 문제를 해소하기 위하여 안전에 대한 욕구를 가지게 되어 저축이나 운동, 보험 등 자신의 안전을 보장해 줄 수 있는 상황을 찾으려 한다고 보았다. 생리적 욕구와 안전에 대한 욕구가 성취되면 가족과 사회에서 소속감을 가지려 한다. 학대나 폭력, 혹은 다른 문제로 가족과 격리될 때 대치환경으로서 또래와 인간관계를 통하여 해소하려는 욕구가 있다는 것이다. 한편, 인간은 모두 자존감을 가지고 있어 다른 사람들로부터 받아들여지고 소중하게 여김을 받고 기여할 수 있는 기회를 가지고 싶어 하는데 이것에서 문제가 생기면 열등감이나 절망을 경험하게 된다. 매슬로는 인간욕구 중 최상의 단계를 자기실현(self-actualization)으로 보았다. 자아실현은 자신

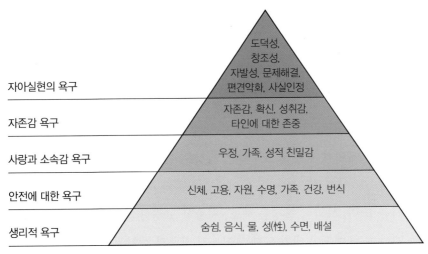

자아실현의 욕구 — 도덕성, 창조성, 자발성, 문제해결, 편견약화, 사실인정

자존감 욕구 — 자존감, 확신, 성취감, 타인에 대한 존중

사랑과 소속감 욕구 — 우정, 가족, 성적 친밀감

안전에 대한 욕구 — 신체, 고용, 자원, 수명, 가족, 건강, 번식

생리적 욕구 — 숨쉼, 음식, 물, 성(性), 수면, 배설

[그림 1-1] **인간 욕구 발달 체계**

출처: Maslow(1954). 재구성

의 잠재력이 극대화될 때 가능해지는데, 특히 생리적 욕구, 안전에 대한 욕구, 사랑
과 소속감에 대한 욕구, 자존감에 대한 욕구가 성취된 이후 자신이 희망하는 종류의
인간이 되는 욕구라고 해석하였다.

물론 인간은 매슬로의 욕구위계이론에서 제시한 바와 같이 계층을 따라서 기본
욕구가 해소됨에 따라 다음 욕구를 가지는 것은 아니며, 다른 문화적 배경을 가지고
다른 경험을 가진 사람들은 매슬로가 제시하지 않은 형태의 욕구를 더 선호할 수 있
을 것이다(Cianci & Gambrel, 2003; Hofstede, 1984). 그럼에도 불구하고 인간의 기본
적 욕구의 문제를 거론하여 인간의 다양한 욕구해소를 위한 사회적 노력의 필요성
을 강조한 점에서는 매슬로의 논의는 가치 있다고 할 수 있다. 이처럼 욕구가 충족
되지 않을 경우 그 욕구는 개인의 문제로 끝나지 않고 사회적 문제로 발전할 가능성
이 많다. 예를 들어, 가정폭력과 학대, 방임을 일삼는 가족 속에서 양육을 받고 있는
아동은 기본적으로 신체적 발달이 지체될 가능성이 존재하고, 심리적 · 정서적 문
제를 가질 가능성도 있고, 이로 인한 인간관계 발달에도 문제를 야기한다. 더 심각
하게 양상이 전개될 경우 학대와 폭력으로 인한 심각한 신체안전에 위협이 존재하
고 해결되지 않은 폭력과 학대의 축적효과로 인해 집단따돌림 피해자가 될 수도 있
고 역으로 가해자로 나설 수도 있으며, 개인적 학업성취가 수행되지 않고 원활한 또
래관계 정립이 되지 않은 상황에서 사회에 진입할 경우 또 다른 사회문제를 야기할
수 있는 것이다. 즉, 개인적 욕구의 문제는 개인의 문제로 제한되지 않고 사회적 문
제로 발달할 수 있기 때문에 효과적인 개입을 요한다.

특히 오늘날과 같이 산업화, 도시화, 정보화가 진행될수록 가족과 사회변화는 급
속히 가속화되어 아동빈곤, 아동 · 청소년 학대와 방임, 아동 · 청소년 범죄, 청년실
업, 한부모가정 양산, 1인가족의 확대, 근로빈곤층, 고용불안, 노인학대와 질병, 고
령사회의 문제 등 다양한 사회위험들이 확대되는 양상을 보인다. 구 사회위험은 단
순히 실업과 질병, 산업재해로 한정되는 형편이었으나 신 사회위험은 보다 구조적
이고 체계적인 개입과 보장을 요구하는 새로운 형태의 위험으로 보다 복잡해지는
상황에 있다. 즉, 사회보장적 노력 이외에도 가족과 사회 내 일과 가정의 양립을 가
능하게 하는 노력, 사회적 불평등 해소, 저출산 고령화 해소, 가정 내 폭력과 학대
예방과 개선 등을 이루어 내기 위한 사회복지 정책과 실천적 노력이 어느 때보다 중
요하게 대두된다. 이처럼 사회복지 정책과 실천은 충족되지 않은 인간욕구들이 사

회적 문제로 대두될 때 개별적, 집합적, 사회적, 국가적 측면에서 개선을 목적으로 하며 정책발전, 사회복지서비스 제공, 문제해결을 위한 개입을 통하여 실현된다.

2. 생애주기별 욕구와 문제, 사회적 위험

인간의 생애는 (신체적) 성장, (정서·인지·사회적) 발달을 거듭하고 태아기, 영아기, 유아기, 아동기, 청소년기, 청년기, 장년기, 노년기에 따른 생애주기적 성장, 발달의 특성을 가진다. 일반적으로 인간은 생애주기와 생애주기에 따른 특성에 따라 욕구도 달라지므로 생애주기별 특성에 따른 욕구를 적절하게 파악할 때 가장 합리적이고 적절한 사회복지 서비스 계획을 통하여 개입을 위한 전략을 수립할 수 있을 것이다.

에릭슨(Erikson)은 인간의 생애주기를 심리사회적 발달단계로 보고 구강기(출생~18개월), 항문기(19개월~2세), 남근기(3~5세), 잠복기(6~11세), 생식기(12~18세), 성인초기(19~23세), 성인기(24~54세), 노년기(55세~사망)로 구분하였으나(손병덕 외, 2010) 출산과 학령기, 우리나라에서의 성인구분, 그리고 노령인구 추산연령을 고려하여 태아기, 영아기, 유아기, 아동기, 청소년기, 청년기, 장년기, 노년기로 구분하고 그 발달과업과 사회적 위험에 따른 사회 복지적 개입필요사항에 대하여 논의할 수 있을 것이다(〈표 1-1〉 참조).

수정 후 출산까지 해당하는 태아기에는 태아의 신체구조와 장기가 형성되며 생명체로 성숙해 가는 중요한 시기에 해당하므로 산모의 신체적, 정서적 건강은 필수적인 발달과업이 된다. 만약 산모의 영양상태가 고르지 못하거나 부부문제로 인한 정서불안, 약물남용의 문제를 가지고 있다면 태아기의 발달과제는 심각한 사회적 위험으로 대두될 수 있다. 따라서 태아의 건강을 도모하기 위한 빈곤계층 산모들의 경제적 지원과 원활한 태아 성장을 돕도록 예비부모교육, 건강한 산모생활습관 등 사회복지적 개입이 요청된다.

출산 후 만 1세에 해당하는 영아기에는 급속히 발달하는 신체성장에 따라 신체성장을 위한 영양공급과 영아의 정서안정을 위한 애착관계 형성이 필수적인 발달과제로 대두된다. 영아에게 충분한 영양이 공급되지 못할 경우 각종 질병에 노출될 가능성이 있고, 다양한 수준의 가족문제로 인하여 학대와 방임상태에 놓인다면 적절한 정서발달이 어려워져 향후 내외적 행동문제로 발전할 수 있다. 따라서 문제가정을 초기에 발견하여 아동의 건강한 발달을 위한 개입과 부모양육훈련을 하는 것은 이와 같은 사회적 위험으로의 전개를 상당부분 해소할 수 있을 것이다.

만 1세에서 만 5세에 해당하는 유아기에는 신체성장, 애착관계 형성 외에 인지발달과 사회성발달이 주요한 발달과업이 된다. 따라서 건강한 신체성장에 문제를 야기할 수 있는 학대, 방임을 조기에 발견·개입하고 빈곤과 가족문제로 인하여 인지발달과 사회성발달에 문제가 발생하지 않도록 서비스를 개발하고 개입하는 노력이 요청된다.

학령기에 해당하는 만 6세에서 12세 아동기에도 신체성장, 애착관계, 인지발달, 사회관계 발달은 주요한 발달과업으로 제기된다. 특히, 보다 논리적이고 창의적인 인지발달의 욕구가 발생하고, 유아기에 비하여 넓어지는 활동반경에 비하여 준비되지 않은 대처능력을 개선할 수 있는 추가적 노력들이 요청된다. 여전히 발생할 수 있는 학대와 방임에 추가하여, 과거에 비하여 빨라지는 아동의 신체발달과 인터넷을 통한 부정적인 정보습득 기회로 인해 성학대의 피해와 부적절한 성행동의 가능성이 존재한다(김현옥, 박광숙, 전미숙, 2007). 아동보호전문기관, 지역사회복지관을 중심으로 학대와 방임문제에 대한 예방교육과 개입, 빈곤계층을 대상으로 하는 학업성취, 정서발달, 또래관계 개선 등 다양한 사회복지서비스 개입이 필수적으로 요구된다. 저소득층 아동에게 복지와 교육, 건강서비스를 제공하여 삶의 동등한 출발선(start)을 마련해 주자는 취지로 2006년 아동보호 보건복지 통합서비스로 시작한 드림스타트(Dream Start)는 소외계층 아동의 문제에 개입하기 위한 사회복지서비스 개입 프로그램의 예로 상정할 수 있다. 드림스타트는 취약계층 아동에게 맞춤형 통합서비스를 제공하여 아동의 건강한 성장과 발달을 도모하고 공평한 출발기회를 보장함으로써 건강하고 행복한 사회구성원으로 성장할 수 있도록 지원하는 것을 목표로 하며, 2021년 현재 전국 시·군·구에 229개소가 설치·운영되고 있다(드림스타트, 2021).

만 13~18세 우리나라의 중·고등학생에 해당하는 청소년기에는 신체성장, 애착관계, 논리적 인지발달, 사회관계 발달과 함께 정체성확립의 문제가 주요한 발달과제가 된다. 성인에 가까운 신체외형 발달에 비해 성숙하지 않은 자아정체성이 학교

부적응, 약물중독, 학교폭력, 인터넷중독, 가출, 성매매, 범죄행동 등 일탈행동을 촉진하거나 원인으로 작용할 수 있다. 학교에서 발생하는 학생문제와 잠재적 학생문제를 대상으로 학교, 가정, 지역사회 연계를 통해 예방과 해결을 목적하여 학생 자신의 잠재력과 능력을 최대한 발휘할 수 있도록 돕는 학교사회복지[1] 서비스, 교육복지서비스[2]가 이상과 같은 문제들에 개입하는 사회복지 전문서비스이다.

만 19세에서 39세에 해당하는 청년기에는 사회인으로 첫발을 내디딘 후 경험하게 되는 직업탐색, 결혼, 출산, 안정된 결혼생활 등 사회인이 경험하는 생활 전반이 발달과업으로 제기될 수 있다. 구직과 결혼, 신혼부부의 70%가 넘는 맞벌이 부부 간 야기되는 일과 가정생활 양립문제 등으로 인하여 심리·정서적 어려움, 경제적 문제, 직장부적응, 결혼생활 갈등, 출산과 양육 등의 문제가 야기되고 특히 우리

---

1)-학교사회복지란?: ① 학교에서 일어나는 학생의 문제들을 개인의 문제만이 아닌 개인을 둘러싼 환경과의 상호작용의 문제로 봄 ② 이러한 심리, 사회적 문제들을 학생-학교-가정-지역사회의 연계(방법)를 통해 예방하고 해결함은 물론, 모든 학생이 자신의 잠재력과 능력을 최대한 발휘할 수 있도록 최상의 교육환경과 공평한 교육기회 제공 ③ 궁극적으로 교육의 본질적인 목적을 달성하고, 또한 학생복지를 실현(목적)할 수 있도록 도와주는 교육기능의 한 부분이며 사회복지의 전문분야
-주요업무
✓학교사회복지 실천을 위한 여건조성: 관련 협의체 및 협력 부서 조직, 사무실 및 학생 상담 공간 마련과 환경구성, 학생/학부모/교사/지역사회 대상 홍보 활동, 자원봉사자 모집·배치, 학교욕구 조사 및 지역사회 조사
✓학생대상활동: 개별사회사업(수시 개별상담 및 전문가 의뢰, 복합적인 문제와 욕구를 가진 학생을 위한 다양한 전문가로 구성된 지원팀 운영, 심리검사), 집단사회사업(자아성장을 위한 집단활동, 문제해결을 위한 집단활동, 예방교육), 기타 문화행사(문화체험 행사 및 방학 중 캠프, 즐거운 학교생활을 위한 문화이벤트, 건강한 청소년문화를 위한 학생활동 지원)
✓가족 지원활동: 가정방문, 부모상담, 장학금, 생활보조금 등 연계, 결손가정학생을 위한 정서적 후원자 결연
✓학교변화를 위한 활동: 학생복지 이해 증진을 위한 교사연수, 학생원조를 위한 교내서비스체계 마련, 학생 옹호활동 및 학교 체계 변화를 위한 활동
✓지역사회 자원구축 및 연계서비스: 지역사회자원 조사 및 개발 활동, 전문가, 전문기관과의 공조체계 마련, 지역사회 학생복지 지원협의체 결성·운영, 지역사회 인식개선과 환경개선을 위한 캠페인 및 참여 활동
출처: 한국학교사회복지사협회(2021).
2)-교육복지우선지원사업 지원대상: 교육급여 수급권자, 차상위 계층의 자녀, 보호대상자인 한부모가족의 자녀, 다문화가족의 자녀, 특수교육 대상자, 그 밖에 교육감이 정하는 학생
-지원내용:
✓학습: 교육과정과 연계한 기초학습능력 확보 및 학습결손 치유, 예방 프로그램 운영(예시: 일대일 학습, 방과후학교 프로그램, 방학 중 캠프, 대학생 멘토링 등)
✓문화 체험: 각종 현장체험학습 실시로 문화체험에 대한 기회 결핍을 해소하고 살아있는 학습 경험을 제공(예시: 예술제, 축제, 캠프, 동아리, 자원봉사활동, 박물관 및 미술관 견학 등)
✓심리, 심성: 건강한 자아형성 및 부적응 치유를 위한 맞춤형 상담 및 심리치료 지원(예시: 학생상담 및 심리검사, 심리치료, 학교 부적응 예방 프로그램 참여 등)
✓복지: 학교-가정-지역사회와 연계한 학생 통합 보호, 지원체계 구축(예시: 치과·안과 치료, 학습준비물 지원, 가정 방문, 간식비 등)
출처: 보건복지부(2021a).

나라 사회정책의 주요 이슈로 등장한 저출산의 문제는 이와 같은 청년기 전반의 문제들과 함께 주요 사회적 대처과제이다. 청년기를 대상으로 한 구직서비스, 직업훈련, 가족치료, 출산준비와 양육훈련 등이 사회적 위험요소를 최소화하기 위한 사회복지서비스의 예가 될 수 있다.

만 40세부터 고령기준이 되는 65세 이전까지 장년기에는 자녀들의 결혼을 위한 경제적 준비와 자녀결혼과 관련된 원활한 대화, 자녀 빈자리에 대한 부부간 관계 재정립 등의 발달과제가 대두된다. 장년기에는 자신의 직업을 통한 생산활동이 극대화되는 반면 직장 스트레스와 실직으로 인한 부부갈등, 남편의 성공과 반비례하는 전업주부의 상대적 박탈감, 자녀 빈자리와 노화로 인한 우울증 등이 유발빈도가 높은 사회적 위험이 된다. 장년기의 사회적 위기를 최소화하기 위한 개입 프로그램은 주로 지역의 종합사회복지관을 통하여 제공되는데, 개인 및 가족문제와 성격유형을 활용하는 가족심리상담, 지역의 빈곤가정·한부모가정·조손가정을 대상으로 가족 구성원들의 통합과 역량강화를 위한 집단상담·자녀교육·가족체험활동 등이 포함된다.

■표 1-1 ■ 생애주기별 발달과업과 사회적 위험

구분	시기	발달과업(욕구)	사회적 위험
태아기	수정~출산	신체구조와 장기형성	산모의 건강, 정서불안, 약물남용
영아기	출산 후~만 1세 전	신체성장, 애착관계	영양, 학대, 방임
유아기	만 1~5세	신체성장, 애착관계, 인지발달, 사회관계	영양, 학대, 방임, 학습환경
아동기	만 6~12세	신체성장, 애착관계, 논리적 인지발달, 사회관계	영양, 학대, 방임, 학습환경, 또래관계
청소년기	만 13~18세	신체성장, 애착관계, 논리적 인지발달, 사회관계, 정체성확립	영양, 학대, 방임, 학습 환경, 또래관계, 약물중독, 가출, 학교부적응
청년기	만 19~39세	심리·정서적 안정, 직업, 결혼, 출산, 결혼안정	사회부적응, 실직, 부부문제, 양육문제
장년기	만 40~64세	노화대비 건강유지, 생산적 활동, 자녀분가	질병·장애, 부모 자녀 간 갈등, 빈둥지 위기, 별거·이혼, 실업
노년기	만 65세 이후	건강, 자아통합	은퇴, 노화와 질병·장애, 소득감소, 죽음에 대한 불안

출처: 손병덕 외(2010). 재구성

만 65세 이상 노년기에는 시력·청력·근력과 같은 신체적 능력 감소와 친구·배우자의 상실에서 오는 사회적 상실감, 퇴직·노동력 상실에서 오는 사회적 박탈감, 죽음의 공포 등 다양한 사회적 위험으로부터 자신을 보호하고 오히려 사회에 기여할 수 있다는 자신감을 회복하기 위한 서비스 개진이 요청된다. 어르신이 가지고 있는 경험, 지식, 재능을 활용한 노인자원봉사활동개발, 경로당을 노인문화공간으로 전환하는 프로그램, 홀몸노인에게 대안가족을 구성하는 보호시스템, 노인상담사업, 저소득 어르신을 대상으로 하는 방문가정봉사원 파견 및 생활지원·식사배달사업, 노인성질환에 대한 재활 및 통증치료를 위한 물리치료·운동치료, 이동목욕사업, 노인일자리사업 등이 주요 사회복지서비스에 포함된다.

3. 사회복지의 개념 정의

1) 사회복지의 개념

'사회복지'라는 용어에서 '사회'는 집합적 개념으로 시민사회, 즉 개인과 개인, 개인과 집단, 개인과 사회의 상호작용이 일어나는 곳을 의미한다. '사회' 속에서 각 구성원은 인종적, 성적, 종교적, 신체적, 정신적 특징을 가지며, 사회는 구성원의 특성을 존중하고 사회구성원으로서의 권리가 최대한 보장될 수 있도록 사회구조를 갖출 책임을 가지며, 개인은 그러한 목적 속에 있는 사회가 건강하게 유지 발전될 수 있도록 최대한 기여할 책임이 있다. '복지'는 '안녕' 혹은 '인간 삶의 건강한 상태'를 의미하므로 '사회복지'란 '사회적 안녕'과 '사회적 행복'을 지칭한다고 할 수 있다(Barker, 2003).

넓은 의미에서 사회복지는 전체 사회구성원들을 대상으로 사회보장제도를 구축하여 복지와 안녕을 도모하고자 하는 모든 제반 노력으로 볼 수 있다(Walsh, Stephens, & Moore, 2000). 이때 사회적 안녕과 사회적 행복을 유지하기 위한 일반적인 사회복지장치는 법과 제도를 의미하는 사회복지정책을 통하여 이루어진다. 사회복지정책의 결과물로서 대표적인 사회복지프로그램에는 사회보장제도(사회보험)이 포함된다. 우리나라의 사회보장제도에는 ① 사회보험(국민연금[3], 국민건강보

험[4], 산재보험[5], 고용보험[6], 노인장기요양보험[7]), ② 공적부조(생활보호, 의료보호, 재해
보호), ③ 사회서비스[8](노인·여성·아동·장애인 대상 돌봄서비스)가 있다(〈표 1-2〉
참조). 넓은 의미에서 사회복지는 제도적 개념과 관계된 것으로 제도적 개념에서의
사회복지는 사회구성원들이 경험하는 사회문제를 전 국민이 함께 대처해야 하는
사회와 국가의 문제로 인식하고 사회보장제도와 같은 국가적 제도마련을 통하여
보편적 사회복지 정착을 추구한다. 예를 들어, 2008년 7월 시행된 노인장기요양보
험제도가 제도적, 보편적 사회복지를 이해하는 데 도움을 준다. 노인장기요양보험
제도는 사회보장제도로서 고령이나 노인성 질병 등으로 혼자서 일상생활을 수행하
기 어려운 노인 등에게 필수 활동으로 필요한 신체활동 또는 가사지원 등에 대한 개
별 가정의 부담 정도가 매우 심각할 수 있는데, 이것을 사회적 연대원리에 의해 장
기요양보험 재원의 일부를 국민건강보험 가입자로 하여금 부담하게 한 것이다. 이
때 국가도 매년 장기요양보험료 예상수입액의 100분의 20에 상당하는 금액을 지원
하고, 재가 혹은 시설급여 사용자 본인도 100분의 15 혹은 100분의 20을 부담하게
한 것이다. 이로써 노인성질환으로 인한 사회문제를 국가와 사회가 연대하여 사회
보장제도로 대응함으로써 보편적 복지정책으로 실천된 것이다.

한편, 좁은 의미에서 사회복지는 빈곤계층과 같이 사회적인 도움 없이 생활이 어

---

3) 국가가 보험의 원리를 도입하여 만든 사회보험의 일종으로 가입자, 사용자 및 국가로부터 일정액의 보험료를 받
고 이를 재원으로 노령으로 인한 근로소득 상실을 보전하기 위한 노령연금, 주 소득자의 사망에 따른 소득상실을
보전하기 위한 유족연금, 질병 또는 사고로 인한 장기근로능력 상실에 따른 소득상실을 보전하기 위한 장애연금
등을 지급함으로써 국민의 생활안정과 복지증진을 도모하는 사회보장제도의 하나이다.

4) 일상생활에서 발생하는 우연한 질병이나 부상으로 인하여 일시에 고액의 진료비가 소요되어 가계가 파탄되는 것
을 방지하기 위하여, 보험원리에 의거 국민들이 평소에 보험료를 낸 것을 보험자인 국민건강보험공단이 관리, 운
영하다가 국민들이 의료를 이용할 경우 보험급여를 제공함으로써 국민 상호간에 위험을 분담하고 의료서비스를
제공하는 사회보장제도이다.

5) 산재보험이란 산업재해를 당한 근로자에게 신속한 보상을 하고, 사업주에게는 재해발생 시 보상에 따른 경제적
부담을 덜어 주기 위해 국가에서 관장하는 사회보험이다. 국가(근로복지공단)는 근로자를 사용하는 모든 사업주
로부터 보험료를 징수하여 산업재해로 부상 또는 사망한 근로자와 그 가족에게 보험급여를 지급하며, 이때 지급
하는 보험급여는 요양급여, 휴업급여, 상병보상연금, 장해급여, 장의비, 유족급여, 간병급여가 있다.

6) 고용보험은 전통적 의미의 실업보험사업을 비롯하여 고용안정사업과 직업능력사업 등의 노동시장 정책을 적극적
으로 연계하여 통합적으로 실시하는 사회보장보험이다.

7) 고령이나 노인성질병 등으로 인하여 6개월 이상 동안 혼자서 일상생활을 수행하기 어려운 노인 등에게 신체활동
또는 가사지원 등의 장기요양급여를 사회적 연대원리에 의해 제공하는 사회보험제도이다.

8) −광의: 사회서비스는 개인 또는 사회 전체의 복지 증진 및 삶의 질 제고를 위해 사회적으로 제공하는 서비스로서
사회복지, 보건의료, 교육, 문화, 주거, 고용, 환경 등을 폭넓게 포함
−협의: 노인, 아동, 장애인 등을 대상으로 한 돌봄 서비스를 총칭

사회 보장 [광의]	사회보장 [협의]	사회보험: 국민연금, 건강보험, 산재보험, 고용(실업)보험, 노인장기요양보험, 산업재해 보상보험
		공공부조(국민기초생활보장제도): 생계급여, 의료급여, 주거급여, 교육급여
		사회서비스: 노인복지, 아동복지, 장애인복지, 가정복지서비스 등
	법적근거	「헌법」 제34조 제1항 및 제2항 국민의 인간다운 생활을 할 권리와 이를 실현하기 위한 국가의 사회복지 증진의무
		「사회보장기본법」 제3조 "사회보장"의 법적 범위를 출산, 양육, 실업, 노령, 장애, 질병, 빈곤 및 사망 등의 사회적 위험으로부터 모든 국민을 보호하고 국민 삶의 질을 향상시키는 데 필요한 소득 · 서비스를 보장하는 사회보험, 공공부조, 사회서비스로 규정

출처: 사회보장위원회(2021).

려운 소외계층을 대상으로 사회복지프로그램과 서비스를 제공하는 것으로 선별적 복지의 형태로 이해할 수 있다. 즉, 개인의 빈곤이나 질병, 교육 등 복지적 문제를 1차적으로 개인과 관련 가족이 책임이 있는 것으로 간주하고 개인과 가족이 빈곤과 장애 등의 이유로 도저히 감당할 수 없는 것을 측정하여 일정 기준에 부합하는 소외계층을 선별적으로 지원하는 복지형태(Kadushin, 1972)를 말한다. 매우 한정된 대상을 선별적으로 지원하므로 경제적 효율성은 높은 것으로 이해할 수 있으나, 사회통합과 소득재분배의 측면에서 효과가 낮다고 할 수 있다. 특정 일부계층에게 제한된 자원을 지원함으로써 적은 경제적 비용이 발생하고 그 지원비용도 최소생활가능원칙에 따라 최소한으로 전달되므로 소득재분배효과도 낮은 것으로 판단된다. 이처럼 좁은 의미에서 시행되는 선별적 사회복지는 급여대상으로 하여금 사회적 낙인을 느끼게 하여 차별감을 가중시키는 또 다른 문제가 있는 것이다.

2) 대상별 사회복지 정책사업과 주무 중앙정부

대상별 사회복지사업은 보건복지부가 주무부처이다. 보건복지부가 주도하는 사회복지정책사업들은 생애주기별로 임신출산, 영유아, 아동 · 청소년, 청년, 중장년, 노년 대상 사업들로 구분할 수 있다. 먼저, 임신출산 관련 사회복지사업은 〈표 1-3〉과 같다.

■ 표 1-3 ■ 임신출산 관련 사회복지사업

사업명	사업명	사업명
표준모자보건수첩 제작·배부: 표준모자보건수첩을 제작하고 배부하여 예방접종, 각종 검진, 검사, 양육 등에 대한 정보를 제공하고, 관리할 수 있도록 지원	여성장애인 출산비용 지원: 임신과 출산에 대한 비용이 추가로 발생하는 장애인여성에게 출산비용을 지원하여 경제적 부담을 경감하고 모성권 보호에 기여	의료급여본인부담 면제: 의료급여 수급권자 중 본인부담금 면제 대상자에게 본인부담금을 지원하여 저소득층의 국민보건 향상과 사회복지 증진
의료급여: 의료급여수급권자에게 의료비를 지원하여 국민보건 향상 및 사회복지 증진에 기여	난임부부 시술비 지원: 체외수정 시술 등 특정 치료를 통해서만 임신이 가능한 저소득층 부부에게 시술비 일부를 지원하여 경제적 부담을 경감시키고, 출산율을 높임	의료급여 임신출산 진료비 지원: 임신이 확인된 의료급여 수급권자에게 임신과 출산에 필요한 의료비 지원
모성보호육아지원(출산전후휴가(유산·사산휴가 포함) 급여, 육아휴직등 급여: 출산 전후에 휴가급여와 육아휴직급여, 육아기 근로시간 단축급여를 제공하여 출산으로 인한 직장 여성의 이직을 방지하고 사업주의 여성 고용기피 요인을 해소	선천성대사이상검사 및 환아관리: 사전 예방적 입장에서 신생아를 건강관리	입양숙려기간 모자지원사업: 미혼 또는 이혼 한부모가 출산 전후 정서적으로 불안정한 상태로 입양에 동의하는 것을 방지하고 입양과 양육에 대하여 충분히 고려할 기회 제공
고용보험 미적용자 출산급여 지원: 소득활동을 하고 있으나 고용보험의 '출산전후휴가급여'를 지원받지 못하는 출산여성에게 출산급여를 지원	의료급여 수급권자 영유아건강검진비 지원: 영유아의 건강증진을 도모하고 건강한 미래인으로 성장할 수 있도록 연령에 적합한 건강검진 프로그램을 도입하여 성장과 발달 사항을 추적 관리하고, 보호자에게 적절한 교육프로그램 제공	아동통합서비스 지원(드림스타트사업): 취약계층 아동에게 맞춤형 통합서비스를 제공하여 건강한 성장과 발달을 도모하고 공평한 출발 기회를 보장함으로써 건강하고 행복한 사회구성원으로 성장할 수 있도록 지원
고위험 임산부 의료비 지원: 고위험 임신의 치료와 관리에 필요한 진료비를 지원하여 경제적 부담을 줄이고, 건강한 출산을 보장	에너지바우처: 에너지 취약계층에 에너지바우처(난방카드)를 지급하여 저소득층의 에너지비용 부담완화 및 에너지 접근성을 높이고, 동절기의 난방에너지 구입 지원	긴급복지 해산비 지원: 생계곤란 등의 위기상황에 처하여 도움이 필요한 사람을 일시적으로 신속하게 지원하여 위기상황에서 벗어날 수 있도록 지원

의료급여 선택의료급여기관제: 의료급여 수급권자에게 의료비를 지원하여 저소득층 국민보건 향상과 사회복지 증진에 기여	해산급여: 수급자 가구의 임산부가 출산 예정이거나 출산한 경우에 해산비 지급	의료급여(요양비): 의료급여 수급권자에게 의료비를 지원하여 저소득층의 국민보건 향상과 사회복지 증진
청소년산모 임신출산 의료비 지원: 청소년산모에게 임신 및 출산에 필요한 의료비를 지원하여 청소년산모와 태아의 건강 증진	의료급여(의료급여건강생활유지비): 의료급여 수급권자에게 의료비(건강생활 유지비)를 지원하여 저소득층 국민보건 향상과 사회복지 증진 기여	출산육아기 고용안정 장려금: 육아휴직·육아기 근로시간 단축 부여에 따른 사업주의 노무비용 부담을 완화시키고 출산전후휴가·육아휴직 등 기간 중 대체인력 활용을 촉진하여 육아휴직·육아기 근로시간 단축 활성화 및 고용안정을 도모
선천성대사이상검사 및 환아관리: 사전 예방적 입장에서 신생아를 건강관리	국민연금 출산크레딧: 출산친화환경 조성 및 연금수급기회 확대를 위해 둘째 이상 자녀를 출산한 국민연금 가입자에게 추가 혜택	저소득층 기저귀·조제분유 지원: 저소득층 가구의 영아를 양육하는 부모에게 기저귀와 조제분유를 지원하여 경제적 부담 경감
선천성 난청검사 및 보청기 지원: 선천성 난청을 조기진단과 조기재활을 통해 난청으로 인해 발생할 수 있는 언어, 지능, 발달장애, 사회부적응 등을 예방하고 건강한 성장 도모	어촌 가사도우미 지원: 어업인 및 어촌지역의 고령·취약가구에 가사도우미를 지원하여 기초적인 가정생활 유지	인플루엔자 국가예방접종 지원사업: 인플루엔자 예방접종을 통해 인플루엔자 유행을 방지하고 질병부담을 감소시키며 겨울철 국민건강 보호
미숙아 및 선천성이상아 의료비 지원: 보건소에 등록하여 관리하고 있는 미숙아 및 선천성이상아 치료에 소요되는 의료비 지원	지역사회 통합건강증진사업: 지역사회를 기반으로 금연, 음주폐해예방(절주), 신체활동, 영양, 비만예방관리, 구강보건, 지역사회중심재활 등의 다양한 건강증진사업을 실시하여 지역주민들의 건강한 삶 지원	

영유아 대상 사회복지사업은 〈표 1-4〉와 같다.

■ 표 1-4 ■ 영유아 대상 사회복지사업

사업명	사업명	사업명
아동수당: 만 7세 미만 아동의 양육부담을 덜고 아동의 기본적인 권리와 복지 증진	한부모가족 아동양육비 지원: 한부모가족이나 조손가족이 가족의 기능을 유지하고 안정된 생활을 할 수 있도록 아동 양육비 지원	아동통합서비스지원(드림스타트사업): 취약계층 아동에게 맞춤형 통합서비스를 제공하여 건강한 성장과 발달을 도모하고 공평한 출발기회를 보장함으로써 건강하고 행복한 사회구성원으로 성장할 수 있도록 지원
표준모자보건수첩 제작 · 배부: 표준모자보건수첩을 제작하고 배부하여 예방접종, 각종 검진, 검사, 양육 등에 대한 정보를 제공하고, 관리할 수 있도록 지원	언어발달지원사업: 감각적 장애 부모의 자녀에게 필요한 언어발달지원서비스를 제공	육아종합지원서비스 제공: 영유아와 부모를 위한 종합적인 육아종합서비스를 제공하기 위하여 육아종합지원센터를 개설하고 운영비 지원
장애입양아동 의료비지원: 장애아동을 입양한 국내입양가정에 의료비를 지원하여 장애아동의 국내입양을 활성화하고, 건전한 양육 지원	저소득층 기저귀 · 조제분유 지원: 저소득층 가구의 영아를 양육하는 부모에게 기저귀와 조제분유 지원	공동육아나눔터 운영: 이웃 간의 자녀돌봄 품앗이를 구성하여 핵가족화로 인한 육아부담을 경감시키고 지역중심의 자녀양육환경 조성
지역사회서비스 투자사업: 지역의 특성과 수요에 부합하는 사회서비스를 제공하여 지역복지를 활성화하고 양질의 일자리를 창출할 수 있도록 지원	다문화가족 방문교육 서비스: 집합교육 참여가 어려운 다문화 가정에 방문하여 한국어교육, 부모교육, 자녀생활교육을 제공	다문화보육료 지원: 어린이집을 이용하는 다문화 가정의 영유아 자녀에게 보육료 지원
입양비용 지원: 아동 입양을 원하는 가정에 입양비용을 지원하여 국내 입양문화의 활성화 도모	만 3~5세 누리과정 지원: 유치원 및 어린이집에 다니는 만 3~5세의 모든 유아에게 유아학비와 보육료 지원	어린이 국가예방접종 지원사업: 영유아 예방접종률을 향상시키고, 양육자의 육아부담을 덜기 위해 보건소뿐만 아니라, 시장 · 군수 · 구청장 등이 예방접종업무를 위탁한 의료기관에서 예방접종을 할 경우에도 비용 지원

특수교육대상자 치료지원서비스: 특수교육대상자의 효과적인 교육을 위해 다양한 서비스 제공	선천성대사이상검사 및 환아관리: 사전 예방적 입장에서 신생아 건강관리	아이돌봄 서비스: 맞벌이를 하거나 갑자기 아이를 돌볼 수 없는 일이 생겼을 때 육아도우미가 방문하여 아이 돌봄
미숙아 및 선천성이상아 의료비 지원: 보건소에 등록하여 관리하고 있는 미숙아 및 선천성이상아 치료에 소요되는 의료비 지원	의료급여 수급권자 영유아건강검진비 지원: 영유아의 건강 증진을 도모하고 건강한 미래인으로 성장할 수 있도록 연령에 적합한 건강검진 프로그램을 도입하여 성장과 발달 사항을 추적 관리하고, 보호자에게 적절한 교육프로그램 제공	입양아동 양육수당 지원: 입양아동 양육수당을 지원하여 입양가정의 경제적 부담을 완화하며 국내입양 활성화 및 아동의 건전한 육성
산모·신생아 건강관리 지원사업: 전문교육을 받은 산모·신생아 건강관리사가 출산가정을 방문해 산모의 건강회복을 돕고, 신생아를 보살펴 출산가정의 경제적 부담 경감	시간제 보육: 가정양육 시에도 필요한 때에 필요한 만큼 이용할 수 있는 보육서비스를 제공하여 자녀 양육에 대한 부담을 경감하고 부모의 보육서비스 선택권 보장	

출처: 보건복지부(2021d).

아동·청소년 대상 사회복지사업은 〈표 1-5〉와 같다.

■ 표 1-5 ■ 아동·청소년 대상 사회복지사업

사업명	사업명	사업명
(북한이탈주민) 탈북청소년 교육지원: 북한에서 남한으로 이주한 청소년이 학교생활에 적응하여 우리 사회의 건강한 구성원이 될 수 있도록 지원	청소년산모 임신출산 의료비 지원: 청소년산모에게 임신 및 출산에 필요한 의료비를 지원하여 청소년산모와 태아의 건강 증진	여성청소년 생리대 바우처 지원: 여성청소년에게 생리대를 지원하여 건강하게 성장하도록 지원
경계선지능아동 자립지원: 경계선지능아동에 특화된 자립지원서비스를 제공하여 자립능력을 향상하고, 전문인력 양성을 통해 경계선지능아동에게 양질의 맞춤형 서비스 제공	WEE 클래스 상담지원: 학교부적응학생 및 위기군학생에 대한 상담활동을 통하여 학교부적응 조기진단 및 치유	초등돌봄교실: 맞벌이가정 등의 자녀가 방과후에도 안심하고 생활할 수 있도록 학교가 자녀를 돌봄

3. 사회복지의 개념 정의

29

고등학교 무상교육: 초·중·고 교육의 공공성 강화를 위해 학생·학부모의 교육비 부담 경감	청소년한부모자립지원: 청소년 한부모가 자녀를 양육하고 자립할 수 있도록 지원	학대피해아동 쉼터 설치 및 운영: 아동학대 신고접수 후 현장조사 등을 통해 아동이 분리보호가 필요하다고 판단될 경우 학대피해아동전용쉼터에 협조
청소년 발달장애학생 방과후 활동서비스: 만 12~17세의 청소년 발달장애인이 방과후에도 돌봄을 지원받을 수 있도록 방과후활동 이용권 지급	아동통합서비스지원(드림스타트사업): 취약계층 아동에게 맞춤형 통합서비스를 제공하여 건강한 성장과 발달을 도모하고 공평한 출발기회를 보장함으로써 건강하고 행복한 사회구성원으로 성장할 수 있도록 지원	입양·가정위탁아동 심리치료 지원: 입양가정에 위탁해서 자라고 있는 아동이 심리적으로 건강하게 성장할 수 있도록 지원
장애입양아동 의료비지원: 장애아동을 입양한 국내입양가정에 의료비를 지원하여 장애아동의 국내입양을 활성화하고, 건전한 양육 지원	청소년활동지원: 청소년이 꿈을 펼칠 수 있도록 다양한 체험활동 기회를 제공하여 개성과 창의성을 개발하고 건강하게 성장하도록 지원	아동수당: 만 7세 미만 아동의 양육부담을 덜고 아동의 기본적인 권리와 복지 증진
청소년방과후아카데미 운영지원: 방과후 돌봄이 필요한 취약계층 청소년에게 체험활동, 학습지원, 급식, 상담 등 종합서비스 제공을 통한 건강한 성장 및 자립역량 배양 지원	보호종료아동 자립수당 지급: 보호종료아동의 시설퇴소 후 안정적 사회정착 및 자립지원을 위해 생계비 지원 목적의 자립수당 월 30만원 지급	가출청소년보호지원쉼터 운영 지원: 가출 청소년을 보호하고 상담이나 교육문화활동 지원을 통해 비행이나 탈선을 예방하여 가정복귀와 사회적응 지원
청소년 특별지원: 보호자가 없거나, 보호자가 있어도 실질적으로 보호를 받지 못하여 사회·경제적으로 어려움이 있는 위기청소년이 올바르게 성장하고 안정된 생활을 할 수 있도록 지원	실종아동 등 보호 및 지원: 아동이나 지적 장애인(자폐/정신장애 포함)의 실종을 예방하기 위한 교육과 홍보를 실시하고 가족이 해체되는 것을 예방하기 위하여 장기실종가족을 지원	청소년사이버상담센터 운영: 어려움을 겪고 있는 청소년에게 사이버상담센터에서 인터넷으로 상담
지역사회청소년통합지원체계(청소년안전망): 학업중단, 가출, 인터넷 중독 등 위기에 처한 청소년의 건강한 성장과 복지증진을 위해 상담·보호·교육·자립 등 맞춤형 서비스 제공	청소년전화1388 및 모바일 문자상담 운영: 청소년 전화1388 전화상담과 모바일 문자상담, 카카오톡 상담 등을 운영하여 청소년의 일상적인 고민 상담부터 위기상황에 대한 상담 등을 지원	아동발달지원계좌(디딤씨앗통장) 지원: 미래성장동력인 아동이 사회에 진출하는 초기 비용을 마련할 수 있도록 자산 형성을 지원함으로써, 빈곤의 대물림을 방지하고 건전한 사회인을 육성

청소년성문화센터 설치 운영: 아동청소년이 다양한 도구와 매체를 활용하여 자기 주도적으로 학습할 수 있는 상설 성교육공간을 구축하여 운영함으로써 건강한 성 가치관 정립을 지원하고, 성범죄 예방 도모	다문화 · 탈북학생 멘토링: 다문화가정의 학생과 북한에서 남한으로 이주한 학생이 학교생활에 잘 적응하여 기초학력이 향상되도록 대학생이 지원	청소년동반자프로그램 운영: 위기청소년을 대상으로 전문가가 찾아가서 심층상담을 하고, 청소년동반자프로그램을 통해 심리적 · 정서적 지지를 얻을 수 있도록 지원
청소년치료재활센터 운영: 정서나 행동에 어려움을 겪는 청소년이 건강하게 성장하도록 종합적이고 전문적 서비스를 제공하는 기숙형 상담, 치료기관 운영	지역아동센터 지원: 방과후 돌봄이 필요한 지역사회 아동의 건전육성을 위하여 보호 · 교육, 건전한 놀이와 오락의 제공, 보호자와 지역사회의 연계 등 종합적인 복지서비스 제공	매체활용능력 증진 및 역기능 해소(청소년 인터넷 · 스마트폰 중독 치료비 지원): 인터넷과 스마트폰에 중독된 청소년을 치료하고 중독의 위기에 놓인 청소년이 중독되는 것을 예방

출처: 보건복지부(2021c).

청년 대상 사회복지사업은 〈표 1-6〉과 같다.

■ 표1-6 ■ 청년 대상 사회복지사업

사업명	사업명	사업명
고용복지플러스센터: 국민들이 한 곳만 방문하면 다양한 고용과 복지서비스 등을 받을 수 있도록 고용센터를 중심으로 고용 및 복지서비스 기관이 한 공간에서 서비스 제공	청년희망키움통장: 일하는 생계급여수급 청년의 탈수급과 자립을 향한 꿈을 키워나갈 수 있도록 지원	장애대학생 교육활동 지원(구 장애대학생 도우미 지원): 장애대학생이 장애에 구애받지 않고 자유롭게 공부할 수 있도록 교육활동의 기회를 확대
청년구직활동지원금: 미취업 청년(18~34세)에게 청년구직활동지원금을 지원하여 원활한 노동시장 진입 지원	행복주택 공급: 만 19~39세 청년, (예비)신혼부부, 한부모가족, 대학생 등 젊은층의 주거안정을 위해 대중교통이 편리하거나 직주근접이 가능한 부지에 주변시세보다 저렴한 임대주택을 공급	장기복무 제대군인 취업지원: 오랫동안 복무하고 전역한 제대군인이 원활하게 사회에 복귀할 수 있도록 취업을 지원하고, 특기와 적성에 맞는 직업교육훈련을 제공함으로써 취업역량을 강화하고 취업률을 높임

출처: 보건복지부(2021g).

중장년 대상 사회복지사업은 〈표 1-7〉과 같다.

■ 표 1-7 ■ 중년 대상 사회복지사업

사업명	사업명	사업명
저임금근로자 사회보험료 지원사업(두루누리): 소규모 사업에 근무하는 저임금근로자의 사회보험료를 지원하여 근로자의 경제적 부담을 경감	영구임대주택 공급: 생계·의료급여 수급자, 국가유공자, 일본군 위안부 피해자 등 사회보호계층의 주거안정을 위해 영구임대주택을 공급	생활안정자금 융자: 저소득층 근로자와 임금체불근로자가 보다 안정적인 생활을 영위할 수 있도록 의료비, 혼례비, 장례비, 부모요양비, 자녀학자금, 임금감소생계비, 소액생계비 등을 장기저리로 융자받을 수 있게 지원
장애인 창업점포 지원사업: 장애인이 창업 시 점포임대보증금을 5년 기간 이내, 1억 3천만원 한도에서 대여	국민임대주택 공급: 소득 4분위 이하 저소득계층의 주거안정을 위하여 저렴한 가격으로 임대주택을 공급	지역자활센터 운영: 근로능력이 있는 저소득층에게 체계적, 집중적인 자활서비스를 제공하여 자활의욕을 고취
취업성공패키지 지원사업(참여수당, 생계지원수당, 취업성공수당): 저소득층 등 취업취약계층이 취업지원 프로그램에 성실히 참여할 수 있도록 참여수당과 훈련참여 지원수당을 지원하고, 취업에 성공한 자에게 취업성공수당을 지급	폭력피해여성 주거지원 사업: 가정폭력과 성폭력의 피해를 입은 여성이 자립할 수 있도록 피해여성과 가족이 공동으로 생활할 수 있는 주거공간 지원	중장년 기술창업센터 지원: 중장년 기술창업센터를 통해 퇴직자의 전문성과 경력을 활용한 기술창업 지원

출처: 보건복지부(2021f).

노년 대상 사회복지사업은 〈표 1-8〉과 같다.

■ 표 1-8 ■ 노년 대상 사회복지사업

사업명	사업명	사업명
독거노인·중증장애인 응급안전알림서비스: 독거노인과 장애인의 가정에 화재·가스 감지센서 등을 설치하여 응급상황 발생 시 독거노인 및 장애인 분들이 신속하게 대처하거나 소방서에 신고할 수 있는 체계 구축	노인맞춤돌봄서비스: 일상생활 영위가 어려운 취약노인에게 적절한 돌봄서비스를 제공하여 안정적인 노후생활 보장, 노인의 기능·건강유지 및 악화예방 지원	노인복지 민간단체 지원: 노인단체의 활동을 육성하여 노인의 사회참여와 권익 향상

노인 무릎인공관절수술 지원 사업: 무릎관절수술 지원을 통해 노인건강을 보장하고 의료비부담 경감	노인보호전문기관: 신체적, 정신적, 경제적으로 학대받고 있는 노인을 보호하기 위하여 법률적인 지원과 전문적인 상담 제공	노인일자리 및 사회활동 지원 사업: 활기차고 건강한 노후생활을 영위할 수 있도록 다양한 일자리를 제공하고 사회활동을 지원하여 노인복지향상에 기여
노인 안검진 및 개안수술: 저소득층 노인에게 안과 정밀검진과 개안수술을 지원하여 안질환의 조기발견 및 적기치료를 통해 실명을 예방하고 시력 유지	독거노인종합지원센터 운영: 독거노인 보호를 위해 노인돌봄 기본서비스 및 독거노인 사랑잇기사업 등의 원활한 추진	독거노인 사회관계 활성화 지원: 외로움에 의한 고독사나 자살을 예방하기 위하여 은둔형 독거노인에게 친구관계 지원
장기요양급여 이용 지원: 고령의 국가유공자가 요양등급을 판정 받았지만 소득이 적어 요양기관의 서비스를 받기 힘들 때 노후생활 보장을 위하여 본인부담금의 일부 지원	아동안전지킴이: 퇴직경찰이나 교사 등 전문인력이 퇴직 후 지역사회에서 의미 있는 활동을 할 수 있도록 지원	노인맞춤돌봄서비스: 일상생활 영위가 어려운 취약노인에게 적절한 돌봄서비스를 제공하여 안정적인 노후생활 보장, 노인의 기능·건강 유지 및 악화예방 지원
노후긴급자금대부사업: 갑작스럽게 생활자금이 필요한 국민연금 수급자에게 긴급자금을 대출하여 생활안정과 복지 증진	기초연금: 생활이 어려운 어르신에게 안정적인 소득기반을 제공하여 생활안정 지원	

출처: 보건복지부(2021b).

4. 사회복지의 학문적 성격

사회복지학은 자연과학, 인문과학, 사회과학의 학문영역 중 사회과학(social science)의 하부체계인 응용사회과학에 속한다. 사회복지학과 함께 사회과학에 속하는 학문으로는 경영학, 경제학, 행정학, 교육학, 지리학, 인류학, 고고학, 법학, 정치학, 사회학 등이 있다([그림 1-2] 참조). 사회과학, 특히 응용사회과학으로서 사회복지학은 자연과학의 발전에 따른 영향을 받아 과학적 방법을 사용하되 타 학문들이 발전시켜 온 방법론을 적용(응용)시켜 사회일각에서 일어나는 사회현상, 특히 사회적 문제들을 다룬다([그림 1-2] 참조). 이처럼 자연과학과 달리 사회복지는 인간문

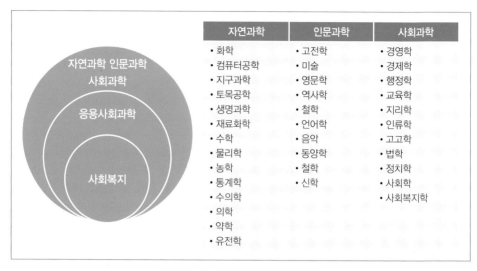

자연과학	인문과학	사회과학
• 화학	• 고전학	• 경영학
• 컴퓨터공학	• 미술	• 경제학
• 지구과학	• 영문학	• 행정학
• 토목공학	• 역사학	• 교육학
• 생명과학	• 철학	• 지리학
• 재료화학	• 언어학	• 인류학
• 수학	• 음악	• 고고학
• 물리학	• 동양학	• 법학
• 농학	• 철학	• 정치학
• 통계학	• 신학	• 사회학
• 수의학		• 사회복지학
• 의학		
• 약학		
• 유전학		

[그림 1-2] **사회복지의 학문적 영역**

제를 연구하기 때문에 객관적 입장과 가치관에 대한 상호주관성을 동시에 인정하되, 인간사회에서 발생하는 사회문제들에 대하여 최대한 일반적으로 설명하기 위한 노력을 경주한다고 할 수 있다(Ashley & Orenstein, 2005).

사회복지학은 사회과학의 학문영역에 속하면서 사회과학 전반 학문이 성취한 학문적 성과인 사회과학이론들을 사회복지 관련 문제들에 적용시켜 그 이론들이 적절한지를 검증한다. 그러므로 사회복지학은 사회과학의 주요 학문분야인 심리학, 사회학, 경영학, 경제학, 법학, 정치학과 협력이 필요한 '상호연계(interdisciplinary)'적 특징을 가진다([그림 1-3] 참조). 예를 들어, 인간행동의 문제와 해소방안을 연구하는 데 성격, 인지, 행동발달과 관련한 심리학의 발전과 성과들이 기여한다. 사회복지정책을 연구함에 있어 생산과 분배 그리고 재화나 용역의 소비와 같은 경제현상을 연구하는 경제이론이 발전시켜 온 자원배분, 효율성, 효과성 등의 관련 노력들이 국가단위 규모의 경제활동과 정책을 연구하는 데 필수적으로 작용한다. 일탈행동, 범죄행동과 같은 사회문제를 해소함에 있어서도 경험적인 조사를 실행하고 그 결과를 분석해 온 사회학 이론과 발견들, 그리고 사회통계방법론이 문제를 이해하고 방안을 제시하는 데 주요한 역할을 한다. 이처럼 응용사회과학으로서 사회복지학은 사회과학 학문영역들이 체계적으로 축적해 온 경험적 지식체계를 적절하게 활용하고 상호 연계함을 통해 사회 복지적 문제들을 풀어나가고 박애와 인간존중의 가치가 실현되도록 하는 것이다.

[그림 1-3] **사회복지학의 학문 연계**

　사회복지학의 분야는 일반적으로 정책/행정과 서비스실천(임상)분야로 크게 분류할 수 있고 정책/행정분야 세부전공, 서비스실천(임상)분야 세부전공으로 구분할 수 있을 것이다. 2009년 4월 고시된「과학기술기본법」제27조에 따른 국가과학기술표준분류체계[9]에 따르면 ① 사회복지정책/행정에 사회복지철학/사상/윤리, 사회복지발달사, 사회복지행정/정책/제도, 사회복지프로그램개발/평가, 사회보장, 비교사회복지를 포함하고, ② 사회복지서비스/임상에 영유아복지, 아동복지, 청소년복지, 가족복지, 여성복지, 노인복지, 장애인복지, 학교사회복지, 교정복지, 의료사회복지, 정신보건사회복지, 지역사회복지, 산업복지, 군사회복지, 자원봉사를 포함하고 있어 이상과 같은 분류에 따라 사회복지학의 분야를 세분화할 수 있을 것이다. 최근에 바우처[10]를 이용한 사회서비스가 활성화됨에 따라 새로운 사회복지 영역으로 발전하고 있다.

---

9) 국가과학기술표준분류체계 [시행 2018. 2. 13.] [과학기술정보통신부고시 제2018-10호, 2018. 2. 7., 일부개정]
　https://www.law.go.kr/%ED%96%89%EC%A0%95%EA%B7%9C%EC%B9%99/%EA%B5%AD%EA%B0%80%EA%B3%BC%ED%95%99%EA%B8%B0%EC%88%A0%ED%91%9C%EC%A4%80%EB%B6%84%EB%A5%98%EC%B2%B4%EA%B3%84
10) 바우처는 이용 가능한 서비스의 금액이나 수량이 기재된 증표(이용권)로 전자바우처는 서비스 신청, 이용, 비용 지불/정산 등의 전 과정을 전산시스템으로 처리하는 전달수단을 의미한다.

4. 사회복지의 학문적 성격

35

생각해 볼 문제

1. 인간의 욕구가 사회적 위험으로 발전할 수 있는 가능성에 관하여 논의해 봅시다.

2. 인간의 생애주기를 사회복지 실천 방향을 고려하여 구분하여 봅시다.

3. 아동기의 발달과제는 무엇이며, 이에 따른 사회복지적 실천 주요 분야를 설명해 봅시다.

4. 청소년기의 발달과제는 무엇이며, 이에 따른 사회복지적 실천 주요 분야를 설명해 봅시다.

5. 노년기의 발달과제는 무엇이며, 이에 따른 사회복지적 실천 주요 분야를 설명해 봅시다.

6. 좁은 의미에서 사회복지를 정의해 봅시다.

7. 넓은 의미에서 사회복지를 정의해 봅시다.

8. 사회복지의 주무부서인 보건복지부가 주관하는 생애주기별 임신출산, 영유아, 아동, 청년, 중장년, 노인 대상 주요 정책사업을 아는 대로 설명해 봅시다.

9. 사회복지학의 사회과학적 학문적 특징과 응용사회과학적 학문적 특징에 관하여 설명해 봅시다.

10. 사회과학 특히 응용사회과학으로서의 사회복지학의 특징을 설명해 봅시다.

 참고문헌

김현옥, 박광숙, 전미숙(2007). 일 지역 초등학생의 성문제 행동. 아동간호학회지, 13(4), 486-494.

드림스타트(2021). 드림스타트 안내. https://www.dreamstart.go.kr

보건복지부(2021a). 교육복지 우선지원 사업. http://www.bokjiro.go.kr/welInfo/retrieveGvmtWelInfo.do?welInfSno=20

보건복지부(2021b). 노년 복지 사업. http://www.bokjiro.go.kr/welInfo/retrieveWelInfoBoxList.do

보건복지부(2021c). 아동·청소년 복지 사업. http://www.bokjiro.go.kr/welInfo/retrieveWelInfoBoxList.do

보건복지부(2021d). 영·유아 복지 사업. http://www.bokjiro.go.kr/welInfo/retrieveWelInfoBoxList.do

보건복지부(2021e). 임신·출산 복지 사업. http://www.bokjiro.go.kr/welInfo/retrieveWelInfoBoxList.do

보건복지부(2021f). 중장년 복지 사업. http://www.bokjiro.go.kr/welInfo/retrieveWelInfoBoxList.do

보건복지부(2021g). 청년 복지 사업. http://www.bokjiro.go.kr/welInfo/retrieveWelInfoBoxList.do

사회보장위원회(2021). 사회보장. https://www.ssc.go.kr/menu/info/info030101.
do?menuFile=info030101

손병덕, 강란혜, 백은령, 서화자, 양숙미, 황혜원(2010). 인간행동과 사회환경. 학지사.

한국학교사회복지사협회(2021). 학교사회복지란? http://www.kassw.or.kr/page/s1/s1.php

Ashley, D., & Orenstein, D. M. (2005). *Sociological theory: Classical statements* (6th ed.).
Pearson Education. pp. 3-5, 32-36.

Barker, R. L. (2003). *The social work dictionary* (5th ed.). National Association of Social
Workers.

Cianci, R., & Gambrel, P.A. (2003). Maslow's hierarchy of needs: Does it apply in a
collectivist culture. *Journal of Applied Management and Entrepreneurship, 8*(2), 143-
161.

FNS. (2011). *Women, infants, and children.* http://www.fns.usda.gov/wic

Hofstede, G. (1984). The cultural relativity of the quality of life concept. *Academy of
Management Review 9*(3), 389-398. doi:10.2307/258280.

Kadushin, A. (1972). *Developing Social Policy in Conditions of Dynamic Change.*
International Council on Social Welfare.

Maslow, A. (1954). *Motivation and Personality.* Harper.

Walsh, M., Stephens, P., & Moore, S. (2000). *Social Policy & Welfare.* Stanley Thornes.

제2장

사회복지의 가치,
이념과 윤리 그리고 전문성

사회복지에서 가치와 이념은 사회복지를 구성하는 핵심내용이다. 이것은 사회복지가 '인간의 존엄성'을 중심 가치로 삼는 가치지향적인 학문이며 실천이기 때문이다. 사회복지의 이념은 사회복지 가치를 현실에서 구현하는 방식이며, 경제체제와 복지에 대한 국가와 사회의 역할에 대한 정치적 입장으로 볼 수 있다. 사회복지 윤리는 사회복지사가 사회복지실천현장에서 클라이언트, 동료, 기관, 사회 등과 지켜야 하는 신의와 원칙을 담고 있다. 사회복지사의 업무와 활동은 전문적 훈련과 기술에 기반하며, 사회에서 배타적으로 위임된 역할을 수행하는 전문성의 영역이기에 전문가로서의 윤리원칙이 지켜져야 한다.

1. 사회복지의 가치

가치란 일반적으로 믿음 또는 신념과 같은 것으로 선(good)하고 바람직한 (desirable) 행동을 선택하는 것에 대한 기준을 의미한다(Ritzer, 1979: 조홍식 외, 2015: 75 재인용). 클럭혼(Kluckhohn)은 선악 판단의 기준으로서의 가치개념에서 더 나아가 "가치란 단지 선호하는 것 이상으로 정당하다고 느껴지거나 혹은 그렇게 간주되는 것이어야 한다."라고 하였다(정민자 외, 2009: 23 재인용). 이처럼 가치란 개인이나 사회가 바람직하다고 받아들이는 신념이며, 의사결정과 행동에 영향을 미치는 실천적 개념이기에 사회복지에서 가치는 중요할 수밖에 없다. 이것은 사회복지의 목적과 방향, 그 지향수준을 설정하고 정책을 수립, 실현하는 과정에서 어떤 가치를 지향하는가에 따라 사회복지의 목적과 방향, 정책의 내용이 달라질 수 있기 때문이다(정민자 외, 2009: 22-23).

1) 사회복지의 기본가치

사회복지의 기본가치를 무엇으로 할 것인가는 사회와 시대, 그리고 학자들마다 다양하다. 인간의 존엄성, 인간의 자율성, 기회의 균등성, 사회적 책임성을 사회복지의 기본가치로 보거나(Friedlander, 1958: 1-7), 평등, 자유, 연대, 정의, 이타주의를 기본가치로 전제하기도 한다(고명석 외, 2010). 이것은 사회복지가 사회문화적 환경과 시대적 발전에 따라 다양하게 변화되어 왔고 학자에 따라 서로 강조하는 측면이 차이가 있기 때문이다. 이 절에서는 사회복지의 기본가치로 인간의 존엄성, 평등, 자유, 사회정의, 사회적 연대, 이타주의를 살펴본다.

(1) 인간의 존엄성
사회복지에서 가장 중요한 가치 중 하나가 인간의 존엄성이다. 인간을 존중한다는 것은 개인적 차이나 문화적 · 인종적 차이에 의해 차별하지 않고 존중받아야 한다는 것을 또한 의미하는데, 인간의 가치와 존엄성에 대한 신념과 존중은 사회복지의 기본원리라고 할 수 있다(이종복 외, 2008; 정민자 외, 2009). 인간이 인간답게 살 수 있는 권리와 보장은 사회복지 영역에만 국한되는 것이 아닌 보편적인 가치이다. UN은 세계인권선언을 통해 국가와 민족, 인종을 초월하여 인간의 존엄성과 권리 보장의 중요성을 알리고 있고, 우리나라도「헌법」제2장 제10조에 "모든 국민은 인간으로서의 존엄과 가치를 가지며, 행복을 추구할 권리를 갖는다."고 명시하고 있다.

세계인권선언문

(제1조) 모든 사람은 태어나면서부터 자유로우며, 동등하게 존엄성과 권리를 보장받아야 합니다. 여러분은 인간이라는 이유만으로, 지구상의 모든 사람들과 똑같은 권리를 가지고 있습니다. 이 권리는 양도될 수 없는 것으로, 누구도 빼앗을 수 없는 권리입니다. 모든 개인은 자신이 누구든지, 어디에 살든지 관계없이 존엄성을 보장받아야 합니다.

1948년 12월 10일

---

(2) 평등

평등이란 사회적 자원을 재분배하여 사회구성원의 인간다운 삶의 질을 보장하고 향상시키고자 하는 가치이다(고명석 외, 2010). 이 절에서는 평등의 개념을 **수량적 평등, 비례적 평등, 기회의 평등**으로 구분하여 살펴본다.

① 수량적 평등(numerical equality)

모든 사람을 똑같이 취급하여 사회적 자원을 똑같이 분배하는 것을 의미한다. 수량적 평등은 재화가 평등하게 분배되는 결과의 평등이라고도 한다(송근원, 김태성, 1995). 능력의 차이, 기여의 차이와 상관없이 사회적 자원을 균등하게 분배하는 것으로 가장 적극적인 평등의 개념이다. 그러나 자본주의 사회의 시장원리와 경쟁 원칙과 공존하기 어렵기 때문에 수량적 평등의 실현은 현실적으로 매우 제한적이다. 그러나 결과의 평등은 다른 경제제도, 특히 공산주의와 다른 공동사회 제도들과는 양립 가능하다(Taylor, 2009: 29). 대표적인 사회복지정책으로는 공공부조인 국민기초생활보장제도가 수량적 평등의 가치를 담고 있고, 무상교육, 무상의료 등이 수량적 평등의 가치를 담고 있다.

② 비례적 평등

개인의 노력, 능력 및 기여에 따라 사회적 자원을 상이하게 배분하는 것으로, 사람들의 공정한 경쟁을 허용하며 그러한 공정한 경쟁으로 인한 결과의 불평등은 공평하다고 보는 개념이다. 수량적 평등과 비교하면 비례적 평등은 상대적으로 많은 불평등의 존재를 인정한다. 수량적 평등이 전 국민을 대상으로 모든 영역에서 구현하기 어렵고 비현실적인 측면이 있는 반면, 비례적 평등은 자본주의 사회에서 실질적으로 가장 많이 사용되는 평등 개념이다(송근원, 김태성, 1995: 210). 사회복지정책에서는 사회보험 중 국민연금 소득비례급여가 비례적 평등의 가치를 담고 있다.

③ 기회의 평등

결과의 평등이 시장의 기본 원칙과 맞지 않다고 보며, 개인의 노력과 헌신을 이끌어 내어 사회 불평등을 완화시키고자 하는 평등 개념이다. 이처럼 결과를 얻을 수 있는 '과정상의 기회'에 초점을 둔 대표적인 사회복지정책으로는 미국의 헤드스타트(Head Start), 우리나라의 드림스타트(Dream Start) 프로그램처럼 저소득층 아동의 교육지원정책을 들 수 있다. 그러나 기회의 평등이라는 이름 아래 결과의 불평등의 존재를 합법화할 수 있다는 한계가 있다(송근원, 김태성, 1995: 210). 수량적 평등이 자본주의와 양립하기 어려운 반면, 기회의 평등은 노동자들과 개혁자들을 유인하여 자본주의체제와 양립 가능하도록 하는 측면이 있다(Taylor, 2009: 29).

(3) 자유

일반적으로 자유란 자신의 정신과 신체에 대한 주권(Mill, 1859: Taylor, 2009: 43 재인용)을 의미하고, 더 나아가 양심, 사고, 느낌의 자유, 생활양식의 자유, 다른 사람과 결속할 자유를 의미한다(Taylor, 2009: 43). 그린(Green)은 자유는 단순히 우리가 바라는 대로 행하는 것이 아니라, 다른 사람과 협력하여 행할 가치가 있는 것을 행하는 것이라고 정의한다(Taylor, 2009: 44). 홉하우스(Hobhous)는 자유를 '반사회적 자유(unsocial freedom)'와 '사회적 자유(social freedom)'로 구분하는데, 반사회적 자유는 다른 사람의 이익을 고려하지 않은 이기심을 허용하는 자유로서 공적 통제와 상반된다. 사회적 자유는 사회 전반에 분배되는 자유이며, 개인들이 다른 사람들에게 해를 주지 않도록 보장하기 위해 어떤 형태의 속박을 부과하는 것이다

(Hobhouse, 1911: 91-94: Taylor, 2009: 44 재인용). 롤스(Rawls)는 민주사회의 모든 시민들이 사상과 신체에 대한 자유뿐만이 아니라, 민주과정에 참여하는 권리를 포함하는 다양한 자유의 중요성을 말하고 있다(Taylor, 2009: 45).

사회복지의 가치 중 자유는 논란이 많은 가치 중의 하나인데 이것은 이념적 입장에 따라 추구하는 자유의 내용이 다르다. 이 절에서는 자유를 베를린(Berlin, 1969)의 '소극적 자유(negative liberty)'와 '적극적 자유(positive liberty)' 개념을 중심으로 살펴본다.

① 소극적 자유

소극적 자유는 개인 또는 집단이 다른 사람들의 간섭이나 구속 없이 자신이 바라는 대로 할 수 있는 권리를 의미한다.

② 적극적 자유

적극적 자유는 극기(self mastery) 또는 **자기통제**를 의미하고 정치적 대표를 선택할 수 있는 권리를 포함한다. 사회 또는 국가의 정치적 대표자들을 선출하는 정치적 권리를 갖는 자유로 아리스토텔레스의 시민권의 개념에 근거하며, 테일러(Taylor, 2009)는 적극적 자유에 대해 우리가 마땅히 해야 하는 것과 관련이 있다고 설명한다.

소극적 자유와 적극적 자유는 상호 모순적인 측면이 존재한다. 소극적 자유는 자신이 하고 싶거나 되고 싶은 것을 다른 사람의 간섭이나 제약 없이 할 수 있는 자유를 의미하는 일상생활에서의 삶의 방식을 의미하는 반면, 적극적 자유는 정치적이고 사회적인 의미에서의 자기결정권이며, 사회 속에서의 개인의 자유들이 서로 갈등할 수 있기에 이러한 부분을 극기, 자기 통제를 통해 조절하는 의미이다. 일반적으로 시장에서의 거래에 의한 자원의 배분은 거래 당사자들의 '자유로운 선택'의 결과인 반면, 사회복지정책에 의한 자원의 배분은 개인의 자유로운 선택을 제한하여 이루어지는 경향이 있기에 사회복지정책을 통하여 개인의 자유가 침해된다고 비판되기도 한다(송근원, 김태성, 1995: 267). 그러므로 이러한 제한이 강압적이고 비민주적인 방식이 아닌, 제한의 필요성을 인간의 존엄성, 이타주의, 사회적 연대의 가치로 승화시켜 민주적인 방식으로 사회적 합의를 도출하여 자유의 제한에 대한 갈등을 최소화하도록 노력하는 것이 중요하다.

(4) 정의

정의의 개념은 절차상의 정의(procedural justice), 실질적 정의(substantive justice), 능동적 과정으로서의 정의(justice as active process)로 사용된다(이종복 외, 2008: 47).

- 절차상의 정의: 법률에서 정한 합법적 절차를 강조한다.
- 실질적 정의: 결과로서의 분배적 정의를 강조한다.
- 능동적 과정으로서의 정의: 불의한 현상을 예방하고 치료하는 사회적 과정을 강조한다. 사회적으로 취약한 계층이나 불우한 위치에 있는 사람에게 보다 나은 처우와 권한 및 자원의 배분을 추구하는 가치이다.

(5) 사회 연대(social solidarity)

일정한 사회단위 내의 구성원 상호 간 또는 구성원이 사회에 대하여 갖는 연대감 또는 애착의 감정을 의미하며, **사회통합**(social integration)이라고도 한다. 사회복지는 구성원 상호 간의 도움을 주고받는 행위를 통하여 사회적 자원의 재분배뿐만 아니라, 원조행위 자체가 구성원 상호 간의 감정적 통합을 가져올 수 있다(MacRae, 1985: 이종복 외, 2008: 47 재인용). 사회적 연대는 사회민주주의 사회의 기본 원리와 관련되는데, 사회민주주의 사회는 자본주의적 탐욕과 교환관계를 동정과 동지애로 대치시키며, 경쟁적 분위기를 협동으로 바꾸는 것을 목표로 한다. 개인의 업적이 정당한 분배의 합법적 기준으로 절대적인 위치에 있는 자본주의 사회와 달리, 개인주의의 지나친 경쟁 및 사회적 낙오자에 대한 무시 등에서 벗어나서 이들을 치유하고 공동체적 책임의식을 갖는 연대감이 사회복지의 실천에서 중요한 기본 가치가 된다(박광덕, 2002: 50-51).

(6) 이타주의

이타주의는 사랑과 질서를 기초로 하여 자기를 희생함으로써 타인의 행복과 복리증진을 목적으로 하는 생각 또는 그 행위를 의미한다(조추용 외, 2008: 36: 이종복 외, 2008: 48 재인용). 사회복지의 가치 중 이타주의는 개인의 이익을 극대화하려는 자본주의적 경제적 행위와는 대별되는 것이기 때문에 사회복지의 중요한 가치로 본다(이종복 외, 2008: 48).

2. 사회복지의 이념

이념 또는 이데올로기는 우리가 살고 있는 세계를 이해하고 그것에 영향을 미치는 방법을 제공(Eccleshall, 1984: 7-8: Taylor, 2009: 19 재인용)하는 것으로, 이념은 사회 가치를 포함하고 있기 때문에 사회복지에서 이념은 매우 중요한 영향을 준다. 사회복지 이념은 앞에서 살펴본 사회복지의 기본 가치인 인간의 존엄성, 평등, 자유, 정의, 사회적 연대, 이타주의처럼 개인 간의 관계에 대한 관점을 나타내고, 정치인들과 정책입안자들이 운신할 수 있는 개념적 틀을 확립시켜 준다. 우리는 보건의료 서비스의 재정 공급을 누가 책임져야 하는지, 그리고 국가가 급여와 주택과 교육을 어느 정도까지 제공해야 하는지 질문할 수 있다. 이러한 이념은 정지해 있지 않고 계속적으로 변화해 가며(Taylor, 2009), 서로 간의 경쟁에서 우위의 이념도 있고 체제에 따라 허용되지 않고 억압받는 이념도 생긴다. 사회복지정책도 이러한 이념적 지평과 변화 속에서 이루어지기에 사회복지 이념에 대한 이해가 필요한 것이다.

조지와 윌딩(George & Wilding, 1994)은 신우파(The New Right), 중도노선(The Middle Way), 사회민주주의(Democratic Socialism), 마르크스주의(Marxism), 페미니즘(Feminism), 녹색주의(Greenism)의 여섯 가지 이념 모형을 제시하고 있다.[1] 이 중 앞의 네 가지는 고전적 좌·우파의 정치 이념적 연속선상에서 논의되는 것이다. 그러나 페미니즘과 녹색주의는 다른 맥락에서 제기된 것이며, 전통적 정치문제에서 확고한 뿌리를 가진 이념은 아니다(조홍식 외, 2015). 이 절에서는 신우파, 중도노선, 사회민주주의, 마르크스주의 네 가지를 중심으로 살펴본다.[2]

---

1) 조지와 윌딩(1976)의 초기 논의에서는 사회복지이념모형을 반집합주의, 소극적 집합주의, 페이비언 사회주의, 마르크스주의의 네 가지로 분류했다. 이러한 분류는 최근의 수정된 이념모형의 신우파, 중도노선, 사회민주주의, 마르크스주의와 연결되고, 여기에 페미니즘과 녹색주의 이념을 추가하여 여섯 가지로 구분하였다(이종복 외, 2008: 41).
2) 이념 간의 연관성을 고려하여 신자유주의, 중도노선, 사회민주주의, 마르크스주의의 순서로 살펴본다.

1) 신우파

신자유주의라고도 불리는 신우파(The New Right)의 기본 가치는 자유, 개인주의, 불평등의 인정이다. 전후시기에 자유주의, 보수주의, 사회민주주의는 좌우 이념적 차이를 넘어 국가가 공공복지에 적어도 얼마간의 책임을 져야 하고, 공공복지는 사회정책을 이용함으로써 증진될 수 있다는 관점을 공유하였다. 전후의 경제발전은 국가의 복지확대를 가능하게 했지만, 1970년대 오일쇼크로 인한 경제 불황으로 국가재정이 어려워지면서, 신우파의 국가 개입의 최소화 주장이 전면에 등장하게 된다.

오늘날은 신자유주의로 더 많이 불리는 이 입장은 사상적으로는 자유주의적 전통을 잇고 있지만 국가의 최소복지 기능과 개입을 인정하는 자유주의와는 달리, 국가의 개인과 기업의 경제 활동에 대한 개입을 제거하고자 한다는 점에서 차이가 있다(고명석 외, 2010). 신자유주의에서 바라보는 복지에 대한 가치관은 복지의 책임은 개인에 있으며, 국가의 개입으로 인해 개인들이 자립심이 약해지고 사회에 대한 의존심이 높아졌다고 비판한다. 즉, 자본주의가 자체적으로 통제하고, 고용주들이 이윤 창출을 위해 자유를 가지도록 허용(Taylor, 2009)하며, 경쟁에 의한 불평등은 공평한 것이며, 개인의 빈곤과 불행은 사회의 책임이 아닌 개인의 책임이라고 보기에 국가의 복지지출을 삭감할 것을 주장한다.

이처럼 신자유주의는 평등보다는 자유의 가치를 더 존중하는데, 대표적인 신자유주의자인 프리드만(Friedman, 1962)은 개인들이 법의 범위 내에서 행동하는 한 개인들이 어떻게 그들의 자유를 사용하는지를 결정하는 것은 국가나 사회가 아니며, 이것은 윤리의 영역에 남겨져 있고, 개인이 판단해야 한다고 본다. 즉, 신자유주의적 관점에서는 정부가 많이 행하면 행할수록, 개인은 보다 덜 자유로워진다고 본다(Talyor, 2009: 144-145 재인용). 또한 자본주의가 부를 창출하고 기업가들이 시장에서 그들의 사업수완을 발휘할 수 있는 여지를 허용하기 때문에 사회주의의 계획경제보다 우월성이 있으며, 또한 자본가 계급의 이기심이 경제활동의 주요 동인이라며 이기심의 가치를 옹호한다. 즉, 경제 성장과 번영이 개인과 자본가계급에 의해 이뤄지기에 자본주의는 모든 사람의 장기적 복지를 보장할 수 있는 제도라고 강조한다.

이러한 신자유주의자들의 사상은 특히 1980년대에 경제 통제를 위해 케인즈적 방식을 사용하는 것에 이의를 제기하는 새로운 철학을 제공하여, 영국의 대처정부와 미국의 레이건정부에서 모든 경제·사회생활 영역에서 국가개입을 줄이고 자유시장의 장점을 극대화하려고 시도했다. 대처정부는 세금을 삭감하고 국유화된 산업을 상당 부분 민영화하였으며, 실업수당을 낮추는 조치를 취했고, 레이건정부는 사회서비스에의 국가지출을 삭감하고, 복지 제공이 개인의 책임과 가족의 안정성을 약화시켰다는 이유로 이러한 지출 삭감 조치를 정당화했다. 그러나 이러한 신자유주의적 복지국가의 재구조화는 인간복지를 위한 것보다는 자유와 효율, 성장의 경제 가치를 우선시하여 저임금과 열악한 노동조건, 장시간의 노동, 사회보장의 감소 등의 결과를 가져오고 사회적 불평등을 심화시키고 있다고 비판받는다(박형진, 2009).

2) 중도주의

실용적 성격을 지닌 중도노선은 신우파와 유사하게 자유, 개인주의, 불평등을 인정하는 것을 기본 가치로 삼고 있으며, 자본주의시장의 경쟁적 사기업의 우월성을 강조한다. 그러나 신우파와의 차이점은 중심 가치에 대해 절대적 가치가 아닌 조건부로 신뢰한다는 것이다. 또한 신우파보다는 인도주의적 경향으로 지나친 불평등은 수정되어야 한다고 본다(조흥식 외, 2015; 이종복 외, 2008; 42). 중도주의에서는 정부의 역할을 긍정적으로 보며, 국익을 증진시킬 수 있고 문제에 대한 독립된 견해를 견지할 수 있는 기구로 간주하지만, 정부의 행동이 필연적이거나 효율적일 때만 제한적으로 국가가 개입해야 한다고 주장한다. 즉, 근본적으로는 정부 개입을 최소화하고자 한다(조흥식 외, 2015). 중도주의는 **제3의 길**이라고도 불리는데, 이것은 1990년대 영국의 노동당이 장기집권하고 있는 보수당과의 경쟁에서 중산층을 포괄하려는 정치적 변화를 통해 대중적으로 알려지게 되었다. 즉, 제3의 길은 제1의 길인 사회민주주의와 제2의 길인 신자유주의의 장점만을 모아, 사회정의에 대해서는 사회민주주의적 헌신을 유지하고, 시장경제에서는 개인적 자유의 탁월성에 대한 신자유주의적 신념을 믿는 중도적인 입장이라는 것이다. 그러나 신자유주의에 기반을 둔 자본주의시장체제를 신봉하면서 사회정의와 평등을 구현할 수 있는 것은 현실적으로 매우 제한적이다. 이런 측면에서 중도주의는 이념만 사회민주주의를 표방하고 실제

행동은 신자유주의적 가치를 옹호하는 태생적 한계를 가진다.

이 절에서는 조지와 윌딩의 사회복지이념에서 네 가지 이념을 살펴보았다. 다음 〈표 2-1〉은 각각의 이념이 갖고 있는 기본 가치와 복지국가에 대한 입장, 이상적인 국가관에 대해 정리하고 있다.

■표 2-1■ 사회복지이념 모형

이념	기본적 가치	복지국가에 대한 입장	복지국가관
신우파	자유, 개인주의, 불평등 인정	반대	자유시장이 지배하는 사회, 빈곤, 불평등은 자연스럽다
중도노선	자유, 개인주의, 지나친 불평등은 수정되어야 함	제한적 지지	실용주의, 인도주의적
사회민주주의	자유, 평등, 우애(연대)	적극적 지지	자아실현을 위한 평등실현
마르크스주의	평등, 자유	반대	사회주의 사회가 되어야 복지국가가 실현됨

출처: 이종복 외(2008). 재구성

3) 사회민주주의

사회민주주의는 마르크스주의처럼 평등, 자유, 우애를 기본 가치로 삼고 있지만, 마르크스주의와는 달리 혁명적이고 급진적인 변화보다는 자본주의의 영향을 줄이고, 평화롭고 점진적으로 사회정책을 통해 자본주의를 개혁하는 것을 원한다. 사회민주주의는 모든 국민들에게 비차별적인 복지서비스를 제공하는 보편적 복지국가 모형을 강조한다. 마르크스주의처럼 국가의 역할을 강조하지만, 사회민주주의의 국가상은 자유시장경제를 폐지하여 계획경제를 추구하는 것이 아니라, 자유시장경제에서 발생하는 불평등을 억제하고 국민의 복지적 욕구를 충족시키기 위해 국민의 최저생활과 기회균등을 보장하는 국가상이다. 조세정책 등을 비롯한 다른 사회정책으로 소득과 사회적 자원의 재분배를 이룬다(고명석 외, 2010).

사회민주주의는 복지를 시민의 사회적 권리로 보기에, 급여, 일정 수준의 보건의료서비스, 적절한 주택과 교육에 대한 사회적 권리를 보장함으로써 보다 평등한 사회를 창조하기 위해 국가가 적극적으로 역할해야 한다고 본다. 즉, 시장체계의 정의롭지 못한 분배를 시정하는 것이 정부의 역할(조흥식 외, 2015)이라고 본다. 마르크스주의에서는 사회민주주의가 개량적이며 자본주의체제를 인정하고 있다고 비판하고 있는데, 사회민주주의자들은 점진적인 개혁을 통해 자본주의제도의 사회적 기초는 와해될 것이고, 새로운 기준의 가치가 도입될 것으로 보았다. 테일러(2009)에 의하면 사회민주주의는 분명한 계급제도의 관점에 기초를 두고 있고, 노동계급으로부터 많은 지지를 얻었다고 평가한다.

4) 마르크스주의

마르크스주의(Marxism)의 기본 가치는 **평등, 자유, 우애**를 중시한다. 마르크스주의는 자유경쟁에 의거한 자본주의적 시장원리를 비판하면서 소득과 자원의 분배가 국가의 적극적인 통제와 개입을 통해 이뤄져야 한다고 주장한다(고명석 외, 2010: 43). 사회문제의 해결과 이상적 사회의 건설은 개인 간의 경제적 평등이 실현될 때 가능하다고 보며, 노동자계급 중심의 사회를 강조한다. 이러한 경제적 평등과 노동자계급정치는 국가의 강력하고 적극적 역할로 이어지며, 대기업 및 영리단체의 국유화와 정부의 계획경제를 주장한다(조홍식 외, 2015). 마르크스주의는 체제의 성격과 내용에서 국민들의 복지가 보장되기 때문에 자본주의경제를 유지하는 복지국가에 대해 비판적이다. 즉, 복지국가는 자본주의의 문제점을 은폐하고 국가복지의 기능을 자비로운 것으로 곡해시킨다고 본다(조홍식 외, 2015). 이들은 사회주의 사회가 되어야만 자유와 평등의 가치가 완전히 실현될 수 있다고 본다(이종복 외, 2008: 43).

3. 사회복지 실천윤리

1) 전문직 윤리

가치(values)가 좋고 바람직한 것에 관심을 두는 반면, 윤리(ethics)란 옳고 바른지에 관심을 둔다. 전문직 윤리는 전문적 실무자에게 기대되는 윤리적 행동을 규명하고 기술하는 것으로, 전문적 지위를 추구하는 모든 직업은 일반적으로 해당 전문직의 실천에 부합되는 윤리강령을 갖는다(이원숙, 2008).

사회복지 실천에서의 윤리는 사회복지사가 반드시 지켜야 하는 행동 원칙이나 지침을 의미한다(Corey et al., 1988: 이준우 외, 2006: 57 재인용). 전문가가 전문직을 수행할 때 전문가 윤리를 따라야 하듯이 사회복지전문가, 사회복지사들도 예외는 아니다. 사회복지 실천윤리는 사회복지서비스의 상당부분이 주관적 판단에 의존하는 특성을 지니기에 그 중요성이 크다. 예를 들면, 사회복지사는 직무상 클라이언트의 생활에 깊숙이 개입되어 있기 때문에 재산 내용이나 사생활에 대해 파악할 수 있다. 그러므로 이렇게 직무상 형성된 클라이언트와의 인간관계, 직무상 알게 된 사람들의 재산상의 문제, 사회에서 위임된 전문직에 대한 신뢰를 남용하지 않고, 사회복지서비스를 정직하고 성실하게 실천하기 위해 사회복지 전문직 윤리규정이 필요한 것이다(한국전문대학사회복지교육협의회, 2004).

또한 전문직 윤리는 사회복지사의 실천 지침의 역할을 한다. 윤리적 원칙이란 단지 전문적 실천만을 기술하는 것이 아니라 실천에서 어떤 선택의 가능성들이 사정될 수 있는지에 대한 심사 기준을 제공하기 때문이다(한국전문대학사회복지교육협의회, 2005). 전문직의 윤리강령이 갖는 기능을 소개하면 다음과 같다(양옥경 외, 2001: 50: 이원숙, 2008: 98 재인용).

첫째, 사회복지실천 현장에서 윤리적 갈등이 생겼을 때 지침과 원칙을 제공한다.

둘째, 자기규제를 통해 클라이언트를 보호한다.

셋째, 스스로 자기규제를 가짐으로써 사회복지전문직의 전문성을 확보하고 외부 통제로부터 전문직을 보호한다.

넷째, 일반 대중에게 전문가로서의 사회복지 기본업무 및 자세를 알리는 일차적 수단으로 기능한다.

다섯째, 선언적 선서를 통해 사회복지전문가들의 윤리적 민감화를 고양시키고 윤리적으로 무장시킨다.

2) 핵심적인 윤리적 원칙들

이 절에서는 사회복지실천의 핵심적인 윤리 원칙을 이원숙(2008: 101-106)이 정리한 내용을 중심으로 살펴본다.

(1) 자기결정

사회복지사는 클라이언트의 자기결정의 권리를 존중하고, 이를 증진시키며, 클라이언트가 자신의 목적을 규명하고 명료화하려는 노력을 돕는다. 그러나 사회복지사는 클라이언트의 행동 또는 잠재적 행동이 클라이언트 자신이나 다른 사람에게 위험을 가져올 때 클라이언트의 자기결정의 권리를 제한할 수 있는 예외가 존재한다.

(2) 고지된 동의

고지된 동의를 실천하기 위해 사회복지사는 서비스의 목적, 서비스에 관련된 위험, 비용, 합리적 대안, 클라이언트가 거부하거나 동의를 철회할 수 있는 권리, 서비스의 시간 등을 클라이언트에게 명확하고 이해할 수 있는 내용으로 알려 주어야 한다.

(3) 전문적 경계

경계는 원조관계를 유지하기 위해 사회복지사와 클라이언트 사이를 구분하는 분명한 선을 의미한다. 클라이언트와 사회복지사 관계가 높은 수준의 신뢰와 개방이 있어도, 친밀한 개인적 관계가 아니라는 것을 분명히 함으로써 사회복지사와 클라이언트 간의 이해 갈등을 예방하고, 도움을 받고자 하는 문제에 보다 초점을 둘 수 있다.

(4) 비밀보장

실천적 견지에서 사회복지사의 클라이언트의 비밀보장은 필수적이다. 사회복지사는 클라이언트의 동의하에서만 정보를 공유하거나 노출할 수 있다. 그러나 비밀보장의 한계가 존재하기에 클라이언트에게 한계에 대한 정보를 제공해야 한다. 또한 사례에 따라 슈퍼비전이나 자문을 구할 때, 클라이언트가 자신이나 다른 사람에게 위험이 될 때 등은 비밀보장의 한계가 있다.

3) 한국 사회복지사 윤리강령

한국의 사회복지사 윤리강령은 1988년 제정되고 1992년 1차, 2001년 2차의 개정을 거쳤다. 한국의 사회복지사 윤리강령은 미국 사회복지사협회의 윤리강령에 많은 영향을 받았고, 많은 부분에서 국제사회복지사협회(ISFW)의 윤리강령을 따르고 있는데(권중돈 외 2011: 61), 개정된 윤리강령의 주된 내용은 사회복지사의 기본적 윤리기준(전문가로서의 자세, 전문성 개발을 위한 노력, 경제적 이득에 대한 태도), 사회복지사의 클라이언트에 대한 윤리기준(클라이언트와의 관계, 동료의 클라이언트와의 관계), 사회복지사의 동료에 대한 윤리기준(동료, 슈퍼바이저), 사회복지사의 사회에 대한 윤리기준, 사회복지사의 기관에 대한 윤리기준, 그리고 사회복지윤리위원회의 구성과 운영 등을 규정하는 총 6개 장으로 이루어져 있다.

한국 사회복지사 윤리강령

▶ 전문

사회복지사는 인본주의 · 평등주의 사상에 기초하여, 모든 인간의 존엄성과 가치를 존중하고 천부의 자유권과 생존권의 보장활동에 헌신한다. 특히 사회적 · 경제적 약자들의 편에 서서 사회정의와 평등 · 자유와 민주주의 가치를 실현하는 데 앞장선다. 또한 도움을 필요로 하는 사람들의 사회적 지위와 기능을 향상시키기 위해 저들과 함께 일하며, 사회제도 개선과 관련된 제반 활동에 주도적으로 참여한다. 사회복지사는 개인의 주체성과 자기결정권을 보장하는 데 최선을 다하고, 어떠한 여건에서도 개인이 부당하게 희생되는 일이 없도록 한다. 이러한 사명을 실천하기 위하여 전문적 지식과 기술을 개발하고, 사회적 가치를 실현하는 전문가로서의 능력과 품위를 유지하기 위해 노력한다. 이에 우리는 클라이언트 · 동료 · 기관 그리고, 지역사회 및 전체사회와 관련된 사회복지사의 행위와 활동을 판단 · 평가하며 인도하는 윤리기준을 다음과 같이 선언하고 이를 준수할 것을 다짐한다.

---

4. 사회복지 전문직의 개념

사회복지 서비스의 핵심부분은 전문가에 의해 제공된다. 사회복지의 전문성은 비단 사회복지사에만 해당되는 것이 아니라, 사회복지제도 속에서 직 · 간접적으로

활동하는 전문직의 종류는 다양하여 사회정책 전문가나 사회행정 전문가도 포함된
다(조흥식 외, 2015). 이 절에서는 이 중 사회복지사를 중심으로 전문직의 개념을 살
펴본다.

1) 전문직 개념

어떤 직업을 전문직으로 규정하는 것은 기준의 문제로 크게 속성론, 과정론, 권력
론으로 전문직 개념을 논의할 수 있다. 이 절에서는 한인영 등(2011: 65-67)이 정리
한 내용을 중심으로 살펴본다.

(1) 속성론

속성론(trait model)에 의하면 전문직은 일반적인 직업과 구분되는 일정한 속성을
가진다. 그린우드(Greenwood, 1957)는 전문직 속성을 다섯 가지로 구분하고 있다.

첫째, 전문직은 체계적 이론(systematic body of theory)이 있어야 하며 이러한 체계
적 이론은 전문직을 수행하는 기술의 바탕이 된다.

둘째, 전문적 권위(professional authority)가 있어야 한다. 서비스 대상인 클라이언
트가 서비스의 내용과 양을 결정짓는 것이 아니라 전문직이 결정짓는다는 것이다.

셋째, 사회로부터 일정한 권한과 특권(sanction of community)을 부여받아야 한다.
전문직의 훈련 내용 및 과정에 대한 통제와 권한, 자격시험을 주관하고 관리하는 등
의 권한을 전문직 공동체가 부여받는 것이다. 또한 전문가와 클라이언트 사이의 비
밀보장을 원칙으로 하여 법적인 문제에서 자유로워질 수 있는 것도 포함된다.

넷째, 전문직은 자체의 윤리강령(code of ethics)을 가진다. 전문직에게 부여되는
권한과 특권 등의 남용을 막기 위해 필요한 규범체계이다.

다섯째, 전문직만의 문화(professional culture)가 있다. 다른 전문직과 구별되는 고
유한 가치와 규범, 상징들을 전문직 공동체 구성원이 공유한다.

(2) 과정론

과정론(process model)에 의하면 전문직은 전문화의 정도에 따라 전문화의 과정
적 연속선상에 놓인다. 속성론과 같이 전문직/비전문직의 이분법적 구분이 아니라,

모든 전문직이 거치게 되는 일련의 전문화 과정 속에서 얼마나 전문화가 진행되었는가가 기준이 된다. 윌렌스키(Wilensky, 1964)는 8단계의 전문직 과정을 제시하고 있다. 첫째 단계에서는 유급 전일제 활동이 필요하며, 둘째 단계에서는 직업 수행을 위한 (대학)교육이 필요하고, 셋째 단계에서는 직업의 전문적 조직체가 형성되어야 한다. 넷째 단계에서는 그 직업만의 고유하고 핵심적인 업무가 드러나야 하며, 다섯째 단계에서는 예전에 훈련받은 그 직업 종사자와 새로이 훈련받아 업무에 임하는 사람들과의 갈등이 나타나고, 여섯째 단계에서는 유사직종과의 갈등이 생기며, 일곱째 단계에서는 면허나 자격증과 같은 그 직업에 대한 법적 보호장치가 만들어진다. 여덟째 단계에서는 그 직업의 윤리강령이 만들어진다.

(3) 권력론

권력론에 의하면 전문직에 대한 객관적인 정의는 없으며, 정해진 영역에서 특정한 일을 하는 독점적인 지위를 갖게 되면 전문직이라고 본다(Cullen, 1978: 한인영 외, 2011: 67 재인용). 따라서 어떤 영역에서 한 직업이 전문직이 된다는 것은 해당 영역의 독점권을 갖기 위해 치열한 권력투쟁에서 다른 직업들을 이긴다는 것이다.

2) 전문직으로서의 사회복지사

사회복지사를 전문직으로 간주하느냐의 여부는 나라에 따라 그리고 시대에 따라 상이하다. 토렌(Toren)은 체계적 지식과 전문적 규범의 두 가치 측면에서, 사회복지사를 완전전문직이 아닌 '준전문직(semi-professional)'이라고 평가한다(Toren, 1972: 김태성, 1998: 23 재인용). 길버트(Gilbert) 역시 사회복지사를 공동체적 인정과 전문적 권위의 기준에 의해 준 전문직으로 평가한다(김태성, 1998: 23). 반면, 사회학자 에치오니(Etzioni, 1969)는 사회복지사는 훈련기간이 짧고 의사나 변호사에 비해 특유의 의사전달방식이 없어 전문직 조건에 부합하지 않는다고 본다. 사회복지사만이 할 수 있는 고유의 기능이 명확하지 않으며, 사회복지사를 누구나 쉽게 할 수 있다는 인식이 전문직으로서의 사회복지사의 위상을 어렵게 하고 있다(조흥식 외, 2015). 그러나 미국의 경우 사회복지사를 의사, 변호사, 대학교수 등과 함께 전문직으로 분류한다. 한국의 사회복지사들은 일찍부터 전문가조직을 결성하고 자격증제도를 시행했지만 사회복지사에 대한 사회적 처우는 전문가 대접이 아니었다. 또한 정부차원에서 사회복지사 자격증 국가고시제도를 도입하는 등 전문성을 인정하면서도, 사회복지사에 대한 독점적 권한 부여에는 소극적 태도를 보이는 이중성이 있다(조흥식 외, 2015).

나라마다 학자마다 사회복지사의 전문직 여부에 대한 의견이 상이하지만, 사회복지를 실천하는 사회복지사의 업무와 역할이 전문적이라는 것은 분명하다. 사회복지전문직은 사회복지에 대한 전문적인 지식을 가지고 사회복지실천을 하는 직업인으로, 클라이언트를 신체적 · 정신적 · 정서적 · 심리적 · 사회적인 영역에서 대응하며(고수현, 2005: 103) "바람직한 사회적 기능과 사회적 조건을 창출하기 위한 사람들의 능력을 향상시키거나 회복시키기 위하여 개인 · 가족 · 집단 · 지역사회를 원조하는 전문적 활동"을 하는 전문적 직업인이다(Barker, 1995: 고수현, 2005: 103 재인용). 또한, 앞서 살펴본 전문직 개념에 대한 세 가지 이론으로 분석해도 윤리강령과 자격제도가 있으며, 사회복지영역에서 독점성을 갖고 있는 점에서 사회복지직은 전문직임을 알 수 있다.

3) 사회복지사 자격제도

사회복지직이 전문직인 기준으로 자격제도를 들 수 있다. 사회복지사 자격제도(「사회복지사업법」 제11조)는 사회복지에 관한 소정의 전문지식과 기술을 가진 자에게 사회복지사 자격을 부여하고 이들에게 복지업무를 담당토록 함으로써 아동 · 청소년 · 노인 · 장애인 등 보호가 필요한 사람들에게 전문적이고 체계적인 복지서비스를 제공하도록 하는 제도로, 「사회복지사업법」에 의해 자격증의 교부와 결격사유, 국가시험 등에 대한 규정을 통해 사회복지사 자격제도가 운영된다.

사회복지사 자격제도는 1970년에 제정된 「사회복지사업법」에 의해 '사회복지사업종사자자격증'제도가 도입되어 복지에 관한 전문지식과 기술을 가진 자에게 사회사업종사자 자격증을 교부하면서 처음 도입되었다. 그러나 이후 대학에서 사회복지학 전공자가 배출되면서 자격제도의 개정이 필요해졌고, 1983년 개정된 「사회복지사업법」에서 '사회사업종사자' 명칭을 '사회복지사'로 전환하고 사회복지사를 1, 2, 3 등급 체제로 변경하였다(3급은 2018년 폐지됨). 2003년부터는 사회복지사의 전문성 향상을 위해 사회복지사 1급은 국가시험을 통하여 취득하도록 시행되었다. 현행 사회복지사업법의 등급별 자격기준(시행령 제2조 제1항 관련)을 정리하면 다음과 같다.

사회복지사 1급 「사회복지사업법」 제11조 제3항의 규정에 의한 국가시험에 합격한 자

사회복지사 2급

㉠ 「고등교육법」에 따른 대학원에서 사회복지학 또는 사회사업학을 전공하고 석사학위 또는 박사학위를 취득한 자. 다만, 대학에서 사회복지학 또는 사회사업학을 전공하지 않은 경우에는 사회복지학 전공교과목과 사회복지관련 교과목 중 필수과목 6과목 이상(사회복지현장실습 포함, 대학에서 이수한 교과목을 포함하되 대학원에서 4과목 이상을 이수하여야 함), 선택과목 2과목 이상을 이수한 경우에 한하여 사회복지사 자격을 인정한다.

㉡ 「고등교육법」에 따른 대학에서 보건복지부령이 정하는 사회복지학 전공교과목과 사회복지관련 교과목을 이수하고 학사학위를 취득한 자

㉢ 법령에서 「고등교육법」에 따른 대학을 졸업한 자와 동등 이상의 학력이 있다고 인정하는 자로서 사회복지학 전공교과목과 사회복지관련 교과목을 이수한 자

㉣ 「고등교육법」에 의한 전문대학에서 사회복지학 전공교과목과 사회복지관련 교과목을 이수하고 졸업한 자

㉤ 법령에서 「고등교육법」에 따른 전문대학을 졸업한 자와 동등 이상의 학력이 있다고 인정하는 자로서 사회복지학 전공교과목과 사회복지관련 교과목을 이수한 자

㉥ 「고등교육법」에 의한 대학을 졸업하거나 이와 동등 이상의 학력이 있는 자로서 보건복지부장관이 지정하는 교육훈련기관에서 12주 이상 사회복지사업에 관한 교육훈련을 이수한 자(사회복지법인 또는 사회복지시설에 재직 중인 자에 한해 자격 취득이 가능한 과정이다.)

㉦ 사회복지사 3급자격증소지자로서 3년 이상 사회복지사업의 실무경험이 있는 자

영역	과목
사회복지기초	인간행동과 사회환경, 사회복지조사론
사회복지실천	사회복지실천론, 사회복지실천기술론, 지역사회복지
사회복지정책과 제도	사회복지정책론, 사회복지행정론, 사회복지법제론

4. 사회복지 전문직의 개념

5. 사회복지사의 활동과 전문성

한국사회복지사협회는 사회복지사의 활동을 '청소년, 노인, 여성, 가족, 장애인 등 다양한 사회적, 개인적 문제를 겪는 사람들에게 사회복지학 및 사회과학의 전문지식을 이용하여 문제를 진단ㆍ평가함으로써 문제해결을 돕고 지원하는 업무를 담당'한다고 정의하고 있다. 사회복지사는 실천의 방법에 있어서 **일반 사회복지사**(generalist social worker)와 **전문사회복지사**(specialist social worker)로 나눌 수 있다. 일반사회복지사는 사회체계적 관점을 기본으로 하여 개인, 가족, 집단, 조직, 지역사회 등에 이르는 광범위한 클라이언트 체계가 그 강점을 통해 역량을 강화하고 그들이 놓인 환경을 변화시킬 수 있도록 한다. 일반사회복지사와 달리 전문사회복지사는 실천 현장이나 특정 인구집단(아동, 청소년, 여성, 저소득층 등) 또는 특정 사회문제를 중심으로 규정되는 좀 더 좁은 영역에서 특별히 요구되는 전문적 지식이나 기술을 사용하여 클라이언트를 돕는다(한인영 외, 2011). 사회복지 실천 현장에서는 일반사회복지사와 전문사회복지사의 역할이 모두 요구되는데, 현재 우리나라 사회복지사 자격제도와 연관 지어 살펴보면, 사회복지사 1ㆍ2ㆍ3급은 일반사회복지사에 해당하고, 학교사회복지사, 정신건강사회복지사, 의료사회복지사 등은 전문사회복지사에 해당한다.

사회복지의 활동을 일반사회복지사와 전문사회복지사의 구분하는 것 이외에도, 한국사회복지사협회는 사회복지실천의 내용을 기준으로 일반 영역과 확장 영역으로 구분하고 있다. 이 절에서는 한국사회복지사협회의 기준을 중심으로 살펴본다(www.welfare.net).

1) 일반영역

(1) 공적 사회복지영역

공적 사회복지영역은 공공기관에서 복지서비스를 전달하는 영역을 의미하며, 사회복지전담공무원이 활동한다. 사회복지전담공무원은 저소득층에 대한 빈곤의 예방 및 대상자들의 욕구 충족과 사회적 자활을 지원하기 위해 도입되었으며, 「사회복지사업법」에 의해 사회복지사 자격이 있는 자 중 「지방공무원임용령」이 정하는 바에 의해 임용되어 시 · 도, 시 · 군 · 구 및 읍 · 면 · 동 또는 복지사무전담기구에서 사회복지 업무를 담당하는 공무원이다(한국전문대학사회복지교육협의회, 2006). 복지전담공무원의 역할은 관할지역 안에서 사회복지를 필요로 하는 사람 등에 대하여 항상 그 생활실태 및 가정환경 등을 파악하고, 사회복지에 관하여 필요한 상담과 지도를 하는 업무를 맡는다.

(2) 사회복지기관 및 시설 영역

사회복지사업법 제13조 사회복지사의 채용과 관련한 조항에 의해 사회복지법인 또는 사회복지시설에서는 사회복지사를 채용해야 하기에 대부분의 사회복지사들은 사회복지법인과 사회복지시설에서 활동하는데, 지역복지사업, 아동복지, 노인복지, 장애인복지, 모자복지 등의 민간 사회복지기관 등이 그 예이다.

■표 2-3 ■ 사회복지사 활동분야 및 기관

분야	세부기관	주요활동
이용시설	지역사회복지관	-분야별 이용자들에 대한 상담, 경제적 지원, 자원봉사 모집 활동, 프로그램 기획 운영, 심리 · 정서적 지원 등 -자원봉사 모집 관리, 대상자 연결 등
	노인종합사회복지관	
	장애인종합복지관	
	청소년수련관	
	주간보호센터	
생활시설	노인복지시설	-각 분야별 대상자 입소 생활 및 관련 행정업무 -대상자 상담 및 정서적 지원 -후원자 개발 및 연결, 자원봉사 관리 등
	장애인복지시설	
	아동복지시설	
	정신요양시설	
	한부모복지시설	
모금분야	모금단체(한국복지재단, 대한사회복지회 등)	-후원자 개발 및 모금활동 -사회복지 기관에 후원금 배분 및 지원
	모금지원단체(공동모금회, 아름다운 재단 등)	

출처: 손연숙, 허흥무(2009). 재구성

(3) 보건의료영역

사회복지의 보건의료영역은 「의료법」, 「정신건강복지법」에서 규정되며, 의료사회복지사와 정신건강사회복지사가 있다.

- 의료사회복지사: 의료사회사업은 의료시설 내 다학문·다학제적 팀워크로 통합적 관점에서 환자의 질병치료와 건강증진을 위해 치료와 재활에 장애요인이 되는 심리사회적 문제에 개입하여 장애요인을 없애기 위한 활동을 한다. 의료사회사업에서 사회복지사는 병원이나 진료소에서 임상치료팀의 일원으로 질병의 직·간접적인 원인이 되고 치료에 장애가 되는 환자의 심리·사회적인 문제들을 해결하도록 도와주며, 환자가 퇴원한 후에도 정상적인 사회기능을 발휘할 수 있도록 환자와 그의 가족에게 전문적인 사회복지서비스를 제공한다. 의료사회복지사 자격제도는 2020년부터 민간단체자격제도에서 국가자격으로 전환되었다. 사회복지사 1급 자격을 취득한 후 보건복지부 장관이 지정한 수련기관에서 1년 이상의 수련과정을 이수하면 '의료사회복지사' 국가자격이 주어진다.
- 정신건강사회복지사: 정신건강사회복지는 정신보건에 관한 사회복지적 개입을 말하며 다양한 활동들이 포함된다. 정신건강사회복지의 대상은 정신장애인뿐만 아니라 정신장애를 예방하고 정신건강을 증진하는 일반인 전체이다. 정신건강사회복지사는 사회복지사 1급 자격증 소지자가 보건복지부령으로 정하는 수련기관에서 수련하면 자격이 주어지는 국가자격이다. 「정신보건법」이 「정신건강증진 및 정신질환자 복지서비스 지원에 관한 법률(약칭: 정신건강복지법)」로 개정되면서 '정신건강사회복지사'의 명칭으로 변경되었다. 정신건강전문요원의 공통 업무를 수행하면서 정신건강사회복지사의 고유 업무는 정신질환자 등에 대한 사회서비스 지원 등에 대한 조사, 정신질환자 등과 그 가족에 대한 사회복지서비스 지원에 대한 상담·안내가 있다.

2) 확장영역

- 학교사회복지사: 학교사회복지사업은 학교에서 일어나는 학생의 문제들을 학

생-학교-가정-지역사회의 연계를 통해 예방하고 해결하며, 모든 학생이 자신의 잠재력과 능력을 최대한 발휘할 수 있고, 학생복지를 실현할 수 있도록 도와주는 교육기능의 한 부분이며 사회복지의 전문분야이다. 학교사회복지사의 역할은 학생을 위한 개별, 집단 상담 및 치료적 개입에서부터 학생과 가족에게 필요한 자원의 발굴과 연계, 교사를 비롯한 다양한 전문가와 관련기관과의 협력과 공조 등의 활동을 한다(한국학교사회복지사협회, www.kassw.or.kr). 2020년부터 민간자격증에서 국가자격증으로 전환되었다. 사회복지사 1급 자격증 소지자로서, 학교사회복지론을 이수하고, 아동복지론 또는 교육학 관련 교과목 중 1과목 이상을 이수한 자는 학교사회복지사 시험에 합격하면 자격이 주어진다.

• 장애인재활상담사: 국가자격제도로 사회복지사 2급 자격소지자로서 장애인재활 관련 기관에서 3년 이상 재직한 사람은 장애인재활상담사 2급, 장애인재활 관련 기관에서 5년 이상 재직한 사람은 장애인재활상담사 1급 시험에 응시할 수 있다.

• 자원봉사활동관리 전문가: 자원봉사자들을 모집, 배치, 상담, 훈련하고 자원봉사자 활용 프로그램의 개발과 시행, 평가하는 사회복지사이다.

• 교정사회복지사: 현행 법무부산하의 교정시설에서 범죄자의 재활과 범죄 예방에 개입하고 있는 사회복지전문직은 교정사회복지사로 통칭되고 있다.

• 군사회복지사: 군대 내의 의무직에 속하여 환자의 상담과 복귀를 위한 복지업무를 담당하는 사회복지사이다.

생각해 볼 문제

1. 사회복지의 기본 가치인 인간의 존엄성이 왜 중요한지 생각해 봅시다.

2. 수량적 평등, 비례적 평등, 기회의 평등이 적용된 정책의 예를 생각해 봅시다.

3. 베를린의 소극적 자유와 적극적 자유의 개념을 정리해 봅시다.

4. 각 사회복지 이념에서 바라본 국가복지에 대한 생각을 정리해 봅시다.

5. 신우파(신자유주의)가 주장하는 국가 개입의 최소화, 복지의 개인 책임이 사회복지의 기본 가치와 갈등하는 점이 무엇이지 생각해 봅시다.

6. 사회민주주의의 기본 가치는 무엇인지 생각해 봅시다.

7. 전문직 이론으로 사회복지의 전문성을 설명해 봅시다.

8. 사회복지사에게 전문직 윤리가 중요한 이유를 생각해 봅시다.

 참고문헌

고명석, 송금희, 이중엽(2010). **사회복지개론**. 동문사.

고수현(2005). **사회복지실천 윤리와 철학**. 양서원.

권중돈, 조학래, 윤경아, 이윤화, 이영미, 손의성, 오인근, 김동기(2011). **사회복지개론**. 학지사.

김태성(1998). **사회복지전문직과 교육제도**. 소화.

박광덕(2002). **사회복지개론**. 삼영사.

박형진(2009). 신자유주의적 세계화와 사회복지정책의 윤리적 가치. 극동사회복지저널, 5, 33-57.

손연숙, 허홍무(2009). **사회복지의 이해**. 범론사.

송근원, 김태성(1995). **사회복지정책론**. 나남.

이원숙(2008). **사회복지실천론**. 학지사.

이종복, 전남련, 이권일, 이상호, 정현숙, 권태연, 김덕일, 권경미, 강상길, 박순철, 이숙자 (2008). **사회복지개론**. 학현사.

이준우, 이화옥, 임원선(2006). **사례와 함께하는 사회복지실천론**. 인간과 복지.

정민자, 김대득, 김동진, 김운화, 정상기, 조미영(2009). **사회복지개론**. 유풍.

조흥식, 김상균, 최일섭, 최성재, 김혜란, 이봉주, 구인회, 홍백의, 김상경, 안상훈(2015). **사회복지개론**. 나남.

한국전문대학사회복지교육협의회(2005). **사회복지실천론**. 양서원.

한인영, 권금주, 김경미, 김수정, 김지혜, 김희성, 석재은, 어윤경, 이홍직, 정익중, 조상미, 최명민, 현진희(2011). **사회복지개론**. 학지사.

Berlin, I. (1969). *Four essays on liberty.* Oxford University Press.

Cullen, J. B. (1978). *The structure of professionalism: A quantitative examination.* Petrocelli.

Etzioni, A. (1969). *The semi-professions and their organization: Teachers, nurses, social workers.* Free Press.

Friedlander, W. A. (1958). *Concepts and methods of social work.* Prentice Hall.

Friedman, M. (1962). *Capitalism and freedom.* The University of Chicago Press.

George, V., & Wilding, P. (1976). *Ideology and social welfare.* Routledge & Kegan Paul.

George, V., & Wilding, P. (1994). *Welfare and ideology.* 김영화, 이옥희 역(1999). 복지와 이데올로기. 한울.

Greenwood, E. (1957). Attributes of a profession. *Social Work, 2*(3), 45-55.

Stone, D. A. (1988). *Policy paradox and political reason.* Scott, Foresman, and Company.

Taylor, G. (2007). *Ideology and welfare.* 조성숙 역(2009). 이데올로기와 복지. 신정.

Toren, N. (1972). *Social work: The case of a semi-profession.* Sage Publication.

Willensky, H. L. (1964). The professionalization of everyone? *American Journal of Sociology, 70*(2), 137-158.

한국사회복지사협회. www.welfare.net
한국학교사회복지사협회. www.kassw.or.kr

제3장

사회복지의
구성요소

사회복지를 구성하는 요소는 크게 사회적 욕구, 자원과 주체, 전달
체계, 실천대상, 공급자 등으로 나눌 수 있다. 이 장에서는 이러한
각 요소의 개념정의와 특징, 각각의 유형에 대해 학습함으로써, 사
회복지의 개요를 익히고자 한다. 특히 급격하고 다양한 사회복지 환
경 변화로 인해 사회복지 주체가 다변화되고 있으며, 전달체계도 그
효율성을 증진시키기 위해 새롭게 변화를 추구하고 있다. 더불어 사
회복지의 실천대상도 단순한 분류를 넘어서는 매우 복잡한 체계로
빠르게 변화하고 있다. 이를 위해 사회복지 공급자도 그 유형이 더
욱 세분화되고 있는 추세이다. 이러한 변화에 대해 학습함으로써 사
회복지를 구성하는 기본 개념과 특징에 대해 효과적으로 살펴볼 수
있게 될 것이다.

1. 사회적 욕구

인간은 누구나 무엇인가를 원하는 상태를 말하는 '요구(needs)'와 '욕구(wants)'를 가진다. 그러나 이 둘은 다소 차이가 있는데 요구는 '인간이 필요로 하는 주거, 의복, 음식, 물과 같이 인간의 생존에 필수적인 것'을 의미하고, 욕구는 '요구보다 한 단계 더 나아간 것으로 인간의 생존에 필수적인 것은 아니지만 바람이나 소망, 욕망하는 것'을 말한다(Wikipedia, 2020).

이와 같이 인간의 요구와 욕구는 인간이 가지는 기본적 욕구라고 볼 수 있다. 인간의 기본욕구가 사회적 욕구로 변화하게 되는 것은 인간이 처한 사회적 환경이나 여러 가지 기회제한, 어려움 때문에 그러한 기본욕구를 충족시키지 목하는 사회구성원들이 많아져 이것이 한 집단의 욕구로 표현될 때 우리는 이것을 사회적 욕구라 정의할 수 있다. 따라서 사회적 욕구는 사회, 정치, 문화적 맥락을 띠고 있으며, 사회적 수단에 의해 해결되어야 하는 특성을 가지고 있다.

인간의 기본욕구에 대해서는 매슬로(Maslow, 1954)와 브래드쇼(Bradshaw, 1972)의 욕구유형 구분이 욕구를 이해하는 데 매우 유용한 지침이 된다. 다음에서는 이 두 학자의 욕구유형구분을 자세히 살펴보고, 이것이 사회적 욕구로 어떻게 나타나고 해결될 수 있는지 알아보고자 한다.

1) 매슬로의 욕구유형

매슬로(Maslow)는 인간이 기본생활을 유지하는 데 있어 필요로 하는 욕구를 5단계의 위계욕구로 구분하였으며 이를 통해 인간의 행동이 동기화된다고 하였다.

(1) 생리적 욕구

생리적 욕구는 가장 기본적이면서 필수불가결한 욕구로 보통 의식주 욕구나 성적 욕구, 고통을 피하려는 욕구 등이 해당된다. 이는 인간으로서 생명을 유지하기 위한 가장 필수적이고 기본적인 욕구로, 이 욕구가 충족될 때 다음 단계의 욕구가 발현될 수 있다.

67

(2) 안전의 욕구

안전의 욕구는 폭력이나 위협 등으로부터 자기의 신체와 정신의 안전을 보호받고자 하는 욕구이다. 안전의 욕구가 충족되지 않으면 인간은 불안이나 두려움을 느끼게 되고, 더 높은 단계의 욕구를 갈망하기 어렵게 된다.

(3) 애정, 소속의 욕구

애정과 소속의 욕구는 타인으로부터 사랑받고, 사랑을 주고자 하는 욕구, 어떤 집단에 소속되어 그 구성원이 되고자 하는 욕구를 의미한다.

(4) 자기존중의 욕구

자기존중의 욕구는 자기에 대한 존중감을 확보할 뿐 아니라, 다른 사람으로부터 자기를 존중받으려는 욕구를 말한다. 자신의 능력이나 지위, 우월성 등을 통해 타인에게 자기를 인식시키며 그 사람들로부터 존중을 받고자 하는 욕구이다.

(5) 자아실현의 욕구

자아실현의 욕구는 매슬로의 욕구위계 중 가장 높은 단계에 해당하는 욕구로 인간이 가진 잠재력을 최대한 발휘하여 높은 이상을 실현하고자 하는 욕구를 말한다. 탐구력이나 창의력 등을 발휘함으로써 자아를 발견하고, 자기를 최대한 실현하는

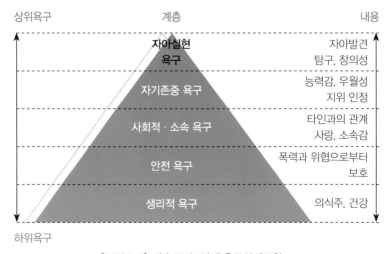

[그림 3-1] 매슬로의 5단계 욕구위계모형

출처: Douglas(1996).

것에 해당된다.

2) 브래드쇼의 욕구유형[1]

(1) 규범적 욕구

규범적 요구는 사회의 기준이나 규범에 따라 정의된 것으로 주로 전문가들에 의해 규정된다. 예를 들어, 적절한 주거환경, 영양기준, 빈곤선, 최저임금 등이 해당된다. 이 욕구 기준은 기존의 서비스 수준과 비교 가능한 비율로 표시되는데 실제 비율이 특정 기준에 미치지 못하면 욕구가 존재한다고 본다. 이 욕구의 장점은 계량화가 쉽고 측정이 용이하다는 것이며, 약점은 전문가 간 견해차이에 따른 차이가 발생할 수 있고, 지식, 기술, 가치 변화에 탄력적으로 대응하기 어렵다는 점이다.

(2) 인지적 욕구

인지적 욕구는 어떤 당사자 스스로가 자신이 필요하다고 느끼는 그것을 인지하는 것을 말한다. 주로 면접이나 전화, 우편조사 등의 사회조사를 통해 당사자가 어떤 욕구를 가지고 있는가를 조사함으로써 인지적 욕구가 파악된다. 예를 들어, 우울증이나 알콜 문제 등을 해결하기 위한 지역사회 치료 서비스가 필요하다고 생각하느냐, 생긴다면 이용하겠느냐 라는 질문에 '그렇다'고 응답한 응답자는 그러한 서비스가 필요하다고 인지하는 것이다. 그러나 문제점은 '그렇다'고 응답한 응답자라도 그러한 욕구가 시간의 변화에 따라 바뀔 수 있으며, 자신이 인지하고 있는 것을 반드시 행동으로 표현하지는 않기 때문에(예: 서비스가 생겼을 경우 자신이 해당 문제를 가지고 있더라도 찾아가지 않는 경우 등) 실제 욕구와 차이가 있을 수 있다는 점이다.

(3) 표현적 욕구

표현적 욕구는 어떤 욕구를 갖는 당사자가 그것을 표현하여 실제 그 욕구를 충족하기 위한 행동을 취함으로써 나타나는 욕구를 말한다. 예를 들어, 금연서비스가 필요한 사람이 보건소에 찾아가 금연프로그램에 참가하고자 신청서를 내거나 대기자

---

1) 출처: Bradshaw(1972).

리스트에 자기 이름을 올려놓는 등의 행위를 통해 나타나는 욕구이다. 이 욕구는 실제 서비스 공급 수요를 적절하게 파악하여 제공할 수 있다는 점에서 매우 유용하지만, 정보의 부족이나 교통수단의 부족 등으로 인해 행동으로 자신의 욕구를 표현하기 어려운 집단이 있을 수 있다는 점에서 한계를 가지고 있다.

⑷ 비교적 욕구

비교적 요구는 한 지역의 욕구와 유사한 다른 지역에 존재하는 서비스와의 차이에서 측정되는 욕구로서, 여러 가지 조건이나 환경이 비슷한 두 지역 중 한 지역에서는 제공되고, 다른 지역에서는 제공되지 않을 때 욕구를 파악하여 비교할 때 유용한 기준이다. 이 욕구는 집단 간 또는 지역 간 비교를 용이하게 함으로써 욕구의 수준을 정할 수 있다는 점에서 유용하나, 실제의 욕구와는 차이가 있을 수 있다는 점에서 한계를 가진다.

3) 사회복지와 사회적 욕구

이와 같이 인간이 가지는 기본 욕구가 무엇인지에 대해 살펴보았다. 또한 이것이 결핍되거나 충족되지 않을 때 사회적 욕구로 나타날 수 있음에 대해 살펴보았다. 즉, 사회적 욕구는 개인이나 사회가 생존과 발전을 위해서 필요로하는 요구로 의식주 외에도 의료, 교육, 교통, 에너지, 물, 고용, 안전, 안보 등을 사회적 욕구라고 말할 수 있다. 그렇다면 사회복지와 사회적 욕구는 어떠한 관계가 있는가?

사회복지는 광의의 의미로 볼 때 사회적 욕구를 충족시키기 위한 목적이자 수단이 된다. 사회복지가 욕구를 가진 자들에 대해 그들이 필요로 하는 자원을 전문적 활동을 통해 연결시켜 주는 것이라고 할 때, 사회복지는 결국 사회적 욕구를 충족시키는 활동을 할 때 그 의미를 가지게 된다.

사회적 욕구는 여러 사회적 위험 요인으로 인해 개인의 기본욕구를 충족시키지 못하는 사회 구성원의 수가 많아질 때, 따라서 개인의 문제가 사회문제의 성격을 띠게 되고, 그 사회문제가 개인이나 가족, 사회 전체에 영향을 미치게 될 때 그것은 하나의 사회적 욕구가 된다(윤철수 외, 2020). 김상균(1987: 21-22)은 사회적 욕구는 해결방법이 사회적이고 공통적이어야 하고, 욕구해결의 주요 동기가 이윤을 추구하는 것이 되어서는 안 된다고 강조하고 있다. 따라서 사회적으로 해결이 필요한 욕구가 사회적 욕구이고, 이러한 사회적 욕구를 충족시키기 위한 노력이 사회복지가 되는 것이다.

2. 사회복지의 자원과 주체: 국가, 시장, 비영리민간

사회복지의 주체는 누가 정책을 입안하고, 누가 실천하느냐와 관련이 있다. 일반적으로 국가가 사회복지의 주체라고 생각하기 쉽고, 복지국가에서는 국가가 주도적인 사회복지 주체로서 그 역할을 해 왔지만, 1970년대 중반 복지국가의 위기와 1980년대 복지국가 재편 체계를 맞으며 사회복지 주체가 매우 다양해지고, 이러한 다양성에 대한 관심이 증대되었다(현외성, 2000).

길버트 등(Gilbert & Terrell, 1998: 3: 현외성, 2000: 127에서 재인용)은 사회복지 공급 또는 전달체계의 주체를 가족, 종교, 기업, 시장, 상호부조, 정부 등으로 분류하고 있고, 존슨(Johnson, 1987: 현외성, 2000: 127에서 재인용)은 국가, 자발적(자원의) 부문, 비공식적 부문, 사업부문 등으로 구분하고 있다. 이러한 분류를 기초로 이 절에서는 사회복지의 주체를 크게 국가, 시장, 비영리민간 영역으로 구분하여 살펴보고자 한다.

1) 국가

국가는 사회복지의 공급과 전달체계의 주체로서 중앙정부나 지방자치단체 등과 같은 공공기관에 의해 복지주체로서의 역할이 수행된다. 지난 수십 년간 중앙정부의 복지주체로서의 역할이 크게 성장해 왔는데, 특히 제2차 세계대전 이후 복지국가를 기치로 내세우는 국가들이 많아지면서 중앙정부가 수행해야 하는 복지영역이 확대되었다. 국가에서 제공하는 복지는 다른 말로 공공복지라 할 수 있는데 이러한 공공복지는 다음과 같은 특성을 지닌다(권중돈 외, 2019; 최상미, 김아래미, 2020; 현외성, 2000).

첫째, 국가는 사회복지의 가장 포괄적이고 기초적인 서비스를 제공하는 주체이다. 복지국가의 이념 자체가 인간다운 삶의 실현이라는 이념이기 때문에 국가는 가장 기초적이면서 포괄적인 사회복지서비스를 제공하는 것에 초점을 둔다. 국민 전체의 생존권을 평등하게 보장하고, 통일성 있는 사회복지를 제공하기 위해서는 정부의 예산을 통해 적절한 규모의 사회복지를 수행해야 하는 책임을 가진다.

둘째, 국가는 각종 민간단체나 자원단체, 비공식 부문에 대해 국가보조금을 지원하여 사회복지서비스를 공급, 전달하도록 돕는다. 이는 국가가 직접적으로 수행하기 어려운 다양한 영역과 대상에 대한 사회복지서비스를 민간이나 자원단체가 수행하도록 재정적으로 직·간접 보조를 지원함을 의미한다.

셋째, 국가는 사회복지 주체의 감독자로서의 역할을 수행한다. 국가 자체가 사회복지 수행 주체이기도 하지만, 보조금 등을 통해 민간, 비영리, 자원단체 등이 수행하는 사회복지사업에 대해 규제하고 감독하는 역할을 함으로써 국가가 의도하는 사회복지정책 목표를 달성하도록 개입하는 것이다.

이와 같은 특성을 지닌 공공복지는 몇 가지 한계점을 가지고 있다.

첫째, 국가(중앙정부)의 사회복지서비스는 다양한 인구집단이 갖는 다양한 욕구와 문제에 적절하고 신속하게 대처하기 어려운 구조를 가지고 있다. 관료주의에 의해 접근성이나 의사소통의 탄력성이 떨어지고, 거시적 측면에서의 정책을 수행해야 하다 보니, 국가구조 자체가 경직되어 있어 국민들의 복지욕구에 적절하게 대응하지 못하는 한계를 지닌다.

둘째, 국가복지는 제도적, 실천적 결함을 지닌다. 다시 말하면, 아무리 빈곤정책, 보건정책, 연금정책 등을 수립하고 수 차례 개정과 보완을 거쳐도 여전히 수백만 명의 빈민과 연금혜택을 받지 못하는 사각지대의 인구층이 존재한다. 이는 국가의 복지정책과 제도가 가지는 태생적 한계를 의미하기도 한다.

셋째, 국가복지는 국민의 증대하는 욕구를 충족시키기보다 복지의존층을 양상하거나 복지예산을 비효율적으로 사용하는 대표적 사례가 된다. 복지수혜의 중복화, 파편화, 비지속성 등은 국가복지의 대표적인 약점이다.

우리나라의 공공사회복지 지출 규모가 꾸준히 증가해 왔다고는 하지만, 2018년 현재 GDP대비 11.1%로 나타나 OECD의 주요 국가들 수준에 많이 미치지 못하는 수준이며, 이는 우리나라 공공복지의 수준이 절대적인 공급량에 있어 비교대상의 상대 국가들에 비해 낮은 수준임을 입증해 준다.

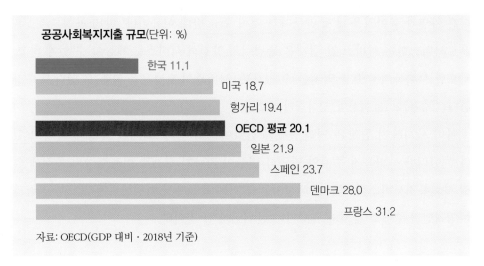

공공사회복지지출 규모(단위: %)

한국 11.1
미국 18.7
헝가리 19.4
OECD 평균 20.1
일본 21.9
스페인 23.7
덴마크 28.0
프랑스 31.2

자료: OECD(GDP 대비 · 2018년 기준)

[그림 3-2] **국내총생산 대비 공공사회복지지출**[2]

2) 시장

국가 외에 시장도 사회복지의 주체로서 자리 잡아 가고 있다. 여기서 말하는 시장이란 영리를 목적으로 하는 주체가 시장원리에 의존하여 복지서비스 이용요금을 부과하고, 이를 통해 이윤을 남기고자 하는 것을 의미한다. 이들은 이용자들로 하여금 서비스를 구매하게 하고, 자유시장 원리에 따라 이윤을 추구하기 위해 경쟁적인 생존노력을 펼친다.

우리나라의 경우 사회복지 주체로서의 영리조직, 즉 시장영역에서의 복지공급은 장기요양제도 및 바우처 사업 등을 필두로 시작되었다(김승용, 2010). 영국이나 미국, 일본 등에서는 이러한 시장영역에서의 복지공급이 이미 일찍부터 발달하기 시작했고, 다양한 형태로 발전해 왔다.

시장, 즉 영리영역에서 사회복지 주체로 활동하는 것에는 찬반양론이 존재한다. 반대 입장에서는 사회복지서비스 이용을 유료화할 때 대부분의 이용자들이 취약한 계층에 속하는 노인이나 장애인, 아동 등인데 이들은 비용지불 능력이 약하며, 사회복지서비스의 성격 자체가 공공성을 많이 띠고 있는데 이렇게 시장화시킬 경우 꼭 필요한 필수재인 서비스를 받지 못하게 될 것이고, 이는 결국 취약계층에 대한 또

2) 출처: 시사저널(2020).

다른 차별과 불이익을 낳게 만든다는 것이 주요 반대 이유이다. 반면 찬성론자들은 유료서비스화는 서비스 간 경쟁을 촉진시켜 양질의 서비스를 제공할 수 있게 하고, 과도한 사회복지 수요를 억제할 수 있으며, 서비스의 오남용을 막을 수 있다고 주장한다(김승용, 2010; 최상미, 김아래미, 2020).

이미 사회복지 현장은 영리주체의 진입이 이루어져 그 세를 확장해 나가고 있다.[3] 이러한 사회복지 주체의 민영화 현상이 지나친 경쟁과 이윤추구의 목적에 의해 사회복지서비스의 최일선 대상자들의 기본 욕구마저 희생시키지 않도록 공공과 비영리민간 주체의 감시와 규제가 수반되어야 할 것이다.

3) 비영리민간

비영리민간이 사회복지의 주체로서 활동해 온 것은 공공(국가)복지의 역사보다 길다고 할 수 있다. 이미 1601년 영국의 구빈법이 탄생하기 이전부터 각종 자선단체들이 사회적 약자를 돕기 위해 활동해 왔기 때문이다. 비영리민간조직은 영리를 목적으로 하지 않는 일종의 자원조직(voluntary organization)으로서 그 규모나 형태, 기능이 매우 다양하기 때문에 개념정의가 쉽지 않다. 비영리조직은 제3부문으로 정의되기도 하는데 이는 영리를 목적으로 하지 않는 문화, 교육, 의료, 사회복지서비스, 종교, 시민사회운동을 수행하는 단체들을 일컫는 말이기도 하다. 이러한 비영리조직은 나라마다, 문화마다 그 유형과 명칭이 다양하지만, 적어도 사회복지서비스에 있어서는 그 양상이 유사하다고 할 수 있다.

우리나라에서 사회복지 주체로서의 비영리민간이라 함은 주로 사회복지법인을 의미한다(박영선, 2007: 83). 물론 사회복지 주체로서 사단법인이나 재단법인, 종교법인 등도 다양한 활동을 하고 있지만, 대표적으로 비영리민간단체라 할 때 사회복지법인을 떠올리게 된다. 사회복지법인은 1970년 제정된 「사회복지사업법」에 준하여 설립된 특별법인으로 '사회복지사업'을 수행할 목적으로 설립된 법인을 말한다. 이들 법인은 비영리의 공익적 목적을 위해 일정 재산을 내놓게 되며, 국가로부

---

3) 최재성(2019: 5)의 연구에 따르면 사회복지서비스 공급시장에는 비영리민간보다 영리민간사업자가 전체 공급시장에서 더 많은 활동을 하고 있으며, 그 규모는 무려 63%에 달한다고 한다. 이는 영리민간의 사회복지서비스 공급이 지속적으로 증가하고 있음을 의미한다.

터 보조금을 지원받아 사회복지사업을 수행하게 되고, 이에 대한 규제와 감독을 받는 단체이다. 사회복지법인 제도가 등장한 1970년대 이후 약 50여 년간 약 3배 정도의 규모로 그 수가 증가했다는 추계가 있는데, 이는 지난 50여 년간 사회복지 주체로서의 비영리 민간단체의 수가 급증했음을 의미한다(김영종, 2018: 72).

사회복지공급 주체로서 비영리민간조직에 있어서의 최근 10~15년간의 또 하나의 큰 변화는 사회적 협동조합과 사회적 기업의 등장과 급증이다(최재성, 2019: 8). 2007년 55개였던 사회적 기업이 2018년 2,123개, 2012년 1개로 출발했던 사회적협동조합이 2018년 1,085개로 급증한 것을 볼 때 이제 비영리민간영역에서도 사회복지 공급주체가 매우 다양해지고 복잡해지고 있음을 알 수 있다.

우리나라에서 특정 시기에 비영리민간단체가 급속하게 증가한 현상이 공공영역이 충분히 확장된 후 일어난 현상이 아니라, 공공부문의 기초적인 책임을 민간에게 전가해서 사회복지서비스 확장을 민간영역을 활용해 이루었다는 비판을 받기도 하지만(김영종, 2004: 12), 태동의 배경과 이유를 막론하고 현재 우리나라에서 비영리민간영역이 사회복지 주체로서 활동하고 있는 그 절대적인 수와 질에 있어서는 어떤 영역보다도 강력하기 때문에, 이 주체가 공공과 다양한 방식으로 협력관계를 유지해 나간다면 복지서비스의 동반자적 협력을 이루어나갈 수 있을 것이고, 비영리민간조직도 그 자체의 역량을 강화해 나가며 다양한 복지환경 변화에 대처해 나갈 수 있게 될 것이다.

지금까지 국가, 시장, 비영리민간 등 세 영역으로 나누어 사회복지 자원과 주체에 대해 살펴보았다. 각각의 주체가 가지는 역할과 한계는 매우 명확하다. 따라서 이세 주체가 또 다른 주체(비공식부문 등)와의 협력과 상호보완을 통해 사회복지의 공급량과 질을 개선, 발전시켜 나가야 할 것이다.

3. 사회복지의 전달체계

1) 사회복지 전달체계란

사회복지서비스 전달체계란 사회복지의 조직적 환경인 사회복지기관 및 시설과 중앙에서 지방정부에 이르는 모든 공사조직 등 일체의 공·사적 복지기관과 이들 기관의 서비스 전달망을 말한다. 즉, 사회복지서비스 제공자 간, 또는 서비스 제공자와 수혜자 간에 존재하는 조직체계와 서비스의 이동통로를 가리키는 것이다(권중돈 외, 2019: 178). 이러한 모든 공사기관들은 정부의 정책 혹은 민간기관의 방침에 따라서 그 조직에 속해 있는 인력이 복지대상자에게 어떤 성질의 서비스를 제공하느냐를 결정짓게 된다. 따라서 전달체계란 정책 및 프로그램을 공급자와 수혜자 간에 상호 연결시켜 주는 매개체로, 정책 및 프로그램의 대상자 선정, 자격요건 및 지원내용 등에 관한 사회복지정책은 전달체계를 통하여 비로소 실현된다(김정희 외, 2010). 사회복지 전달체계가 제대로 확립되지 않으면 지역주민들은 서비스욕구가 발생해도 어디에 가서 어떤 서비스를 받을 수 있는지 알 수 없게 되고, 서비스를 공급하는 자들도 그것을 필요로 하는 사람들에게 효율적으로 서비스를 전달할 수 없게 된다. 따라서 아무리 좋은 제도와 자원이 있어도 서비스를 적절한 대상과 시간에 맞춰 배분할 수 없게 되며, 결국 서비스의 중복이나 누락, 자원의 낭비를 가져오게 된다. 그러므로 효율성 있는 전달체계를 구축하고, 이를 작동시키기 위한 많은 노력이 요구된다.

2) 효과적인 전달체계의 기준

전달체계가 효과적으로 작동하는지를 평가할 수 있는 기준이 몇 가지 있다(김영종, 2019: 401-402).

첫째, 충분성이다. 지역사회의 문제 해결을 위해 충분한 양과 질의 서비스가 제공되고 있는지를 평가해야 한다.

둘째, 접근성이다. 서비스를 필요로 하는 주민이 서비스 활용에 따른 장애를 가지고 있지 않은지를 평가해야 한다.

셋째, 연속성이다. 지역 서비스 전달체계 내의 모든 기관과 프로그램이 서로 얼마나 근접해 있는지를 평가해야 한다.

넷째, 비파편성이다. 전달체계 내에서 서비스 편중이나 누락이 없는지를 평가해야 한다.

다섯째, 책임성이다. 전달체계에 주어진 사회적 위임과 기대들을 체계 내 조직과 프로그램들이 적절히 소화시키고 있는지를 평가해야 한다.

전달체계는 서로 독립적이기보다는 밀접하게 연관되어 서비스 통합을 이뤄내야 한다. 기존의 공급자 중심의 서비스 전달보다는 서비스 수요자의 관점에서 전달체계를 개선하려는 노력이 필요한 것이다.

3) 전달체계의 흐름도

현재 우리나라 사회복지서비스 전달체계는 공공과 민간 전달체계로 나눌 수 있는데, 공공 전달체계에서는 사회보험과 공공부조를 담당하고, 사회서비스는 지방정부를 통해 전달되기도 하지만, 민간 전달체계를 통해 전달되는 경우가 많다. 따라서 공공과 민간 전달체계를 구분하는 것이 현실적으로 전달체계를 이해하는 데 도움이 되지 않는다는 주장이 많다. 왜냐하면 이미 사회서비스 조직의 대부분이 운영에 있어 공공과 민간의 전달체계로부터 자원을 공급받고 있기 때문이다(최상미, 김아래미, 2020).

일반적으로 볼 때 중앙부처인 보건복지부나 여성가족부, 교육부, 고용노동부, 국토교통부 등이 사회복지, 여성복지, 교육복지, 고용복지, 주거복지 등의 최상위 전달자가 되고, 지방의 시·군·구 또는 지방교육청 및 지방노동관서가 중간전달자가 된다. 지역의 읍·면·동이나 사회복지시설, 학교, 기타 수행기관은 최종 전달기관이 되어 현물이나 현금, 서비스 등을 국민에게 직접 제공하게 된다.

일례로 공공사회복지서비스 중 국민기초생활보장제도의 전달체계를 살펴보면 다음 [그림 3-3]과 같다.

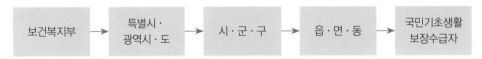

[그림 3-3] 국민기초생활보장제도 전달체계 흐름도

4) 전달체계의 문제점 및 개선방안

이미 살펴본 바와 같이 사회복지 전달체계는 공공과 민간으로 구분된다. 현재 우리나라 공공복지 전달체계의 가장 큰 문제점은 중앙부처별로 독립되고 분절된 운영구조를 가지고 있다는 것이다. 다시 말하면, 보건복지부가 정책을 수립하면 행정안전부 산하의 시도, 시·군·구를 통해 읍면동으로 업무가 시달되고 있어 정책결정기관과 집행기관이 상호 분리됨으로써 발생하는 문제가 심각한 상태이다. 예를 들어 사회보험에 있어서도 보건복지부가 국민연금을 담당하고, 노동부가 고용보험과 산재보험을 관리하며, 행정안전부가 공무원 연금을 맡고 있어 소득보장서비스 전달체계가 전혀 통합을 이루지 못하고 있다. 또한 지방자치단체에 따라 복지서비스 전달이 이원적 체계를 가지고 있거나 대상자 급여기준도 상이한 경우가 있어 보건과 사회복지업무가 상호 분리되어 서비스의 중복이나 누락현상이 나타나고 있다.

한편, 민간전달체계에 있어서는 매우 복잡하고 다양한 형태의 시설과 운영주체가 존재하기 때문에 이를 지도 관리감독 하는 관청도 천차만별이며, 따라서 설치 및 운영기준도 제각각이다. 또한, 지역적으로 시설 설치가 매우 불균형적으로 분포되어 있어 특정 지역 주민에게는 민간서비스 접근성이 매우 열악하다는 문제를 안고 있다.

이러한 전달체계의 문제점들을 개선하기 위해서는, 첫째, 일원화되고 통합된 전달체계 구축, 둘째, 지역적 편차를 해소하기 위한 중앙과 지방정부 차원의 노력, 셋째, 사회복지정보망의 통합화, 넷째, 공공과 민간, 민간 간 네트워크 확립이 필요하다.

4. 사회복지의 실천대상: 개인, 사회체계

사회복지의 실천대상은 매우 다양하다. 가장 작은 단위인 개인으로부터 가족, 소집단, 지역사회, 사회 등 그 범위나 유형이 제각각이다.

1) 개인대상 사회복지실천

(1) 정의

개인대상 사회복지실천은 개인이 자신의 문제나 욕구를 해결하기 위한 역량을 강화하도록 돕고, 이를 통해 자신의 기능과 잠재력을 최대한 발휘할 수 있도록 돕는 것을 의미한다.

(2) 목표

개인대상 사회복지실천의 목표는 개인을 1:1 방식으로 도움으로써 개인문제와 사회문제를 해결하는 것이다.

(3) 특징

개인대상 사회복지실천에 있어 몇 가지 특징들을 설명하면 다음과 같다(김경호, 2010: 76).

- 예방보다는 치료를 중심으로 문제해결을 도모한다.
- 개인이 환경에 적응하도록 돕고, 개인에게 문제가 되는 사회, 경제적 환경을 변화시키도록 돕는다.
- 개인의 문제에 초점을 두고 개별화된 원조를 제공한다.
- 개인의 문제해결을 위해 사회복지사와 클라이언트와의 관계를 중시한다.
- 다양한 모델과 접근방법을 활용하여 개인의 적응, 개인과 환경간의 상호작용에 변화를 꾀한다.

2) 가족대상 사회복지실천

(1) 정의

가족대상 사회복지실천은 '가족의 모든 구성원들이 각자의 발달적, 정서적 욕구를 충족하면서 가족들이 보다 기능적으로 역할 할 수 있는 것을 배울 수 있도록 돕는 것'을 말한다(Collins et al., 이화여자대학교사회복지연구회 역, 2001: 20-21).

(2) 목표

가족대상 사회복지실천의 목표는 다음과 같다(Collins 외 저, 이화여자대학교사회복지연구회 역, 2001: 21).

첫째, 가족이 변화를 위해 준비하도록 가족의 강점을 강화하는 것

둘째, 가족치료 후 지속적인 지원을 제공함으로써 가족이 효과적으로 가족기능을 수행할 수 있도록 돕는 것

셋째, 효과적이고 만족할 만한 일상생활을 유지할 수 있도록 가족기능 수행에 있어 구체적인 변화를 창출하도록 돕는 것

(3) 원칙

가족대상 사회복지실천에 있어 지침이 되는 몇 가지 원칙들을 설명하면 다음과 같다(Collins 외 저, 이화여자대학교사회복지연구회 역, 2001: 71-75의 내용을 재구성).

- 가족을 도울 수 있는 가장 좋은 장소는 바로 그 가족의 집이다.
- 가족대상 사회복지실천은 가족이 스스로 문제를 해결하도록 가족을 역량강화 하는데 중점을 둔다.
- 가족대상 사회복지실천은 개별화 원칙을 준수해야 한다.
- 가족대상 사회복지사는 가족의 즉각적인 욕구에 먼저 반응한 다음 장기적 목표를 이루기 위해 노력해야 한다.
- 가족은 하나의 체계이기 때문에 한 가족 구성원에 대한 개입은 전체 가족 구성원에게 영향을 줄 수 있다.
- 가족대상 사회복지사와 가족은 상호 협력적인 원조관계를 이루도록 노력해야 한다.

3) 지역사회대상 사회복지실천

(1) 정의

지역사회대상 사회복지실천은 지역사회의 기능을 향상시키고, 지역사회 구성원들의 사회적 욕구와 관심을 해결하기 위한 능력을 증대시키는 것이다.

(2) 목표

지역사회대상 사회복지실천의 목표는 다음과 같다.

첫째, 지역사회 내 기관 간 협력을 추구한다.

둘째, 지역의 클라이언트를 옹호한다.

셋째, 사회적 지지체계를 개발하여 지역의 클라이언트를 원조한다.

넷째, 서비스 중복이나 누락 등을 방지하고 효과적인 서비스를 제공하기 위해 서비스를 제공한다.

다섯째, 욕구가 있으나 지역에 존재하지 않는 프로그램을 개발한다.

(3) 개입모델

지역사회대상 개입은 다음의 세 가지 개입모델이 대표적이다(Sheafor et al., 서울대사회복지실천연구회 역, 1998: 160)

- 지역개발모델: 이 모델은 지역에 소속감을 공유하는 사람들이 지역문제의 특성과 해결해야 할 것에 대한 합의에 도달할 수 있을 것이라고 믿는다. 따라서 시민들의 참여와 사고의 공유, 민주적 의사결정, 협력, 자조를 강조한다.
- 사회계획모델: 이 모델은 문제해결을 위한 서비스 전달체계에 초점을 맞춘다. 문제해결을 위해서는 법적, 경제적, 정치적 요소가 중요함을 인정하고, 평범한 시민들의 참여도 중요하지만, 힘이나 권력, 영향력을 가진 사람들을 활동에 참여시키는 것을 강조한다.
- 사회행동모델: 이 모델은 사회정의를 실현하고 빈곤층 등 소외된 집단을 위해 필요한 변화를 이루기 위한 노력과 관련된다. 힘을 가진 자들과 직면할 때 변화가 이루어질 수 있다고 믿는다.

5. 사회복지 공급자의 유형

사회복지 공급자의 유형은 가장 대표적으로는 사회복지를 실천하는 주체가 공공조직(정부의 행정기관, 또는 이에 준하는 공공기관)인가 아닌가에 따라 공공부문과 민간부문으로 나눌 수 있다. 이와 같은 구분 이외에도 영리를 추구하느냐 그렇지 않느냐를 구분하는 영리부문, 비영리부문으로 나눌 수 있고, 제공되는 서비스가 조직적이고 공식적인 기구나 장치를 통해 전달되는가 여부에 따라 비공식부문, 공식부문으로 나눌 수 있다. 이와 같은 유형별 분류를 간략하게 살펴보면 다음과 같다.

1) 공공부문 vs 민간부문

(1) 공공부문

중앙정부나 지방정부, 또는 이에 준하는 공공기관이 일정한 조건에 해당되면 누구나 차별 없이 서비스를 받을 수 있게 하되 서비스 자격요건이 엄격하다는 특징을 가진다. 운영재원은 국가 또는 지방자치단체의 조세수입으로 충당한다.

중앙정부는 특히 다음의 세 가지 방식을 활용하여 사회복지 서비스를 공급하고 있는데, 첫째, 특정한 범주에 속한 모든 사람들에게 소득, 고용상태와 상관없이 보편적 급여를 제공한다. 둘째, 사회보험체계를 운영함으로써 급여를 제공하는데, 급여의 수급은 고용상태나 기여금 납부 여부에 따라 결정된다. 셋째, 특정 수급조건에 해당하는 사람들을 대상으로 자산조사나 소득연계 급여를 제공한다.

지방정부는 지방자치제도가 본격화되면서 지역주민의 다양한 복지욕구에 대응하고 지역복지 수준을 높이기 위해 중요한 역할을 맡고 있다. 주로 제공하는 복지서비스의 내용은 지역복지서비스의 시행자의 위치에서 사회복지관련 법률상 지방정부가 제공해야 할 의무를 지는 복지서비스를 제공한다. 또한 민간복지 기관에 대한 감독자로서의 지위를 가지고 있으며, 이들과의 협력이나 지원자로서의 지위도 가진다.

(2) 민간부문

민간부문에서 서비스의 주체는 민간단체나 개인이다. 지역사회의 주민이나 개인, 가족, 사회단체, 기업 등을 통해 재원을 마련하되, 최근에는 정부로부터 보조금을 받아 시설을 위탁, 관리, 운영하는 사례가 보편화되고 있다. 공공부문에서 요구하는 것과 같은 정도로 서비스 수급자격 규정이 엄격하거나 까다롭지는 않다.

민간부문의 사회복지 공급은 정부의 보편적 사회복지서비스가 충족시키지 못하는 부분에 대한 보완적 역할을 수행하는 동시에 정부가 공급하지 못하는 다양한 서비스를 제공할 수 있는 융통성과 자율성, 전문성을 가지고 있다. 민간부문에는 일반 사회복지기관뿐 아니라 종교단체, 기업, 전문가단체, 학계, 시민단체 등도 포함된다.

2) 영리부문 vs 비영리부문

(1) 영리부문

영리부문은 서비스 이용자들로부터 유료의 서비스를 구매하게 하고, 자유시장원리에 따라 경쟁하는 구조를 가지고 있다는 점에서 비영리부문 또는 공공부문과 구별된다. 스웨덴과 같은 사회민주주의 국가에서는 공공부문이 영리부문을 엄격하게 규제하지만, 미국과 같은 자유주의 국가에서는 건강보험마저도 민간차원에서 제공되고 국가는 보충적 기능만 하고 있다. 가족구조가 변화하고 욕구가 다변화되면서 사회복지서비스가 영리부문의 공급을 필요로하게 된 측면이 있고, 더불어 국가가 팽창하는 복지비용을 감당하기 어려워 국민들의 사회복지서비스 욕구를 억제하기 위한 수단으로 시장원리에 의한 영리조직의 사회복지 진입을 지지하기도 한다.

(2) 비영리부문

비영리부문은 영리를 목적으로 하지 않는 일종의 민간, 자원조직으로서 다양한 사회복지서비스를 포함한 공익활동을 실천하는 영역을 일컫는다. 비영리조직은 사적으로 관리되는 조직이지만, 이윤을 추구하지 않고, 조직구성원이 아닌 광범위한 공공의 원조를 통해 운영되며, 자원을 배분하기보다는 다른 서비스 제공자들에게 서비스를 제공하는 조직이다(Salamon & Anheier, 1997). 비영리부문의 사회복지서비스 공급은 그 유형과 범위가 매우 넓고 다양하다.

사회복지분야에서 비영리부문이 존재하는 이유는 다음과 같다(Dolgoff & Feldstein, 2000: 280-281에서 재구성).

- 비영리부문은 시장과 공공 부문에서 공급하지 않는 상품과 서비스를 제공한

다. 사회가 다원화될수록 비영리부문의 역할이 증대된다.

- 비영리부문은 영리를 추구하지 않기 때문에 서비스의 질을 중요시한다. 따라서 노인이나 장애인 보호에 강점이 있다.

- 비영리부문은 영리 추구가 목적이 아니기 때문에 개입대상이나 개입방법을 특정화할 수 있다. 따라서 소비자보호를 위한 집단조직화가 가능하다.

- 비영리부문은 공공부문에서 나타나는 관료화나 경직성, 비인격성을 감소시킬 수 있다.

- 비영리부문은 특정 인종집단이나 이익집단을 위한 특화서비스를 제공하기에 적합하다.

3) 공식부문 vs 비공식부문

(1) 공식부문

공식부문은 제공되는 서비스가 공식적이고 조직적인 체계를 통해 이루어지는 영역을 의미한다. 중앙이나 지방정부 등 국가의 공급, 국가에서 위탁한 민간단체를 통한 서비스 수혜 등이 모두 공식부문에 해당한다.

(2) 비공식부문

비공식부문은 가족이나 친구, 친척, 이웃 등 특별한 조직체계나 관리체계가 없는 비체계적 부문으로, 자연적이면서 일차적으로 가장 많이 이용하게 되는 공급체계를 일컫는다. 이 부문은 어느 사회에나 존재하고, 보호나 복지 욕구가 발생했을 때 가장 많이 의존하게 되는 부문이기도 하지만, 그동안 이 존재에 대한 인식이나 역할의 중요성이 잘 드러나지 못해 왔기 때문에 이를 사회복지공급의 주요 체계 중 하나로 분류하지 않아 왔다. 그러나 이러한 비공식부문이 가진 장점이 매우 많기 때문에 (예: 욕구에 신속하게 대응할 수 있다, 비용효율성이 높다, 서비스 효과성이 높다 등) 비공식부문에 대한 지원을 통해 공식부문 서비스의 한계를 극복하기 위한 노력이 진행되고 있다.

생각해 볼 문제

1. 매슬로와 브래드쇼의 욕구유형은 어떠한 차이가 있는지 생각해 봅시다.

2. 사회복지와 사회적 욕구는 어떠한 관계인지 생각해 봅시다.

3. 사회복지의 자원이며 동시에 주체가 되는 '국가'의 특징과 공공복지의 한계에 대해 생각해 봅시다.

4. 시장, 즉 영리 주체가 사회복지 주체가 되는 것에 대한 찬반 입장에 대해 정리해 봅시다.

5. 사회복지 전달체계란 무엇인지 그 정의에 대해 정리해 봅시다.

6. 현재 우리나라 사회복지 전달체계의 흐름에 대해 설명해 봅시다.

7. 사회복지 공급자 유형 중 공식과 비공식 부문에 대해 설명해 봅시다.

8. 사회복지를 구성하는 구성요소에 대해 생각해 봅시다.

 참고문헌

권중돈, 조학래, 윤경아, 이윤화, 이영미, 손의성, 오인근, 김동기(2019). **사회복지학개론**(제4판). 학지사.

김경호(2010). **사회복지실천론**. 양서원.

김상균(1987). **현대사회와 사회정책**. 서울대학교 출판부.

김승용(2010). 한국 복지시장화에 따른 지역사회복지의 역할과 과제. **한국지역사회복지학회 학술대회**, 47-67.

김영종(2004). 한국 사회복지서비스의 공공과 민간 부문간 협력관계. **한국사회복지행정학**, 6(1), 1-33.

김영종(2018). 사회복지법인 제도의 형성과 변천에 관한 연구, **한국사회복지학**, 70(4), 69-92.

김영종(2019). **사회복지행정론**. 학지사.

김정희 외(2010). **사회복지통합관리망활용에 따른 장애인복지전달체계연구**. 한국장애인개발원.

박영선(2007). 민간자원으로서 사회복지법인의 역할. **한국지역사회복지학**, 21, 73-93.

시사저널(2020. 10. 5.). [OECD 속 한국] 허물어진 약속 '약자부터 구한다'.

윤철수, 노혁, 도종수, 김정진, 김미숙, 석말숙, 김혜경, 박창남, 성준모(2020). **사회복지행정론**. 학지사.

최상미, 김아래미(2020). **사회복지행정론**. 학지사.

최재성(2019). 사회복지서비스 공급자의 다양화 과정과 비영리민간사회복지조직의 정체성. **한국사회복지행정학회 학술대회 자료집**, 3-17.

현외성(2000). 사회복지정책 주체의 유형과 기능적 특성 연구. **사회복지정책**, 10, 125-153

Bradshaw, J. R. (1972) The taxonomy of social need. In G. McLachlan (Ed), *Problems and progress in medical care*, Oxford University Press.

Collins, D., Jordan, C., & Coleman, H.(1999). *An Introduction to Family Social Work*. 이화여자대학교사회복지연구회 역(2001). **가족복지실천론.** 나눔의집.

Dolgoff, R., & Feldstein, D.(2000). *Understanding Social Welfare* (5th ed.). Allyn & Bacon.

Douglas, F. (1996). Maslow's hierachy of needs revisted. *Interchange, 27*(1), 13-22. Toronto.

Maslow, A. H. (1954). *Motivation and personality*. Harpers.

Salamon, L., & Anheier, H.(1997). *Defining the Nonprofit Sector*, Manchester University Press.

Sheafor, B., Horejsi, C., & Horejsi G.(1997). *Techniques and guidelines for social work practice*. 서울대사회복지실천연구회 역(1998). **사회복지실천 기법과 지침.** 나남출판.

Wikipedia(검색일: 2020. 12. 7). https://en.wikipedia.org/wiki/Need

제4장

사회복지의
역사

역사는 과거의 사실과 사건을 현재에서 이해하려는 노력이며 이를
통하여 현재와 미래를 보다 잘 이해할 수 있게 된다. 사회복지의 역
사를 통해 인간의 고통과 사회문제의 발생 원인을 이해할 수 있으
며, 또한 인류가 사회문제에 대하여 어떻게 대처해 왔는지를 알 수
있다. 이를 통하여 사회복지의 현실을 분석하고 사회적, 경제적, 정
치적 현실에 부합하는 사회복지제도를 구축하는 데 견인차의 역할
을 할 수 있다. 이 장에서는 먼저 사회복지 역사의 중요성을 짚어보
고, 서구(영국, 미국, 독일) 3개국의 사회복지 역사의 특성과 한국의
사회복지 발달과정을 검토해 보고자 한다. 또한 각국의 사회복지 분
야별 발달과정과 최근 경향을 간략히 제시하였다.

1. 사회복지 역사 연구의 중요성

사회복지는 인간이 처한 위험이나 고통으로부터 벗어나 인간다운 삶을 영위하도록 돕는 것이라고 할 수 있으며, 이는 현대사회에 있어서 매우 중요한 사회제도이다. 칸(Kahn, 1973: 3)은 사회복지제도는 모든 나라에 존재하며 일반적으로 생산성이 증가하고 생활수준이 향상될수록 발달하게 된다고 지적하고 있다. 그러나 사회문제를 해결하거나 예방하기 위해 사회복지제도가 도입된 시기나 방법은 각 나라마다 다르다. 유럽에서는 18세기 말부터 19세기 말까지 자유주의사상이 당시 유럽의 경제적, 사회적, 정치적 사상에 큰 영향을 미쳤다. 자유주의란 개인적 자유, 자립, 경제적 자유를 강조한다. 이러한 자유주의는 산업국가에서 자신의 부를 추구하는 것은 자유이며, 성공과 실패에 대해서는 개인이 책임을 져야 한다는 관념 아래 빈민에 대한 상류계층의 온정적 책임성을 회피하도록 유도하였다. 그로 인해 자유주의사상이 지배하였던 당시 유럽의 신생 산업국가에서는 하류계급들이 상류계급으로부터 구호받을 권리가 있다는 구시대 보호주의자들의 주장을 반박하고, 구호나 원조가 개인을 위해서나 국가를 위해서도 바람직하지 않다고 자신 있게 주장하였다. 그러므로 서구에서의 권리로서의 사회복지제도는 '자유주의와의 단절'에서 비롯된다고 보았다(Rimlinger, 1971: 11).

유럽에서 제도적인 사회복지가 나타나게 된 시기는 자유주의사상이 쇠퇴하기 시작한 1880년대 이후로 볼 수 있다. 독일에서는 1880년대와 1920년대 사이에 산업노동자와 원조가 필요한 시민 등을 위해 연금과 사회보험 프로그램이 도입되어, 1930년대부터 1950년대에 이르는 기간 동안에는 전 국민을 대상으로 하는 보다 포괄적인 사회보험으로 발달하였다. 영국에서는 1897년에 노동자 산업재해보상법을 제정한 것을 비롯하여, 1971년에 의료보험과 실업보험을 규정한 국민보험법을 제정하여 복지국가의 기틀을 마련하였다. 그러나 유럽의 국가들이 19세기 말부터 빠른 속도로 사회복지제도를 도입하고 발전시키는 데 비하여, 미국은 1935년 이전에는 연방정부 차원에서 어떠한 사회복지제도도 도입하지 않았다. 미국이 사회보험과 공공부조제도를 도입한 것은 독일이 사회보험제도를 실시한 지 50년 뒤의 일이며, 영국과 스웨덴보다는 25년이 늦은 1935년이었다. 또한 유럽 국가들은 1974년 석유파동이 일어나기 전까지 계속적으로 사회복지제도의 발전을 도모하였으나, 미국은 언제나 '미완성 복지국가' 또는 '준복지국가'로 머물러 있다고 볼 수 있다.

각 나라별, 시기별로 사회복지제도의 발달 과정이나 상세에는 차이가 있기는 하나, 개별 국가의 사회복지제도 발달사 속에서 특수성을 발견하는 한편 국가별 비교연구를 통해 보편적인 사회복지발달사의 유형을 파악하고 사회복지제도의 진보에 기여할 수 있다는 점에서 사회복지발달사 학습 및 연구의 의미가 있다(이준상 외, 2018).

동아시아 국가들은 서구사회의 사회복지를 모델로 삼아 사회복지제도를 만들고 실행해 왔지만 실제로는 서구사회와는 다른 사회복지발달경로를 거쳐 왔으며 그 내용도 서구와는 다르다. 즉, 서구 국가들의 사회복지제도가 **산업화와 시민권의 발전**이라는 일정한 과정을 통해 일관성 있게 발전하여 왔다면, 동아시아 국가들의 사회복지제도의 발전과정은 어떠한 일관적인 계획에 따라 이루어졌다기보다는 정치적 상황에 따라 즉흥적으로 반응하며 이루어진 것으로 볼 수 있으며, 따라서 서구 국가들에 비해 단편적인 성격이 짙다. 또한 이들 국가들이 매우 급속하게 서구화된 면이 있지만 여전히 가부장제도와 가족의존주의라는 고유의 전통문화를 보유하고 있으며, 이는 동아시아 국가들의 사회복지 성격을 서구의 것과는 다른 모습으로 만들어 가게 한다.

역사적으로 인간의 고통과 사회문제에 대한 성찰로부터 시작된 사회복지는 **인간의 욕구충족**과 그 사회가 추구하는 **공동의 이익**을 창출하기 위해 조직화된 활동이며 개입으로 볼 수 있다. 서구사회에 있어서 사회복지의 가치는 **기독교의 박애사상**을 중심으로 하여 기원했다고 볼 수 있으며, 이 사상적 전통은 르네상스와 종교개혁, 그리고 계몽주의 등의 시대를 거치면서 휴머니즘으로 세속화되고 제도화되었다. 인간은 과거의 경험을 축적하고 이를 통해서 미래를 준비하고 그의 능력을 발전시키는 이성적인 존재이다. 따라서 우리는 과거의 역사적 경험을 시금석 삼아 사회복지학에 대한 이해의 폭을 넓히는 한편 21세기 현대사회에 걸맞는 사회복지를 새로이 준비해야 할 것이다(원석조, 2019).

2. 서양 사회복지의 역사

1) 영국

(1) 영국 사회복지 역사의 특성

세계 여러 국가의 복지국가로의 발달과정을 비교문화 · 역사적 관점으로 분석한 박병현(2017)에 의하면 영국의 사회복지발달은 다음의 세 가지 특성을 중심으로 이루어졌다고 보았다.

① 개인주의로서의 자유방임주의

오로프와 스콕폴(Orloff & Skocpol, 1984: 735)에 의하면 1870년대에서 1920년대 사이의 영국은 개인주의 성향이 강한 **경제적 자유방임주의**가 지배적이었고 이와 더불어 **자조정신**이 강조되었다고 보았다. 즉, 19세기 중반의 영국은 자본주의 체제 속에서 번성하였고, 근면과 경쟁은 경제적 덕성의 궁극적인 표현이요 빈곤은 가장 비난받는 악덕으로 간주되어 나태와 게으름의 결과라고 보았다. 이러한 경향으로 인해 영국은 영국보다 산업화 진행이 훨씬 늦은 독일보다 사회보장제도를 늦게 도입하게 되었다고 지적하고 있다.

② 자조정신과 사회보장제도

아담 스미스(Adam Smith)의 고전경제이론을 기초로 한 자유방임주의는 19세기 말까지 영국의 지배적인 경제사상이었다. 또한 이 시기의 대표적인 사회적 가치는 '**자조**(self-help)'라고 볼 수 있다(Smiles, 1859: 1-3). 이는 개인주의 성향이 강한 자원단체였던 공제조합(friendly society)의 결성을 촉진시켰고, 공제조합은 사회보장제도의 도입에 반대 입장을 보였다. 결국 자조라는 사회적 가치는 19세기 말엽 사회보험제도를 도입하는 데 걸림돌이 되었으며, 이는 약 100년 후 사회복지를 축소하기 위한 가치로 다시 등장하였다. '빅토리아시대로 되돌아가자'라는 슬로건 아래 1979년 5월에 집권한 대처정부는 '**자유경제와 강한 국가**'를 국정지표로 내세웠다. 또한 국가의 경제개입을 경제불황의 주된 이유로 지적하는 한편 복지국가를 재편하고자 했다. 1980년을 전후하여 독일, 일본, 스웨덴도 비슷한 경제위기를 겪었지만 이들 국가보다 사회보장제도를 쉽게 감축할 수 있었던 것은 **개인주의 문화**가 영국인들 사이에 스며들어 있었기 때문이다.

③ 자선조직협회와 사회보장제도

영국의 **자선조직협회**는 19세기 말엽에 국가가 시행하는 모든 종류의 연금제도에 반대하였던 이익집단이었으며 이들은 개인주의정신에 입각하여 결성되었다. 1869년에 만들어진 자선조직협회의 기본 정신은 수혜자의 도덕심과 가치관을 고양시키는 것이었으며, 자선은 상류나 중류계층으로부터 하류계층으로의 부(富)의 재분배 기능이 있었으나 현 사회체계를 유지시키는 범위 내에서 이루어졌다. 자선조직협회는 사회개혁을 추구하기보다는 도덕개혁을 추구하였으며, 지방행정청의 간부들과 더불어 정부가 추진하는 연금제도에 반대하였다. 또한, 자선조직협회는 빈민들은 자기들의 노후를 위해 마땅히 저축을 해 두어야 한다고 주장하며 정부의 개입은 빈민들을 구호하기보다는 오히려 구걸화한다고 주장하였다.

19세기 말엽에 번성했던 이러한 자선조직협회의 철학은 약 100년이 지난 후 대처행정부에 의해 다시 등장하였고, 대처행정부는 베버리지(Beveridge)의 보편주의 원칙을 부정하는 빅토리아적 가치인 선별주의의 원칙을 복지에 적용하였다. 선별주의는 엄격한 자산조사를 통해 '가치 있는 빈민'과 '가치 없는 빈민'을 엄격히 구분하여 전자에게만 수급권을 주었으며, 대처행정부는 베버리지의 전 국민의 최소한의 생활유지라는 원칙을 열등처우의 원칙을 적용한 「**개정 빈민법**」으로 대체했다.

(2) 아동·청소년복지 분야

영국의 아동·청소년복지는 가족정책과의 연관성 속에서 추진되고 있으며, 이러한 접근의 기원은 1601년의 「구빈법」에서 찾을 수 있다. 「구빈법」에서는 성인뿐만 아니라 요보호아동(고아, 기아, 빈곤가정의 아동)에 대한 규정도 포함되었다. 영국은 1933년 「아동·청소년법(Children and Young Persons Act, 1933)」을 제정하였고 이는 아동·청소년과 관련된 최초의 포괄적인 법으로 볼 수 있다. 이 법의 특징 중 하나는 청소년법정의 판사에게 양육과 보호를 받을 필요가 있다고 판단되는 아동들을 그들의 부모로부터 격리할 수 있는 권한을 부여했다는 점이다. 1948년 제정된 「아동법(Children's Act, 1948)」에서는 부랑아동들에 대한 법적 책임을 명시하고, 지방정부로 하여금 요보호아동에 대한 권리를 담당하도록 하였다. 1989년 개정된 「**아동법**(Children's Act, 1989)」에서는 아동·청소년의 권리에 대한 UN아동권리협약의 내용에 근접하는 수준으로 개선하고자 하였으며, 가정과 아동보호, 지방정부의 역할, 주간보호, 양육가정(foster homes), 보육 등에 관한 내용을 담고 있었으나 여전히 요보호아동을 주된 대상으로 하는 영국의 선별적 아동·청소년 복지정책의 틀을 벗어나지 못했다(DfES, 2004: 27). 그 이후 2000년에 자신의 이모와 동거남에 의해 심한 학대를 받아 사망에 이른 빅토리아 클림비(Victoria Climbie)라는 소녀의 사건이 언론에 보도되면서, 2003년 「Every Child Matters(모든 아동은 중요하다)」라는 정책제안서(Green Paper)가 발간되었다. 이 정책제안서 2004년 개정 「아동법」은 요보호아동을 포함한 모든 아동과 청소년의 기회를 극대화하고 위험을 극소화한다는 기본 정신을 바탕으로 하였다. 이를 위해 영국 정부는 아동·청소년, 그리고 가정과 관련된 서비스를 보다 효과적으로 연계하고, 관련 기관들 간의 협력 체계를 효과적으로 구축하고자 노력하고 있다(서영민, 김승영, 2019).

(3) 장애인복지 분야

영국의 「장애인복지법」은 매우 포괄적이며 복잡하다. 그 역사 또한 1601년의 「구빈법」 이래 약 400여 년 가까운 전통을 지니고 있다. 1897년 「노동자보상법」과 1911년 고용으로 인한 질병이나 장애에 대한 보상을 규정한 「국민보험법」도 광범위한 의미에서 장애인복지 관련법이라 할 수 있다. 현대적 의미의 「장애인복지법」은 1942년 『베버리지 보고서』에 기초하여 복지국가의 출범이 이루어진 이후에 체계화되었다. 질병, 무지, 나태, 궁핍 등의 사회악을 해소하기 위하여 사회제도로서 국민보건서비스, 교육, 주택, 고용, 소득보장 프로그램이 도입되었고 보편성·포괄성·평등성의 원칙에 기초하여 장애인복지정책도 복지국가 틀 내에서 포괄적으로 시행하게 되었다. 1944년 제정된 「장애인(고용)법」(1958년 개정)에는 장애인의 등록제도, 일정규모 기업의 할당고용(20명 이상 상시 고용업체 장애인 의무 고용율 3%) 등의 내용이 포함되었다. 그 이후 1948년 「국민보조법」과 1970년 「국민보험법」을 통하여 장애인의 빈곤이나 여러 가지 생활상의 문제를 해결하고자 하였다. 1990년에는 「국민보건서비스 및 사회적 케어법」이 제정되었고 이 법에 의하여 지방정부가

장애인을 위한 케어메니저(care manager)를 임명하도록 하였다. 영국의 장애인고용 대책은 직업재활서비스와 사업주에 대한 각종 원조를 중심으로 시행되고 있다(박정선, 2018).

(4) 노인복지 분야

영국은 1920년대에 전체인구 대비 노인인구 비율이 7%를 상위하였고, 1930년대 초반 9.6%, 1960년대에는 14.7%로 고령사회에 진입하게 되었다. 2002년에는 노인인구 비율이 약 18.4%이며, 평균수명은 남자 76세, 여자 81세에 이르고 있다. 영국은 1601년 「구빈법」 이후 20세기 이전까지 많은 사회복지관련 정책을 도입하였으나, 노인만을 위한 최초의 사회복지정책은 1908년에 도입된 **노령연금법**(Old Age Pensions Act)」이라고 할 수 있다. 이후 1995년 「연금법(Pensions Act)」의 개정과 2005년 「연금법」을 통하여 여러 가지 노인복지관련 정책들이 시행되고 있다. 영국의 노인복지정책의 기본방향은 노인들도 다른 일반인들과 같이 인간이 누릴 수 있는 기본적인 욕구를 충족하여 건강하고 독립적인 생활을 유지하고 기본적인 인간의 권리를 누리게 하는 데 있다. 이를 위하여 영국에서는 고용관련 분야의 고령자(50+)를 제외한 모든 분야에서 노인의 연금수령 연령(Pension Age)을 남자는 65세, 여자는 60세(2020년부터는 65세)로 규정하고, 이들을 위하여 소득보장, 주택보장, 의료보장, 사회적 서비스보장 등의 복지정책을 실행하고 있다(박승민, 2019).

(5) 여성복지 분야

영국 사회에서 여성의 지위는 빅토리아시대의 현모양처에서 남성과의 평등을 추구하는 발전과정으로 이해해 볼 수 있다. 1800년대 이후 여성의 권리를 강화한 조치들을 살펴보면 다음의 〈표 4-1〉과 같다.

■ 표 4-1 ■ 영국의 여성복지 관련 주요 역사

1837년	「유아보호법(Infants Custody Act)」 제정: 이혼 및 별거 중인 어머니가 자신의 7세 미만 아동을 어머니의 보호 하에 두는 것을 허용함
1857년	「혼인소송법(Matrimonial Causes Act)」 제정: 여성도 재산을 상속받거나 유언으로 증여할 수 있도록 함
1918년	30세 이상의 여성에게 투표권이 부여됨

1919년	「성별자격제한철폐법(Sex Disqualification Removal Act)」 제정: 모든 전문직 여성에게 문호를 개방
1923년	남성과 동등한 조건으로 이혼할 수 있게 됨
1952년	남성과 동일한 근로를 하는 경우 동일한 임금을 주도록 하는 원칙이 하원에서 지지받음
1970년	남성과 함께 18세 이상 여성에게 투표권이 부여됨 「동일보수법」이 제정됨
1975년	국제여성의 해 「성차별법」 제정: 고용, 훈련 및 이와 관련된 사항, 상품, 시설 및 서비스 공급에서의 부당한 차별 금지
1990년	세법상으로 남편과 아내를 독립적으로 취급하여 세금 부과

제2차 세계대전 중 영국여성의 취업률이 약 70%에 이르렀으나, 베버리지는 이 현상이 전쟁으로 인하여 남성의 노동력을 충당하기 위한 특수현상이고 전후에는 주부로서 가정으로 돌아갈 것으로 판단하였다. 그러나 전쟁이 끝난 후에도 피임약의 보급으로 출산조절이 가능하게 되어 여성들은 가정으로 돌아가는 대신에 사회활동을 강화하였다. 출산조절로 인하여 인구가 감소되고 노동력이 감소되자 정부는 여성의 노동력을 적극적으로 활용하기 위하여 사회활동을 장려하였다(이영찬, 2000).

2) 미국

(1) 미국 사회복지 역사의 특성

박병현(2017)은 미국 사회복지발달의 특징을 네 가지로 제시하였는데, 첫째, 지역적 다양성(local diversity), 둘째, 중앙집중식의 사회정책 결여, 셋째, 사회보험제도와 공공부조제도 간의 확연한 구별, 넷째, 민간자선단체의 역할 강조라고 보았다. 미국은 권력의 지방 분산이 이루어진 국가로서 무엇보다도 합리적이며 자신의 이익에 충실한 개인주의적 성향을 가지고 있다(Wilensky, 1975: 33-34). 이러한 미국의 개인주의는 자유주의(liberalism)와 자원주의 특성과 연결된다.

① 개인주의 이념으로서의 자유주의

림링거(Rimlinger, 1971: 62)는 개인주의 가치와 정부의 제한적인 역할을 강조하는 자유주의가 미국을 상대적으로 복지후진국으로 이끌었다고 보았다. 미국인들은 개인의 책임과 자유를 중시하고 개인을 보호하기 위한 집단적 급여에 대해 부정적인 시각이 강하다. 이로 인하여 사회복지제도화가 늦어지고 그 범위를 제한하게 되었으며 미국이 복지국가로 발달하는 데 걸림돌이 되었다. 이렇듯 19세기의 미국은 강한 자유주의사상의 영향으로 다른 산업국가들과는 달리 산업의 위험에 대처하기 위한 사회보험을 실시하지 않았고, 대신 공공부조와 민간기관의 활동에 비중을 두었다(Wilensky, 1975). 20세기에 들어서서도 여전히 자유주의가 미국을 지배했고 이는 사회보장제도의 발달과정과 내용에 영향을 미쳐 왔다. 예를 들어, 개인이 실업을 극복하도록 교육을 제공하거나 여성이 일할 수 있도록 주간보호를 제공하는 등의 내용에서도 찾아볼 수 있다. 또한, 미국에서 개인을 강조하는 **개별사회사업**(Casework)이 독특하게 발전한 것도 개인주의의 영향으로 볼 수 있다(Dobelstein, 1986: 91).

② 개인주의 산물로서의 자원주의

미국은 다른 국가들에 비하여 **자원주의**(voluntarism)가 매우 강조되었는데 이는 개인주의와 자유주의사상의 발달로 인한 것이라고 볼 수 있다(Leiby, 1978: 23-29). 루보브(Lubove, 1986)는 미국 사회보험제도 도입을 '투쟁의 역사(struggle for social security)'로 기술하였는데, 유럽 국가들에 비해 미국의 사회보험제도가 늦게 도입된 가장 근본적인 이유로 강한 자원주의 정신을 지적하였다. 미국의 자원주의 속성은 개인의 자유, 제한된 정부, 자립심, 보상을 경쟁적인 시장의 속성과 연결시킨다고 보았다. 즉, 어려운 상황에 처한 사람들을 돕는다는 자원주의 정신의 내면에는 **경쟁적인 자유시장 정신과 제한된 정부의 역할**이라는 점이 숨겨져 있다는 것이다. 따라서 자원주의 정신이 강한 미국사회에서는 강제가입과 욕구에 따른 배분을 원칙으로 하는 사회보험 정신이 자리 잡는 데 많은 어려움이 있었다. 다른 국가들과 달리 미국사람들은 빈곤문제와 같은 사회문제의 발생을 정부나 엘리트 집단의 책임이라기보다는 민간단체나 자원단체의 책임으로 간주하였다.

(2) 아동·청소년복지 분야

새로운 아동관이 자리 잡게 된 20세기로 들어오면서 아동기와 청소년기를 특별한 시기로 인식하게 되고 이에 따라 미국사회는 아동과 청소년들을 보호해야 한다는 책임감을 인식하게 되었다. 1950년대에는 증가하는 비행범죄와 문제청소년에 대한 심각성을 인식하고 이를 해결하기 위하여 연방정부가 재원을 사용하기 시작하였고, 1960년대에는 빈곤, 이혼율, 가족해체, 한부모의 증가와 더불어 이러한 추세가 지속적으로 강화되었다. 이어 1970년대에는 청소년비행, 가출, 약물중독 등이 사회문제로 대두되면서 이와 관련된 법과 제도를 정비하기 시작하였다. 그러나 1980년대에 들어오면서 정부의 예산이 삭감되고, 정부의 관계법들 간의 상충 등으로 인하여 급격하게 증가하는 아동·청소년의 학대, 비행, 가출 등의 다양한 문제에 제대로 대처하지 못하였다는 평가를 받고 있다(서영민, 김승영, 2019).

미국의 아동 및 청소년 복지정책의 근간은 1935년에 제정된 「**사회보장법**(Social Security Act)」으로 볼 수 있다. 이 법으로 인하여 모자가정을 위한 공공부조 프로그램인 AFDC(Aid to Families with Dependent Children)가 처음으로 만들어졌다. 이후 미국은 복지개혁을 단행하여 1996년에 「PRWORA」를 제정하고 그동안 공공부조 정책의 핵심이었던 AFDC를 폐지하고 이를 TANF(Temporary Assistance for Needy Families)로 대체하였다. 자격프로그램이었던 AFDC에 비해 TANF는 자격프로그램이 아니기 때문에 주정부는 더 이상 수급자격을 갖춘 아동이나 가족에게 반드시 복지급여를 제공해야 하는 연방정부의 요구를 따를 필요가 없어졌다. 이 과정을 통해 1993년에서 2000년 사이 복지수급자가 절반으로 감소하였고, 이들은 지속적으로 노동시장에 관여하게 되었다. 이러한 미국 복지개혁의 결과는 여러 가지 논란이 있으나 직접적인 목표였던 저소득층의 복지수급을 감소시키고 노동공급을 증가시키면서 한편으로는 최소한 빈곤을 악화시키지는 않았다는 점에서 지금까지 상당히 성공적이었다고 보는 시각이 강하다(홍석한, 2020).

(3) 장애인복지 분야

1964년에 통과된 미국시민권 법안은 장애인에 대한 평등고용의 기회를 보장하는 근간이 되었다. 이 법에 장애인이 구체적으로 언급된 것은 아니지만 고용주가 모든 소수계층 사람들을 어떻게 대해야 하는지에 대한 생각에 큰 영향을 미치게 되었다. 그 이후 「장애차별을 금지하는 재활법(1973년)」은 주정부와 연방정부, 이들의 계약기관들에게만 적용되었으나, 이 법은 신체적, 정신적, 정서적 손상을 가진 사람들이 고용 가능하도록 직업재활 서비스를 제공하도록 하였다. 1990년대는 장애인의 고용가능성을 확대하기 위해 계획된 입법이 시작되었다(최종철 외, 2002). 1990년 약칭 「ADA(The Americans with Disabilities Act of 1990)법」으로 불려지고 있는 장애에 기초한 차별의 명확하고도 포괄적인 금지를 규정한 법률이 제정되었다. 「ADA법」은 고용과 공공시설에서 차별금지를 명시하고 있으며 1964년 마련된 「민권법」이래 가장 광범위한 민권법으로 간주되고 있다. 이 법의 가장 큰 특징은 이제까지는 제한적인 법조항 때문에 장애인들의 권리 시행에 부족함이 있었으나, 「ADA법」을 어겼을 경우 검찰이 고용주나 관련기관이 이 법률을 제대로 준수하고 있는지 감독할 수 있도록 한 것이다. 「ADA법」은 장애인의 권리장전이라 할 수 있으며, 이는 1970~1980년대의 완전한 참여를 위한 장애인 권리 투쟁의 산물이라고 볼 수 있다(곽원석, 2019).

(4) 노인복지 분야

미국은 대공항의 시장실패로 인하여 1935년 「사회보장법」이 제정되었고, **노령유족장애보험**을 통해 노인들에게 급여를 제공하기 시작하였다. 하지만 1950년대 후반까지 미국에서 노인복지정책의 두드러진 발전은 찾아보기 어렵다. 1960년대와 1970년대를 거치면서 노인에 대한 동정적인 공공태도와 그간의 경제성장에 힘입어 노인복지 프로그램이 크게 확장되었다. 그러나 1980년대 이후 1990년대에 걸쳐 노인들이 힘 있고 때로는 욕심 많은 이미지로 바뀌고, 이와 더불어 경제성장 위주의 국가정책의 강조로 노인복지를 위한 공공지출이 삭감되기 시작하였다. 2000년 이후 미국의 노인복지 현실은 복잡하다. 베이비 붐 세대가 노인층이 되면서 노인인구가 급증하고 있고 이에 따른 노인복지 프로그램의 수요가 커지고 있지만, 노인들은 유복하다는 공공이미지와 사회보장급여를 위한 재정의 압박 등으로 인하여 연령에 기초한 노인복지 프로그램에 대한 비판과 감시가 계속되고 있고, 노인을 위한 공공지출의 비율은 상대적으로 줄어들고 있다. 그 대신 노인복지를 위한 민간 부문이 강조되고 있다. 이러한 과정을 통하여 노인복지를 위한 공공부문과 민간 부문이 연계되어 접근하는 방향으로 노인복지의 접근이 변하고 있으며, 취약한 노인층을 대상으로 욕구에 기초한 노인복지 프로그램을 적절히 공급하는 일이 중요한 과제가 되고 있다(남기민, 2015).

(5) 여성복지 분야

미국의 1935년 사회보장제도는 대다수의 여성들이 가정에서 가사일이나 아동 양육에만 전념하고 있다는 가정하에 제정되었다. 그러나 최근에 보다 많은 여성들이 노동시장에 참여하게 됨에 따라 사회보장제도하에서 여성들에 대한 처우문제가 매우 중요한 이슈로 부각되고 있다. OASDI[1](Old-Age, Survivors and Disability Insurance) 프로그램은 일을 하지 않는 주부들에게 상대적으로 관대한 급여를 제공하고 있다. 따라서 현재의 배우자 급여는 경제적인 관점에서 볼 때 매우 관대한 수준이기에 배우자 급여를 자본의 재분배 재원으로 쓸 수 있다고 보며, 사회보장 커미셔너였던 볼(Ball)은 '배우자 급여는 현재보다 줄이고 여기에서 남는 비용으로 근로자 급여를 높여야 한다.'고 주장하였다(신재명, 노무지, 2005).

최성은, 양재진(2016)에 따르면 미국 여성의 일-가정 양립은 다음과 같은 과정을 통해 이루어진다. 제1단계는 중산층을 중심으로 여성 교육기회가 확대되고 여성들의 사회진출과 산업 변화가 함께 일어난다. 제2단계는 중산층 여성들의 사회진출이 소비자본주의, 제2차 세계대전, 뉴딜정책 등을 통해 구조적으로 증가하였다. 제3단계는 연방정부 차원의 적극적 조치의 효과로 인해 전문직 영역으로까지 여성의 일자리가 확대되었다. 제4단계는 정규직 일자리에 진입하려는 여성 근로자와, 노동자를 고용하려는 사업주의 수요가 조화되는 시기로 꼽는다.

3) 독일

(1) 독일 사회복지 역사의 특성

독일의 사회복지발달의 특성은 크게 비스마르크(Bismarck)의 사회보장제도, 카톨릭과 사회보장제도, 그리고 계층주의 문화와 조합주의 사회보장으로 구분해 볼 수 있다(박병현, 2017).

---

1) 미국의 공적연금제도 중 노령, 유족, 장해보험 등을 담당하는 연방사회보장연금제도. 기본적으로 해당 사유 발생 시 일정 수급요건을 충족한 자에게 노령연금, 장애연금, 유족연금, 가족연금, 사망일시금을 지급한다. OASDI는 1935년 처음 「사회보장법(Social Security Act)」에서 비롯하여 실시되었으며, 시행 초기에는 적립방식으로 급여를 지급하였으나, 부담경감을 요구하는 노동조합 등의 다양한 견해를 고려하여 부과방식으로 전환하였다. OASDI는 일정한 소득이 있는 피용자와 자영자를 대상으로 하며, 소득요건을 충족하지 못하는 자는 소득부조(Supplemental Security Income: SSI)로 별도 구제를 받는다(매일경제용어사전, 2020).

① 비스마르크의 사회보장제도: 계층(계급)간 갈등의 제도화

독일은 영국이나 미국과 달리 개인주의보다 **정부의 관료제**가 중시되었다. 또한 계층주의문화의 특성인 가부장적이고 권위주의적인 사회와 정치구조하에서 국가는 권력의 향방을 결정하는 데 중요한 역할을 하는 노동자계급의 경제적 안정을 보장해야 했다. 독일에서는 산업화가 진전됨에 따라 민주적 또는 급진적 견해들이 하층계급들에게 침투되어 갔으며, 사회문제가 심화되면서 노동자들의 권리와 의무에 대해 다시 생각하게 했고, 자유주의자들과 보수주의자들은 이러한 사회적 문제들을 어떻게 해결할 것인가에 대하여 오랫동안 논쟁하였다. 이러한 과정을 겪으며 나타난 정책 중 가장 의미 있는 것은 **국가 주도의 사회보장제도의 도입**이었으며(Rimlinger, 1971: 92), **비스마르크 사회보장제도**를 통해 당시 사회주의의 세력화를 경계하고 동시에 노동자들의 불평불만을 달래려고 하였다(Leiby, 1978: 197-198).

보수적인 엘리트에 의해 주도된 비스마르크의 사회보장제도는 사회안정과 국가건설 등 구질서를 유지하려는 목적이 있었으며, 독일은 평등주의문화가 지배적인 스웨덴과는 달리 복지국가가 아닌 **복지군주제**였다. 따라서 독일의 사회보장제도는 스웨덴의 '인민의 집'이라는 이상을 규정했던 보편적 평등주의와는 달리 권위주의적이었고 조합주의적이었다(Esping-Andersen, 1996: 67). 이러한 과정으로 볼 때 독일의 사회보장제도는 계층이나 계급갈등으로부터 생기는 사회문제로서의 노동문제를 완화하거나 해결하려는 자본주의 국가의 사회개량정책의 성격이 강하다고 볼 수 있다. 또한 독일이 영국보다 산업화가 진행되지 않는 상태에서 강력하게 강제사회보험을 추진할 수 있었던 것은 **계층주의적 문화**가 배경이 되었기 때문이라고 할 수 있다.

② 가톨릭과 사회보장제도

독일 복지조직의 특징은 **고용중심 사회보험체제**로서, 이는 근로자의 지위의 차이를 유지한다는 것을 의미한다. 또한 독일의 복지조직은 여러 이익집단들이 정책결정과정, 행정과정 및 전달체계에 참여하는 **조합주의체제**이다. 이러한 독일의 사회보장제도는 계층주의문화를 인정하고, 계층간의 조화로운 관계를 추구하며, 남성 가구주 중심의 가부장적인 문화를 이끌어 간 가톨릭의 영향이 매우 크다고 볼 수 있다. 따라서 독일의 복지조직은 **가톨릭의 사회윤리**에 근거한 보완원칙을 고수하고 가

족이 첫 번째의 사회복지서비스 제공자라는 신념을 바탕으로 한다. 또한 독일의 가톨릭은 조합주의방식의 유지에 절대적인 영향을 미쳤으며, **조합주의를 받아들인다**는 것은 계층적·지역적 격차, 즉 집단간 격차를 수용한다는 것을 의미한다. 왜냐하면 조합주의는 가톨릭 교회의 신조였으며, 이러한 내용은 사회문제에 대한 교황의 회칙(Papal Encyclical)에 잘 나타나 있다(Esping-Andersen, 1990: 61).

③ 계층주의문화와 조합주의 사회보장

개인주의가 발전되지 않은 독일은 사회보험제도의 도입기부터 현대에 이르기까지 조합주의적인 성격이 강하였고 이는 독일 사회보장제도의 특징이 되고 있다. 독일은 1948년 「사회보험조정법」을 기독교민주동맹과 사민당의 찬성으로 가결시켰는데, 이 법의 원칙은 계층별로 분리된 기존의 조합주의 사회보험제도를 유지하여 각 계층별로 갹출이나 급여의 격차를 그대로 유지하는 것이었다. 1957년 연금개혁 이후에도 서독 연금보험조합의 수는 수백 개에 이르고 노동자연금, 직원연금, 광산노동자연금, 농업종사자 연금 등 **분립된 조합주의**를 유지하고 있다. 패전 후 한때 계층주의라는 문화적 유산으로부터 벗어나 보편주의적인 개혁을 시도하고자 하였으나, 패전 후 경제성장에 따라 중산층이 등장하고 연금개혁의 문제에 직면하게 되자 아데나워(Adenauer) 정권은 1957년 연금개혁에서 기존의 격차를 그대로 유지하도록 하였다. 그 후 1972년 브란트 정권 하의 연금개혁에 있어서도 조합주의 성향은 그대로 유지되었다. 결국 독일은 **계층주의**라는 문화적 유산의 영향으로 조합주의의 맥락하에 연금개정의 흐름을 결정하게 되었다(박병현, 2019).

(2) 아동·청소년복지 분야

독일에서 아동·청소년 복지에 대한 공적인 관심은 중세 이후 오랫동안 교회나 가족이 주축이 되어 수행하여 온 빈민구제의 범주 안에 포함되어 있었다고 볼 수 있다. 19세기에는 6세에서 12세 사이 범죄청소년의 감화교육, 강제교육과 한자동맹 도시의 직업후견제의 개념이 포함된 법률이 만들어졌다. 20세기에 들어서서 1918년 최초로 **청소년청**(Jugendamt)이 등장하게 되는데, 이는 지역단위의 효과적인 청소년복지에 대한 요구와 공공 청소년복지와 민간 청소년복지의 경계를 명확히 하는 것 등의 요구로 인한 것이다. 1922년 「청소년복지를 위한 제국법률」에서는 위의 요구들을 충분치는 않지만 제한적으로 포함하는 내용을 담고 있었으며, 이 법은 최초의 청소년청이 생겨나는 근거법률이 된다. 그러나 이 법률은 상당부분 권위적이고 **경찰주의적인 성향**을 띄고 있었다. 1945년 전쟁 후까지도 몇 개의 주에서는 「제국청소년복지법」을 수용하여 사용하였으나, 1953년엔 「제국청소년복지법」이 개정되어 「청소년복지법」으로 바뀌었으며, 청소년복지위원회 내 민간 청소년 복지단체나 청소년 단체의 대표가 참가하여 청소년복지정책에 대한 참여권을 갖도록 하였다. 이러한 「청소년복지법」은 시대적 변화와 요구를 반영하여 1991년에 「**아동·청소년 지원법**(Kinder-und Jugendhilfe Gesetz: KJHG)」으로 변경되었다. 이 법의 특징은 이전의 「청소년복지법」과 달리 국가의 통제와 간섭은 적게 하고 동시에 사회적 서비스와 자원제공을 확대시키려는 것이다(서영민, 김승영, 2019).

(3) 장애인복지 분야

독일의 장애인복지대책은 역사적으로 전쟁과 밀접한 관계를 갖고 있는데, 독일의 장애인복지대책이 수립되기 시작한 시기는 대략 제1차 세계대전 이후라고 볼 수 있다. 1919년에 최초의 장애인복지법령인 「중증장애인의 고용에 관한 법령」과 1920년 「중증상해자고용법」이 제정되었다. 이 법률은 장애인의 고용을 의무화하였으며, 여기서 장애인은 주로 전쟁상해자를 의미하였다. 그 후 1923년에는 「중증장애인의 고용에 관한 법령」이 개정되어 중증재래장애인을 해고로부터 보호하는 조항과 20인 이상 고용업체에 대한 2%의 고용할당 의무조항을 포함하였고, 이는 1969년 장애인 고용 촉진으로 체계화되었다. 독일 장애인복지의 기본 이념은 **정상화**와 **통합화**이다. 1970년 연방정부는 '장애인 재활 촉진을 위한 행동 강령'을 발표하고 이를 토대로 독일의 장애인복지 기본법인 「중증 장애인 복지법」과 「재활조정법」을 1974년에, 「장애인 사회보험법」을 1975년에 제정하였다. 그 후 1980년 두 번째 행동강령을 통해 장애인의 권리, 의료재활, 교육기회, 직업재활의 영역을 확대하고, 중증장애인의 취업을 위한 후원과 장애인 작업장 설치, 그리고 사회재활의 영역을 확대하고자 하였다. 이어 1986년 7월에는 「중증장애인 복지법」을 개정하고 해고보호규정의 강화, 부담금의 인상 및 장애인 권한 대리인의 법적 지위향상 등을 포함하였다. 독일은 이러한 장애인복지 관련법의 발전과정을 통하여 관념적인 복지정책에서 벗어나 장애인 개인의 실제적인 서비스를 통한 복지증진을 꾀하고 있다(김상철, 2020).

(4) 노인복지 분야

독일은 인구고령화 현상이 두드러지게 나타나고 있는 국가 중 하나로, 이미 1980년대에 고령사회에 진입하였다. 독일의 60세 이상 노인인구는 1970년대에 전체 인구의 약 19.9%였으며, 점차적으로 증가하여 2001년도에는 전체 인구의 24.1%를 차지하였다. 앞으로 2050년이 되면 36.7%가 될 전망이다. 반면 20세 미만의 청소년 인구는 점차 감소하면서 1970년경 30.0%였던 것이 2001년 20.9%로 감소하였고, 앞으로 2050년이 되면 16.1%가 될 것으로 예측하고 있다.

독일의 노인을 위한 사회보장제도는 1883년「의료보험법」을 시작으로 1884년「근로자 재해보험법」, 1889년「연금보험법」, 1927년「실업보험법」, 1975년「사회법전」, 1994년「간병보험법」을 통하여 발전되었다. 주요 노인복지정책으로는 소득보장, 의료보장, 주거보장, 사회복지서비스 등이 포함되고 모든 국민에게 적용되는 일반적이고 보편적인 성격을 가지고 있다. 특히 세대간의 연대에 기초를 두고 있다고 볼 수 있다. 독일의 노인복지정책은 현행의 5대 사회보험제도를 통해 각각의 사회적 위험에 대비한 개별적 목적과 취지를 가지고 도입되어 그에 상응하는 보장체계를 통해 노인들은 비교적 안정된 노후생활을 영위하고 있다고 볼 수 있다(우승명, 2019).

(5) 여성복지 분야

독일의 여성복지는 부양자모델에 기초하여 전통적 가족의 기능과 역할을 유지하고 방어하는 데에 정책의 강조점을 두고 있다. 하지만 여성의 직업노동 또한 배제할 수 없기 때문에 여성들은 국가의 이해관계에 따라 때로는 사회의 경제적 역할을 담당할 '노동자'로서, 때로는 전통적 가족체계를 보호해야 할 '어머니'로서 복지정책의 주요 대상이 되고 있다. 이와 같은 사회적 상황에서 독일 여성들은 자신들의 가족 내 재생산 노동이 사회유지에 필수적임에도 불구하고 사회보장 시스템 내에서 '이등 노동자'의 지위를 부여하는 것에 대해 지속적으로 문제를 제기해 왔으며, 자신들의 삶의 질을 향상시키고 평등한 사회적 지위를 성취하고자 끊임없이 노력해 왔다. 이러한 노력은 여성관련 복지제도의 변화를 끌어 왔으며, 독일에는 연방여성부, 연방주·주정부의 여성정책담당부서, 지방자치단체의 여성정책담당부서, 여성정책 담당관제도를 두고 있다(김은영, 2005).

독일의 여성관련 사회보장제도를 살펴보면, 먼저 1972년(당시 서독)의 연금개혁으로 취업하지 않은 가정주부들이 자율적인 보험가입을 통해 연금제도에 편입될 수 있는 길을 열었으며, 1984년에는 최소 보험가입기간을 5년으로 줄임으로써 좀 더 많은 여성이 연금을 받을 수 있게 되었다. 1995년 4월부터는 간호보험을 도입하여 간병을 하는 사람들에게 급여와 연금수급권을 제공하였고, 2002년 연금개혁을 통해 자녀양육기간에도 연금수급권이 인정되었다.

현재 독일의 **육아휴직수당**은 독일에 주거지를 두거나 상주하는 부 또는 모로 동거하는 자녀를 직접 양육 내지 보육하는 사람으로서 전적으로 또는 부분적으로 취업을 하지 않은 상태에 있는 경우 신청이 가능하며, 출산 후 14개월까지 지급한다. 그러나 소득이 감소하거나 질병 또는 중증 장애로 자녀 양육이 어려운 경우는 예외로 한다. 이외에도 산전후 휴가기간에 **모성수당** 및 **모성수당 지원금**을 지급한다(김영미, 2018).

3. 한국 사회복지의 역사

1) 연대별 특성

우리나라 사회복지의 역사적 근원은 구빈제도가 실시된 삼국시대까지 거슬러 올라갈 수 있으나, 근대적 의미에서 보면 우리나라 복지정책의 역사는 대한민국 정부가 수립된 1948년에 시작되었다고 할 수 있다(안병영 외, 2018). 해방 이후부터 지금까지 한국 사회복지 역사의 전개과정을 시기별로 구분한다면 다음과 같이 구호행정기, 1960~1970년대 체제기, 1980년대 과도기, 1990년대 전환기, 2000년대 생산적 복지기 등으로 구분할 수 있다(홍숙자 외, 2020 재구성).

(1) 구호행정기(해방 직후~1950년대)

구호행정기의 특징은 전쟁의 흔적(6 · 25 전쟁)을 처리하기 위한 일환으로 사회복지제도를 활용하였다는 것이다. 하지만 이 시기는 국가 자체가 형성되는 과정 중에 있었기 때문에 공적(公的) 제도로 나타난 사회복지제도의 효과성은 크지 않았으며, 그 당시 귀환동포문제, 빈곤문제, 전쟁고아문제 등의 전쟁의 흔적을 처리하기 위한 국가의 역할은 상당 부분 **외국민간원조단체**에 의해 수행되었다. 공공부조정책의 강화와 입법화에 대한 여론으로 1953년 '국민생활보호법' 초안을 작성하였으나 재정문제로 인하여 국회에 법안제출도 못하였다(안병영 외, 2018). 정부는 외국원조단체와 협력하여 서울에 **중앙구호협의위원회**를, 지방에 **구호위원회**를 두고 응급구호에 임했는데, 빈곤구제와 더불어 난민정착사업, 주택복구 및 건설사업 등을 포함하였다(이준영, 2019).

이승만정부(1948~1960년)에서 구호활동에 대한 외국원조와 민간단체에 의존하게 되면서 자연스럽게 사회복지서비스의 공급이 민간 혹은 시장부문에서 발전하게 되는 계기가 되었다. 보건의료분야에서도 일제강점기에는 국가가 의료전달체계를 통제하였으나, 이승만정부는 보건의료서비스의 공급을 미국의 제도와 유사하게 기본적인 보건위생정책을 제외하고는 자유방임적 시장경제에 맡겼다. 이는 보건의료와 사회복지서비스 공급체계가 국가중심이 아니라 **민간중심으로** 발전하는 경로가 형성된 것으로 볼 수 있다(안병영 외, 2018).

(2) 1960~1970년대 체제기

체제기란 군사정권기에 형성된 사회복지제도의 모습이 하나의 체제로 형성되었음을 말하기 위한 용어이다. 5·16 군사 정변 이후 군사정권은 반공과 더불어 시급한 민생고를 해결하기 위하여 기초적인 사회복지법들을 재정비하고 「사회보험법」을 제정하는 데 매우 신속하게 대응하여 군사 정변 발발 2년이 되기 전에 거의 제도완비를 종료하였다. 1961년에 등장한 군사정부는 12월 31일에 대한민국 역사상 **최초로 공공부조의 기본법으로 「생활보호법(법률 제913호)」**을 제정하였다(홍숙자 외, 2020). 그 외에도 「사회보장에 관한 법(1963)」, 「아동복리법(1961)」, 「재해구호법(1962)」, 「군인연금법(1963)」, 「산업재해보상보험법(1963)」, 「의료보험법(1963)」, 「공무원연금법(1960)」 등이 제정되었다(양종민, 2019).

어느 정도 경제성장이 이루어진 1970년대에는 조금씩 분배의 불공평으로 인한 빈부격차가 생기기 시작하였고, 농촌 인구가 도시로 이주하게 되면서 새로운 도시문제가 등장하기 시작하였다. 빈민가가 형성되면서 각종 사회적 병리현상이 나타났고, 의료혜택의 부족으로 인한 사회문제가 심각하였다. 이 시기에 제정된 사회복지 관련법에는 「국민복지연금법(1973)」, 「개정 의료보험법(1976)」, 「공무원 및 사립

학교교직원 의료보험법(1977)」, 「월남귀순자 특별보상법(1978)」등이 있었다. 한편 1970년 「사회복지사업법」이 제정·시행되면서 재단법인에 의해 운영되어오던 사회복지사업체들이 사회복지법인으로 변경되었으며 이로 인하여 사회복지시설과 단체들이 정부의 보조를 받을 수 있게 되었다(박영숙 외, 2013).

박정희정부(1961~1979년) 시기의 공적부조에 있어 커다란 진전은 1976년 「**의료보호법**」이 제정된 이후 1977년 1월부터 생활보호대상자들에게 의료보호(의료부조)가 시행된 것으로, 의료보호제도는 동년 7월에 실시된 의료보험과 함께 우리나라 의료보장의 한 축을 이루게 되었다(안병영 외, 2018).

(3) 1980년대 과도기

1980년대에는 「생활보호법」이 개정되었고, 1980년대 말부터 1990년대 초반에 걸쳐 국민연금이 실시되었으며, 전 국민을 대상으로 한 의료보험의 달성과 다양한 사회복지서비스 관련 법률의 제·개정 등이 나타난 시기이다. 이러한 제도화와 관련해서 '복지국가의 태동'이라 평가하기도 한다. 구체적으로 1981년에는 생활보호대상자에 대해 직업훈련사업을 실시하여 취업과 자활을 지원하였고, 1987년부터는 공공부조 전달체계의 체계화 및 전문화를 위하여 공공부조 업무를 담당할 사회복지전문요원을 일선 읍·면·동사무소에 배치하기 시작하였고, 1989년부터는 저소득층을 대상으로 영구임대주택의 건설을 추진하였다(정우열, 손능수, 2008).

전두환정부(1980~1987년) 는 국정지표로서 복지사회건설이라는 슬로건을 내걸고 출범하였으나, 복지정책의 새로운 변화보다는 박정희정부가 마련한 복지체제의 기본틀을 바탕으로 노인과 장애인 등 특수복지수요를 충족시키고자 하였다. 1980년대는 서구에서 복지국가위기론이 확산되고, 외부적으로는 신자유주의적 복지개혁이 추진되고, 안으로는 경제안정화를 위한 긴축재정이 추진되던 시기였다. 하지만 1980년대 중반 민주화운동이 일어나고 경제안정화 조치가 성공적으로 수행되어 물가가 안정적으로 자리를 잡으면서, 전두환 대통령은 1986년 9월 최저임금제, 국민연금, 의료보험의 전국민확대 등 소위 '3대 복지입법'을 수행하여 우리나라의 복지정책기조가 변화되기 시작하였다(안병영 외, 2018).

노태우정부(1988~1992년) 의 정치적 지지기반은 기본적으로 보수적인 정권이었으나, 국민들의 민주화와 사회경제적 정의에 대한 열망으로 전두환정부 말기에 시작된 복지정책기조의 변화를 수용하고 근로자의 복지를 증진하는 데 주력하였다. 구체적으로 1991년「사내복지기금법」을 시행하고, 1992년에는 한국노총이 요구한 노동은행의 설립을 인가하고 근로자의 생활자금과 주택자금 대부사업을 한국노총에 맡겼다. 또한 1990년「장애인고용촉진 등에 관한 법률」을 제정하고, 제7차 경제사회발전5개년계획(1992~1996년) 기간 중에 고용보험을 도입하고자 계획하였다(김태성, 성경륭, 2014).

(4) 1990년대 전환기

1994년 정부는 보건위생, 방역, 의정, 약정, 생활보호, 자활지원, 여성복지, 아동(영유아보육 제외), 노인, 장애인 및 사회보장에 관한 사무를 관장하기 위해 보건사회부를 보건복지부로 개편하였다. 이후 1990년대 중반, 정부는 '삶의 질 세계화를 위한 국민복지 기본 구상(1996.2.15)'을 마련하고 추진하였는데, 그 기본방향은 공공부조의 내실화를 통하여 저소득층의 기본적인 생활을 보장하고 생산적, 예방적 복지기반을 확충한다는 것이다(정우열, 손능수, 2008).

김영삼정부(1993~1997년)는 노태우정부의 복지정책기조를 이어받아 1995년 고용보험을 시행하고, 「국민연금법」을 개정하여 1995년 농어촌연금을 시행하는 등 사회보험의 점진적 확대를 이루었다. 집권 중반기인 1995년부터 세계화와 국가경쟁력 강화를 국정지표로 삼은 이후, '삶의 질의 세계화'를 모토로 하여 국민복지기획단을 출범시키고, 새로운 복지패러다임을 모색하고자 하였으나 뚜렷한 성과를 거두지 못하였다. 다만 1997년 부분통합법인 「국민건강보험법」이 제정되고, 민간복지의 활성화를 위하여 「사회복지공동모금법」을 제정한 것은 일부 성과라고 볼 수 있다(안병영 외, 2018).

(5) 2000년대 생산적 복지기

2000년대에 들어서서 한국은 경제발전과 사회복지를 동등한 수준에 놓고자 비전을 제시하고 그에 맞추어 복지제도 개혁을 시도하였다. 경제위기로 인한 일시적 공백이 있기도 하였지만, 경제발전에 종속된 양적인 확대만이 아니라 질적인 정비를 시도하였고 일부는 성공을 거두었다고 평가받고 있다. 이렇듯 생산적 복지는 복지의 질적인 전환을 시도한 차별적인 단계이지만, 1960년대 체제기에 형성된 경제우선주의로부터 확실하게 탈피하지는 못하였다(남찬섭, 2018).

김대중정부(1998~2002년)는 상대적으로 진보적이었고, 국정지표를 '민주주의와 시장경제의 병행발전'과 '생산적 복지'로 제시하였으며, 대한민국정부 수립 이후 최대의 경제위기를 겪으며 사회안전망의 취약성이 드러나자 공공복지확대에 대한 국민적 공감대가 형성되었다. 또한 친복지적인 시민·노동단체가 노사정위원회 등 정책결정과정에 참여하여, 그 어느 때보다도 사회보장제도의 획기적인 발전이 이루어진 시기로 볼 수 있다(한신실, 2020). 국민기초생활보장제도는 김대중정부에서 내건 생산적 복지에 기초하고 있는데, 「국민기초생활보장법」은 빈곤에 대한 국가의 책임을 분명히 하였고, 보다 현실적인 생활보장을 통해 공공부조제도의 질적인 도약을 이루어냈다고 평가된다.

노무현정부(2003~2007년)는 김대중정부에서 추진한 복지정책의 기조를 계승하였으나, 집권 중후반기에는 지식경제화와 저출산·고령화가 야기하는 사회문제에 적극적으로 대처하고자 **사회투자관점**에서 사회비전2030을 제시하는 등 복지패러다임의 변화를 꾀하였다. 노무현정부는 기존 사회보장제도를 확대하는 동시에 사회투자전략에 입각해 새로운 프로그램도 다수 도입하였다. 그 결과, 정부예산에서 차지하는 복지예산이 급증하게 되었다. 1997년 경제위기 이후 김대중·노무현 정부하에서 한국은 그동안 유지해 오던 최소복지국가(the minimalist welfare state)에서 이탈하기 시작한 것으로 볼 수 있다. 그러나 아직 우리의 사회지출은 GDP 대비 7~8%에 머물고 있고, 이는 OECD 국가 평균의 2분의 1에도 못 미치고 있어 OECD 국가 중 최하위권이다. 장기요양제도도 국가의 재정적 투입을 최소화하도록 사회보험형식을 취하여 복지분야의 재정적 보수주의는 지속되고 있다고 볼 수 있다(양재진, 2008: 345).

이명박정부(2008~2012년)는 사회복지의 기조를 '**능동적 복지**'로 정하고 일할 능력이 있는 사람에게 일자리를 제공하고, 도움이 필요한 사람에게 국가가 따뜻한 손길을 제공하도록 하였다. 이를 위하여 평생복지기반 마련, 예방·맞춤·통합형 복지, 시장기능을 활용한 서민생활안정, 사회적 위험으로부터 안전한 사회를 위한 성장과 분배 등 네 가지 전략을 중심으로 한 사회복지정책을 추진하였다(박경일 외, 2017). 사후적 성격의 빈곤대책을 시행함에 그치고 있어 임시·일용근로자와 영세자영업자를 중심으로 한 소득보장제도의 정비와 적극적 노동시장사업 추진을 통한 사전적 · 예방적 빈곤대책들이 추진되어야 한다는 지적을 받았다(신동면, 2009).

박근혜정부(2012~2017년)는 '맞춤형 고용 · 복지'를 추진전략으로 삼았다. 국민행복과 국가발전이 선순환하는 새로운 복지정책 패러다임을 제시한다는 것인데, 일자리 창출과 복지서비스영역 확장을 동시에 추진하여 복지와 경제의 선순환을 모색하는 정책기조를 추구하였다(최병호, 2014). 구체적으로는 기초연금 도입, 고용 · 복지연계, 저소득층 맞춤형 급여체계 구축, 보육에 대한 국가책임 확충, 4대 중증질환 보장성강화 등이 있다(관계부처합동, 2013).

문재인정부(2017년~)는 '모두가 누리는 포용적 복지국가'를 주요 국정전략으로 삼고 있다. 포용국가의 기본적 조건으로는 사회안전망과 복지 안에서 국민이 안심할 수 있는 나라, 공정한 기회와 정의로운 결과가 보장되는 나라, 국민 단 한 명도 차별받지 않는 나라를 들고 있다(김미곤, 2020).

2) 분야별 발달과정 및 최근 경향

(1) 아동 · 청소년복지 분야

우리나라 「아동복지법」은 1961년 「아동복리법」으로 시작하여 1981년 「아동복지법」으로 명칭이 바뀌었고, 2000년 유엔 아동권리위원회의 권고에 따라 전면개정되었다. 이를 통해 보호아동을 위한 보호대책과 더불어 아동의 권리와 안전 등 보편주의적 성격을 강화하였다. UN 아동권리협약 등을 고려하여 대규모 양육시설을 축소하여 아동이 보다 가정과 유사한 환경에서 자랄 수 있도록 가정위탁이나 공동생활가정(그룹홈)을 활성화시키고자 노력하고 있고, 아동학대를 발견하고 개입할 수 있는 체계적인 시스템을 구축하였다. 사후대처적인 단기적 정책보다는 장기적인 안목을 가지고 아동복지를 향상시키고자, 아동정책조정위원회를 구성하고 국가행동계획을 세웠으며, 제1차 아동정책기본계획(2015~2019년)에 이어 제2차 아동정책기본계획(2020~2024년)을 마련하여 '아동중심' '권리주체'에 대한 인식이 범국민적으로 확산되고, 코로나 19와 같은 재난 상황이 아동의 삶에 미치는 부정적 영향을 최소화할 수 있도록 하였다. 특히 2019년 아동권리보장원을 설립하고, 아동정책에 대한 종합적인 수행과 아동복지 관련 사업의 효과적인 추진을 위하여 필요한 정책의 수립을 지원하고 사업평가 등의 업무를 수행하도록 함으로써 정책들의 내실화를 도모하고자 하였다. 앞으로 아동의 권리신장, 아동연령에 대한 타법규와의 불일치, 가정중심 아동보호사업의 명료화 확대 등의 사안에 대해서도 개정이 점차 이루어져야 할 것이다(문선화, 2018; 이태수, 2016).

청소년복지를 살펴보면 1987년 「청소년육성법」을 통하여 청소년의 복지행정과 청소년정책을 발전시키고자 하였다. 그 이후 「청소년기본법」(1991년)이 제정되었고, 이어서 「청소년보호법」(1997년)이 제정되었으며, 현재에는 「청소년복지지원법」(2004년)으로 발전되어 실시되고 있다(김창래, 2018). 2008년 이명박정부 출범 시 실제 정책대상이 동일하나 각기 다른 추진체계를 가지고 있던 아동복지와 청소년정책을 단일부처 관할의 동일 추진체계로 재정비하였으나, 안정적으로 정착되지 못하고 2010년 또 다시 이원화되어 혼란을 겪고 있다(박경일 외, 2017). 이러한 혼란은 여러 가지 관련 법의 제정에도 불구하고 우리나라 아동복지와 청소년복지는 여전히 정치적·행정적 논리에 의하여 쉽게 좌우되는 취약성을 지니고 있기 때문이라고 볼 수 있다.

(2) 장애인복지 분야

장애인복지에 대한 우리나라 정부시책은 1981년의 세계 장애인의 해와 1988년 장애인 올림픽의 개최로 크게 변화되었다. 1980년 이전에는 6·25 전쟁 후 전쟁으로 인한 장애고아들과 각종 질병으로 인한 장애인들에 대한 수용보호의 사회적 필요에 따라 장애아동을 수용하고 보호하는 차원에서 사업이 실시되었다. 그 이후 1981년을 기점으로 「심신장애자복지법」의 제정과 보건사회부에 재활과를 설치하는 등 장애인복지를 위한 제도적 기틀을 마련하게 되었다. 이를 통하여 장애인복지시설의 확충과 현대화 등 수용보호사업의 내실화를 꾀하고, 저소득 중증장애인을 중심으로 재가장애인복지서비스를 확충해 나갔다. 우리나라의 경제발전과 더불어 1988년 장애인 올림픽과 서울 올림픽을 계기로 장애인의 복지요구에 부응하기 위하여 장애인복지의 제도적 틀을 재정비하고 모든 재가장애인의 복지서비스를 확충하는 방향으로 전환되었다. 1990년대 후반 이후 현재까지는 '장애인자립생활' 패러다임이 급속하게 확산되어 장애인의 자기결정과 그에 따른 장애인복지서비스에서의 '이용자주의'가 자리 잡기 시작하였다. 장애인 자립생활의 이념은 2007년 개정된 「장애인복지법」에 새로이 추가되었고, 같은 해 「장애인차별금지법」이 제정되면서 생활 전 분야에서의 장애인에 대한 차별이 법으로 금지되고, 그에 따른 새로운 사회

변화의 시대를 맞이하게 되었다(서원선, 송기호, 2020). 하지만 이러한 법적 조치들이 일상에서 보다 실효성 있게 반영되는 것은 앞으로의 과제라고 할 수 있다.

(3) 노인복지 분야

1981년 「노인복지법」의 제정으로 우리나라는 노인문제에 대한 제도적인 기반을 갖게 되었다. 이 「노인복지법」에는 경로주간 설정, 노인복지상담원 규정, 노인복지시설 설치 및 운영, 노인건강증진, 경로우대 등에 관한 조항들이 포함되었다. 이후 노인복지서비스에 대한 사회적인 요구에 부응하고자 1989년 「노인복지법」이 개정되었고, 여러 가지 노인복지정책을 범정부 차원에서 추진하기 위해 국무총리를 위원장으로 하는 '노인복지대책위원회'가 설치되었으며, 65세 이상의 노인에게 노령수당을 지급하게 되었다(김용하, 2007). 1997년에는 65세 이상의 경제적으로 생활이 어려운 자에게 경로연금을 지급하였고, 노인전문요양시설, 유료노인전문요양시설 및 노인전문병원 설치에 관한 조항이 제정되면서 노인복지서비스 공급이 확대되었다. 1999년 「노인복지법」 개정에서는 '노인복지대책위원회'가 폐지되었으며, 경로연금 지급대상자는 소득기준과 재산기준을 동시에 충족하는 경우에 수급권자가 되도록 선정기준을 변경하였다. 그 후 2005년 「노인복지법」 개정에서는 노인 일자리 관련 조항이 포함되었는데, 정년단축 및 조기퇴직으로 일자리를 잃은 노인들에게 근로기회를 제공하기 위해 일자리를 개발하고 보급하며 교육훈련 등을 전담할 기관을 설치·운영할 수 있는 근거를 마련하였다(김기원, 2019). 또한 2008년부터 **노인장기요양보험제도**가 실시되었으며, 저출산고령화 사회를 대비하기 위하여 2011년부터 2020년까지 출산율 회복 및 고령사회에 대한 성공적 대응을 목표로 한 '제1차 저출산·고령사회기본계획'을 발표하여 추진하였고, '저출산·고령사회에 성공적인 대응을 통한 활력 있는 선진국가 도약'의 비전을 달성하기 위해 '점진적 출산율 회복 및 고령사회 대응체계 확립' 목표로, 2011년부터 2015년까지 '제2차 저출산·고령사회기본계획'을 추진하였다. 하지만 1·2차 기본계획 추진에도 불구하고 세계 최저수준의 출산율과 급격한 고령화 속도를 고려할 때, 정책적 대응은 여전히 미흡하다는 평가를 받았고, 실효성 있는 제3차 기본계획 수립을 통해 인구절벽 위기 대응의 마지막 골든타임인 향후 5년을 저출산 극복의 전기로 만들 필요를 느끼고 2016년부터 2020년까지 '제3차 저출산·고령사회기본계획'을 추진하였다(대한민국정부, 2015).

(4) 여성복지 분야

한국의 여성복지는 경제·사회발전 상황에 따라 그 내용과 성격을 달리하면서 발전해 왔다. 또한, 요보호여성을 중심으로 한 잔여적 개념에서 출발하였으나, 1990년대 후반에는 여성의 지위와 역할의 변화, 여성복지문제의 다양화로 인하여 일반여성을 포함하는 보편적인 개념으로 전환되었고, 중앙정부 차원뿐만 아니라 지방자치단체 차원에서도 여성복지 정책에 대한 관심이 높아지게 되었다(배은경, 2016). 우리나라 여성복지의 대략적인 발전과정을 살펴보면 〈표 4-2〉와 같다.

1990년대는 여성복지의 전환기로서 부녀복지에서 여성복지로 명칭이 변경되었고, 가정폭력 및 성폭력피해여성까지 대상에 포함하게 되었다. 2000년대는 1990년대에 제정된 관련 법률들이 시행되었고, 2001년에는 여성부가 발족되어 여성복지행정이 이원화되게 되었다. 그동안 여성복지 분야에 대한 관심이 높아지고 다양한 정책들이 시행되어 왔으나, 여전히 한국의 사회보장제도는 빈곤의 여성화 현상을 완화시키지 못하는 것으로 나타났으며, 이는 생계부양자모형에 근거한 남성중심적 성향이 사회보험을 중심으로 여전히 강화되고 있기 때문으로 해석된다(김진욱, 2010). 앞으로 여성의 일-가족 양립을 지원하는 방향으로 다양한 정책들이 실질적인 성과를 거둘 수 있도록 지원하여야 한다.

■ 표 4-2 ■ 한국 여성복지의 발전 과정

1950년대	미망인과 윤락여성을 위한 원호 및 구호사업 중심
1960년대	가출여성과 근로여성의 시설보호가 주축이 됨
1970년대	일반가정의 부녀복지에 대한 상담에 눈을 돌림
1981년	대기업의 기혼여성 공개채용이 받아들여짐
1983년	-보건복지부 산하 한국여성개발원을 발족하여 여성문제를 종합적으로 연구개발하게 됨 -여성관련정책의 최고심의조정기구로서 국무총리를 위원장으로 하는 여성정책심의위원회가 설립됨
1985년	-장기적 관점에서 여성발전을 위한 기본방향으로서 여성발전기본계획 수립 -정치·경제·사회교육의 제반분야에 남녀차별 사례를 개선하기 위한 기준으로서 「남녀차별 개선지침」을 의결·공표
1987년	「남녀고용평등법」 제정
1989년	「모자복지법」 제정
1990년	「가족법(민법 중 친족상속법)」 대폭 개정

1995년	「여성발전기본법」 제정
1998~2012년	제1, 2, 3차 여성정책기본계획 수립 및 시행
2013~2017년	제4차 여성정책기본계획 수립 및 시행
2018~2022년	제2차 양성평등정책기본계획 수립 및 시행

 생각해 볼 문제

1. 사회복지 역사의 중요성에 대하여 생각해 봅시다.

2. 영국의 사회복지 발달에 있어서 주요한 세 가지 특성에 대해 생각해 봅시다.

3. 미국 사회복지 발달의 특성이 무엇인지 생각해 봅시다.

4. 미국의 아동·청소년복지 분야의 발달에 대해 살펴보고 한국의 아동·청소년복지 분야에 시사하는 바가 있다면 무엇인지 생각해 봅시다.

5. 독일 사회복지 역사의 특성에 대해 생각해 봅시다.

6. 한국의 사회복지 역사를 연대별로 구분하여 살펴보고 한국 사회복지 역사의 특성에 대해 생각해 봅시다.

7. 영국, 미국, 독일, 한국의 장애인복지의 발달과정을 비교해 보고 유사점과 차이점을 분석해 봅시다.

참고문헌

곽원석(2019). 미국수정헌법 제 11 조와 미국수정헌법 제 14 조 제 5 항과의 관계에 관한 미연방대법원 판결 평석−Garrett 사건과 Lane 사건을 중심으로. **법학논총**, 39(3), 109-137.

관계부처합동(2013). **박근혜 정부 국정비전 및 국정목표.**

김기원(2019). **사회복지법제론.** 창지사.

김미곤(2020). 포용적 복지와 사회통합의 방향. **보건복지포럼**, 2, 2-4.

김상철(2020). 독일의 사회정책과 경제질서의 관계 연구. **질서경제저널**, 23(2), 1-26.

김영미(2018). 독일의 아동 · 청소년복지법제와 시사점. **사회복지법제연구**, 9, 41-69.

김용하(2007). 기초노령연금, 제대로 가고 있는가? **월간복지동향**, 109, 42-45.

김은영(2005). 독일의 저출산과 지속가능한 가족정책. **FES-Information-Series.** 프리드리히 에베르트 재단 주한 협력 사무소.

김진욱(2010). 한국 사회보장제도의 확장과 한계: 그 성과와 사각지대의 재조명. 한국사회정책, 17(1), 63-93.

김창래(2018). 청소년 복지정책의 문제점과 개선 방안에 대한 연구. 사회복지경영연구, 5(1), 29-61.

김태진(2012). 사회복지의 역사와 사상. 대구대학교 출판부.

김태성, 성경륭(2014). 복지국가론. 나남출판.

남기민(2015). 사회복지정책론. 학지사.

남찬섭(2018). 민주화 30년 한국 사회복지의 제도적 변화와 과제. 시민과세계. 45-92.

대한민국정부(2015). 제3차 저출산·고령사회기본계획(2016~2020년). 보건복지부.

매일경제용어사전(2020). 매일경제 http://www.mk.co.kr

문선화(2018). 한국사회에서의 아동복지제도의 발달과 어린이재단의 역할과 미래. 동광, 113, 14-58.

박경일, 김경호, 서화정, 윤숙자, 이명현, 이상주, 이재모, 전광현, 조수경(2017). 사회복지학강의. 양성원.

박병현(2017). 복지국가의 비교: 영국, 미국, 독일, 스웨덴 사회복지의 역사와 변천. 공동체.

박병현(2019). 사회복지정책론: 이론과 분석. 정민사.

박승민(2019). 제 2 차 세계대전 이후부터 신 노동당 정부까지 영국의 복지 다원주의의 역동성: 노인을 위한 개인적 사회 서비스 정책을 중심으로. 한국노년학, 39(3), 429-449.

박영숙, 천정환, 김주연, 강영실, 고명석(2013). 교정복지론. 그린출판사.

박정선(2018). 영국의 사회적 돌봄과 커뮤니티 케어의 역사적 변천과 복지의 혼합경제. 사회복지법제연구, 9, 182-208.

배은경(2016). 젠더 관점과 여성정책 패러다임: 해방 이후 한국 여성정책의 역사에 대한 이론적 검토. 한국여성학, 32(1), 1-45.

서영민, 김승영(2019). 영국의 아동보호체계 및 개편 현황. 국제사회보장리뷰, 2019(여름), 125-130.

서원선, 송기호(2020). 장애인차별금지법과 상충되는 고용 관련 법령 연구. 장애와 고용, 30(2), 71-91.

설환희(2010). 한국 장애인복지 동향 및 발전방향에 관한 연구. 중부대학교 석사학위논문.

신동면(2009). 경제위기 이후 이명박 정부 사회복지정책의 평가와 대안. 한국정책학회보, 18(4), 269-295.

신재명, 노무지(2005). 사회복지발달사. 청목

안병영, 정무권, 신동면, 양재진(2018). 복지국가와 사회복지정책. 다산출판사.

양재진(2008). 한국 복지정책 60년: 발전주의 복지체제의 형성과 전환의 필요성. 한국행정학보, 42(2), 327-349.

양종민(2019). 복지국가 재편 경로에 대한 유형화 연구. 비판사회정책, 63, 147-192.

우승명(2019). 독일 통일과 사회정책의 변화: 공공부조제도를 중심으로. 한독사회과학논총, 29(1), 3-34.

원석조(2019). 사회복지 발달사. 공동체.

이영찬(2000). 영국의 복지정책. 나남

이준상, 박애선, 김우찬(2018). 사회복지 발달사. 학지사.

이준영(2019). 사회복지행정의 법·제도적 변화. 한국사회복지행정학회 학술대회 자료집, 37-42.

이태수(2016). UNICEF 의 아동친화도시(Child Friendly Cities)와 한국의 아동복지 발전. 국제사회복지학, 6, 57-80.

정우열, 손능수(2008). 한국 사회복지행정의 역사적 변천과정에 대한 연구: 조선구호령 제정 이후의 구빈행정을 중심으로. 한국행정사학지, 22, 201-226.

최병호(2014). 우리나라 복지정책의 변천과 과제. 예산정책연구, 3(1), 89-129.

최성은, 양재진(2016). 미국 여성 일-가정양립 경로의 역사적 형성과정에 관한 연구. 한국정책학회 춘계학술발표논문집, 725-747.

최종철, 장창엽, 김성수, 전광석(2002). 장애인고용촉진을 위한 세제상 지원방안 연구. 한국장애인고용촉진공단 고용개발원. 조사연구, 2002(01), 1-178.

한신실(2020). 한국은 어떤 복지국가로 성장해왔는가?. 한국사회정책, 27(1), 153-185.

홍석한(2020). 미국의 공공부조 분권화와 그 시사점. 미국헌법연구, 31(1), 97-131.

홍숙자, 강석주, 김병, 문수열, 정영민, 제미자(2020). 사회복지역사. 양서원.

Department for Education and Skills(DfES). (2004). *Every child matters: change for children*. DfES.

Dobelstein, A. W. (1986). *Politics, economics, and public welfare*. Prentice-Hall.

Esping-Andersen, G. (1990). *Three worlds of welfare capitalism*. Polity Press.

Esping-Andersen, G. (1996). Welfare states without work : The impasse of labour shedding and familialism in continental European social policy. In G. Esping-Andersen (Ed.), *Welfare states in transition: National adaptations in global economies*. Sage.

Kahn, A. J. (1973). *Shaping the New Social Work*. Columbia university Press.

Orloff, A. S., & Skocpol, T. (1984). Why Not Equal Protection? Explaining the Politics of Public Social Spending in Britain, 1900-1911, and the United States, 1880s-1920. *American Sociological Review, 49*(6), 726-750.

Rimlinger, G. V. (1971). *Welfare policy and industrialization in Europe, America, and Russia*. John Wiley and Sons.

Smiles, S. (1859). *Self-Help: With Illustrations of Conduct and Perseverance*. Cosimo Classics.

Leiby, J. (1978). *A history of social welfare and social work in the United Sates*. Columbia University Press.

Lubove, R. (1986). *The struggle for social security:* 1900~1935 (end ed.). University of Pittsburgh Press.

Wilinsky, H. L. (1975). *The welfare state and equality*. University of California Press.

제5장

복지국가론

지금은 보편적으로 사용되는 복지라는 개념 또한 인류 역사의 한 부분에 해당한다. 비록 지금은 보편적 개념으로 활용되지만, 그 역사가 길지는 않다. 복지는 인간 본성의 발연으로 이타적이며 개인적인 활동에 뿌리를 두고 있지만, 더 나은 세상을 꿈꾸는 인류의 희망 속에서 복지는 점진적으로 체계적이며 제도적인 활동으로 발전하게 된다. 이 장에서는 복지 발전의 역사 속에서 복지를 국가의 기능 중 하나로 인식하는 복지국가론의 개념과 역사, 주요 이론을 살펴보고자 한다.

1. 복지국가의 개념

복지국가(welfare state)는 국민의 복지증진을 주요 사명으로 추구하는 국가로서 국가의 다양한 기능 중 복지기능을 제도적으로 강화한 국가유형이라 할 수 있다.

복지국가라는 용어의 기원을 살펴보면 1941년 영국의 윌리엄 템플(William Temple)이 그의 저서 『시민과 성직자(Citizen and Churchman)』에서 처음 복지국가란 용어를 사용했다. 템플은 제2차 세계대전 중 파시스트와 나치가 주도하는 전체주의적 권력국가(power state)에 대응하기 위해 국민의 복지를 강조하는 민주주의 국가를 지칭하는 개념으로 복지국가란 용어를 사용하였다. 또한, 1942년 발간되어 근대 사회보장제도의 기초를 마련한 **윌리엄 베버리지**(William Beveridge) 경의 「사회보험과 관련 제도(Social insurance and allied services)」에서 사회보장 및 사회복지체제를 추구하는 국가를 사회서비스 국가로 지칭한 이후 복지국가의 개념으로 발전하게 되었다.

이후 각 이론가들 사이에 복지국가의 개념에 대한 다양한 정의가 제시되었는데, 이를 종합해 보면 다음의 세 가지 공통점을 발견할 수 있다.

첫째, 복지국가가 자본주의 경제체제에 기반을 두고 발전하게 되었다는 것이다. 사실 복지와 경제는 서로 충돌하며 상호배타적인 존재로 인식되고 있지만, 보편적 복지를 지향하는 복지국가는 근본적으로 자본주의 경제체제를 바탕으로 하고 있다. 자본주의는 그 속성상 끊임없이 총생산 증가를 추구하는데, 이 과정에서 상대적 빈곤, 실업 등의 다양한 사회문제를 유발한다. 복지국가는 이러한 사회문제를 해결하는 대안으로 등장하였다. 자본주의의 문제점을 해결하기 위해 자본주의 제도를 타도하고 민중이 권력을 분점하는 급진적인 사회주의혁명과 달리, 복지국가는 자본주의 제도를 유지하면서 복지제도를 이용하여 점진적이고 평화적인 개선을 시도하는 것이다. 이러한 견해는 자본주의의 발전이 복지국가의 등장을 초래하였다고 보는 것이다.

둘째, 복지국가가 탄생하기 위해서는 정치적으로 민주주의가 선행되어야 한다는 것이다. 민주주의는 의회와 선거라는 두 가지 제도를 통해 국민의 직·간접적인 국정참여와 국가권력의 공유를 가능하게 한다. 국민의 참정권은 국민의 힘을 의미하며 정치권력을 가진 국민이 자신의 복지에 관심을 갖는 것은 당연하다. 또한, 민주주의 그 자체가 중요한 복지의 의미를 지니고 있다고 할 수 있는데 국민의 자유와 참여권의 보장이 바로 복지의 시작이라고 할 수 있기 때문이다. 민주주의가 정착되지 않은 아프리카와 중동지역 일부 국가의 경우 국가가 상당한 부를 가지면서도 국민들은 빈곤과 실업으로 고통 받는 사례를 쉽게 찾아볼 수 있다. 따라서 민주주의가 복지국가의 탄생을 도운 기제가 된 동시에 민주주의 자체가 복지국가를 구성하는 요소라고 볼 수 있다.

셋째, 복지국가에서 논하는 복지수준은 공통적으로 최소한의 전국적 수준을 의미한다. 최소한의 전국적 수준에서 '최소한'은 삶의 기본욕구 충족을 의미하며, '전국적'은 특정 계층만을 위한 복지제도가 아닌 전 국민을 위한 보편적인 복지제도를 의미한다. 삶의 기본욕구 충족에 대해서는 보수적 견해와 진보적 견해가 의견을 달리 하는데, 보수적 견해는 기회의 평등을, 진보적 견해는 결과의 평등을 최소한의 수준이라 주장한다.

2. 복지국가의 역사

복지의 시작은 아이러니하게도 빈민을 효과적으로 통제하기 위한 수단에서 시작되었다. 빈민을 통제하기 위한 영국의 「**엘리자베스 구빈법**(Poor Law of 1601)」을 시작으로 일부 집단을 위한 제한적인 복지제도가 시행되었다. 이후 1880년대 독일의 사회보험법이 도입되면서 비록 한정된 범위이지만 삶의 위험을 집단적으로 대처할 수 있는 제도가 도입되었다. 독일의 사회보험은 사회주의의 팽창을 억제하기 위한 성격이 강한 제도였지만, 사회복지정책에서 최초의 사회보험도입이라는 점에서 주목할 만한 역사적 사건에 해당한다.

복지국가의 발전은 복지혜택의 포괄성, 적용범위의 보편성, 복지혜택의 적정수준, 재분배효과라는 네 가지 요소와 결부되어 있는데, 복지국가 발전의 수준이 높을수록 많은 종류의 복지제도를 수립하여 가능한 많은 사람을 대상으로 하며, 기본적 생활을 보장할 수 있는 적절한 혜택을 제공하고, 전체 복지혜택의 결과로 소득이 골고루 재분배되는 효과가 크다.

1) 복지국가의 정착기(1920~1945년)

1920년대부터 제2차 세계대전의 종결시점까지를 복지국가의 정착기라 부르는데, 이 시기에 복지서비스가 제도적으로 확충되고, 복지수혜자의 범위가 확대되고, 복지예산이 증대되는 등의 발전을 이루었다. 대규모 전쟁과 경제공황이 복지국가 발전의 중요한 계기가 되었는데, 1차, 2차 세계대전을 치르면서 국가는 전쟁에 효과적으로 국민을 동원하기 위해 전후에 더 나은 삶을 보장할 것을 약속했고, 전쟁 후 엄청나게 발생한 사상자와 빈민을 보호해야 했다. 또한 경제후퇴와 대량실업을 양산한 경제공황은 복지가 더 이상 개인의 책임이 아니며 국가의 개입이 필요한 영역임을 알리는 계기가 되었다.

1942년 영국의 『베버리지 보고서(Beveridge Report)』는 기존의 공공부조와 제한적인 사회보험제도의 한계를 인정하고, 통합적인 사회보험제도의 창설을 제안한다. 『베버리지 보고서』의 영향으로 1944년 영국은 사회보장청을 설치하고, 「가족수당법」, 「국민보험법」, 「산업재해법」, 「국민보건서비스법」, 「국민부조법」 등 일련의 사회보장법을 제정 또는 확충하였다. 이러한 일련의 변화는 영국의 전통적인 「구빈법」을 대체하며, 요람에서 무덤까지로 대표되는 사회보장체계의 설립으로 이어졌다.

한편, 1929년 경제대공황의 위기를 맞은 미국에선 루스벨트 대통령이 1932년 대량실업사태를 해결하기 위한 뉴딜정책을 단행한다. 뉴딜정책의 일환으로 1935년 미국은 사회보험, 공공부조, 보건 및 복지 서비스 프로그램을 포괄한 「**사회보장법**(Social Security Act of 1935)」을 제정·공포하는데 이는 미국 최초의 전국적인 복지 프로그램에 해당한다.

2) 복지국가의 팽창기(1945~1975년)

1945년부터 1975년까지의 시기를 '복지국가의 황금기'라 부른다. 제도적·재정적 측면에서, 그리고 복지수혜자 측면에서 확고하게 정착된 복지국가가 민주주의의 발전과 지속적 경제성장이라는 두 가지 동력을 바탕으로 모든 면에서 극대화되었기 때문이다. 또한 정착기에 형성된 국가-자본-노동 간에 화해적 정치구조가 지속되어 경제성장-완전고용-복지국가를 한 묶음으로 하는 '동의의 정치'가 장기간 동안 실현되었다. 이 시기에는 복지제도의 뚜렷한 변화는 없지만, 정착기에 도입된 복지제도들이 각 국가들로 빠르게 확산되어 나라마다 4대보험과 같은 제반 복지제도를 갖추게 되었고 개인적 사회서비스와 공적 부조를 위한 제도가 확충되었다. 복지제도가 완비되고 수혜자가 보편화되었으며 국가에 의한 복지비 지출도 증가하여 복지제도의 포괄성, 복지 수혜자의 보편성, 복지 혜택의 적절성이란 세 가지 측면에서 복지 발전의 절정기에 이르렀다고 할 수 있다.

3) 복지국가의 재편기(1975년~현재)

1973년에 발생한 오일쇼크는 세계적인 물가상승과 실업을 유발하면서 경제성장에 기반을 둔 복지국가의 팽창에 제동을 걸게 된다. 물가와 실업률의 상승은 복지국가를 뒷받침하던 국가-자본-노동 간의 협의적 정치구조에 치명적 갈등을 초래하였고, 이러한 갈등의 결과로 보수회귀의 물결이 일어났다. 신우파 혹은 신자유주의라 불리는 보수세력은 국가의 경제개입과 복지개입이 자유시장기제의 작동을 왜곡하여 경제위기가 일어났다고 보고, 경쟁력을 강화하고 경제성장과 고용증대를 이루기 위해서는 국가의 경제개입을 축소하는 것은 물론 생산비를 높이는 복지지출을 감축해야 한다고 주장한다.

장기간의 경기침체가 이어지자 복지를 주도하던 진보정당은 쇠퇴하고 경제성장과 고용증대를 주장하는 보수정당이 지지를 얻게 된다. 1979년 영국에서는 노동당 정부가 실각하고 대처의 보수당 정부가 정권을 차지하였고, 1980년 미국에서는 민주당 정권을 레이건의 공화당정권이 대체하였다.

이들 보수세력은 주택, 교육, 의료, 실업수당, 공적부조, 연금 등에서 복지비 지출과 예산을 대대적으로 삭감했지만, 1975년 이후 국가의 복지비 지출은 실제로는 증가해 왔다. 복지비 지출의 증가율은 둔화되었지만 그 절대액은 감소되지 않은 것이다. 보수정권의 대대적인 복지비삭감 노력에도 불구하고 실제로 복지비가 증가한 것은 여러 가지 경제 · 사회적 변화에서 원인을 찾아볼 수 있다. 노령화시대에 접어듦에 따라 노령연금의 지출이 증가했고, 실업률의 증가로 인한 실업수당과 공적부조의 지출이 증가했으며, 인플레의 심화에 따른 각종 급여지출이 상승했기 때문이다. 또한 복지국가의 황금기에 늘어난 복지수혜자와 복지분야 종사자들이 복지예산 증액에 찬성하는 친(親)복지세력이 된 것과 정당들이 선거에서 이기기 위해 복지삭감정책의 지지를 기피하고 복지증진정책을 추구하면서 복지비용이 사실상 증가한 것이다. 이러한 사실은 복지국가에 대한 보수세력의 이념적·이론적 공세가 치열했고 복지삭감을 위한 정치적 조치들이 강경했음에도 불구하고 인구학적 변화와 경제 악화라는 복지비 증가의 내적 요인들이 더욱 광범위하고 강력하게 영향을 미쳤음을 보여 준다.

3. 복지국가 발전에 관한 이론

복지국가의 발전 형태는 각 국가들마다 시대적·역사적 환경에 따라 상이한 모습을 보이기 때문에 이를 일반화하기는 어렵지만, 지금까지의 연구를 정리해 보면 크게 두 가지 관점으로 구분할 수 있다. 산업화 혹은 자본주의의 발달이라고 하는 경제적 변수의 중요성을 강조하는 방식과 국가 혹은 노동계급의 운동, 시민사회의 역량 등이 복지국가의 발달과 성격형성에 핵심적 역할을 한다고 설명하는 방식이다.

1) 산업화이론

산업화이론은 복지국가 형성 및 발전과정에 대해 경제적 요인의 중요성을 강조하는 가장 대표적인 설명방식이다. 산업화된 사회에서 발생하는 새로운 사회적 욕구를 증가된 자원으로 해결하는 과정에서 복지국가와 관련 제도들이 생겨났다는 것이다. 사회적 관점에서 핵가족화, 인구의 고령화와 같은 인구학적 변화와 노인가구의 증가, 이혼 증가, 여성경제활동 증가와 같은 새로운 사회적 현상이 복지에 대한 국가의 책임을 증대시킨 원인으로 보는 것이다. 경제적 관점에서는 실업과 노동자의 소득이 감소하고, 노사관계를 비롯한 다양한 계층의 이해관계가 대립하면서 국가의 개입이 필요하게 되었고, 무엇보다 산업화가 가져온 경제성장이 사회복지에 사용할 자원을 축적시켰다고 본다.

산업화 이론은 서로 다른 정치이념과 정치문화를 가진 국가들도 산업화만 이룩하면 복지국가로 발전한다고 보기 때문에 '수렴이론'이라 부르기도 하는데, 다양한 사회적 욕구가 사회복지제도로 이어진다는 상관관계에 대한 설명이 부족하고, 일정한 수준의 산업화가 이루어진 후에는 산업화 변수보다 정치적 변수가 더 중요하다는 것이 실증적 연구를 통해 드러남으로써 이론적 측면과 실증적 측면에서 비판을 받고 있다.

2) 독점자본이론

산업화이론이 복지를 욕구에 대한 적절한 대응으로 보고 복지의 기능적 측면에 주목했다면, 독점자본이론은 자본주의 사회의 생산양식, 계급관계, 자본축적, 노동력 재생산 등과 같은 속성들을 분석함으로써 복지국가의 발전을 설명한다. 독점자본이론은 국가가 자본가의 이해관계를 보호하고 주어진 계급관계를 유지, 재생산하고자 하는 과정에서 복지국가가 발달한다고 설명한다. 자본가는 시장에서의 단기적 이익에만 몰두하기 때문에 경기불황이나 대공황과 같은 자본축적으로 인한 위기 혹은 사회적 혼란이나 정치적 도전에 대처하기 힘든데, 이를 해결하기 위해 국가가 나서서 복지정책을 통해 자본가의 장기적 이익을 보장하고자 한다는 것이다.

3) 사회민주주의이론

사회민주주의이론은 복지국가의 발전을 노동자계급의 정치적 세력이 확대된 결과로 본다. 산업화이론과 독점자본이론이 경제성장과 경제구조변화라는 경제적 변수를 중시한 반면, 사회민주주의이론은 복지국가의 변화요인을 노동자 투표권, 좌익정당, 강력한 노동조합 등 노동자 계급이 행사할 수 있는 정치적 변수에서 찾고 있다는 점이 특징이다.

사회민주주의이론은 노동계급을 대표하는 정치세력의 성장을 복지국가 성장의 원인으로 파악한다. 노동계급의 역할을 강조하는 것은 전통적인 마르크스주의와 동일하지만, 사회민주주의는 혁명을 통한 급진적인 발전 대신 민주주의의 확대를 통한 점진적인 발전을 추구한다. 사회민주주의의 관점에서 복지제도정책의 확대는 곧 사회주의로 접근하는 방안이다. 또한, 사회민주주의는 국가가 적극적으로 개입할 수 있는 혼합경제를 지향하는데, 자본주의가 가지고 있는 단점을 국가개입을 통해 개선하고 자유주의적 경제성장을 통해 사회발전을 성취할 수 있다고 보는 것이다.

4) 이익집단이론

이익집단이론은 복지국가의 발전 원인을 희소자원의 배분을 둘러싼 경쟁과정에서 관련 이해집단들의 정치적 힘을 국가가 중재한 결과로 본다. 현대사회에는 다양한 이익집단이 존재하며, 사회적 자원 배분을 둘러싼 경쟁이 치열해지면서 이들은 정치적 힘을 통해 각자의 이익을 반영하게 되는데, 그 결과가 바로 사회복지제도의 발전이란 것이다. 최근 노인인구가 증가하면서 노인복지정책이 강화되는 측면을 이익집단이론으로 설명할 수 있다. 복지국가의 발전원인을 정치적 변수에서 찾고 있다는 점에서 사회민주주의이론과 유사하지만 이익집단이론은 다양한 이익집단에 주목한 반면 사회민주주의이론은 자본과 노동이라는 전통적인 계급간의 권력투쟁에 집중한다는 차이가 있다.

5) 국가중심이론

국가중심이론은 복지국가의 발전을 설명함에 있어 국가 또는 국가기구의 중요성을 강조한다. 즉, 중앙집권적이냐 지방분권적이냐, 조합주의적이냐 다원주의적이냐와 같은 국가조직 형태, 전문 관료들의 개혁성, 국가발전의 장기적 안목 여부, 그리고 사회복지정책의 형성과정, 사회복지정책을 담당하는 정부부처와 같은 국가구조적 변수들을 중시한다. 앞에서 소개한 네 가지 이론은 사회복지에 대한 수요의 증대를 복지국가 발전의 원인으로 본다면, 국가중심이론은 사회복지를 제공하는 공급의 측면에서 본다.

4. 에스핑-안데르센의 복지체제론

복지국가의 유형화는 오랜 연구 주제 중 하나로 시간이 지나면서 논의의 초점과 방향도 변화했다. 초기에는 마샬(Marshall), 티트머스(Titmuss), 윌렌스키(Wilensky)

의 모형을 중심으로 복지국가 유형론이 주로 논의되었으나, 1990년 에스핑-안데르센(G. Esping-Andersen)의 『복지 자본주의의 세 세계』(Three Worlds of Welfare Capitalism) 출간 이후, 복지국가 유형론에 관한 논쟁은 에스핑-안데르센을 중심으로 전개되었다.

에스핑-안데르센은 복지국가의 사회복지 프로그램 가운데 국민연금, 질병보험, 실업보험 등 세 개 프로그램들의 **탈상품화** 효과의 정도에 따라 복지국가를 구분하였다. 에스핑-안데르센은 근로자가 자신의 노동력을 상품으로 시장에 내다 팔지 않고 생활을 유지해 나갈 수 있는 정도를 탈상품화라고 규정하였으며, 근로자가 노동시장에서 일을 할 수 없는 상황에 처했을 때 국가가 어느 정도 수준의 급여를 제공해 주는가를 말한다.

에스핑-안데르센은 탈상품화 지수를 고안하기 위해 다음과 같은 다섯 가지의 변수들을 측정하였는데, 바로 최저급여액의 평균근로자임금에 대한 비율, 평균급여액의 평균근로자임금에 대한 비율, 급여를 받을 수 있는 자격조건(기여연수), 전체 프로그램 재원에서 수급자가 지불한 비율, 실제 수급자의 비율이다.

에스핑-안데르센의 복지국가 유형화에 따르면 복지제도가 발달한 **사회민주적 복지국가**에서 탈상품화의 효과가 가장 크며, **자유주의적 복지국가**에서 탈상품화의 효과

■표 5-1■ 에스핑-안데르센의 복지국가 유형

지표	자유주의 복지국가	보수-조합주의적	사회민주적 복지국가
탈상품화의 수준	최소화	중간 수준	높은 수준(극대화)
복지제도 발달정도	저소득층, 빈곤층 위주	사회보험 강조	사회입법
소득재분배 효과	미약	중간	강함
주요 프로그램	공공부조 프로그램	사회보험	기초연금을 기본으로 하는 보편적 사회보장 제도
급여 수혜조건	자산조사, 스티그마 부여	취업활동 및 사회보험가입	시민권
급여 단위	가족	가족	개인
국가개입정도	개입 최소화	조합주의적 전통	공공서비스망 구축
주요 국가	미국, 캐나다, 호주	오스트리아, 프랑스, 독일	스웨덴, 덴마크, 핀란드, 노르웨이

가 가장 적고, **보수-조합주의적 복지국가**는 탈상품화의 효과가 중간에 위치한다.

5. 복지국가의 위기와 재편

1970년대 두 번에 거쳐 발생한 오일쇼크는 제2차 세계대전 이후 30년간 지속성장해 온 복지국가의 기반을 흔드는 결정적 계기가 되었다. 오일쇼크로 물가는 빠르게 상승하고, 경제성장률은 떨어졌으며 엄청난 실업자를 양산하였다. 또한, 정치적 · 경제적으로 나타나기 시작한 세계화 현상으로 각국은 내외부적 경제사회환경 변화에 대처하기 위한 방안을 마련해야 했다.

영국에서는 대처의 보수당정부가 들어서면서 민영화, 노동조합의 권리축소, 민간복지 부분허용 등을 골자로 복지다원주의를 도입했으며, 미국에서도 민주당정부가 실각하고 레이건 공화당정부가 수립되면서 복지비용 삭감, 공공부문의 민영화, 기업규제 완화 등의 정책을 추구하면서 복지제도의 질적 · 양적 축소를 추진했다. 복지국가 황금기 동안의 진보정당들은 제2의 정당으로 물러나고 1975년 오일쇼크 이후 오늘날까지 복지국가는 재편기의 과정에 접어든다.

복지국가가 위기를 맞게 된 원인에 대한 주요 논의로 다음과 같은 세 가지 관점을 들 수 있다.

첫째, 신자유주의의 관점으로 복지국가의 위기는 국가의 사회복지프로그램에 대한 지나친 지출에서 비롯되었다고 보는 것인데, 이를 해결하기 위해서는 국가의 개입을 줄이고 자유경쟁 시장체제로 돌아가야 한다고 주장한다. 둘째, 신마르크스주의의 관점은 자유와 평등의 괴리로 인한 자본주의의 내재된 모순으로 인해 복지국가가 위기를 맞은 것으로 보며, 셋째, 실용주의적 관점에서는 복지국가의 위기를 복지국가가 발전하는 과정에서 나타난 시행착오와 상황의 변화로 인한 일시적인 현상이라고 보고 복지 프로그램의 형태나 운영방법의 개선을 통해 이를 극복할 수 있다고 본다.

1970년대 오일쇼크 이후 복지국가는 고실업과 물가상승이란 문제뿐만 아니라 낮은 출산율과 노인인구의 증가로 인구의 고령화 현상이 심해지고 이혼과 사회의식의 변화로 인한 가족체계의 불안정성이 증가하는 인구 · 사회적 변화를 겪게 된다.

경기침체로 인한 실업자와 빈곤층의 증가는 국가가 사회보장을 통해 보호해야 하는 인구의 증가를 의미했으며, 한편 세금을 부담할 수 있는 인구는 줄어들고, 고령화 현상은 의료비, 노령연금 등에 대한 지출부담이 늘어남을 의미한다.

또한, 복지국가의 생산체제가 대량생산체제(포디즘)에서 다품종소량생산체제(포스트포디즘)로 변화하면서 경제성장과 완전고용을 추구하던 복지국가의 기반 자체가 흔들리게 되었다. 대량생산체제는 대규모의 저숙련 노동자를 필요로 하고, 이로 인해 노동계급은 안정적인 일자리를 확보함과 동시에 상당히 동질적인 집단으로 존재하며 복지국가 확대에 의견을 같이 해 왔다. 하지만, 현대에 들어 기술의 중요성과 급속한 기술변화에 발 빠르게 대응할 필요성이 증가해왔고, 특히 다품종소량생산체제로 생산방식이 확대되면서 숙련된 기술과 지식을 가진 노동력의 수요와 공급의 유연성이 요구되었다. 또한 산업구조가 제조업 중심에서 서비스업 중심으로 이동하면서 고숙련 · 고부가가치산업과 저숙련 · 저부가가치산업의 양극화 현상이 심해져 노동계급은 기술과 숙련 정도에 따라 서로 다른 이해관계를 갖게 되면서 이질적인 집단으로 변모하게 되었다.

게다가 1980년대에 접어들면서 자본 · 노동 · 상품 · 지식이 국가의 규제를 넘어 자유롭게 유통되고 교환되는 전지구적 경제화와, 동구와 소련의 사회주의가 붕괴하면서 미국의 헤게모니 하에 초국가적 국제기구와 비정부기구가 강력한 영향력을 미치는 정치적 세계화가 일어나면서 복지국가의 패러다임적 전환을 요구한다.

세계화로 국가간의 빈부격차뿐만 아니라 한 국가 안에서의 소득재분배의 불균형도 심화되며, 특히 경쟁력이 약한 국가들에서는 국가부채 증가로 인해 교육과 복지 등에 사용할 수 있는 자원이 감소한다. 또한, 자본의 자유로운 이동이 가능해지면서 생산비가 적게 드는 국가로 이전하는 기업이 많아지면서 한 나라의 일자리 유지가 국가정책만으로 유지하기가 어려워졌다.

이런 세계화현상에 대처하는 방식은 각 국가가 처한 경제환경, 경제구조, 시장개방의 정도 등에 따라 다르게 나타나는데 에스핑-안데르센은 다음과 같은 세 가지 유형으로 재편방식을 나누고 있다.

첫째, 자유주의적 복지국가 유형으로 시장원칙을 강조하고 긴축재정, 국가의 개입 축소, 탈규제화의 활성화를 통한 '신자유주의의 길'을 강조한다. 이에 해당되는 나라로 미국, 캐나다, 호주 등이 있다.

둘째, 보수-조합주의적 복지국가 유형으로 국가가 주된 사회복지 제공자의 역할을 하지만, 사회복지의 제공을 통해 사회적 지위의 차이를 유지하는 것을 목표로 한다. 직업별, 계층별로 다른 종류의 복지급여가 제공되며 사회보험의 형태에 크게 의존하는데, 사회보장 수준은 유지하면서 노동공급 감축을 유도하는 '노동 감축의 길'을 강조한다. 오스트리아, 프랑스, 독일, 이탈리아 등이 이 유형에 속한다.

셋째, 사회민주적 복지국가 유형은 수급자격을 확대시키려는 보편주의의 원칙과 평등주의 정책을 고수한다. 기존의 복지 프로그램을 바탕으로 적극적 노동시장정책, 사회서비스의 확대, 남녀평등을 중심으로 하는 '생산주의적' 복지정책으로 수정·확대하고 국가 대 시장, 노동계급 대 중간계급 사이의 갈등을 최소화하면서 동시에 평등의 확대를 추구하므로 복지국가 추구를 위한 보편적 결속이 이루어진다. 스웨덴을 비롯한 스칸디나비아 국가들이 이러한 유형에 속한다.

 생각해 볼 문제

1. 복지국가에 관한 논의가 왜 필요한지 생각해 봅시다.
2. 에스핑-안데르센의 복지국가 유형화를 적용하여 복지선진국들을 유형에 따라 분류하여 봅시다.
3. 에스핑-안데르센이 말하는 탈상품화란 무엇인지 생각해 봅시다.
4. 우리나라는 어떤 유형의 복지국가로 분류할 수 있는지 생각해 봅시다.
5. 복지국가의 재편 배경과 재편의 양상에 대해 생각해 봅시다.
6. 복지국가에 대한 논의가 앞으로도 필요할 것인가에 대해 생각해 봅시다.

참고문헌

김승의 외(2009). 현대사회복지개론. 공동체.
김영순(2017). 복지국가 유형화 논의 현 단계와 그 이론적. 정책적 함의, 사회과학논집, 48(1), 111-137. http://www.riss.kr.libproxy.ptu.ac.kr/search/detail/DetailView.do?p_mat_type=1a0202e37d52c72d&control_no=01a95d96d64ad0367ecd42904f0c5d65
김태일 외(2016). 복지국가연구의 과거 현재 그리고 미래. 정부학연구, 22(3): 29-65. http://www.riss.kr.libproxy.ptu.ac.kr/search/detail/DetailView.do?p_mat_type=

1a0202e37d52c72d&control_no=3335805db2b581c0b36097776a77e665

김태성, 성경륭(2014). 복지국가론. 나남출판사.

박시종 역(2007). 복지자본주의의 세 가지 세계. 성균관대학교출판부.

송호근, 홍경준(2006). 복지국가의 태동. 나남출판.

윤도현(2020). 복지국가론. 정민사.

윤철수, 노혁, 도종수, 김정진, 김미숙, 석말숙, 김혜경, 박창남, 성준모(2011). **사회복지개론**. 학지사.

윤홍식(2011). 가족정책, 복지국가의 새로운 역할: 보편성과 다양성에 대한 요구. **한국가족복지학**, 33(9): 5-35. http://www.riss.kr.libproxy.ptu.ac.kr/search/detail/DetailView. do?p_mat_type=1a0202e37d52c72d&control_no=1510500b2557425fffe0bdc3ef48d419

조홍식, 권기창, 이태수, 박경수, 이용표, 엄규숙, 박기훈(2019). **사회복지학개론**. 창지사.

Ashford, D. E. (1986). *The emergence of the welfare states*. Basil Blackwell Ltd..

Arblaster, A. (1984). *The rise and decline of western liberalism*. Basil Balckwell.

Atkinson, A., Rainwater, L., & Smeeding, T. (1995). Income distribution in European countries. In A. B. Atkinson (Ed.), *Incomes and the welfare state* (pp. 41-77). Cambridge Univ. Press.

Bruce, M. (1968). *The coming of the welfare state*. B.T. Batsford.

Danziger, S., & Weinberg, D. (Eds) (1986). *Fighting poverty*. Harvard University Press.

Esping-Andersen, G. (Ed) (1996). *Welfare states in transition*. 한국사회복지학연구회 역 (1999). 변화하는 복지국가. 인간과 복지.

Esping-Andersen, G. (1990). *The three worlds of welfare capitalism*. Polity Press.

Flora, P., & Heidenheimer, A. J. (1981). The historical core and changing boundaries of the welfare state. In P. Flora & A. J. Heidenheimer (Eds.), *The development of welfare states in Europe and America*. Transaction Books.

Furnisss, N., & Tilton, T. (1977). *The case for the welfare state-From social security*. Indiana University Press.

George, V., & Wilding, P. (1994). *Welfare and ideology*. 김영화, 이옥희 역(1999). **복지와 이데올로기**. 한울.

Korpi, W. (1983). *The democratic class struggle*. Routledge and Kegan Paul.

Macpherson, C.B. (1977). *The life and times of liberal democracy*. Oxford University Press.

Mishra, R. (1984). *The welfare state in crisis*. Wheastsheaf.

Moore, B. (1996). *Social origins of dictatorship and democracy*, Beacon Press.

Pierson, Christopher(1991). *Beyond the Welfare State?*. 현외성, 강욱모 역(2007). **전환기의 복지국가**. 학현사.

Pierson, P. (1998). Contemporary challenges to welfare state development. *Political Studies, XLVI,* 777-794. https://journals.sagepub.com/doi/abs/10.1111/1467-9248.00167?journalCode=psxa

Pierson, P. Weaver, K., & Skocpol, T. (2001). Coping with permanent austerity: Welfare restructuring in affluent democracies. In P. Pierson (Ed.), *The new politics of welfare state.* Oxford University Press.

Rimlinger, G. V. (1971). *Welfare policy and industrialization in Europe, America and Russia.* John Wiley and Sons Inc.

Robson, W. A. (1976). *Welfare state and welfare society*: Illusion and reality. Goerge Allen & Unwin.

Therborn, G. (1987). Welfare state and capitalist markets. *Acta Sociologica, 30*(3/4), 237-254. https://journals.sagepub.com/doi/abs/10.1177/000169938703000302

Titmus, R. M.(1974). *Social Policy: An Introduction.* George Allen Unwin Ltd.

Weber, M. (1968). *Economy and Society* (G. Roth & C. Wittich, Eds.). University of California Press.

Wilensky, H. (1975). *The welfare state and equality.* University of California Press.

Wilensky, H. (1976). *New corporatism, centralization and the welfare state.* SAGE Publications Ltd.

Wilensky, H., Lebeaux, C. (1965). *Industrial society and social welfare.* Russell Sage Foundation.

Yeats, N. (1999). Social politics and policy in an era of globalization: Critical reflections. *Social Policy and Administration, 33*(4), 372-393. https://onlinelibrary.wiley.com/doi/abs/10.1111/1467-9515.00159

제6장

사회복지의
미시적 실천방법

사회복지실천은 개인과 가족 그리고 집단과 같은 미시체계((micro-system)를 대상으로 한 미시적 실천뿐만 아니라 지역사회나 조직과 같은 중범위체계(mezzo-system)를 대상으로 한 중범위 실천, 더 나아가 국가의 정책이나 제도와 같은 거시체계(macro-system)를 대상으로 한 거시적 실천까지를 포괄하는 개념으로 이해할 수 있으나 이 장에서는 미시적 실천에 초점을 맞추어 기술하였다. 미시적 실천에 대한 전반적인 이해를 돕기 위해 실천대상의 정의와 유형, 실천가치와 이론, 실천의 전반적인 과정과 기술을 중심으로 살펴보았다.

1. 실천대상의 정의와 유형

1) 실천대상의 정의

사회복지실천의 공간은 **미시적 수준**(micro level), **중범위(중간적) 수준**(mezzo level), **거시적 수준**(macro level)로 구분된다. 이러한 구분방식은 개입 내지는 실천의 대상이 되는 클라이언트체계의 크기 또는 규모에 따라 구분되는 방식이다(엄명용 외, 2020: 257). 체계적인 관점에서는 인간과 사회환경의 수준을 미시체계, 중간체계, 거시체계로 구분하기도 하는데, 사회복지실천은 이러한 수준 내지는 체계들이 안녕상태를 이루기 위해 필요한 일련의 실천활동을 하는 것이라 할 수 있다. 사회복지실천은 **미시실천**뿐만 아니라 **중범위 · 거시실천**까지를 포괄하는 개념으로 이해할 수 있다. 이러한 맥락에서 사회복지실천(social work practice)은 개인, 가족, 집단, 조직 그리고 지역사회가 사회적 기능을 수행하기 위해 자신들의 수행능력을 회복하고 증진시키는 것과 그들의 목표에 부합되는 사회적 조건을 창조하는 것을 돕는 전문적 활동으로 정의된다(Zastrow, 2013).

자스트로(Zastrow, 2013: 26-21)는 미국사회복지사협회(NASW)와 미국사회사업교육협의회(CSWE)의 정의를 토대로 **사회복지실천의 목적**을 다음과 같이 제시하고 있다.

첫째, 인간의 문제해결, 대처능력을 강화한다. 이것은 사회복지실천의 초점을 개인에게 두는 것을 의미하는데 이때 사회복지사는 상담자, 교사, 보호제공자, 행동변화자로서 인간의 능력 향상을 위해 지원한다.

둘째, 인간에게 필요한 자원, 서비스, 기회를 제공하는 체계와 연결한다. 환경 속의 인간의 개념을 활용하여 사회복지실천의 초점은 체계간의 관계에 초점을 두게 되는데 사회복지사는 중개자의 역할을 수행해야 한다.

셋째, 자원과 서비스를 제공하는 체계의 효과적이고 인도적인 운영을 증진시킨다. 이때 사회복지실천의 초점은 인간과 상호작용하는 체계에 맞춰져 있으며 사회복지사는 자원과 서비스 체계가 인간의 욕구에 보다 적합하게 작용하도록 옹호자, 프로그램개발자, 슈퍼바이저, 조정자, 자문가의 역할을 수행해야 한다.

넷째, 사회정책을 개발하고 향상시킨다. 세 번째 목적이 서비스를 받는 사람들을 위해 활용 가능한 자원에 초점을 두는 것이라면 이 목적은 자원의 기초가 되는 법령과 정책에 초점을 둔다. 이때 사회복지사는 새로운 법령이나 정책을 개발하고 효과가 없거나 부적합한 것은 제거하는 계획가와 정책개발자의 역할을 담당해야 한다.

다섯째, 인간과 지역사회의 안녕을 증진한다. 모든 인간의 행복을 증진시킬 뿐만 아니라 빈곤을 퇴치하고 억압과 사회부정의로부터 탈피하도록 기여함으로써 지역사회의 안녕을 증진한다.

한편, 이 장의 초점인 미시적 실천은 미시적 수준 내지는 미시체계, 즉 개인, 부부 및 가족, 집단을 대상으로 이루어지는 사회복지실천 활동을 의미하는데, 기본적으로 개인, 가족이나 소집단 체계 자체의 변화를 가져오기 위한 활동으로서 개인의 심리사회적 상태(황), 가족이나 소집단 체계 내의 교류 또는 관계방식을 변화시키는 데 초점을 두고 사회복지사가 하는 일련의 활동들을 의미한다. 접촉대상에 기준을 두어 직접적 개입이라는 용어를 사용하기도 하는데(엄명용 외, 2020), 이 활동은 대개 클라이언트와 직접 만나서 이루어지기 때문에 직접적 실천(direct practice) 혹은 임상적 실천(clinical social work)이라고도 한다.

2) 실천유형

사회복지실천유형은 대상과 방법, 범위에 따라 다양하게 구분할 수 있다. 전통적으로는 대상과 방법을 중심으로 개별사회사업(casework), 집단사회사업방법론(groupwork), 지역사회조직(community organization)으로 분화, 발전되어 왔다. 그러나 이러한 분절적인 방법으로는 실천현장에서 나타나는 복잡한 문제상황에 점차 개입하기가 어려워지고, 서비스의 지나친 전문화와 파편화 현상이 나타나자 이러한 한계를 극복하기 위하여 일반체계이론, 생태체계이론 등을 토대로 방법론을 통합하여 통합적 접근방법(integrated approach) 내지는 일반주의적 접근방법(generalist approach)을 지향하게 되었다. 이에 따라 점차 사회복지실천(social work practice)이라는 용어가 전통적인 방법론의 명칭을 대체하게 되었다. 한편, 실천의 개입대상인 클라이언트 체계의 크기 또는 규모에 따라 미시적 수준의 실천, 중범위 수준의 실천, 거시적 수준의 실천으로도 구분할 수 있다. 이 장에서는 미시적 수준의 실천에 해당되는 개인대상의 실천, 가족대상의 실천, 집단대상의 실천을 중심으로 살펴보고자 한다.

(1) 개인대상의 실천

개인대상의 실천은 개별사회사업(casework)에 비해 개인의 문제를 사회 환경과의 관련성 속에서 이해하고 다양한 수준에서 체계적으로 개입하는 것을 강조하는 개념이다. 즉, 클라이언트의 대처능력을 개발하고 환경에 적응하는 것을 도울 뿐만아니라 클라이언트에게 부정적인 영향을 미치는 사회, 경제적 상황이 변화하도록 다양한 수준에서 돕는 활동을 의미한다. 많은 경우 클라이언트들은 빈곤, 건강 악화, 관계 단절, 폭력, 중독 등 복합적인 문제를 오랫동안 가지고 살아왔기 때문에 단시간에 그 상황을 해결하거나 근본적인 변화가 힘든 상황에 놓여 있는 경우가 많다. 이러한 상황에서는 개인에 대한 지원을 특정 기관이 전담해서 상황을 개선하는 것이 쉽지 않기 때문에 다양한 차원의 실천활동이 필요하다. 사회복지기관에서 이루어지고 있는 개별 클라이언트를 대상으로 개입하는 실천의 특징은 다음과 같다(김혜란 외, 2006; 남미애, 윤숙자, 2020; 백은령 외, 2008).

첫째, 클라이언트가 갖는 문제에 초점을 두고 클라이언트와의 협력적인 관계 속에서 클라이언트의 선택권을 중시하며 개인의 욕구와 특성, 상황에 맞는 방법과 전략을 선택하는 개별화된 원조과정을 진행한다.

둘째, 클라이언트의 문제를 해결하기 위해 클라이언트와 사회복지사의 전문적 관계를 도구로써 활용한다.

셋째, 개인의 적응과 변화를 위해 다양한 모델과 개입방법을 활용한다.

넷째, 클라이언트를 대상으로 한 개입활동은 클라이언트의 사회적 기능수행 향상 및 문제해결능력 향상을 위한 개인의 변화노력뿐만 아니라 개인과 환경 사이의 상호작용 증진을 위해서도 노력한다.

최근 사회복지현장에서는 사회복지사의 중요한 역할 중 하나로 사례관리자의 역할을 강조하고 있다. 사례관리는 만성정신장애인, 장애인 및 노인복지영역 등에서 유용한 실천방법 내지는 전달체계로써 활용되고 있다. 전통적인 사회사업(social work)이 기관의 서비스 범주 내에서 서비스를 제공하는 데 초점을 두었다면, 사례관리는 클라이언트의 개별적인 욕구에 초점을 두고 지역사회의 다양한 서비스와 자원들을 연결하고 서비스 제공자들을 조정하면서 서비스를 제공한다는 점에서 차이가 있다.

(2) 가족대상의 실천

인간에게 있어 가장 친밀하고 영향력 있는 환경은 가족이다. 가족구성원들은 상호의존적인 관계에 있기 때문에 한 사람의 행동과 문제는 다른 구성원들에게 영향을 미치게 된다. 또한 가족은 가족구성원의 욕구 충족에 필요한 자원이나 지지를 제공하는 환경체계로서의 역할을 담당해야 하기 때문에, 구성원 가운데 누군가가 심리, 정서적 문제를 갖게 된다거나 신체적 질환이나 장애를 갖게 되는 경우, 보호제공자로서의 역할부담을 감당해야 한다. 따라서 이러한 가족의 구성원들이 각자의 욕구를 충족하면서 가족 전체가 제 기능을 수행할 수 있도록 원조하는 것이 가족대상의 실천이라 할 수 있다. **가족대상 실천**은 가족의 강점을 강화하고, 효과적으로 가족기능을 수행하고 유지할 수 있도록 지원하는 것을 목적으로 한다. 가족대상의 미시적 실천을 위한 방법으로는 가족사회사업(family social work)과 가족치료가 있다. 가족사회사업은 개인과 사회체계의 상호관계성을 강조하며 가족의 일상생활과 구체적인 욕구와 이를 충족하는 데 필요한 자원 내지는 환경에 초점을 두며 활동한다. 한편 가족치료는 구성원의 정서·행동문제나 상호작용에 문제가 있는 가족을 돕는 집단치료방법의 일종이라 볼 수 있다. 가족치료는 문제의 원인을 가족의 구조, 구성원들 간의 관계, 의사소통 패턴 등의 문제로 이해하기 때문에 가족 전체를 대상으로 하며 치료유형 내지는 방법이 매우 다양하다. 정신역동적 가족치료, 구조적 가족치료, 의사소통 가족치료 등이 그 예이다(박경일 외, 2017).

(3) 집단대상의 실천

인간의 성격은 다른 사람들과의 상호작용의 산물이라 할 수 있다. 또한 인간의 삶은 집단구성원들과의 상호작용을 통해 의미를 갖게 된다고 해도 과언이 아닐 정도로 인간은 집단을 통해 성장과 발달을 경험한다. 이와 같이 인간에게 미치는 영향이 매우 큰 집단경험을 의도적으로 하게 함으로써 개개인의 욕구 충족 및 심리·사회적 기능향상을 도모할 뿐만 아니라 집단이 당면한 문제를 해결할 수 있도록 돕는 방법이 **집단사회사업**(group work)이다.

집단사회사업에서는 구성원들의 문제해결이나 사회화, 레크레이션 등을 위해 의도적인 집단경험을 추구한다는 점에서 집단이 개입의 수단인 동시에 대상 내지는 사회복지사의 개입활동이 이루어지는 환경으로 간주할 수 있다. 따라서 사회복지사는 개인, 집단, 환경수준에서 활동해야 한다. 개인의 목표달성을 위해 집단경험을 촉진해야 하며 집단이 과업완수를 위한 단위로 성장할 수 있도록 집단의 발달과정에 개입하여 집단의 특성을 활용해야 한다. 또한 개인과 집단의 과업수행을 촉진하기 위해 필요한 자원을 연계해야 한다. 사회복지실천 현장에서 활용되는 집단의 종류로는 지지집단, 교육집단, 성장집단, 치료집단, 사회화집단 등이 있다.

2. 실천가치와 이론

1) 실천가치

(1) 실천가치의 의미

가치는 사람들이 생각하는 신념이자 선호하는 바를 의미한다. 인간은 이러한 가치에 따라 행동을 하기 때문에 인간과 관련된 학문에서는 가치를 중요시한다. 사회복지실천에서도 가치는 매우 중요한 역할을 한다. 가치는 사회복지사들이 가져야할 신념으로서 실천의 방향을 암시해 줄 뿐만 아니라 역할과 책임, 표준화된 실천기준을 제시해 준다. 또한 사회복지사의 가치는 사회복지사가 누구와 함께 일할지를 선택하는 데에도 영향을 미치며 클라이언트와 함께 일할 때 사용하는 개입방법에도 영향을 준다. 더 나아가 가치는 실천상황에서 사회복지사들이 겪게 되는 윤리적 갈등을 해결하는 과정에서도 중요한 의미를 가진다(이원숙, 임수정, 2020).

사회복지 실천과정에서는 사회복지사 개인의 가치, 사회적인 가치, 전문직의 가치, 클라이언트의 가치, 사회복지실천 기관의 가치 등 다양한 가치의 영향을 받는다. 따라서 이러한 가치들에 상관없이 일관성을 유지하면서 사회복지실천의 정체성을 강화하고 타전문직과 차별화할 수 있는 기준을 필요로 하는데, 이를 사회복지의 본질적 가치, 즉 인간의 존엄성과 사회정의 실현에 두고 있다. 인간은 어떤 특성이나 환경에 처해 있건 간에 인간으로서의 존엄성을 가진 존재이기 때문에 이러한 존엄성이 유지될 수 있도록 사회가 이에 필요한 권리와 기회, 자원을 공평하게 배분해 주어야 한다는 신념이 사회복지실천의 **본질적 가치**이다. 이와 같은 두 가지 기본적인 가치 위에서 사회복지사들은 사회복지실천의 주요 가치들을 발전시켜 왔다. 이를 다섯 가지로 제시하면 다음과 같다(Hepworth et al., 2013).

첫째, 개인의 가치와 존엄성 존중, 상호참여, 수용, 신뢰, 정직

둘째, 독립적인 자기결정권과 적극적인 참여 존중

셋째, 필요한 자원을 획득하도록 클라이언트 체계를 원조해야 할 책임

넷째, 사회복지기관을 좀 더 인도적이고 인간의 욕구에 부응하도록 만드는 노력

다섯째, 다양한 사람들의 고유성과 독특성을 존중하고 수용

(2) 가치와 윤리적 갈등

사회복지실천에서는 가치와 함께 윤리도 중요한 의미를 갖는다. 흔히 가치와 윤리를 혼용하기도 하지만 두 용어가 가지는 의미는 차이가 있다. **윤리**란 가치로부터 파생되어 나오는 것이며, 가치가 무엇이 좋고 바람직한가에 관심을 갖는 반면, 윤리는 어떤 행동에 대해 옳고 그름을 나타내는 판단의 기준이 된다. 다시 말해, 윤리는 **행동화된 가치**로서 가치가 행동으로 표현될 때 옳고 그름을 판단하는 기준이 된다. 앞서 언급한 바와 같이 사회복지사들은 실천활동을 전개하면서 때때로 윤리적인 갈등을 겪고는 한다. 사회복지사들이 다양한 가치들 사이에서 실천활동을 하다보면 개인, 사회, 전문가, 기관 및 클라이언트의 가치가 불일치하여 가치갈등을 초래하게 되고 이 상황에서도 사회복지사는 어느 방향으로든 선택을 해야 하는데, 어떤 선택을 해야 할지 명확하게 결정하기 어렵고 한 가지를 위반하지 않고서는 다른 것을 지킬 수 없는 상황을 윤리적 갈등이라고 한다. 이때 지침과 원칙을 제공해 주는 것이 사회복지사 윤리강령이다. 일반적으로 전문직들은 윤리강령을 가지고 있는데, 사회복지전문직에서도 윤리강령을 제정하여 윤리적 갈등상황의 해결뿐만 아니라 클라이언트 보호와 사회복지사의 전문성을 확보하는 기능을 담당하도록 해 왔다. 한국사회복지사협회에서도 1988년 사회복지사 **윤리강령**을 제정 공포한 이래 현재까지 두 차례 개정하여 사용하고 있다(한국사회복지사협회http://www.welfare.net/site/ViewMoralCode.action).

2) 실천이론

(1) 실천의 이론틀·준거틀

실천은 클라이언트의 구체적인 변화를 이끌어 내기 위해 지식을 활용하고 이론을 적용하는 과정이다. 사회복지사는 실천에서 다양한 이론과 모델, 관점을 활용하기 때문에 사회복지 관련 문헌에서 논의되는 수많은 관점과 이론과 모델들이 모두 **실천의 이론틀** 내지는 **준거틀**이 될 수 있다. 이를 좀 더 구체적으로 살펴보면, 관점은 클라이언트의 행동과 환경체계를 이해하고 분석하는 도구로써 문제해결을 위한 전략을 선택하는 데 필요한 시각을 제공해 준다. 한편, 이론이란 실천에 필요한 지식과 기술의 원천을 의미한다. 즉, 어떤 상황이나 행동에 대한 설명이나 그 상황이나 행동을 어떻게 변화시킬 수 있는지에 대한 체계화된 지식을 의미한다. 또한 모델은 이론과 혼용해서 사용하곤 하는데 모델은 어떤 개입을 이끌어내는 데 유용한 개념들과 원리들의 총합이라고 할 수 있으며 대부분 실제적인 경험이나 실험을 통해서 보편화된다. 이들은 각각 존재하는 것이 아니라 서로 관련되어서 활용된다. 실천의 이론틀 · 준거틀은 인간을 이해하고 사람들이 어떻게 기능을 수행하며 어떻게 변화하는지를 대략적으로 이해할 수 있도록 돕는 개념이다. 이러한 틀은 몇 가지 측면에서 유용성을 갖는다(Sheafor & Horejsi, 2012).

첫째, 정서적인 인간문제와 상황을 분석하는 틀을 제공해 준다.

둘째, 정보, 신념, 가정을 하나의 유의미한 전체로 조직화해 준다.

셋째, 행동과 의사결정을 위한 논리를 제공해 준다.

넷째, 사람들과 활동하는 데 있어서 체계적이고 질서정연하며 예측적인 접근을 촉진시킨다.

다섯째, 전문직 내에서의 의사소통을 촉진해 준다.

(2) 실천의 주요관점
① 일반체계관점

일반체계관점은 클라이언트체계인 개인, 가족, 조직의 행동을 예측하고 변화과정을 설명해 줄 수 있기 때문에 사회복지실천에서 매우 유용한 관점으로 활용되어 왔다.

체계는 서로 연결되어 있는 부분인 동시에 전체로서의 속성을 가지고 있다. 또한 지속적으로 변화하는 속성을 가지고 있는데, 외부체계인 환경으로부터 에너지, 물질, 정보 등을 받아들여서 지속적으로 에너지를 사용해야만이 체계가 유지, 발전될 수 있다. 체계는 외부체계와 구별해 주는 경계를 가지고 있는데, 체계 유지에 필요한 에너지를 투입받기 위해서는 개방체계를 유지하는 것이 좋다. 체계는 지속적으로 변화하려는 속성을 가지고 있는 반면 갑작스런 변화는 거부하기 때문에 변화가 생겼을 때는 안정상태를 유지하고자 하는 속성인 **항상성**(homeostasis)을 가지고 있다.

전술한 바와 같이 일반체계관점에서는 체계가 상호 영향을 주고받는다는 입장을 취하고 있기 때문에 사회복지사가 클라이언트 체계의 변화를 돕는 개입지점을 파악하는 데 유용할 뿐만 아니라, 사회복지사가 클라이언트의 행동과 기능수행에 영향을 미치는 생물학적·사회적 체계들의 역동적 상호작용에 초점을 맞출 수 있도록 해줌으로써 사회복지실천과정 중에서도 특히 사정단계에서 유용한 관점을 제공해 준다.

② 생태체계관점

생태체계관점은 사회문제를 다루는 데 있어서 개인, 환경, 개인과 환경 간의 상호관계에 동시에 초점을 둔다. 사회복지실천에서 중요하게 생각하는 '환경 속의 인간'을 뒷받침할 수 있는 대표적인 관점으로서, 인간과 환경의 공유영역에서 일어나는 상호작용과 상호교류를 강조한다. 특히 개인의 욕구와 사회적인 욕구 사이에서 조화와 균형의 정도를 의미하는 개념인 **적합성**(goodness of fit), 개인 대 환경의 적절한 결합으로 환경의 변화를 위한 행동이나 인간 스스로 환경변화에 적응하는 적응성(adaptation), 개인이 환경과 효과적으로 상호작용할 수 있는 능력을 의미하는 유능성(competence)의 개념을 포함한다. 일반체계이론과 생태학이론을 통합한 관점으로 이론과 모델로 불리기도 하지만, 문제현상의 전체적 성격과 다양한 변수들을 객관적으로 사정, 평가하기 위한 관점에 보다 가깝다. 대상집단에 관계없이 모든 크기의 사회체계에 적용할 수 있으며 이 관점을 활용한 개입 시에도 한 모델에 국한하지 않고 다양한 모델을 절충적으로 활용할 수 있다(백은령 외, 2008).

③ 강점관점

전통적으로 사회복지사들은 병리적 관점에서 문제해결에 초점을 둔 실천활동을 전개해 온 경향이 있다. 이 관점은 사람 자체가 병리적이라는 스티그마를 조장할 뿐만 아니라 클라이언트의 문제를 지나치게 강조함으로써 비관적 기대를 갖게 하며 사회복지사와 클라이언트 간의 힘의 불평등을 초래하였다. 이에 대한 대안으로 등장한 것이 강점관점으로, 클라이언트의 강점과 자원을 발견하도록 돕는 실천을 강조한다. **강점관점**은 클라이언트에게 개발되지 않은 능력과 역량이 존재한다는 믿음에 기반한다. 실천현장에서 만나는 많은 클라이언트가 복합적인 문제를 가지고 있기 때문에 부정적인 시각을 갖기 쉬운데 사회복지사는 모든 사람은 능력, 에너지, 용기, 저항력 등의 강점을 가지고 있다는 것을 간과하지 말아야 한다. 최근 사회복지현장에서는 강점관점에 기반한 사정과 개입을 점차 강조하고 있는데, 강점관점에 기반한 실천을 위해서는 몇 가지 원칙을 준용해야 한다(이원숙, 임수정, 2020).

첫째, 모든 개인, 집단, 가족 및 지역사회는 강점을 가지고 있다.

둘째, 외상과 학대가 상처가 되기도 하지만 도전과 기회가 되기도 한다.

셋째, 성장과 변화의 가능성은 무한하다는 가정하에 개인, 집단, 지역사회의 포부를 진지하게 받아들여야 한다.

넷째, 클라이언트와 협력할 때 최상의 서비스를 제공할 수 있다.

다섯째, 환경은 자원으로 가득 차 있다.

여섯째, 서로에 대해 돌봄을 주고받는 것이 시민참여의 가장 기본적인 형태이다.

(3) 실천이론 및 모델

실천의 준거틀이 되는 관점, 이론, 모델들은 상호 관련되어서 활용된다. 특정분야나 전문화된 기술을 활용하는 사회복지사의 경우, 보다 심층적인 지식과 기술을 가지고 소수의 이론을 적용하기도 하지만, 일반적으로는 클라이언트의 욕구에 따라 다양한 이론과 모델을 절충적으로 활용한다. 미시실천의 대상이 되는 개인, 가족, 집단과 관련된 다양한 이론 및 모델이 있지만 이 절에서는 **정신역동이론, 행동주의이론, 인지-행동주의 이론, 인간중심치료모델, 위기개입모델, 과업중심모델, 해결중심모델, 가족치료이론, 소집단이론**을 개괄적으로 소개한다(백은령 외, 2008; 엄명용 외, 2020; Sheafor & Horejsi, 2012).

① 정신역동이론

클라이언트의 사회적 기능 향상을 위해 그의 내적 사고와 갈등을 이해하는데 초점을 둔다. 정신분석이론과 치료에 기초하고 있기 때문에 환경적 요인보다는 클라이언트의 사고와 느낌을 강조한다. 클라이언트의 과거 경험과 현재의 증상 내지는 문제의 관련성을 중시한다. 따라서 과거 경험이 자신의 생각과 느낌, 행동을 일으키게 한다는 통찰력을 갖도록 하는 것에 역점을 두며 이때 치료자와의 관계형성을 중시한다. 과거에 심각한 외상을 갖고 있으며 그것이 문제의 원인이라고 판단될 때 적용할 수 있다.

② 행동주의이론

클라이언트의 문제가 과거 잘못된 학습과 관련이 있다고 보는 이론이다. 행동주의이론에서는 인간의 행동이 환경으로부터의 자극과 이에 대한 인간의 반응으로 형성된다고 본다. 즉, 보상을 받는 행동은 반복하고 그렇지 않은 행동은 철회한다는 것으로, 이 이론에 의하면 사회복지사는 클라이언트의 역기능적인 행동은 감소시키는 대신 새로운 행동을 학습하도록 함으로써 사회적 기능을 향상시키는 데 목적을 둔다. 클라이언트의 문제가 새로운 학습을 통해 개선될 수 있다고 판단될 때 적용할 수 있다.

③ 인지-행동주의이론

인지이론, 행동주의 및 사회학습이론의 개념들을 통합, 적용한 이론이다. 클라이언트에게 역기능적 감정과 행동을 야기하는 왜곡된 생각, 비합리적인 신념이 있다는 점을 중시한다. 따라서 클라이언트가 자신의 경험을 보다 현실적이고 긍정적으로 인식하고 해석하도록 하는 방법을 학습하도록 함으로써 사회적 기능 향상을 도모하는 것을 목적으로 한다. 이에 따라 클라이언트가 자신의 왜곡된 사고의 유형을 확인하게 하고 인지 재구조화, 모델링, 역할시연, 소거 등의 다양한 기법을 활용하여 개입한다. 우울증, 부정적 사고나 자살사고, 자존감이 낮은 클라이언트에게 효과적이다.

④ 인간중심치료모델

인간의 독특성과 자아, 개인적 경험의 의미를 강조하고 인정한다. 클라이언트를 자발적이고 능동적인 존재로 간주하기 때문에 사고와 느낌을 반영하고 경청해 주는 비지시적인 과정을 통해 자신에 대한 가치감과 이해가 향상되며 이를 통해 사회기능은 자연스레 향상될 수 있다고 본다. 특정 문제보다는 성장에 초점을 두기 때문에 수용과 비심판적 태도, 진실되게 대하는 것이 중요하다. 적극적 경청과 반영(reflection)기법이 유용하다. 클라이언트가 자발적이고 변화 동기가 분명하고 심각한 환경요인이 없는 경우에 효과적이다.

⑤ 위기개입모델

클라이언트가 위기로 인해 불균형상태에 있을 때, 신속하게 개입하고 위기를 초래한 사건 직후로부터 단기간 동안 개입하는 것을 강조한다. 위기상황으로 인한 스트레스를 최소화하고 대처능력 향상과 클라이언트의 의사결정과 행동을 지원할 뿐만 아니라 사회적 지지망 안에서 자원을 동원한다. 현재의 증상이 위기로 간주되거나 질병치료 및 회복과정에서 위기가 발생한 경우에 적용한다.

⑥ 과업중심모델

이 모델은 정신분석이론에 기초한 장기치료의 대안으로 등장한 단기치료의 영향을 받았다. 인지행동이론, 행동수정기법, 체계이론을 통합한 모델로서 클라이언트의 대인관계와 역할수행의 어려움 등 생활상의 문제를 다루기 위해 고안되었다. 단기개입, 구조화된 접근, 클라이언트의 자기결정권, 환경에 대한 개입, 책무성을 강조한다. 문제의 원인보다는 클라이언트가 제시한 해결이 필요한 과업(task)에 초점을 둔다. 과거의 복잡한 문제나 심각한 문제해결에는 적합하지 않고 현재 문제가 생활상의 과업의 실패라고 판단되는 경우 유용하다.

⑦ 해결중심모델

다양한 이유로 인해 사회복지사는 효율적인 실천을 요구받는다. 이러한 문제점에 대한 대안으로 제안된 모델이 해결중심모델이다. 이 모델은 문제의 신속한 변화와 해결이 가능하다. 클라이언트는 문제를 해결할 수 있는 생각, 능력, 자원을 가지고 있으므로 사회복지사는 이를 확인하고 지원해야 한다. 문제해결을 위해서는 원인을 이해할 필요는 없고 상황에 대한 문제해결방법도 여러 가지이다. 클라이언트와 사회복지사가 함께 모일 수 있는 횟수가 제한되어 있을 경우에 적합하다.

⑧ 가족치료이론

가족치료의 공통적인 가정은 가족 중 한 구성원이 증상을 가지고 있다고 할지라도 장애요인은 단지 문제를 가지고 있다고 지목된 사람에게만 있는 것이 아니라 전체 가족에게도 있다는 것이다(이윤로, 2005). 따라서 가족이 실천의 대상이며 전 가족 혹은 대부분의 가족이 치료과정에 참여하게 된다. 가족체계 안의 구성원들의 상호작용과 현재의 행동에 초점을 둔다. 최소한 가족 간에 관심을 가지고 있고 가족을 강화하거나 유지하고자 하는 가족이 있을 때 유용하다. 가족치료의 이론은 매우 다양한데, 가족의 문제는 그릇된 의사소통에 있다고 가정하는 의사소통 가족치료, 가족 내의 병리적인 구조가 바람직하지 못한 상호작용을 초래한다고 보는 구조적 가족치료 등 다양한 유형이 있다.

⑨ 소집단이론

집단경험을 통해 개인과 가족의 기능이 향상될 수 있기 때문에 사회복지사들을 다양한 집단활동에 참여하게 된다. 따라서 집단의 특성과 과정에 대한 폭넓은 이해를 가지고 있을 필요가 있다. 참여의 목적이 훈련, 치료, 상호지지인지에 따라 집단의 목적과 진행방식이 달라지긴 하지만 집단의 목적, 집단의 구조, 응집력, 집단발달단계, 리더의 역할 등에 대한 배경지식을 제공해 줄 수 있는 것이 소집단이론이다.

3. 실천과정과 기술

1) 실천과정

사회복지실천과정은 사회복지사가 클라이언트와 함께 문제를 해결해 나가는 연속적인 활동이라 할 수 있다. 실천과정은 일련의 단계들로 구성되는데 학자에 따라

단계 구분은 다르지만 내용면에 있어서는 큰 차이를 보이지 않는다. 이 절에서는 인테이크, 자료수집 및 사정, 목표수립 및 계획, 개입, 평가 및 종결단계로 구분하여 소개한다.

(1) 인테이크

이 단계의 목적은 클라이언트의 문제와 욕구를 확인하여 서비스 제공 여부를 판단하는 것이다. 이를 위해 사회복지사는 클라이언트가 기관에 거는 기대와 요구를 확인해야 하고 클라이언트의 문제의 본질을 확인하는 작업을 해야 한다. 이를 기초로 서비스 제공 여부를 결정해야 하며 기관의 서비스와 과정에 대한 안내를 제공해야 한다.

인테이크 단계의 주요 과업들을 달성하기 위해서는 무엇보다도 클라이언트와 원만한 관계를 형성하는 것이 중요하다. 보다 본격적인 관계형성은 서비스 제공 여부가 결정된 이후에 이루어지지만, 초기단계에서 사회복지사가 클라이언트에게 좋은 인상을 주고 관계를 맺어 나가는 것이 서비스의 질과 개입의 효과를 좌우한다고 해도 과언이 아니다. 비에스텍(Biestek, 1957)은 도움을 구하는 사람들에게 나타나는 공통적인 기본감정 및 태도유형이 있다고 보고 이를 바탕으로 케이스워크 관계의 7대원칙을 제시하였는데, 오늘날까지도 사회복지사와 클라이언트 간의 상호작용에 있어서 중요하게 고려해야 할 기본원칙으로 활용되고 있으며, 이를 제시하면 다음과 같다(양옥경 외, 2018 재인용; 이원숙, 임수정, 2020; Johnson & Yanca, 2010).

첫째, 모든 클라이언트는 개별적인 욕구를 가진 고유한 존재로 **개별화**해야 한다 (개별화).

사회복지사는 모든 클라이언트는 다른 사람들과 다르며 각 클라이언트의 감정, 사고, 행동, 독특한 생활방식, 경험 등은 존중되어야 한다는 것으로, 클라이언트를 개별화하기 위해서 사회복지사는 편견과 선입견으로부터 벗어나야 한다.

둘째, 클라이언트가 감정을 자유롭게 표현하도록 해야 한다(**의도적인 감정표현**).

클라이언트의 감정표현에 의도적으로 경청하고 이러한 표현을 비난하지 않아야 하며 필요한 경우에는 감정표현을 적극적으로 촉진시켜 줄 필요가 있다. 사회복지사와 감정적 교류를 갖게 됨으로써 클라이언트는 깊이 있는 관계를 형성할 수 있게 될 뿐만 아니라 감정표현 자체로 문제해결의 효과를 얻을 수 있다.

셋째, 클라이언트의 감정에 민감성과 이해로써 반응해야 한다(통제된 정서적 관여).

사회복지사는 클라이언트의 감정에 반응을 보임으로써 정서적으로 관여 (involvement)를 하게 되는데 이러한 관여는 통제되고 조절되어야 한다. 클라이언트의 감정을 민감하게 관찰하고 그 감정을 이해하도록 노력해야 하며 마음에서 우러나는 공감을 해야 한다.

넷째, 클라이언트를 있는 그대로 인정하고 받아들여야 한다(수용).

클라이언트의 강점과 약점, 바람직하지 못한 자질, 부정적 감정, 파괴적인 행동 등을 있는 그대로 인정하고 존중해 주는 것을 의미한다. 이것은 클라이언트의 일탈적 행동까지 허용한다는 의미는 아니고, 현재 그대로를 인정하고 수용함으로써 클라이언트가 안정감을 느끼고 문제해결에도 도움이 될 수 있다는 것이다.

다섯째, 클라이언트를 심판하거나 비난하지 않아야 한다(비심판적 태도).

클라이언트의 유죄 여부나 문제에 대한 책임소재를 심판하지 않으며 그의 특성과 가치관을 비난하지 않는다는 원칙이다. 클라이언트의 일탈행동이나 비윤리적인 태도에 대해 기준을 갖고 평가는 하되, 이것이 책임을 묻기 위한 것이 아니라 클라이언트의 변화와 문제해결을 위한 것임을 유념해야 한다.

여섯째, 클라이언트의 자기결정을 최대한 존중해야 한다(클라이언트의 자기결정).

어떠한 경우에도 클라이언트 자신의 자기결정의 권리를 타인이 대신할 수 없다는 원칙으로 전문적 관계의 파트너십을 강조한다. 클라이언트 스스로 결정할 능력이 없는 경우 이 원칙을 지키기가 어려운 상황이 될 수 있는데, 클라이언트의 수준에 맞는 대안을 제시함으로써 자기결정권의 침해를 최소화하고 덜 파괴적이고 기능적인 방향으로 결정이 내려지도록 최선을 다해야 한다.

일곱째, 클라이언트의 비밀을 보장해야 한다(비밀보장).

이 원칙은 관계의 원칙이기도 하지만 사회복지사의 윤리적 원칙이기도 하다. 실천과정에서 습득한 정보를 클라이언트를 돕는 목적 이외에 타인에게 알려서는 안 된다는 것이다.

원만한 관계형성을 위해서는 특히 사회복지사와 사회복지기관의 첫인상이 중요하므로 양자 모두 클라이언트가 보다 편안한 분위기에서 만남을 시작할 수 있도록 노력해야 한다. 대부분의 클라이언트는 기대와 막연한 두려움과 변화에 대한 저항감을 가지고 사회복지사를 만나기 때문에 사회복지사는 이와 같은 정서적 문제에 민감할 필요가 있다.

인테이크단계의 목적 달성을 위해 사회복지사는 클라이언트에 관한 기본적인 정보를 파악해야 한다. 이때 주의할 점은 자료수집을 통한 정보파악은 필수내용을 중심으로 최소한으로만 이루어져야 한다는 것이다. 그렇지 않을 경우 초기 불안과 저항감을 가지고 있는 클라이언트가 부담스럽게 여기거나 지쳐버릴 수가 있다. 또한 이후 단계인 자료수집 및 사정단계와 질문내용이 중복될 수 있어 클라이언트 입장에서는 동일한 내용을 반복적으로 이야기한다는 느낌을 받을 수가 있다. 초기면접 시 파악되어야 할 사항으로는 클라이언트의 기본정보, 주요 문제와 욕구, 기관과 접촉하게 된 경로, 유사서비스 이용 경험 등이며 사회복지사는 면접을 통해 알게 된 정보를 초기면접지에 기록해야 한다.

사회복지사가 클라이언트와 최초로 접촉하게 되는 경로는 매우 다양하다. 타기관의 의뢰, 클라이언트의 자발적인 방문, 기관의 적극적인 사례 발굴 등을 통해 첫 접촉이 이루어지게 되며 최초의 만남은 전화를 통해 이루어지기도 하고 기관 혹은 클라이언트 집에서 이루어지기도 한다. 클라이언트와의 첫만남을 위해 사회복지사가 준비해야 할 사항은 다음과 같다(Sheafor & Horejsi, 2012).

- 낯선 사람과의 첫 만남 전에 클라이언트가 가질 두려움, 양가감정, 혼란, 분노를 예상하고 반응할 준비를 해야 한다.
- 좋은 의사소통이 이루어질 수 있도록 물리적인 환경을 조성해야 한다.
- 비밀보장 규정을 설명한다.
- 초기에 시간이 제한되어 있음을 알려서 중요한 문제에 집중할 수 있도록 해야 한다.
- 클라이언트의 관심사에 주의를 기울인다.
- 클라이언트를 재촉하지 않는다.
- 클라이언트의 수준에 맞추어 말한다.
- 클라이언트의 질문에 대한 답을 알 수 없을 때는 확인해서 알려주어야 하고 지킬 수 없는 약속은 하지 않는다.
- 어느 정도의 기록은 필요하지만 클라이언트가 원하지 않을 경우에는 중단한다.

• 필요한 경우, 차기 만남을 계획한다.

한편 인테이크 결과, 클라이언트가 서비스 대상자로 부적합 경우, 클라이언트에게 적합한 서비스 전문가, 기관, 프로그램에 **의뢰**(referral)해야 한다. 흔히 전문가나 기관의 정보를 알려주는 정도를 의뢰로 이해하기도 하지만 또 다른 기관으로 옮겨지는 과정에서 두려움과 스트레스 좌절을 경험할 수 있으므로 주의 깊게 이루어져야 한다.

(2) 자료수집 및 사정

이 단계의 목적은 클라이언트의 문제를 이해하는 데 필요한 자료를 수집하고 이를 기초로 문제와 그 원인은 무엇인지, 이를 해결하기 위해 변화되어야 할 것은 무엇인지를 분명히 하는 것이다.

① 자료수집

자료수집은 사정을 하는 데 있어서 기초자료를 모으는 과정이다. 즉, 클라이언트와 관련된 다양한 정보들을 수집하는 단계라 할 수 있는데 자료를 얻을 수 있는 자료수집방법과 정보원은 매우 다양하다. 가장 보편적인 자료수집방법은 클라이언트, 가족, 주변인 등을 대상으로 면접을 실시하는 것인데, 이외에도 관찰이나 검사를 통해 이루어질 수 있다. 객관적인 정보를 얻기 위해서는 다각적인 경로를 통해 자료를 수집하는 것이 좋다. 일반적으로 사회복지기관에서 기초정보서식이나 사정을 위한 서식을 만들어 두는데 여기에 클라이언트가 직접 기입하거나 구두로 진술한 내용이 가장 기본적인 정보원이 될 수 있다. 클라이언트나 가족과의 면접 내용, 비언어적 행동에 대한 관찰, 배우자나 가족구성원들과의 상호작용에 대한 관찰, 주요 지인(친척, 친구, 동료 등)이나 관련 전문가로부터의 정보, 심리검사와 척도 등을 통해 필요한 정보를 수집할 수 있다.

② 사정

사정의 목적과 특성　사정은 클라이언트를 그의 환경과 관련해서 이해하는 것이며 사람이나 환경, 혹은 양자를 유지, 개선, 변화시키기 위해서 무엇을 해야 하는가를 계획하기 위한 기초작업이다(우국희 외, 2005). 학자에 따라서는 사정을 진단이라는 용어와 혼용하기도 하지만 사회복지사들에게는 사정이라는 용어가 더 친숙하다. 질적인 사정이 이루어지기 위해서 사회복지사는 인간행동과 사회환경에 대한 포괄적인 지식을 가지고 있어야 하며 다양한 체계, 행동요소, 가족체계와 환경요소들에 대한 지식도 필요로 한다. 사회복지사는 생태체계적 관점을 가지고 사정을 하지만 전술한 바와 같이 강점관점이 중요 관점으로 부각되면서 강점관점에서의 사정도 반드시 이루어져야 한다.

사정단계에서는 클라이언트의 욕구와 문제, 처해 있는 상황에 대해 이해하고 강점이 무엇인지를 파악하는 것이 중요하다. 또한 클라이언트 체계를 누구로 할 것인지를 결정하고 개입계획을 수립하기 위해 수집된 정보들을 종합화하는 작업이 이루어져야 한다. **사정은 다음과 같은 특성을 가지고 있다**(이원숙, 임수정, 2020; Kirst-Ashman & Hull, 2017).

- 사정은 클라이언트와 사회복지사의 상호작용를 통해 얻어진 산물(product)이자 과정(process)이다.
- 사정과정에 클라이언트를 참여시키는 것은 매우 중요하다.
- 사정에서는 어떤 부분을 고려할지 어떤 지식기반을 적용해야할지 판단할 것을 요구한다.
- 강점을 포함시켜야 한다. 사정과 진단의 큰 차이점 중 하나는 강점을 조명한다는 것이다.
- 사정은 시작시점부터 종결시점까지 새로 드러나는 정보를 수용하고 분석하며 종합하는 역동적이며 지속적인 과정이다.
- 클라이언트 상황에 대한 완벽한 이해는 불가능하기 때문에 사정은 한계를 가진다. 따라서 사회복지사는 클라이언트에게 도움을 제공하면서 클라이언트와 그 상황을 이해해 나가야 한다.

사정의 영역　　클라이언트들이 겪는 문제들은 아주 사소해 보일지라도 많은 요소들 간의 상호작용을 통해 발생한다. 따라서 사회복지사는 클라이언트와 그가 가지고 있는 문제뿐만 아니라 그를 둘러싸고 있는 가족과 환경에 대한 다각적인 정보수집과 사정을 해야 한다. 또한 클라이언트의 강점에 대한 사정작업도 매우 중요하다. 사정단계에서 검토해야 할 주요 영역은 다음과 같다(백은령 외, 2008; 이원숙, 임수정, 2020; Hepworth et al., 2013).

- **클라이언트 문제의 규명**: 클라이언트의 문제를 보다 정확하게 파악하는 것은 효과적인 개입을 위해 중요하다. 클라이언트의 문제를 파악하기 위해서는 클라이언트가 직면하고 있는 불안이나 위기의식 등을 면밀하게 검토해야 한다. 클라이언트의 문제를 규명하는 데 있어서는 클라이언트가 자신의 문제를 어떻게 인식하고 있는지, 문제와 관련하여 충족되지 않은 욕구와 원하는 것은 무엇인지, 문제의 심각성은 어느 정도인지, 문제행동이 있다면 일어나는 빈도와 지속시간은 어떤지, 클라이언트의 문제를 도울 수 있는 어떤 지지체계가 있으며 어떤 외부자원을 필요로 하는가 등에 대해 면밀하게 검토해야 한다.
- **개인에 대한 사정**: 클라이언트의 개인적 영역에서 사정이 이루어져야 할 부분은 생물학적 신체기능, 신체적 건강, 약물과 알코올의 남용 여부, 인지기능, 정서적 기능, 대처능력, 대인관계, 신앙과 영적 특성 등이다.
- **가족에 대한 사정**: 가족과 관련해서는 가족의 체계 및 하위체계와 경계, 가족의 행동에 영향을 미치는 가족규칙, 가족 내에서의 역할분배와 역할갈등, 가족 내의 권력구조, 가족의 목적, 가족의 의사소통방식, 가족생활주기 등에 대한 자료를 수집, 분석해야 한다. 가족 사정에 있어서 사회복지사들이 선호하는 사정 도구중 하나는 가계도로 2~3세대의 가족관계를 도표로 작성해서 가족문제의 원인을 규명하는 방법이다. 이는 가족의 주요사건, 구성원의 출생과 사망, 관계유형 등 가족에 관한 정보를 일목요연하게 정리, 분석할 수 있도록 도와준다.
- **환경에 대한 사정**: 환경 자체에 대한 사정보다는 인간과 환경 간의 상호작용에 초점을 두고 사정이 이루어져야 한다. 사회복지사는 환경 사정과정에서 문제상황에 두드러진 환경의 양상을 분석하는 데 초점을 둬야 한다. 또 클라이언트의 환경 내에 있는 필수자원과 기회의 이용보다는 클라이언트의 고유한 요구와 다양한 생활상황에 초점을 맞춰 환경에 대한 사정을 진행해야 한다. 클라이언트의 환경이 적절한지를 평가할 때 환경자원목록을 이용할 수 있는데 이 목록은 클라이언트의 특성에 맞게 사용해야 한다. 보편적인 환경자원으로는 사

회적 지지체계(가족, 친척, 친구 등), 의료서비스에의 접근성, 보호서비스에의 접근성, 주택, 안전, 재정, 영양상태, 교육, 법적자원, 종교조직에의 접근, 고용기회 등이다. 사회복지사의 환경에 대한 사정을 도와줄 수 있는 도구는 생태도인데, 이것은 환경체계들 간의 상호작용의 성격과 질, 지지와 자원의 흐름을 한눈에 파악할 수 있도록 해 준다. 또한 환경 사정에서 매우 중요하게 다루어야 할 이슈 중 하나가 사회지지체계를 파악하는 것이다. 사회지지체계란 클라이언트의 환경범위에 있으면서 클라이언트에게 정서적, 재정적, 도구적 지지를 제공해 주는 가족, 친구, 이웃 등을 의미한다.

• 강점에 대한 사정: 사회복지사의 사정은 클라이언트와 가족의 약점과 병리적인 측면보다는 강점을 강조해야 한다. 이것은 문제를 무시하라는 의미가 아니라 가장 비관적인 상황에서도 강점을 찾기 위한 노력을 게을리 해서는 안 된다는 의미이다. 사회복지사가 클라이언트의 삶의 문제와 잘못에만 초점을 둔다면 클라이언트는 또다시 좌절감을 느끼게 될 것이다. 사회복지사는 개인과 가족의 행동과 생활에 대한 주의 깊은 관찰을 통해 강점을 발견하고자 하는 노력을 해야 한다. 이와 같이 클라이언트의 강점을 발견하기 위해서는 클라이언트의 문제를 다른 각도에서 바라볼 수 있도록 패러다임이 전환되어야 한다.

③ 목표수립 및 계획

사정결과를 토대로 사회복지사가 개입하게 될 표적문제와 목표를 설정해야 한다. 효과적인 개입을 위해서는 목표가 분명해야 한다. 목표를 수립할 때 고려해야 할 지침은 다음과 같다(Hepworth et al., 2002: 316-322).

• 자발적인 클라이언트와의 활동일 경우, 목표는 클라이언트가 찾아낸 바람직한 결과와 관련이 있어야 한다.
• 비자발적인 클라이언트를 위한 목표는 가능한 클라이언트에게 동기를 부여할 수 있는 방향으로 설정되어야 한다.
• 목표는 명확하고 측정이 가능하도록 설정되어야 하며 실행 가능한 것이어야 한다. 또한 목표는 사회복지사가 목표를 달성하는 데 필요한 지식과 기술을 가지고 있거나 자원을 확보할 수 있는 것이어야 한다.

- 목표는 긍정적인 형식으로 기술되어야 한다.
- 사회복지사 스스로 의심이 되는 목표 수립은 피해야 하며 기관의 기능과 조화를 이룰 수 있는 것이어야 한다.

한편, 계획은 목표와 개입을 연결해 주는 고리라 할 수 있다. 사회복지사는 수립된 목표를 달성하기 위한 구체적인 개입계획을 수립해야 한다. 계획은 달성하고자 하는 목표에 기반하여 무엇을 어떻게 언제까지 누가 제공할 것이라는 구체적인 내용을 포함해야 한다. 목표와 개입계획에 대해서는 클라이언트의 동의가 중요하다. 실천활동은 결국 클라이언트를 위한 것이기 때문에, 클라이언트의 참여와 노력 없이는 소기의 성과를 얻을 수 없기 때문이다. 따라서 문제와 욕구에 대한 명확화, 달성할 목표, 목표달성을 위한 개입계획, 클라이언트의 역할과 기관 및 사회복지사의 역할, 만남의 횟수 및 빈도, 만남의 장소, 개입방법과 기술, 비용, 평가방법 등에 대해 사회복지사와 클라이언트가 상호 합의하는 작업이 필요하다. 이를 통상 계약(contract)이라고 부르는데 사회복지실천현장에서 서비스 동의서라는 형식을 활용하기도 한다.

④ 개입

이 단계는 수립한 계획에 따라 실제적인 지원활동이 이루어지는 단계로 실행이라는 용어를 사용하기도 한다. 개입단계에서는 문제해결을 위한 구체적인 변화전략을 수립하고 원조, 교육, 동기유발, 자원연결, 행동변화 등을 통해 변화를 창출하며 지속적인 점검을 통한 변화 정도의 유지와 평가를 목적으로 한다. 개입과정 내내 사회복지사는 몇 가지의 원칙들을 지킬 필요가 있다(엄명용 외, 2020).

- 경제성: 선택된 활동은 사회복지사와 클라이언트의 시간과 비용을 최소화할 수 있어야 한다. 클라이언트가 혼자서 할 수 없는 일만 사회복지사가 한다.
- 클라이언트의 자기결정: 가능하면 클라이언트가 스스로 의사결정하도록 한다.
- 개별화: 클라이언트의 특성과 욕구, 능력과 상황에 맞도록 개입활동을 조정해야 한다.
- 발달: 개입의 방향은 클라이언트 체계의 발달적 단계에 적합해야 한다.

- 상호의존성: 사회복지사와 클라이언트는 상호보완적이어야 한다.
- 서비스 목표에 초점두기: 모든 활동은 합의한 목표에 부합되는 것이어야 한다.

사회복지사가 개인, 가족, 집단과 같은 미시체계들을 직접적으로 대면하면서 본인의 지식과 기술을 활용하여 직접개입을 하기도 하고 클라이언트에게 변화가 생길 수 있도록 환경체계에 개입하기도 한다. 또 클라이언트의 욕구충족에 필요한 서비스와 자원을 확보하여 이를 연계하기도 한다. 이때 서비스를 제공할 기관이 거부할 경우, 클라이언트의 입장을 대변하고 옹호하는 등의 역할을 수행해야 한다. 이 단계는 사회복지사의 다양한 실천기술이 요구되는 단계로, 보다 구체적인 내용에 대해서는 다음 절에서 살펴보도록 하겠다.

⑤ 종결과 평가단계

종결　사회복지사의 실천활동을 종결하고 개입의 효과를 평가하는 단계이다. 종결과정의 목표는 다음과 같이 정리할 수 있다(Hepworth et al., 2013).

첫째, 종결의 시기를 결정해야 한다.

둘째, 분리과정에서 경험하게 되는 사회복지사와 클라이언트의 정서적 반응 해결하기

셋째, 실천과정 동안 얻어진 성과가 유지되고 발전될 수 있도록 계획하기

넷째, 제공된 서비스와 목표달성 정도를 평가하기

다섯째, 필요한 경우, 다른 기관이나 자원으로 클라이언트를 의뢰하기

초기단계 못지않게 종결단계도 매우 중요하므로 사회복지사는 급작스런 종결이 되지 않도록 사전에 종결을 위한 계획을 염두에 두고 준비해 나가야 한다. 또한 클라이언트가 종결로 인한 서운함, 막연한 두려움, 상실감 등 정서적인 문제를 경험할 수 있으므로 사회복지사는 이러한 감정들을 표현할 수 있는 기회를 주고 경청할 필요가 있다. 또 사회복지사와 기관의 개입이 종결되더라도 실천활동을 통해 일어난 변화나 성과가 클라이언트의 실생활에서 지속적으로 적용되고 문제가 재발되지 않도록 사후관리를 하는 것이 매우 중요하고 필요한데, 이를 위한 계획도 수립해야 한다. 사후관리는 서비스가 종결되었더라도 사회복지사가 지속적으로 관심을 갖고

있다는 것을 실제로 보여줌으로써 클라이언트가 느낄 수 있는 상실감을 감소시켜 줄 수 있다. 사회복지사의 입장에서는 자신의 개입의 효과나 문제점을 점검해 볼 수 있는 기회가 될 수 있다.

평가　평가는 클라이언트에게 제공한 서비스의 효과성 측정뿐만 아니라 사회복지사의 실천지식과 기술 향상에도 도움이 된다. 이 과정을 통해 사회복지사는 자신의 노력을 통해 개인, 가족, 집단이 얼마나 변화했는지, 자신의 노력이 가치가 있었는지를 검토해 볼 수 있게 된다. 만약 사회복지사가 체계적인 평가에 필요한 지식이나 기술을 갖고 있지 못하다면 자신의 판단이나 직관으로 클라이언트의 변화를 짐작할 수밖에 없게 될 것이고, 점차 사회적인 요구가 높아가고 있는 사회복지의 책무성 요구에도 부응하기가 어려울 것이다. 사회복지사의 개입에 대한 평가는 개입과정 중에도 이루어질 수 있고 종결시점에서 초기에 수립한 목표와 계획이 달성되었는지를 평가할 수도 있다. 이러한 평가방식을 각각 형성평가와 총괄평가라고 부르는데 사회복지실천에서는 이 두 가지가 모두 중요하게 다루어져야 한다.

바람직한 평가를 위해서는 목표수립 및 계획단계에서 목표가 명확하게 설정되는 것이 중요하다. 따라서 평가는 실천의 종결단계에서만 중요하게 다루어져야 할 것이 아니라 실천과정 초기부터 체계적으로 준비해야 하는 작업이다. 명확한 목표와 계획 수립, 이에 부합하는 개입, 개입의 과정과 결과를 효과적으로 측정해 낼 수 있는 평가 설계와 척도선정이 상호 유기적이어야만이 가능하다. 사회복지사는 평가의 설계와 측정도구의 중요성을 간과해서는 안 된다. 자신의 개입노력과 클라이언트의 변화를 가장 잘 나타내 줄 수 있는 평가설계가 무엇인지를 선택할 수 있는 안목과 기술이 필요하다. 또한 이를 잘 측정할 수 있는 척도를 구별해 낼 수 있는 능력도 필요하다.

미시체계를 대상으로 한 실천에서 많이 사용하는 평가설계 방법 중 하나가 단일사례설계(single-subject design)이다. 이 설계방법은 하나의 개입단위에 대한 사회복지실천의 개입 효과를 평가하는 데 활용되는 방법으로, 개입을 통해 변화시키고자 하는 표적행동의 빈도, 강도, 지속시간을 관찰함으로써 기초선을 설정하는 것이 가능할 때 유용하다. 이러한 설계방식을 특별히 A(기초선)B(개입)설계라고 하는데, 실제로 실천현장에서는 기초선을 측정할 수 없는 상황도 많이 있기 때문에 이 경우에는 개입기간의 표적행동을 먼저 기록할 수밖에 없는데, 이러한 방식을 BA설계라 한다. 집단대상의 실천을 할 경우, 한 집단의 상태를 사전, 사후에 측정, 비교할 수도 있고 개입한 집단과 그렇지 않은 집단의 각각의 전후 상태를 측정하고 두 점수 간의 차이를 비교하는 방식으로도 설계를 할 수가 있다. 평가에 있어서 중요한 요소 중 하나는 척도인데 실천현장에서 활용할 수 있는 다양한 척도들이 연구되어 있지만 적합하지 않을 경우 목표달성척도(goal-attainment scaling), 신속한 사정도구(rapid assessment instrument), 과제달성척도(task achievement scaling), 목표달성척도(goal attainment scaling), 서비스 계획 결과 체크리스트(service plan outcome checklist), 개별화된 척도(IRS) 등을 활용하여 사회복지사가 자신의 개입내용에 적합하게 제작할 수도 있다(Sheafor & Horejsi, 2012).

2) 실천기술

실천과정에서 사회복지사가 활용할 수 있는 기술은 매우 다양하다. 사회복지사는 이러한 기술을 학습과 적용 경험을 통해 체화해야만이 클라이언트를 돕기 위한 목표와 개입계획을 달성하는 데 보다 적절한 기술을 선택적으로 활용할 수 있다. 이 절에서는 주요기술을 중심으로 소개하고자 한다.

(1) 의사소통기술
① 경청기술
경청이란 클라이언트의 어려움에 공감하고 그의 이야기와 감정에 대해 민감하게 반응을 해 가면서 적극적으로 잘 듣는 것을 의미한다. 이는 클라이언트가 표현하고자 하는 것이 무엇인지, 그의 생각과 감정은 어떤 것인지를 파악해 가면서 듣는 것을 말하는데, 사회복지사의 경청만으로도 클라이언트가 안정되고 감정이 정화되는 효과를 얻을 수 있다. 경청에 있어서는 클라이언트의 입장에서 그들의 내면세계를 이해하는 것, 즉 클라이언트를 이해하면서 클라이언트가 느끼는 정서도 함께 느끼는 감정이입(empathy)이 매우 중요하다.

② 질문기술

의사소통의 핵심적 기술 중 하나가 **질문**이다. 클라이언트와 관련된 필요한 정보를 얻거나 그의 생각을 탐색하고 이야기를 보다 잘 이해하기 위해, 대화의 주제를 바꾸고 싶을 때 질문을 하게 된다. 질문 시에는 클라이언트가 의심이나 비난을 받는 듯한 느낌을 받지 않도록 주의하는 것이 중요하다. 또한 한꺼번에 너무 많은 질문을 하거나 적게 하는 것도 클라이언트가 압도당하거나 충분한 내용을 끌어내기 어렵게 만들기 때문에 피해야 한다. 질문의 유형에는 개방형질문, 폐쇄형질문, 직접질문, 간접질문 등이 있다.

③ 관찰기술

의사소통에서 비언어적 행동에 대한 이해도 필수적이다. 유능한 사회복지사는 클라이언트의 비언어적 행동이나 태도, 가족 간의 상호작용으로부터 민감하게 정보를 얻을 수 있다. 클라이언트의 비언어적 행동을 관찰하는 수단으로는 냄새, 보이는 것, 소리, 거리 등이 있다. 그러나 **관찰**에 있어서 사회복지사가 선입견을 갖지 않도록 하는 것이 중요하다. 클라이언트의 개인적, 문화적 특성이 외모나 태도로 나타날 수 있기 때문(엄명용 외, 2020)에 이로 인한 선입견을 갖지 않도록 경계해야 한다.

④ 정보제공기술

정보를 제공하는 것은 문제해결에서 매우 중요한 수단이 될 수 있다. 따라서 제공하는 정보는 정확하고 최신의 것이어야 한다. 왜냐하면 사회복지사가 제공한 정보가 정확하지 않은 것으로 판명될 경우, 사회복지사의 능력에 대한 신뢰와 확신에 치명적인 손상을 줄 수 있기 때문이다. **정보제공**은 클라이언트가 잘 받아들일 수 있는 상황에서 전달해야 한다. 정보제공은 문서를 통해서도 이루어질 수 있는데, 중요한 부분에 표시를 한다든지 개개인의 이름을 덧붙여 인간적인 느낌이 들도록 하여 인쇄물이 '살아있게' 하는 것이 중요하다(Trevithick, 우국희 외 역, 2005).

⑤ 격려와 재보증기술

지지적이고 격려하는 말을 함으로써 클라이언트의 문제해결능력을 향상시키는 기술이다. **격려**는 사회복지사가 클라이언트의 가능성에 대한 확신을 표현하는 것으로, 클라이언트에 대해 확신을 갖는 이유를 부연해서 설명할 필요가 있다. **재보증**(reassurance)은 불안과 불확실성을 제거하고 위안을 줄 수 있는 방법이다. 그러나 지나치게 낙관적으로 재보증을 하거나 빈번하게 사용하는 것은 클라이언트로 하여금 사회복지사가 불안감이나 죄책감의 원인을 제대로 이해하지 못하고 있거나 분별력이 없는 사람이라는 느낌을 갖게 할 수 있다(Sheafor & Horejsi, 2012).

(2) 행동변화기술

① 강화

강화란 바람직한 행동에 대해 보상을 줌으로써 재연 가능성을 높여주는 것을 의미한다. 클라이언트에게 새로운 행동을 습득하게 하거나 행동변화가 개입의 목표인 경우에 효과적이다. 바람직한 행동을 반복하도록 클라이언트가 좋아하는 것을 보상해 주는 긍정적 강화와 클라이언트가 싫어하는 것을 제거하는 보상을 줌으로써 바람직한 행동을 재현하는 방법이다.

② 행동시연 및 역할교환

행동시연(behavioral rehearsal)은 특정 상황에서 잘 대처할 수 있도록 가상적인 상황에서 새로운 행동을 연습해 볼 수 있는 기회를 부여하고 피드백을 제공하며 대안적 행동방식을 논의한다. 역할시연의 상황에서 상호 역할을 교환해서 시연해봄으로써 상대방의 감정과 관점을 이해하도록 할 때 활용하는 방법이다. 그러나 연습상황에서 습득한 행동을 일반화시키기 어려울 수 있다는 한계를 가지고 있다. 이처럼 행동변화 목표를 달성하기 위해 사용하는 기술들은 개인대상의 실천에서 활용할 수도 있지만 사회기술훈련이나 자기주장훈련과 같은 집단프로그램에 유용한 기술이다.

③ 가족관계 개선 기술

- 가족조각기술(family sculpture): 가족 사정과 치료(개입)방법으로 사용하는 기술로서, 가족구성원들이 가족에 대해 어떻게 인식하고 있는가를 비위협적 상황에서 가족에 대한 인식과 감정을 시각화하고 언어화함으로써 가족에 대한 이해를 돕는 것을 도와준다. 구성원이 조각가가 되어 다른 구성원들을 배치하도록 하고 위치설정과 거리를 두는 이유를 설명하도록 한다. 가족 전체 속에서

자신의 입장을 확인할 수 있다.

- 탈삼각화기술(detriangulation): 가족구성원 간에 분화가 이루어지지 않는 것이 문제일 때 유용한 방법이다. 두 성원 간에 불안 수준이 높아지면 다른 성원을 끌어들여 삼각관계를 형성한다. 이와 같은 두 성원들 간의 감정 영역에서 제3의 성원을 분리시키는 것이 탈삼각화이다. 가령 부인이 남편과의 갈등을 직접적으로 해결하지 않고 자녀에게 지나치게 간섭하는 경우가 이에 해당될 수 있는데, 이에 개입하여 자녀를 심리정서적으로 분리하므로써 자녀가 부모의 갈등으로부터 벗어나도록 할 수 있다(김혜란 외, 2006).

(3) 역량강화 및 옹호기술

① 역량강화기술

취약한 클라이언트는 습관화된 무기력감으로 인해 스트레스상황에 효과적으로 대처하지 못하고 자원활용능력도 떨어지게 된다. 사회복지사는 클라이언트가 자신의 삶을 스스로 통제할 수 있도록 자신의 욕구, 복지, 만족감을 강화하는 데 환경과 상호작용을 할 수 있는 능력을 습득할 수 있도록 도와야 한다. 이를 위한 출발은 자신에 대한 불가능성, 무력감, 패배감 등 부정적인 신념을 변화시키는 것부터 출발해야 하나, 이를 위해서는 많은 시간과 노력이 필요하다는 것을 염두에 둬야 한다(우국희 외, 2005).

② 옹호기술

옹호란 자신의 이익을 스스로 대변하는 데 한계가 있는 사람들의 이익을 대변해 주는 것을 포함하는 개념이다. 특히 억압받고 있는 클라이언트나 자원에 접근하기 힘든 클라이언트가 기회와 자원을 활용할 수 있도록 사회의 구성원으로서 참여할 권리를 강화하는 것이다. 클라이언트의 목소리와 관심사를 전달하여 서비스 전달이나 정책에 변화를 일으키는 것을 목적으로 한다. 이를 위한 옹호기술은 클라이언트 스스로 자신들을 대표할 수 있도록 지지하는 것, 클라이언트의 관점과 욕구를 입증하는 것, 클라이언트의 관점과 욕구, 관심사를 타인에게 해석하고 전하는 것, 상이한 과제를 수행하기 위해 적절한 기술을 개발하는 것으로, 경청기술, 협상기술, 공감, 주장기술 등이 있다(엄명용 외, 2020).

생각해 볼 문제

1. 미시적 실천의 대상에 대해 생각해 봅시다.

2. 사회복지실천에서 중요하게 고려해야 할 가치는 무엇인지 생각해 봅시다.

3. 사회복지실천의 주요 관점이라 할 수 있는 생태체계이론의 주요 개념과 이것이 사회복지실천에 주는 함의에 대해 생각해 봅시다.

4. 사회복지실천 과정에서 사회복지사가 수행해야 할 과업은 무엇인지 각 단계별로 나누어 생각해 봅시다.

5. 미시적 실천에 필요한 기술들에는 어떠한 것들이 있는지 생각해 봅시다.

 참고문헌

김혜란, 홍선미, 공계순(2006). **사회복지실천기술론**. 나남.

남미애, 윤숙자(2020). **사회복지실천기술론**. 학지사.

박경일, 김경호, 서화정, 윤숙자, 이명현(2017). **사회복지학강의**. 양성원.

백은령, 김선아, 양숙미, 엄미선, 윤철수(2008). **사회복지실천론**. 양서원.

양옥경, 이정진, 서미경, 김미옥, 김소희(2018). **사회복지실천론**. 나남.

엄명용, 김성천, 윤혜미(2020). **사회복지실천의 이해(5판)**. 학지사.

이원숙, 임수정(2020). **사회복지실천론**. 학지사.

이윤로(2005). **사회복지실천기술론**. 학지사.

Hepworth, D. H., Rooney, R. H., Rooney, G. D., & Strom-Gottfried, K. (2013). *Direct service practice: Theory and skills* (9th ed.). Brooks/Cole.

Johnson, L. C., & Yanca, S. J. (2010). *Social work practice: A generalist approach*. Allyn and Bacon.

Kirst-Ashman, K. K., & Hull, Jr. G. H. (2017). *Understanding generalist practice* (8th ed.). Brooks Cole.

Sheafor, B. W., & Horejsi C. (2012). *Techniques and guidelines for social work practice* (9th ed.). Allyn and Bacon.

Trevithick, P. (2000). *Social work skills: A practice handbook*. 우국희, 최경원, 황숙연 역 (2005). **사회복지실천기술**. 사회복지실천연구소.

Zastrow, C. (2013). *The practice of social work* (10th ed.). Books/Cole Publishing.

한국사회복지사협회홈페이지 http://www.welfare.net/site/ViewMoralCode.action (검색일: 2020. 12. 21.)

제7장

사회복지의
중범위 · 거시적 실천방법

이 장에서는 사회복지의 중범위 · 거시적 실천방법으로 지역사회복지, 사회복지행정, 사회복지정책을 소개한다. 지역사회복지는 지역사회의 문제를 예방하고 해결하는 활동으로 개인, 가족, 집단 등의 문제를 우리가 거주하는 지역에 근거하여 해결하는 중범위적 실천방법이다. 사회복지행정은 사회복지기관이나 조직의 행정체계를 대상으로 한 활동이다. 사회복지정책은 국가와 사회의 복지체계를 대상으로 하는 거시적 활동으로 사회복지정책의 형성–대안–집행–분석–평가의 정책형성과정을 소개한다. 또한 사회복지정책분야로서의 사회보장에서는 사회보험, 공공부조, 사회복지서비스에 대해 알아본다.

1. 지역사회복지

1) 지역사회복지의 개념

환경 속의 개인이라는 관점에서 볼 때 지역사회복지는 사회복지실천과정에서 중요한 위치를 차지한다. 지역사회는 공간적 단위이며, 심리·문화적 단위의 성격을 갖고 있고(남일재 외, 2005), 우리의 많은 일상생활은 지역사회를 근거로 이뤄지고 있다. 교육, 문화, 환경, 교통 등 개인과 가족의 생활은 지역사회와 밀접한 연관을 갖고 있기 때문이다.

지역사회복지는 지역사회와 사회복지가 합쳐진 개념으로 지역사회 단위에서 수행되는 사회복지실천이며, 궁극적으로는 지역사회의 변화를 통해 지역사회 내의 사람들이 갖는 문제를 해결하고 그들의 삶의 질을 향상시키는 데 목적이 있다(한인영 외, 2011: 112-113). 감정기 등(2009)은 지역사회복지를 지역사회를 접근 단위로 하여 그 구성원들의 복지를 실현하려는 사회적 노력으로 정의하고 있으며, 김종일(2006)은 각종 사회적 위험이 사라진 안전하고 행복한 지역사회의 상태를 지칭하는 동시에, 이러한 상태를 실현하기 위한 지역사회 수준에서의 모든 노력이라고 정의한다. 따라서 지역사회복지의 영역을 '개인의 문제'에 대한 지역사회 수준의 개입보다는 '사회 전체 집단이 공유하고 있는 문제'를 해결하기 위한 일종의 중범위 이상의 방법론적 접근으로 이해(윤철수 외, 2008)할 수 있다.

지역사회복지의 목표는 이상적인 지역사회(ideal community)를 형성하는 것으로, 이상적인 지역사회는 주민들에게 다음의 아홉 가지 조건을 제공할 때 가능하다(강용규, 2005: 86-87).

- 효율적인 정부라는 매개체를 통해 주민의 생명과 안전을 지킬 수 있도록 질서유지 및 사회 안정
- 효율적인 경제체제를 통해 주민의 경제적 안녕, 즉 소득의 보장
- 공공 보건기관을 통해 주민의 육체적 안녕, 즉 보건과 위생의 보장
- 여가시간을 건설적으로 활용할 수 있는 여가공간의 확보

165

- 지역사회의 지지를 받을 수 있는 윤리적 기준의 설정
- 모든 사람들이 쉽게 접근할 수 있는 공공기관을 통한 지식과 교육의 제공
- 자유로이 의사를 표현할 수 있는 수단과 기회를 제공
- 주민들의 의사가 표현되고 반영되는 민주적인 조직 제공
- 지역사회에 공헌 혹은 헌신하고 이를 신뢰할 수 있는 동기 제공

2) 지역사회복지의 실천 모델

지역사회복지 실천 모델은 사회복지사를 비롯한 지역사회복지 실천가들을 위한 지침과 방향을 제공한다 (Netting et al., 2004: 한인영 외, 2011 재인용). 지역사회복지 실천 모델 중 이 장에서는 로스만과 트롭맨(Rothman, 1974)의 **지역사회개발**(community development), **사회계획**(social planning), **사회행동**(social action)의 세 가지 모델을 중심으로 살펴본다.

(1) 지역사회개발 모델

지역사회개발 모델은 자조(self-help)에 근거하며, 지역사회문제의 해결을 위한 지역사회 능력과 사회통합을 통해 지역사회를 새롭게 만드는 데 초점을 둔다(한인영 외, 2011: 114). 지역사회개발 모델은 경제적 그리고 사회적 진보의 조건을 형성·향상시키기 위한 과정으로(윤철수 외, 2008: 143), 이때 사용되는 유용한 전략은 **협력**(collaboration)이다. 지역사회의 다양한 구성원, 이해의 상충 등의 문제에 직면할 때 협력을 통해 상이한 이해를 최소화하고 합의를 도출하도록 한다. 또한 협력은 지역의 변화와 개선이라는 공동의 이해를 달성하기 위해 다양한 구성원들이 서로 도와 활동하는 것을 의미하기도 한다(한인영 외, 2011). 예를 들면, 청소년 유해환경시설에 대한 제한을 위한 학부모들의 이해가 지역사회 전체의 이해로 확대되어 그 지역에서 조례를 만들어 법적으로 시설제한을 규제하기도 한다.

(2) 사회계획 모델

사회계획 모델은 지역사회 내의 청소년 비행, 주택난과 같은 사회문제를 해결하고자 하는 지역사회의 계획으로, 지역사회 계획자와 사회복지사들이 사회계획 목

표를 달성하기 위한 기술적(technical)인 과정을 포함한다(강용규, 2005; 윤철수 외, 2008). 사회계획 모델에 있어 지역사회복지사는 분석가, 계획가, 조직가, 행정가의 역할을 수행한다(강용규, 2005).

(3) 사회행동 모델

사회행동은 지역사회의 주민들이 사회정의에 입각하여 자원의 배분과 향상된 처우를 그 지역사회에 권리로서 요구하는 행동을 의미한다(강용규, 2005). 사회행동은 사회변화를 추구하며 사회행동가들은 자신의 역할을 지역사회의 맥락에서 변화를 촉진시키는 것으로 보며, 종종 기존 권력배열과 구조에 도전한다(한인영 외, 2011).

■ 표 7-1 ■ 전통적인 지역사회복지 실천 모델

구분	지역사회개발	사회계획	사회행동
개념	지역사회 주민의 적극적인 참여와 주민들이 최대한의 주도권을 갖고 전 지역사회의 경제적·사회적 조건을 향상시키기 위한 과정	비행, 주택, 정신건강과 같은 사회문제를 해결하고자 하는 기술적인 과정	지역사회의 불우계층에 처한 주민들이 사회정의와 민주주의에 입각해서 보다 많은 자원과 향상된 처우를 그 지역사회에 요구하는 행동
목표	과정중심목표	과업중심목표	과업 또는 과정중심목표
변화를 위한 기본 전략	주민 모두 참여하여 문제해결방안 논의	객관적인 사실을 취합하여 논리적인 해결책 모색	취약계층의 문제를 해결하기 위한 조직 구성
변화를 위한 전술과 기법	합의(개인, 집단, 파당 간의 의사교환)	사실발견과 분석	갈등이나 대결(성토, 시위, 협력거부, 피켓팅)
사회복지사의 역할	조력자, 격려자	기술적이고 전문가적인 역할	옹호자, 행동가
변화의 매개체	과제지향적인 소집단	공식집단과 자료	대중조직과 정치적 과정
클라이언트 집단·수혜자 규정	전 지역사회	지역사회 내의 특수지역이나 일부계층	지역사회의 일부로서, 고통당하는 집단
클라이언트 집단에 대한 개념	개발되지 않은 잠재력을 가진 정상인	서비스의 혜택을 받는 소비자	체제의 희생자

출처: 윤철수 외(2008). 재구성

지역사회복지에서 중요한 것은 주민참여이다. 주민참여는 모든 주민, 특히 공식적인 정부의 의사결정과정에서 소외되어 왔던 주민들의 욕구에 정부가 반응하도록 만드는 제도적 장치로 이해할 수 있으며, 단순히 정보를 획득하는 것에서부터 정보와 권고를 제시하고, 정책결정에 참여하며, 또한 통제를 가하는 활동까지 포함된다(Stenberg, 1972: 윤철수 외, 2008: 143 재인용). 또한 지역사회복지의 영역에는 저임금, 구조조정으로 인한 일방적 해고와 퇴사종용 등의 문제에 대처하는 지역노동운동, 주거·의료·교통 등의 부족과 열악성의 개선을 요구하는 지역사회운동, 생존 및 생활환경의 파괴 및 오염에 의한 피해에 대해 생존권 보장, 생활환경 개선 등을 요구하는 지역환경운동(윤철수 외, 2008: 145)도 지역사회복지의 영역으로 이해할 수 있다.

3) 지역사회복지의 실천과정

지역사회가 당면한 문제와 충족되지 않은 욕구에 대해 대응책을 수립하고 이를 실천에 옮기는 일련의 과정을 실천과정이라 할 수 있다(윤철수 외, 2008: 146). 지역사회복지 실천과정을 문제발견 및 분석, 정책 및 프로그램의 개발, 프로그램의 실시, 평가의 4단계로 살펴보면 다음과 같다(강용규, 2005; 정민자 외, 2009).

(1) 문제발견 및 분석
지역사회실천의 첫 번째 단계는 지역사회에 존재하는 문제를 사회조사를 통해 발견하고 분석하는 것이다. 지역실태조사, 설문조사, 주민 토론회와 간담회, 위원회, 협의회, 협회 등의 중간집단을 통해 문제를 토의, 분석하고 문제해결에 필요한 자원을 확인한다.

(2) 프로그램 개발
첫 단계에서 지역사회의 문제를 파악하고 분석하게 되면 문제해결을 위한 정책을 수립하고 정책을 실현하기 위한 프로그램을 개발해야 한다.

(3) 프로그램의 실시

개발된 프로그램을 실시하는 단계로 정책목표를 달성하기 위해 행하는 일련의 활동을 포함한다.

(4) 평가

문제해결을 위해 실시된 프로그램의 목표의 성취정도와 문제 발견과 분석, 프로그램 개발, 프로그램 실천 등의 전 과정에 대한 평가로 이뤄진다. 성취도 평가는 일반적으로 프로그램의 효과성과 영향에 대한 평가를 한다.

4) 사회복지사의 역할

사회복지사는 지역사회복지실천에 참여할 때 다음의 세 가지 관점으로 지역사회를 살펴보는 것이 필요하다(Kirst-Ashman & Grafton, 2006: 287-288: 한인영 외, 2011: 113 재인용). 첫째, 사회복지실천 환경으로서의 지역사회이다. 둘째, 변화와 노력의 대상으로서의 지역사회이다. 사회복지사는 지역사회의 권력구조, 의사결정구조 등을 바꾸고 새로운 서비스 전달체계를 형성하도록 노력해야 한다. 셋째, 변화를 위한 기제로서의 지역사회이다. 또한 사회복지사는 지역사회복지 실천 시 문제, 인구대상, 문제가 일어난 영역이라는 세 개의 중요한 부분에 초점을 두어야 하며, 동시에 이들을 둘러싸고 있는 정치적·정책적 상황을 이해해야만 한다. 예를 들면, 사회복지사는 제기된 문제가 노인의 방임이라면 문제(방임), 인구대상(노인), 영역(문제가 일어난 지역사회)에 필연적으로 초점을 맞추게 된다(한인영 외, 2011: 117-118).

루빈(Rubin)은 사회복지사의 역할로 교사, 촉진자, 후원자, 매개자 역할을 제시하고 있다. 각 역할의 내용을 소개하면 아래와 같다(윤철수 외, 2008: 147-148).

① 교사의 역할
- 문제를 해결할 수 있는 능력을 개발하여 지도자가 될 수 있음을 가르친다.
- 지도력을 창출하고 격려한다.
- 해답을 아는 사람이 아닌 올바른 질문을 할 수 있는 사람이다.

② 촉진자의 역할

- 다른 사람들의 활동을 자극하고 촉진한다.
- 지역사회 성원들이 중요하다고 생각하는 공통적인 문제를 찾아내고 사람을 연결시켜 주며, 조직화의 기반이 되는 지역사회 정신을 창출한다.
- 초기 활동의 성공을 통해 사람들의 관심과 활동을 유지시킨다.

③ 후원자의 역할

- 성원들이 조직 활동을 지속할 수 있도록 돕는다.
- 매력 없는 일상적인 과제들을 수행하는 데 필요한 기술적 기법이나 지식에 기반을 둔 조언을 한다.
- 기초적인 조사연구, 기록, 의사결정에 필요한 정보를 제공한다.

④ 매개자의 역할

- 지역사회조직, 성원, 지역사회를 연결시켜 준다.
- 유관기관과 관계를 형성한다.

5) 지역사회복지 분야와 서비스

(1) 사회복지관

사회복지관은 지역사회 내에서 일정한 시설과 전문 인력을 갖추고 지역사회의 자원을 동원하여 지역사회 문제를 해결하고 주민의 복지욕구를 충족시키기 위한 종합적인 사회복지사업을 수행하는 기관이다(강용규, 2005: 96). 사회복지관은 모든 지역주민을 대상으로 보호서비스, 재가복지서비스, 가족기능 강화 및 주민 상호 간 연대감 조성을 통한 각종 지역사회문제를 예방·치료하는 **종합적 복지서비스 전달기구**로 지역주민의 복지증진을 위한 중심적 역할을 수행한다(이종복 외, 2008: 144).

(2) 재가봉사센터

지역사회에서 일정한 시설과 전문인력 및 자원봉사자를 갖추고 필요한 재가복지 서비스를 제공하는 사회복지시설로서, 가정에서 보호를 필요로 하는 장애인, 노인, 소년소녀가장, 한부모가정 등 가족기능이 취약한 저소득 가정과 재가복지 서비스가 필요한 사람에게 가사, 간병, 정서, 의료, 결연 등의 서비스를 제공한다(강용규, 2005: 97).

(3) 지역사회복지협의체

「사회복지사업법」에 의해 2005년부터 지역사회복지협의체가 설치, 운영되고 있다. 지역사회협의체의 주요기능은 사회복지사업에 관한 중요사항과 지역사회복지계획의 심의와 건의, 사회복지서비스 및 보건의료서비스와의 연계, 협력강화 등이다. 지역사회복지협의체의 구성은 민·관 협력체계로서 지역사회복지 관련 주체들의 광범위한 참여를 전제로 하고 있고, 복지 관련 실무자들의 참여와 활동이 가능하여 협의의 실행가능성을 높일 수 있는 특징을 가진다(이종복 외, 2008).

(4) 사회복지협의회

사회복지협의회는 지역사회의 사회복지서비스기관들이 효과적인 서비스를 제공하기 위해 상호 연락·조정 및 지역사회자원의 육성 등의 활동을 하는 연합체로, 지역 내 사회복지활동에서 부족한 상태를 규명하여 적절한 사회복지계획을 수립하여 필요성에 따라 지역주민의 참여를 유도하고 자원을 동원하는 중간조직의 성격을 갖는다(강용규, 2005; 이종복 외, 2008). 우리나라의 사회복지협의회는 1952년 한국사회사업연합회로 시작되어 1970년에 현재의 명칭으로 바뀌었다.

(5) 사회복지공동모금회

사회복지공동모금회는 사회복지사업을 지원하기 위해 국민의 자발적인 성금으로 공동모금된 재원을 효율적으로 관리·운용함으로써 사회복지의 증진에 이바지함을 목적으로 「사회복지공동모금회법」에 의해 설립된 민간비영리조직이다. 사회복지공동모금의 특성은 봉사활동으로서의 민간운동, 지역사회중심, 효율성과 일원화, 공표, 전국적인 협조라고 할 수 있다(이종복 외, 2008: 98-99).

2. 사회복지행정

1) 사회복지행정의 개념

사회복지행정은 '사회복지정책을 사회적 서비스로 전화하는 과정'으로 사회복지 행정은 크게 협의와 광의의 사회복지행정 개념으로 분류한다(박석돈, 2004). 협의의 사회복지행정은 사회복지조직(기관)을 운영하는 관리자의 활동과 관련되어 있으 며, 목표달성, 프로그램 기획, 자원의 동원과 유지, 성과의 평가 등에 사회사업적인 지식과 기술을 적용하는 과정이라고 볼 수 있다. 따라서 협의의 사회복지행정은 사 회사업행정(social work administration)으로 불리기도 한다. 광의의 사회복지행정은 사회복지전달체계와 관련된 것으로, 사회복지정책을 사회복지서비스로 전환시키 는 데 필요한 사회복지조직에서의 총체적인 활동을 의미한다(윤철수 외, 2008: 148). 이러한 광의의 개념으로서의 사회복지행정은 정책의 전환 및 정책의 수행과정에 초점을 두며, 조직 외 측면에서 네트워킹, 지역사회와의 상호작용, 정책과의 상호 작용에 초점을 둔다(한인영 외, 2011: 152). 요약하면, 사회복지행정은 서비스가 실제 행해지는 '조직'으로 정책을 서비스로 전환시키는 포괄적인 쌍방의 과정으로서, 조 직을 중심으로 조직 내 관리활동, 조직 간 연계, 전달체계 등을 모두 포함하고 있다 (한인영 외, 2011: 160).

2) 사회복지행정의 특징과 원칙

사회복지행정은 사회과학 지식을 사회복지행정조직에 적용하여 추상적인 사회 복지정책을 구체적인 사회복지서비스로 전환하여 서비스가 필요한 클라이언트에 게 전달하는 과정에 관한 총체적인 활동(장동일, 2004)이다. 사회복지행정과 일반 행 정의 차이점은 먼저, 사회복지행정의 주된 활동은 문제나 욕구를 지닌 사람이라는 점이다. 두 번째 차이점은 서비스를 제공받는 클라이언트의 복지를 보호하고 증진 하도록 사회로부터 위임을 받아 공공의 이익을 위해 물질적·비물질적 후원을 받 는다는 점이다(정민자 외, 2009).

이러한 차이점을 기반으로 사회복지행정의 특징을 네 가지로 정리하면 다음과 같다. 첫째, 사회복지조직은 사회복지서비스를 산출한다. 둘째, 사회복지행정은 일반 행정과 달리 관리에 관한 지식을 초월하는 독특한 범위를 가지며, 셋째, 사회복지행정은 행정가 또는 관리자에 의해서만 이루어지는 것이 아니며, 넷째, 사회복지행정의 성패는 전문사회복지사의 직무수행에 크게 의존하고 있다(정무성 외, 2002: 한국임상사회사업학회, 2007: 194 재인용).

사회복지행정의 원칙으로 크게 다음의 여섯 가지가 제시되고 있다(신복기 외, 2002; Giordano & Rich, 2001: 권중돈 외, 2011: 182 재인용). 첫째, 사회복지행정가는 사회복지행정 실천의 장이 되는 조직의 기본 목적에 부합하는 임무에 대한 명확한 방향을 견지해야 한다. 둘째, 사회복지행정가는 윤리 기준에 따라 활동을 수행해야 한다. 셋째, 상황에 따라 리더십을 발휘할 수 있어야 한다. 넷째, 효과성과 효율성 모두를 추구해야 한다. 다섯째, 관리와 리더십과 관련된 기술 및 능력을 획득할 수 있는 교육과 개발 기회를 적극적으로 활용하고 찾아나서야 한다. 여섯째, 미래에 대한 비전을 가지고 있어야 하며 미래지향적이어서 다분히 위험해 보이는 의사결정도 기꺼이 내릴 수 있어야 한다.

3) 사회복지행정의 과정

사회복지행정의 과정은 일반적으로 기획, 조직, 인사, 지시, 조정, 보고, 재정, 평가로 구성된다. 주요 내용을 정리하면 다음과 같다(권중돈 외, 2011; 고명석 외, 2010; 윤철수 외, 2008; 정민자 외, 2009).

(1) 기획(planning)

사회복지기관의 경우 기획은 기관환경 및 클라이언트의 욕구변화에 대처하기 위한 새로운 목표의 설정과 이를 달성하기 위한 미래활동을 합법적으로 결정해 나가는 의사결정과정을 의미한다. 사회복지행정가는 변화하는 목표에 따라 필요한 과업을 계획하고 목표달성을 위해 요구되는 방법을 선정해야 한다.

(2) 조직(organizing)

조직은 업무가 할당되고 조정되는 공식적인 조직구조가 설정되는 과정이다. 조직구성에 있어서 구성원 간 갈등이 초래되지 않도록 구성원들의 역할과 책임이 분명해야 한다.

(3) 인사(staffing)

인사는 직원의 채용과 해고, 직원의 교육과 훈련, 우호적인 활동조건의 유지 등이 이루어지는 과정으로 일반적으로 인사관리(Human Resources Management: HRM)를 의미한다. 사회복지조직의 경우 서비스 공급을 담당하는 기관인력의 능력과 자질은 사회복지조직 활동의 성패를 좌우하는 데 매우 중요한 요인이므로 인사관리의 중요성이 있다. 사회복지기관의 행정책임자는 공공기관의 경우에는 입법 또는 행정기관의 장이 채용하고, 민간기관의 경우에는 이사장이 채용한다. 사회복지기관의 행정책임자는 직원의 임면, 직원의 교육과 훈련을 책임지며, 협력적 분위기 조성을 위해 구성원 간의 민주적인 의사소통관계를 유지해야 한다.

(4) 지시(directing)

지시는 행정책임가가 기관을 효과적으로 운영하기 위해 구성원에게 업무를 부과하는 과정이다. 행정책임가에게는 합리적인 결정을 내리는 능력, 기관목적에 대한 적극적 관심과 그것을 달성하려는 헌신적인 태도, 구성원의 공헌을 칭찬하는 능력, 책임과 권한을 효과적으로 위임하는 능력, 개인과 집단의 창의성을 고취하는 능력 등이 요구된다.

(5) 조정(coordinating)

조정은 기관활동의 다양한 부분들을 상호 관련시키는 과정이다. 조정을 위해 행정가는 기관의 여러 부서와 구성원들 간의 효과적인 의사소통의 통로를 만들어야 한다. 이를 위해서 가장 일반적인 방법은 위원회를 만들어 활용하는 것이다.

(6) 보고(reporting)

보고는 행정가가 기관의 직원, 이사회, 지역사회 등에게 기관에서 일어나는 상황을 알리는 과정이다. 기관의 보고를 위해 필요한 세 가지 주요 활동은 인사기록, 클라이언트 사례기록, 전반적 기관활동의 기록 등을 포함하는 기록유지활동, 기관이 어떻게 기능하고 있는가를 보여 주는 정기적 감사활동, 기관의 서비스 수행 여부, 현재 서비스의 필요 여부 및 새롭게 요구되는 서비스의 내용 등에 관한 조사, 연구 활동을 들 수 있다.

(7) 재정(budgeting)

재정은 예산편성, 예산집행, 예산결산에 대한 감사의 과정으로 구성되어 있고, 조직의 목표 달성을 위해 필요한 재정자원을 합리적이고 계획적으로 동원하고 배분하고 효율적으로 사용·관리하는 과정이다. 이와 같은 재정관리는 사회복지기관에서 중요한데 그 이유는 첫째, 재정관리가 기관의 생존과 직결되는 상황이기 때문이다. 둘째, 재정운용의 중요성을 강조하는 최근 경향 때문이다. 또한, 재정이 기관의 사업과 기획에 중요한 영향력을 갖기 때문이다.

(8) 평가(evaluating)

평가는 기관의 목표에 비추어 전반적인 활동의 결과를 사정하는 과정이다.

4) 사회복지서비스 전달체계

사회복지서비스 전달체계를 공급주체에 따라 분류하면 국가와 지방자치단체가 주체가 되는 공공전달체계와 민간부문이 주체가 되는 민간전달체계, 공공과 민간이 혼합된 혼합형 전달체계가 있다.

(1) 공공전달체계

공공전달체계는 국가 또는 지방자치단체가 운영의 주체가 되는 전달체계로서, 우리나라의 경우 각종 사회보험은 중앙정부에서 전담하고 있고, 공공부조와 사회복지서비스는 중앙 및 지방자치단체에서 분담하고 있다. 중앙정부가 서비스 전달을 담당하는 것은 사회복지의 급여나 서비스가 공공재적인 성격을 가지고 있거나 대상집단이 많을 경우 적합하며, 소득재분배효과를 극대화하여 불평등을 해소하고 다양한 프로그램을 통합하여 지속적으로 공급할 수 있고, 재정의 안정성이라는 장점을 가진다. 그러나 관료주의적 경직성, 접근의 어려움의 단점이 지적된다(윤철수 외, 2008: 152-153).

지방정부가 서비스 전달을 담당하는 것은 지역주민의 욕구 변화에 효율적으로 대응할 수 있으며, 접근 용이성, 수급자의 참여 기회의 확대라는 장점을 가진다. 그러나 중앙정부에 비해 재정의 안정성이 낮으며, 정치적 요인에 영향을 많이 받게 되어 프로그램의 지속성이 낮다는 단점을 가진다.

(2) 민간전달체계

민간전달체계는 사회복지법인, 비영리사회단체, 기업, 개인과 같은 민간부문이 주체가 되어 행하는 비정부 전달체계로서 박애사업, 자선사업, 민간사회복지기관과 시설, 기업복지가 이에 해당한다. 민간부문은 선택의 자유, 접근의 용이성, 융통성이라는 장점이 있는 반면, 서비스의 통합성과 지속성, 안정성이 취약하다는 단점이 있다(윤철수 외, 2008: 153).

(3) 혼합형 전달체계

오늘날에는 정부와 민간의 혼합체계가 많이 활용되고 있는데, 이는 공공기관이 제공하던 서비스를 민간기관에게 이양 또는 위탁하는 민영화 추세에 의한 것이다. 주로 공공기관이 재정을 지원하고 복지서비스의 전달은 민간기관이 맡는 방식으로 운영된다.

(4) 전달체계의 원칙

사회복지 전달체계의 구축에는 고려해야 할 여러 가지 원칙이 있는데, 여기서는 통합성, 지속성, 접근성, 책임성, 전문성, 효과성, 효율성, 적절성 원칙을 살펴보고자 한다(권중돈 외, 2011; 손연숙, 허홍무, 2009; 윤철수 외, 2008).

① 통합성

복합적 문제의 해결에 필요한 서비스가 체계적이고 통합적으로 제공되도록 한다. 클라이언트는 한 개 이상의 문제를 가지고 있는 경우가 많다. 예를 들어, 어린

자녀가 있는 저소득층 여성의 경제적 상황을 개선하고자 하는 문제는, 여성의 취업과 관련한 서비스(취업교육훈련, 훈련 후 일자리 연계 등)만이 아니라 훈련기간과 취업후의 보육문제가 통합적으로 고려되어야 한다.

② 지속성

사회복지대상자에게 필요한 서비스를 문제가 해결되는 동안 일정 기간 지속적으로 제공하는 것을 말한다. 주택 등 거주환경 등의 변화에 대한 서비스는 일회적인 지원으로도 해결 가능하지만, 사람의 변화가 궁극적인 목표인 경우에는 지속적인 서비스 지원이 필수적이다. 그러나 재정적 이유, 복지서비스 수혜자 간의 형평성 등의 문제로 인해 현실에서는 사회서비스의 지속성 담보가 어렵다.

③ 접근성

사회복지서비스는 그것이 필요한 사람이면 누구나 쉽게 받을 수 있어야 하기 때문에 사회복지대상자가 접근하기에 용이하여야 한다. 지리적인 거리, 선별적 자격조건, 대상자의 인종적·언어적 특성에서 오는 장애 등이 없어야 한다. 또한 유사한 경험을 가진 사회복지사의 채용, 의료서비스를 전문으로 하는 사회복지기관의 설립, 특수한 집단을 취급하는 사회복지기관의 설립 등의 방법이 활용된다.

④ 책임성

사회복지조직은 시민의 권리인 사회복지서비스를 전달하도록 위임받은 조직이므로 사회복지전달에 대해 책임을 져야 한다. 책임성의 영역에는 전달체계의 업무 수행 과정이 투명하게 드러나고 의사결정이 민주적으로 이루어져야 한다.

⑤ 전문성

사회복지전달체계는 신청, 접수, 조사와 심사, 결정 및 전달, 사후 서비스 제공에 이르기까지 전문적인 기술과 방법을 필요로 한다. 업무의 성격상 전문성이 덜 필요한 것은 준전문가가 담당하고, 비숙련업무 및 일반 행정업무는 비전문가 또는 경우에 따라 자원봉사자가 담당한다.

⑥ 효과성

전달체계가 목적한 바를 얼마나 달성하였는가, 즉 전달체계가 제공한 서비스나 프로그램이 대상자가 갖고 있는 욕구를 얼마나 충족시켰는가에 관한 것이다.

⑦ 효율성

목적을 실행하기 위해 투입한 비용과 산출된 서비스의 비용을 비교한다.

3. 사회복지정책

1) 사회복지정책의 개념

사회복지정책은 개인 및 집단 단위에 개입하여 변화를 모색하는 미시적 접근이 아니라 제도나 환경 개선을 통하여 변화를 모색하는 거시적 접근으로, 빈곤대책, 의료보장제도, 연금제도, 장애인 · 노인 · 아동 등을 위한 다양한 복지제도 등을 우리는 사회복지정책이라 부른다. 사회복지정책은 사람들이 인간다운 삶을 영위하는 데 문제가 되는 사회적 상황을 개선하기 위하여 서비스나 소득을 제공함으로써 인간의 복지에 영향을 미치는 행동의 원칙, 계획 혹은 과정이며 실천적 조치이다. 사회복지정책을 협의와 광의의 개념으로 살펴보면, 협의의 개념으로는 소득, 의료, 교육, 주택, 사회복지서비스로 구성된다. 광의의 개념으로는 조세정책, 노동시장정책을 사회복지정책의 영역에 포함시키기도 한다(한인영 외, 2011: 173-175).

사회복지정책은 원칙이라는 입장에서 어떠한 입장, 즉 가치나 신념을 내포하고 있고 행동의 계획과 과정이라는 의미에서 구체적인 단계, 절차 혹은 방법을 내포하고 있다. 그러므로 사회복지정책에서는 사회복지 목표를 수립하기 위한 가치와 이념을 이해하여야 하며, 정책이 만들어지는 단계와 절차에 대한 정책 형성과정에 대해서도 이해해야 한다(박경일, 2008:23: 한인영 외, 2011: 175 재인용).

사회복지정책의 기본 목표는 인간의 존엄성과 자립성을 유지하며 개인적 성장과 계발을 목표로 한다. 이를 통해 사회통합과 경제성장, 정치적 안정을 추구하는 것이다.

2) 사회복지정책의 형성과정

사회복지정책의 과정은 정책형성, 정책집행, 정책평가를 거치는데 각 단계별 내용은 다음과 같다(현외성, 2006: 304).

(1) 정책형성

사회복지문제나 요구가 정치체제의 의제로 채택되어 정책으로 결정되는 과정이다. 사회복지정책의 형성은 일반적으로 특정 사회복지문제에 관한 사회적 욕구가 의제로 설정되면서 시작된다. 여기서 사회문제란 사회를 구성하는 많은 사람들이 해결되어야 한다고 인식하는 어떤 상황이나 조건을 의미한다(한인영 외, 2011: 187). 이러한 사회문제에 대해 이해당사자, 여론, 지역주민, 국민 등이 문제를 공유하고, 해결되어야 한다는 여론이 형성되고, 더 나아가 개인적, 집단적 사회행동에 이르는 이슈화 과정을 거치면서 정책의제로 선택된다. 선택된 정책의제에 대한 해결책은 대안과정을 통해 정책으로 형성된다. 사회문제가 의제로 채택되어 정책으로 결정되는 과정은 [그림 7-1]과 같이 정리할 수 있다(송근원, 김태성, 1995).

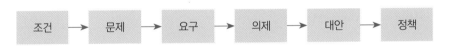

[그림 7-1] 사회복지정책형성 과정

출처: 송근원, 김태성(1995). 재구성

(2) 정책집행

사회복지정책을 실제 시행하는 과정을 의미한다. 사회복지정책의 집행과정은 정치·경제·사회 등 환경적인 요인과 정책의 목표·수단·절차 등 내부적인 요인에 따라 영향을 받는다.

(3) 정책평가

사회복지정책의 평가과정은 실제 시행된 사회복지정책을 일정한 분석틀에 따라 평가하는 과정을 의미한다. 평가결과는 정책 확대, 축소, 폐지, 수정 등에 관한 결정과 시행에 활용된다. 송근원·김태성(1995)은 정책평가의 절차를 평가목표 설정 →

평가범위 설정 → 프로그램의 내용 파악→ 평가설계서(평가기준) 작성 → 자료수집 및 측정 → 분석 및 해석 → 정책평가 보고서의 작성 및 제출로 구분하고 있다. 정책의 평가는 일반적으로 효과성, 효율성, 적정성, 적절성, 형평성, 대응성 등에 의해 평가된다(윤철수 외, 2008: 158-159).

3) 사회복지정책의 분석과 분석모형

사회복지정책을 분석하는 여러 유형 중에서 일반적으로 많이 사용되는 것이 길버트와 테렐(Gilbert & Terrell)의 **과정분석, 산출분석, 성과분석**이다. 과정분석(studies of process)은 사회복지정책의 형성과정에 초점을 두어 사회복지정책 형성의 역동성을 사회정치적 변수와 기술적ㆍ방법적 변수를 중심으로 하여 분석하는 접근이다. 산출분석(studies of product)은 사회복지정책의 내용을 분석하는 것으로 프로그램, 관련 법률, 기획안 등을 분석한다. 즉, 산출연구는 정책 과정을 통해 선택된 정책의 내용을 특정 기준이나 분석틀을 통해 분석하는 것이다. 마지막으로 성과분석(studies of performance)는 사회복지정책의 평가분석으로 프로그램이 잘 실행되었는지, 그러한 프로그램으로 얻은 영향이 무엇인가를 연구하여 정책의 결과를 기술하고 평가하는 것이다(현외성, 2006).

4) 사회보장

사회복지정책의 가장 대표적인 것은 사회보장(social security)으로 모든 국민을 대상으로 하는 생활보장제도이다. 사회보장은 "사람들이 살아가다가 질병, 노령, 실업, 장애, 사망, 출산, 빈곤 등으로 인하여 소득이 일시적으로 중단되거나 장기적으로 없어지거나 지출이 크게 증가하여 사람들이 이전의 생활을 하지 못할 경우 이전의 사회생활을 할 수 있도록 하는 국가의 모든 프로그램"을 의미한다(김태성, 김진수, 2006: 19). 우리나라는 1995년 「사회보장기본법」을 제정하고 사회보장에 대해 "질병ㆍ장애ㆍ노령ㆍ실업ㆍ사망 등의 사회적 위험으로부터 모든 국민을 보호하고 빈곤을 해소하며 국민생활의 질을 향상시키기 위하여 제공되는 사회보험ㆍ공공부조ㆍ사회복지서비스 및 관련 복지제도"로 사회보장의 형태를 규정하고 있다(「사회

보장기본법」 제3조). 이 절에서는 우리나라의 「사회보장기본법」에서 정의한 사회보장의 영역인 사회보험, 공공부조와 사회복지서비스 정책을 살펴보고자 한다.

(1) 사회보험

사회보험(social insurance)이란 국민에게 발생하는 사회적 위험을 보험의 방식으로 대처함으로써 국민의 건강과 소득을 보장하는 제도이다(「사회보장기본법」 제3조 제2항). 사회보험은 사회적 위험이 발생했을 때에 현물 또는 현금 급여를 하는 것으로 수급자의 경제적 기여에 기반을 두어 재정이 운영된다는 점에서 민간보험과 유사한 성격을 가지고, 또 소득보장책이란 점에서 공공부조와 동일한 목적을 가진다 (원석조, 2010). 그러나 민간보험이 가입자의 선택인 반면에 사회보험은 전 국민에게 강제 적용되는 의무적 제도이다. 수급자의 경제적 기여(보험료)에 비례하여 급여를 받는 개인의 형평성보다는(민간보험방식) 모든 가입자에게 최저생계를 유지하도록 급여를 제공하는 사회적 연대 및 통합을 중시한다. 또한, 자산조사가 없으며 수급자가 필요한 제반 조건을 충족하였을 경우 권리로서 이루어진다는 점이 공공부조와의 차이점이다(윤철수 외, 2008: 175-176).

우리나라는 현재 5대 사회보험이 실시되고 있는데, 노후의 소득보장을 위한 **국민연금**, 질병과 출산에 대비한 **국민건강보험**, 산업재해에 대비한 **산업재해보상보험**, 실업으로 인한 소득감소에 대비하고 재취업을 위한 **고용보험**, 장기요양을 필요로 하는 노인환자를 보호하는 **노인장기요양보험제도**가 있다.

① 국민연금[1]

개념 및 전개과정　국민연금제도는 노령, 질병, 사망 등과 같은 사회적 위험에 처해 소득활동을 할 수 없을 때 기본적인 생활이 가능하도록 연금 형태의 급여를 지급하는 제도이다. 국민연금은 1973년 국민복지연금법이 제정되어 1974년 실시될 예정이었으나 석유파동 등으로 인한 경제불황으로 시행이 유보되다가, 1986년에 국민복지연금법을 「국민연금법」으로 수정·보완하여 1988년 1월부터 국민연금제도가 실시되었다. 우선적으로 10인 이상 사업장의 근로자 및 사업주를 대상으로 실

1) 출처: 국민연금공단(www.nps.or.kr)

시되었고, 1992년 5인 이상 사업장으로 연금대상이 확대되었다. 국민연금 대상자의 확대는 계속되어 1995년에는 농어촌 지역 자영업자 및 농어민, 그리고 1999년 4월부터는 도시 지역주민이 가입하게 되어 전 국민 연금시대로 확대되었다. 2006년 1월부터 1인 이상의 사업장과 1인 이상의 우리나라 국민을 고용하는 주한외국기관도 포함되었다.

가입대상 국내에 거주하는 18세 이상 60세 미만의 국민이 의무가입대상이며, 국민연금 가입 사업장에 종사하는 외국인과 국내거주 외국인도 해당된다. 다만 특수직 연금 가입자(공무원연금, 사학연금, 군인연금)는 제외된다. 국민연금의 가입형태는 크게 사업장과 가입자로 나누어지며, 가입자의 종류는 사업장가입자, 지역가입자, 임의가입자, 임의계속가입자, 외국인가입자로 구분된다.

연금급여의 종류 국민연금은 노령, 장애, 사망 등에 의해 소득이 감소할 경우 일정한 급여를 지급하여 소득을 보장하는 사회보험으로서, 지급받게 되는 급여의 종류는 노령연금(분할연금), 장애연금, 유족연금, 반환일시금, 사망일시금이 있다.

재원부담 국민연금의 재원부담은 근로자의 경우에는 근로자와 사용주가 각각 절반씩 부담하고 자영업자와 농민은 본인이 전액을 부담하되, 농어민의 경우에는 국고보조가 일부 지원되고 있다. 연금보험료는 가입자의 기준소득월액에 보험료율을 곱하여 산정한다.

국민연금공단 「국민연금법」에 의해 1987년 국민연금관리공단이 설립되고(「국민연금법」 제25조), 2007년도 국민연금공단으로 명칭을 변경한다. 가입자에 대한 기록의 관리 및 유지, 연금보험료의 부과, 급여의 결정 및 지급, 가입자 그리고 가입자였던 자 및 급여지급에 따른 수급권자를 위한 노후설계 상담, 소득활동 지원 및 자금의 대여와 복지시설의 설치·운영, 가입자 및 가입자였던 자에 대한 기금증식을 위한 자금대여사업, 「국민연금법」 또는 다른 법령에 따른 위탁사업을 한다.

② 국민건강보험[2]

개념 및 전개과정 국민건강보험은 국민의 질병·부상에 대한 예방, 진단, 치료, 재활과 출산·사망 및 건강증진에 대하여 보험급여를 제공하여 국민보건 향상 및

2) 출처: 국민건강보험공단(www.nhic.or.kr)

사회보장 증진을 목적으로 하는 사회보장제도이다. 보험자 전원에게 소득과 재산에 따라 보험료를 갹출하여 의료비 지출의 일부를 납부하는 제도이다. 우리나라의 건강보험은 1963년 「의료보험법」이 제정되어 시작되었으나, 당시는 임의적용방식으로 유명무실했다(윤철수 외, 2008: 184). 1977년 500인 이상의 대규모 사업장을 적용대상으로 시작, 그 후 사업장이 점차 확대되어 현재에는 상시 1인 이상으로 확대되었다. 1988년 농어촌지역 주민을 위한 의료보험, 1989년 도시 자영업자를 위한 의료보험이 실시되면서 전 국민 의료보험시대가 열리게 되었다. 2000년부터는 통합의료보험인 「국민건강보험법」이 실시되어 운영되고 있다.

가입대상　　건강보험의 적용대상자는 국내에 거주하는 국민 모두를 대상으로 하며 국가로부터 보호를 받는 의료급여 대상자는 제외된다. 적용대상은 직장가입자와 지역가입자로 구분된다. 직장가입자는 근로자, 사용자, 공무원·교직원이고, 그의 부양가족들은 피부양자가 될 수 있으며, 지역가입자는 직장가입자와 그 피부양자를 제외한 도시 및 농어촌 지역주민이다.

건강보험급여의 종류　　국민건강보험의 급여는 현물급여와 현금급여 두 가지가 있다. 현물급여는 병·의원 등에서 제공되는 의료서비스 일체를 말하고, 현금급여는 가입자 및 피부양자의 신청에 의해 공단에서 현금으로 지급하는 것을 말한다. 현금급여의 종류로는 요양비, 출산비, 장애인보장구급여비, 장제비, 본인부담액보상금이 있다.

재원　　직장가입자는 전년도 신고한 월급여(보수월액)에 보험료율을 곱하여 산정한다. 본인과 사용자가 각각 절반씩 부담한다. 지역가입자는 소득·재산(전월세, 자동차 포함), 세대원의 성·연령 등을 종합하여 점수로 만들어서 부과한다.

국민건강보험은 본인부담금(선택진료비 등 비급여 부분은 제외)만 의료급여 대상으로 하고 있어, 비급여 의료항목을 건강보험지급대상에 포함하는 방식으로 개선되고 있다.

국민건강보험공단　　국민건강보험공단은 가입자 및 피부양자의 자격관리, 보험료 부과·징수, 가입자의 건강증진업무 추진, 의료서비스 가격을 요양기관과 계약으로 정하는 등 보험재정 관리 및 포괄적 국민건강보장을 제공한다.

③ 노인장기요양보험[3]

개념 및 전개과정   노인장기요양보험이란 고령이나 노인성 질병 등으로 인하여 6개월 이상 동안 혼자서 일상생활을 수행하기 어려운 대상자에게 요양시설이나 재가요양기관을 통해 신체활동 또는 가사지원 등의 서비스를 제공하는 사회보험제도이다(윤철수 외, 2008). 우리나라의 급속한 노인인구 증가와 평균수명의 연장으로 인한 고령화, 돌봄서비스의 사회화 요구 등으로 증가하는 노인의료비에 대한 대응과 과중한 가족의 부양부담을 경감하고자 2007년 「노인장기요양보험법」이 제정되고, 2008년부터 노인장기요양보험이 실시되었다. 노인장기요양보험제도는 수급자에게 배설, 목욕, 식사, 취사, 조리, 세탁, 청소, 간호, 진료의 보조 또는 요양상의 상담 등 다양한 방식으로 장기요양급여를 제공한다. 노인장기요양보험제도는 대상자인 노인뿐만 아니라 장기요양을 담당하던 가족의 경제적, 정신적, 육체적 부담을 경감시켜 경제, 사회활동에 전념할 수 있게 한다.

가입대상   장기요양인정의 신청자격은 65세 이상의 노인 및 65세 미만의 노인성 질병을 가진 자가 자격대상이 된다. 노인성 질병은 치매, 뇌혈관성질환, 파킨슨병 등을 의미한다.

장기요양보험급여의 종류   장기요양급여는 재가급여, 시설급여, 특별현금급여로 구분된다. 재가급여는 장기요양원이 가정을 방문하여 신체활동 및 가사활동을 도와주는 방문요양, 방문목욕, 방문간호와 하루 중 일정 시간 동안 장기요양기관에서 서비스를 제공하는 주·야간보호, 일정 기간 동안 단기보호시설에서 보호하는 단기보호가 있다. 시설급여는 노인의료복지시설(노인전문병원 제외)에 장기간 동안 입소하여 신체활동지원, 심신기능의 유지·향상을 위한 교육·훈련 등을 제공하는 요양급여이다. 특별현금급여는 가족요양비, 특례요양비, 요양병원간병비가 있다.

재원   노인장기요양보험의 재정은 장기요양보험료, 국가지원, 본인일부분담금으로 충당된다.

장기요양위원회   장기요양보험료율, 가족요양비, 특례요양비, 요양병원간병비의 지급기준, 재가 및 시설 급여비용 등을 심의하는 기구이다. 관리운영기관은 국민건강보험공단의 기존업무를 활용하여 한다.

---

3) 출처: 국민건강보험공단(www.nhic.or.kr)

④ 산업재해보상보험(산재보험)[4]

개념 및 전개과정　　산업재해보상보험은 사업장에서 일하는 근로자들이 업무상의 사유에 따른 부상, 질병, 장해 또는 사망하는 경우에 산재근로자나 부양가족의 생활을 보호하기 위한 사회보험제도이다. 산재보험은 1963년에 우리나라 사회보험 중 가장 먼저 도입되었다.

가입대상　　2000년부터 1인 이상 사업장의 강제가입을 원칙으로 한다. 사업주가 보험가입자이고, 보험급여의 수급자는 업무상의 사유에 의한 부상, 질병, 장애 또는 사망 등 업무상 재해를 당한 근로자(유족 포함)이다. 산재보험의 적용관계는 사업주의 가입의사와 관계없이 적용되는 당연적용사업과 사업주의 가입의사에 따라 가입할 수 있는 임의적용사업으로 분류된다(윤철수 외, 2008).

산재보험급여의 종류　　산재보험급여의 종류로는 요양급여, 장해급여, 휴업급여, 유족급여, 상병보상연금, 간병급여가 있다.

재원　　산재보험은 다른 보험과 달리 보험료를 사업주가 전액 부담하고, 주된 적용대상은 피고용자이다. 보험료 산정은 산재보험의 보험연도의 임금총액에 보험료를 곱한 금액을 보험료로 한다.

근로복지공단　　산업재해보상보험과 고용보험의 적용·징수 업무, 근로자 복지사업, 실업대책사업, 창업촉진지원사업, 진폐근로자 보호 업무, 산재환자 진료 등의 활동을 한다.

⑤ 고용보험[5]

개념 및 전개과정　　고용보험제도란 근로자가 실직하였을 경우 실직근로자 및 그 가족의 생활안정과 재취업을 촉진하는 사회보험제도이다. 우리나라는 1993년 「고용보험법」을 제정하고 1995년 30인 이상 사업장에 적용하면서 고용보험이 시행되었다. 이후 1998년 1인 이상 전 사업장으로 고용보험 적용이 확대되고, 현재 일용근로자, 자영업자도 고용보험에 가입할 수 있다.

가입대상　　고용보험의 가입대상은 일반적인 당연적용사업과 임의가입사업으로 구분된다. 당연적용사업은 사업주 또는 근로자의 의사와 관계없이 자동적으로 보

4) 출처: 근로복지공단(www.kcomwel.or.kr)
5) 출처: 근로복지공단(www.kcomwel.or.kr); 노동부 고용센터(www.work.go.kr/jobcenter)

험관계가 성립되고, 사업의 규모 및 산업별 특성에 따라 적용이 제외되는 사업주가 근로자 과반수 이상의 동의를 얻어 신청하면 승인을 받아 가입하는 임의가입사업이 있다.

고용보험급여의 종류　개인과 기업 모두 고용보험급여 대상이며, 개인은 실업급여, 육아휴직급여, 출산전후 휴가급여 등이 있고, 기업은 고용안정장려금, 직장보육시설 지원, 직업훈련 지원 등이 있다.

재원　고용보험의 재원은 근로자와 사업주가 부담하는 보험료에 의해 이루어진다. 실업급여는 근로자와 사업주가 각각 절반씩 부담하고, 고용안정사업과 직업능력개발사업의 보험료는 사업주가 전액 부담한다.

고용노동부 고용센터 · 근로복지공단　고용노동부와 근로복지공단이 업무를 담당한다. 고용노동부 고용센터에서는 피보험자 관리, 실업급여 지급, 고용안정사업 관련 각종 지원업무, 직업능력개발 관련 각종 지원업무를 담당하고, 근로복지공단에서는 고용보험 가입, 보험료 징수, 보험사무조합인가 등을 담당한다.

(2) 공공부조

공공부조란 국가와 지방자치단체의 책임하에 생활유지능력이 없거나 어려운 국민의 최저생활을 보장하고 자립을 지원하는 제도이다(「사회보장기본법」, 제3조 제3항). 사회보험제도가 수급자의 경제적 기여(보험료)에 대한 사회안전망을 제공하는 제도라면, 공공부조는 경제적 기여 없이 국가에서 인간의 존엄성을 유지하기 위해 생활보장을 지원하는 제도이다. 따라서 생활유지능력이 없거나 생활이 곤란한 저소득층의 최저생활을 보장하고 자립을 지원하는 목적을 가지기에 자산조사와 같은 선별주의적 방식으로 수급자를 선정한다. 우리나라 공공부조의 가장 대표적인 제도로는 **국민기초생활보장제도**를 들 수 있다. 국민기초생활보장제도는 기존의 생활보호제도(1961년 제정)를 전면 개정하여 1999년에 「국민기초생활보장법」으로 개정되어, 2000년 10월부터 시행되고 있다(윤철수 외, 2008: 197).

(3) 사회복지서비스

사회복지서비스는 국가 · 지방자치단체 및 민간부문의 도움이 필요한 모든 국민에게 상담, 재활, 직업의 소개 및 복지시설의 이용 등을 제공하여 정상적인 생활이 가능하도록 지원하는 제도이다(「사회보장기본법」, 제3조 제4항). 사회보험과 공공부조가 소득의 상실에 대한 보전, 업무상 사유에 의한 재해에 대한 치료·소득보장, 인간의 존엄성을 유지할 수 없을 정도의 빈곤에 직면한 사람들에 대한 물질·비물질적 서비스의 성격을 갖는 것이라면, 사회복지서비스는 노인·여성·아동·장애인 등 개별적인 욕구에 대한 여러 서비스를 제공한다. 종합사회복지관과 분야가 특화된 복지관(노인복지관, 장애인복지관 등)이 일반적인 서비스 제공 주체가 된다. 사회복지서비스는 각각의 관련법에 의해 서비스 대상, 서비스 내용 등이 규정된다. 예를 들면, 노인복지서비스는 「노인복지법」에 의해 시행되고 있으며, 가족복지는 「영유아보육법」, 「한부모가족지원법」 등 여러 법과 관련되어 제공되고 있다.

■ 표 7-2 ■ 사회복지서비스와 관련법

정책 영역	관련법
사회복지사업	사회복지사업법
노인복지	노인복지법
아동복지	아동복지법, 청소년기본법, 청소년보호법, 청소년복지지원법
장애인복지	장애인복지법, 장애인고용촉진 등에 관한 법률
여성복지	성매매방지 및 피해자보호 등에 관한 법률 남녀고용평등과 일·가정 양립 지원에 관한 법률
가족복지	영유아보육법 가정폭력방지 및 피해자보호 등에 관한 법률 한부모가족지원법 다문화가족지원법 건강가정기본법

출처: 한국여성복지연구회(2011). 재구성

생각해 볼 문제

1. 내가 사는 지역의 복지기관의 활동에 대해 알아봅시다.
2. 내가 사는 지역의 사회복지와 관련한 지역문제가 무엇이 있는지 조사하고, 그러한 문제를 해결하기 위해 지역단위에서 할 수 있는 방안을 생각해 봅시다.
3. 자원봉사를 하고 있거나 관심 있는 사회복지기관의 조직구조를 조사해 봅시다.
4. 사회복지서비스 전달에 있어 공공전달체계와 민간전달체계의 장점과 단점에 대해 생각해 봅시다.

생각해 볼 문제

참고문헌

감정기, 백종만, 김찬우(2009). **지역사회복지론**(개정판). 나남.

강용규(2005). **사회복지개론**. 효일.

고명석, 송금희, 이중엽(2010). **사회복지개론**. 동문사.

권중돈, 조학래, 윤경아, 이윤화, 이영미, 손의성, 오인근, 김동기(2011). **사회복지개론**. 학지사.

김종일(2006). **지역사회복지론**. 청목.

김태성, 김진수(2006). **사회보장론**. 청목.

남일재, 박형준, 손정일, 신현석, 양정하, 오종희, 오주, 유용식, 이상직, 이선영, 이양훈, 조윤
  득, 최용(2005). **사회복지개론**. 학현사.

남찬섭(2008). 한국 사회복지서비스에서 바우처의 의미와 평가. **비판사회정책**, 26, 7-45.
  https://www.dbpia.co.kr/Journal/articleDetail?nodeId=NODE01160731#none

박석돈(2004). **사회복지학개론**. 삼우사.

손연숙, 허홍무(2009). **사회복지의 이해**. 범론사.

송근원, 김태성(1995). **사회복지정책론**. 나남.

윤철수, 노혁, 도종수, 김정진, 김미숙, 석말숙, 김혜경, 박창남, 장은숙(2008). **사회복지개론**.
  학지사

원석조(2010). **사회복지정책론**. 공동체.

이종복, 전남련, 이권일, 이상호, 정현숙, 권태연, 김덕일, 권경미, 강상길, 박순철, 이숙자
  (2008). **사회복지개론**. 학현사.

이진숙, 신지연, 윤나리(2010). **가족정책론**. 학지사.

장동일(2004). **사회복지정책론**. 학문사.

정민자, 김대득, 김동진, 김운화, 정상기, 조미영(2009). **사회복지개론**. 유풍.

한국여성복지연구회(2011). **가족복지론**. 청목.

한국임상사회사업가학회(2007). **사회복지개론**. 신정.

한인영, 권금주, 김경미, 김수정, 김지혜, 김희성, 석재은, 어윤경, 이홍직, 정익중, 조상미, 최
  명민, 현진희(2011). **사회복지개론**. 학지사.

현외성(2006). **사회복지정책론**. 양서원.

Gilbert, N., & Terrel, P. (2003). *Dimensions of Social Welfare*. 남찬섭, 유태균 역(2007). **사
  회복지정책론**. 나남.

Rothman, J. (1974). Three Models of Community Organization Practice. In F. Cox, J. Erlich,
  J. Rothman, & J. Tropman (Eds.), *Strategies of Community Organization* (pp. 25-45).
  Peacock Publishing.

국민연금공단. www.nps.or.kr
국민건강보험공단. www.nhic.or.kr
근로복지공단. www.kcomwel.or.kr
노동부 고용센터. www.work.go.kr/jobcenter

제8장

사회복지의 실천분야 I:
아동 · 청소년복지

보다 질 높은 아동복지와 청소년복지를 실천하기 위해서는 보편적인 사회복지실천의 가치와 원리가 적용됨과 동시에 아동과 청소년의 고유한 특성을 반영하여야 한다. 이 장에서는 아동복지와 청소년복지의 실천을 위한 기본적인 토대가 되는 아동 · 청소년의 개념 및 현대의 아동관과 아동 · 청소년 발달이론을 먼저 살펴보고, 아동복지와 청소년복지의 개념, 간략한 역사, 정책 및 전달체계 그리고 앞으로의 과제에 대하여 개괄적으로 살펴보고자 한다.

1. 아동 · 청소년의 개념

아동과 청소년의 개념을 살펴보면, 국어사전에서 어린이는 어린아이를 대접하여 일컫는 말로, 아동은 초등학교에 다니는 어린이로, 청소년은 청년과 소년으로 정의하고 있다. 아동과 청소년은 연령적으로 구분 지을 수 있으나 공통된 의미로 아직 성숙하지 않은 자로서 신체적 · 심리적 · 사회적으로 자립하지 않은 인간, 또는 자립을 준비하고 있는 인간이라 할 수 있다. 우리나라의 아동 및 청소년 관련 법제도에 있어서 각각의 법률과 제도는 아동, 청소년, 소년, 미성년 등의 개념을 규정하고 있으며, 각각의 개념은 아동보호와 건전육성뿐만 아니라 자립지원, 교육, 노동, 사법, 민법, 형법 등 성인과 다른 기준으로 대상의 명칭과 연령 범위를 두고 적용하고 있다. 예를 들어,「민법」,「소년법」은 아동의 상황에 대한 분별력과 판단력 등 사회인지적 능력에 초점을 두어 19세 미만으로 정의하고,「근로기준법」은 아동의 노동할 수 있는 신체적 능력에 초점을 맞추어 18세 미만으로 정의하여 아동의 권리를 보장 · 보호뿐만 아니라 구체적 지원을 할 수 있는 기준을 제시하고 있다.「아동복지법」에서는 아동을 18세 미만의 자로,「영유아보육법」에서는 영유아를 6세 미만의 취학 전 아동으로,「청소년보호법」에서는 청소년을 19세 미만으로,「청소년기본법」과「청소년복지지원법」에서는 청소년을 9세 이상 24세 이하의 자로,「소년법」에서는 소년을 19세 미만의 자로,「민법」에서 미성년을 19세 미만의 자로 각각 정의하고 있다.

이렇게 다양하게 규정된 정의 들을 분석하면, 아동, 청소년, 소년, 미성년으로 구분되며, 아동은 어린이와 청소년을 모두 포괄하는 넓은 의미로 사용할 수 있다. 따라서 아동은 18세 미만의 자로, 어린이는 12세 미만, 청소년은 13세 이상 18세 미만의 자로 구분해 볼 수 있다. 이는 국내「아동복지법」과 UN 아동권리협약이 규정하는 아동의 개념을 동일한 기준으로 받아들임으로써 국내 · 외 아동복지 관련법에 있어서 아동의 법정 연령의 일관성을 확보하여 법률간 급여내용의 중복을 최소화하고 상호 연계를 최대화하기 위함이다.

아동이 부모의 자산이나 소유물로 여겨지고 종족의 유지나 국가의 보호를 위한 수단으로 간주되었던 시대에 아동의 권리는 존재하지 않았다. 그 이유는 권리의 주체인 아동이 법률상 미성년자이며 사회·관습적으로 양육의 대상일 수밖에 없었기 때문이다. 아동관이 변화하기 시작한 20세기에 이르러 아동은 고유한 욕구와 존엄성을 가진 **독립된 인격체**로서 인식되었으며 현재는 아동 역시 독립된 인격을 가진 권리의 주체로서 인식된다(변길희, 2019). **아동의 권리**는 아동의 제반 욕구가 사회에 의하여 인식되고 주장된 것이라고 볼 수 있으며, 아동의 권리는 아동복지의 이념적 기초가 되기 때문에 아동권리의 실현은 아동복지의 중요한 목표이자 과제라고 볼 수 있다(공계순 외, 2019).

아동과 청소년의 복지를 실천하기 위하여 관련 종사자들은 무엇보다도 아동을 바라보는 관점을 바르게 정립할 필요가 있다. 여기서는 현대 사회에서 우리가 가져야 할 아동관을 살펴보고자 한다(조성연 외, 2010).

첫째는 발달하는 존재로서의 아동으로 아동은 살아 있는 유기체로서 계속적으로 변화, 성장, 발달해 가는 존재이다. 또한 아동은 성인의 축소판이 아니며, 연령이 증가함에 따라 신체적·인지적·정서적 및 사회적 측면에서 양적·질적으로 변화해 가는 존재로서 각 발달단계의 특성이 있다. 이렇듯 아동이 내재적인 성장 발달의 힘이 있다 하더라도 그 잠재력이 최대한 발휘되기 위해서는 성장을 보장할 수 있는 환경이 시기적절하게 조성되어야 한다.

둘째는 전인으로서의 아동으로 아동은 통합된 전체로서 보아야 한다. 아동발달을 논할 때 편의상 신체·운동발달, 사회·정서발달, 인지·언어발달 등으로 설명하고 있으나 이는 각각의 발달이 분리된 것이 아니라 역동적으로 상호 관련된다는 것을 말한다. 예를 들어, 지능발달은 모든 발달영역과 관련되므로 지적인 발달만을 강조할 경우 바람직한 교육적 효과를 기대할 수 없다.

셋째는 독립된 인격체로서 권리의 주체인 아동으로 아동은 어른이나 부모에 예속된 존재가 아니라 독립된 인격을 가진 권리의 주체로 인식되어야 한다. 이제까지 아동은 보호의 대상으로만 여겨져 왔으나 20세기에 이르러 아동의 권리에 관한 국제적인 선언이나 협약 등을 통하여 아동에게 양육, 발달, 보호, 교육, 참여 등의 권리가 조건 없이 부여된다(1959 UN어린이권리선언 채택, 1979 세계 아동의 해 선포, 1989 UN 아동권리협약 채택).

넷째는 독자적 존재로서의 아동으로 모든 아동은 발달하는 속도, 능력, 성격 등이 각기 다른 독자성을 지닌 존재이다. 따라서 아동은 그의 발달수준과 능력에 비추어서 이해되어야 하며 또한 아동에 대한 기대는 그 아동의 수준에 적절한 것이어야 한다. 아동의 독자성은 아동의 자기다움을 나타내는 것으로 다른 아동과 비교하여 우열을 따져서는 안 되며, 아동에게 도움을 제공할 때에도 아동이 처한 상황과 문제에 따라서 거기에 맞는 원리와 방법으로 도움을 제공하는 개별화가 이루어져야 한다.

2. 아동 · 청소년 발달이론

다양한 욕구를 가진 아동과 청소년을 이해하고 보다 전문적인 사회복지개입을 위해서는 아동과 청소년의 개념과 특성을 바탕으로 발달이론에 근거하여 아동과 청소년의 발달과정과 특성을 파악해야 한다. 아동과 청소년 발달의 이론으로는 에릭슨의 심리사회발달이론, 피아제의 인지발달이론, 비고츠키의 사회문화적 인지발달이론, 스키너의 행동주의이론, 반두라의 사회학습이론, 보겐슈나이더외의 적응유연성이론 등이 있다. 아동의 발달에 관한 다양한 이론들은 주요관심이나 연구방법 등에 따라 발달에 관한 쟁점에 있어서 관점의 차이를 나타낸다. 유전 · 환경, 능동 · 수동, 양적 연속적 · 질적 비연속적, 발달의 결정적 시기가 존재하는지 여부에 대해 각각의 입장을 달리하고 있다.

에릭슨(Erikson)의 심리사회발달이론은 프로이트(Freud)의 심리 · 성적 발달이론을 발전시킨 것으로 정신분석학적 입장이며, 유아기부터의 발달은 심리 · 사회적 측면이라는 기준을 가지고서 생을 여덟 단계로 구분하였다. 또한 다음 단계로 이행하기 위해서 각 단계의 심리 · 사회적 위기 또는 갈등을 극복해야 하며, 그런 경험은 인격 성장에 중요한 영향을 미치게 된다고 주장한다. 아동은 출생과 동시에 사회적 존재가 되며, 사람들과 겪는 경험을 통해 성격이 형성된다. 또한 아동은 선천적으로 타고난 소질과 환경의 영향으로 개인적 차이가 있지만, 단계마다 해결되어야 할 문제들의 성공 여부에 따라 긍정적, 부정적 요소가 있음을 지적하고 있다. 에릭슨은 사회 · 문화적인 영향력을 강조하고, 영 · 유아기부터 노년기까지의 자아의 발달과정을 다루었다. 하지만 개념의 정의가 명확하지 못하고, 발달의 원인이 무엇인지, 발달기제는 무엇인지에 관한 설명이 부족하다. 또한 인간의 정서적, 사회적 발달에 대해서만 기술하였고 각 단계로의 전환이 어떻게 이루어지는지 설명이 명확하지 않다는 비판을 받고 있다.

피아제(Piaget)의 인지발달이론은 아동이 주변 환경에서 발생하고 있는 일들에 대해 어떻게 생각하고 있는가에 초점을 두고, 아동을 살아 있는, 스스로의 내적인 충동과 발달 유형을 가지고 성장하는 존재로 본다. 그리고 아동은 자신의 이해의 틀(도식)로써 특정한 현상을 이해하고 해석하는데(동화), 기존의 이해의 틀에 맞지 않는 현상에 부딪혔을때 자신의 인식의 틀을 바꾸는 형태(조절)로 적응한다. 인간의 발달에서 인지발달의 중요성을 강조하였으며, 자연관찰연구를 통해 외형적인 행동에 대한 관심에서 내적인 아동의 사고과정을 연구하고, 아동이 능동적으로 학습할 수 있다는 것을 밝혀냈다. 그러나 인지발달의 한 단계에서 다음 단계로 전환되는 기제에 대한 설명이 명확하지 않으며, 전조작기 아동의 능력을 과소평가하였고, 아동의 개인차를 충분히 고려하지 않았으며, 사회문화적 · 역사적 영향력을 과소평가했다는 비판 또한 받고 있다.

사회문화적 인지발달이론을 제시한 비고츠키(Vygotsky, 1978)는 아동의 발달에서 문화와 사회적 관계를 중시하였다. 사회적 상호작용, 특히 아동과 성인 간 대화가 아동이 속한 특정한 문화에서 적절하게 사고하고 행동하는 방법을 습득하는데 필수적이라고 보고, 아동의 인지발달이 문화적 요인에 의해 형성된다고 주장한다. 아동은 교사 또는 또래와 활동(방향제시나 모델링 등의 보조활동과 이들과의 협동)을 통해 적절하게 행동하는 방법을 습득하고 의사소통을 하는 언어는 아동의 사고 발달에 필수적이라고 주장하였다. 이 이론을 두 가지로 요약하면, 첫째, 인지적 발달은 특정한 나이에 있어서 특정한 범위에 제한되어 있다. 둘째, 사회적 교류를 통하여 완전한 인지적 발달이 이루어진다는 것이다. 이를 바탕으로 비고츠키는 네 가지 교육 원칙을 제시하였는데, 첫째는, 학습과 발달은 사회적이고 협동적인 활동이며, 둘째로, 근접발달영역은 교육과정 및 학습 계획을 세우는 지침으로 사용되어야 하고, 셋째, 학교 학습은 학생들이 실생활에서 발달시키는 지식 및 학습과 밀접한 관계를 가진 학생들에게 의미 있는 생활 내에서 일어나야 하며, 마지막으로, 학교 밖에서의 생활 경험도 학교 내에서의 생활 경험과 연계되어야 한다는 것이다.

학습이론은 행동주의이론과 사회학습이론으로 나눠 볼 수 있다. 행동주의이론은 인간의 모든 행동은 자극과 반응의 연합이며 이는 외적 조건과 경험에 의해 형성된다고 주장한다. 특히 인간의 행동은 이전의 경험에 기초를 둔다고 보고 있다. 학습은 고전적 또는 조작적 조건화에 의해 일어나며, 조건화된 반응의 종합이 발달이라는 것이 기본적 입장이다. 스키너(Skinner, 1957)는 스키너상자라고 불리는 특수한 상자를 만들어 조건화된 반응을 일으키는 실험을 하였는데, 이를 통하여 인간은 만족스러운 경험이 따르는 행동을 반복해서 하고, 만족스럽지 못한 결과가 따르는 행동은 사라진다고 보았다. 이러한 행동주의에서 발달된 이론이 반두라(Bandura, 1977)의 **사회학습이론**이다. 아동의 사회적 행동을 부모나 교사와 같은 모델을 관찰하고 모방함으로써 학습한 결과라고 본다. 이 이론의 특징은 학습자를 능동적 주체로 보고, 동물의 실험연구가 인간에도 적용된다고 보지 않으며, 행동에 대한 인지의 영향을 인정하기 때문에 아동의 학습에 있어서 강화나 처벌보다 관찰학습에 중점을 둔다. 행동주의이론은 아동의 문제행동을 최소화시키고, 사회적으로 바람직한 행동을 강화시키기 위해 모방과 조건화를 사용하였으나, 인위적이고 제한된 실험연구에 집중하여 자연적인 실제상황의 행동기술에는 제한이 있고, 환경의 영향을 너무 강조하여 유기체의 내적인 동기요인이나 인지적인 요소는 소홀하였다는 비판을 받고 있다.

최근 주목받고 있는 **적응유연성(resilience) 이론**은 아동의 발달을 개인의 내적 요인과, 그 개인을 둘러싼 다양한 환경적 요인(가족, 친구, 학교, 지역사회 등) 간의 상호작용으로 보는 생태체계적 관점의 사회복지실천 접근방법이다. 이 이론에서는 위험요인(행동상의 문제 또는 손상을 일으킬 가능성을 증가시키는 변인)과 보호요인(아동이 위험에 대해 대항하거나 위험을 감소시키는 데 도움을 주는 변인), 그리고 적응유연성(위험요인으로부터 자신을 보호하거나 어려운 상황을 극복하는 능력) 개념으로 아동의 발달을 이해한다. 보겐슈나이더(Bogenschneider, 1996)는 보호요인을 개인(건강, 긍정적 사고, 자아존중감 등) · 가족(조부모와 부모 역할을 해 줄 수 있는 성인 보호자의 지지와 신뢰) · 또래 · 학교 · 지역사회(지지적 관계망, 건강한 성인의 역할모델, 자원 등)로 나누어 설명하였다.

한편 아동의 발달단계는 학자마다 학문분야별로 강조하는 관점에 따라 조금씩 차이가 나지만, 태내기(수정~출생: 약 265일 정도), 영아기(출산~2년), 유아기(만 2세~초등학교 취학 전 까지), 아동기(초등학교), 청소년기(중 · 고등학교)로 나누어 볼 수 있다.

3. 아동복지

1) 아동복지의 개념

아동복지(child welfare)는 아동(child)과 복지(welfare)라는 두 용어의 합성어이다. 따라서 어원적으로 아동이 잘(well) 지내는 상태(fare)를 뜻한다. 아동이 잘 지내는 상태는 주관적으로는 아동의 행복을 뜻하고, 객관적으로는 아동의 건강한 생활이 보장되는 상태를 의미한다고 볼 수 있으나(변길희, 2019), 아동이 편안히 잘 지내는 상태가 구체적으로 어떤 것이냐에 대한 대답은 관점별로, 학자별로 다르다(윤혜미 외, 2013).

아동복지의 개념은 아동과 복지를 어떻게 보느냐에 따라 달라진다. 구체적으로 어떠한 아동이 복지의 대상이 되며 또한 어떠한 주체들에 의하여 복지활동이 수행되느냐에 따라 좁은 의미의 아동복지와 넓은 의미의 아동복지로 구분해 볼 수 있다. 일반적으로 **좁은 의미의 아동복지**란 잔여적 복지 접근 내용으로 특별한 문제나 욕구가 있는 보호가 필요한 아동을 중심으로 가족이나 아동 개인이 정상적인 기능을 수행하지 못할 때 여러 전문가에 의해 시한적으로 이루어지는 조직적인 복지활동을 일컫는다. **넓은 의미의 아동복지**란 제도적 복지 접근 방안으로 아동의 건강, 교육, 오락, 문화, 노동 등 여러 분야의 내용을 중심으로 보호가 필요한 아동뿐 아니라 일반 아동과 그 가족을 포함한 다양한 복지주체들이 서로 유기적 관계 아래 체계적으로 복지활동을 전개하는 것을 말한다. 따라서 모든 아동을 대상으로 가족 및 사회의 일원으로서 건전한 성장과 발달을 위해 개인이나 단체에 의해 행해지는 일체의 활동이 될 수 있다. 아동복지의 대상에 가족이 포함되는 것은 아동복지의 일차적 책임은 가족에게 있으며 최선의 아동복지는 아동양육에 대한 가족의 기능을 강화해 주는 것이라는 입장에 근거하고 있다(박세경, 2018). 이렇듯 아동복지는 가정생활을 유지·강화하면서 건전한 아동발달을 가져올 수 있는 지역사회생활을 영위하게 하는 데 관심이 있다(김보영 외, 2019).

아동복지 개념은 **카두신**(Kadushin, 1974)에 의한 것이 가장 오랫동안 사용되어 왔고 기본이 되었지만 그 배경에는 전통적이며 잔여적인 서비스가 있었다. 그러나

1988년 개정된 저서(Kadushin & Martin, 1988)에서는 아동복지를 '모든 아동의 행복을 위하여 그들의 신체적·심리적·사회적 발달을 보호하고 촉진하기 위한 모든 대책'으로 보다 광의적 관점으로 정의하였다.

하트만과 레어드(Hartman & Laird, 1983: 4-5)는 아동이 '충분히 만족한' 삶을 누리기 위하여 양육하는 조건들로서, 아동이 그들의 잠재력을 충분히 발달시키도록 기회와 자유를 제공할 수 있는 환경들로서, 그리고 충분히 만족한 삶을 누릴 수 없는 아동의 욕구가 충족될 수 있도록 만들어진 공적 규정과 전문적 과정의 통합된 무리로서 아동복지를 보았다. 메이어(Meyer, 1985)는 아동복지를 지속적인 사회체계의 하나로서, 아동의 복지를 증진시키기 위한 사회제도이며 하나의 전문직으로서 사회사업의 한 분야로 정의하고 있고 사회사업 전문직의 한 분야로서 아동복지를 강조하고 있다.

『사회복지대백과사전』(2004)에 의하면, '아동복지란 일반적으로 특수한 장애를 가진 아동은 물론 아동들이 가족 및 사회의 일원으로서 신체적으로나 정신적으로 건전하게 성장·발달할 수 있도록 지역사회나 사회복지서비스 분야에 있는 공·사 단체나 기관들이 협력하여 아동복지에 필요한 사업을 계획하며 실행에 옮기는 조직적인 활동을 의미한다.'라고 정의하고 있다. 우리나라「아동복지법」에서는 아동복지를 '아동이 행복한 삶을 누릴 수 있는 기본적인 여건을 조성하고 조화롭게 성장·발달할 수 있도록 하기 위한 경제적·사회적·정서적 지원'이라고 정의하였다. 따라서 현재 우리나라에서는 제도적이며 보편적 서비스로서의 복지의 개념이 아동복지의 일반적 정의로서 수용되고 있음을 알 수 있다(윤혜미 외, 2013).

한편 아동복지는 모든 아동과 그를 둘러싼 환경을 그 대상으로 한다. 아동은 많은 문제를 가지고 성장을 하는데 그 문제는 개인적 기질이나 생물적 조건에서 비롯되기도 하고 가족의 문제에서 비롯되기도 한다. 또한 사회·경제적 불안이나 정치적 환경 등도 아동의 정상적 발달을 저해하는 요인으로 등장할 수도 있다. 따라서 국가의 제도, 정책, 서비스와 지역사회의 자원, 그리고 부모나 양육 책임자의 역할은 아동의 건강한 성장에 필수적인 요소를 제공함으로써 그들이 지닌 능력이나 가능성을 최대한 활용할 수 있는 성인으로 성장할 수 있도록 돕는 것이다(문선화 외, 2012).

2) 아동복지의 발달과정과 시설현황

현대적인 의미의 한국 아동복지는 일반적으로 1945년의 해방과 1950년의 한국전쟁 이후로 보지만, 그 이전에도 오랫동안 전통적으로 아동을 위한 여러 가지 활동들이 있어 왔다(최옥채, 2017). 삼국시대부터 민생구휼제도가 존재하고 있었으며, 고려시대에는 어린이 수양제도, 그리고 조선시대에는 한층 구체적이고 본격적인 아동복지제도가 있었다. 그러나 '복지'라는 용어를 사용하지 않았으며 아동의 권리를 고려하지 않은 시혜적이고 자선적 측면이 강하였다. 조선시대 말에 들어온 가톨릭은 포교와 더불어 기아, 고아, 빈곤아를 위한 육아원(고아원)을 설립하였고, 이후 개신교 선교사들에 의한 학교, 병원, 고아원들이 활발하게 설립되어서 근대적 사회사업이 도입되었고, 대부분의 사업들이 아동을 중심으로 시작되었다.

20세기에 들어서서 일제강점기, 광복, 6·25 전쟁이 있기 전까지 본격적인 아동복지는 실시되지 못했고 복지라는 개념보다는 후생(厚生)이라는 개념으로 서비스를 제공했다. 그러나 6·25 전쟁으로 인하여 전쟁고아가 대거 양산되면서, 휴전 당시 440개의 시설에 53,964명의 아동이 수용보호되고 있었다. 이 시설들은 현대적 의미의 아동복지와는 거리가 멀었으나 그 근저가 되었다고 볼 수 있다. 아동복지에 관한 사회적 관심은 1959년 아동을 위한 「어린이 헌장」이 만들어지고, 1961년 「아동복리법」이 제정되면서 높아지게 되었다.

그 이후 아동권리의 구체적 실현을 위한 제도적 마련은 2000년 「아동복지법」의 개정을 통해서 나타났다. 개정된 「아동복지법」에는 심각한 사회문제로 대두된 아동학대에 대한 정의 및 금지유형을 규정하고, 아동학대에 대한 신고와 아동보호전문기관의 설치를 의무화했다. 또한 소년소녀가장이라는 용어에 대한 논란으로 그 용어를 소년소녀가정(youth family)아동으로 변경하여 아동의 보호받아야 할 권리를 강조하였다. 그리고 아동의 권리증진과 건강한 출생 및 성장을 위해 종합적 아동정책을 수립하고 관계부처의 의견을 조정하며 그 정책의 이행을 감독하고 평가하기 위하여 국무총리 소속하에 아동정책조정위원회를 두게 되었다. 또한 가정위탁사업과 더불어 아동복지시설의 종류에 공동생활가정(그룹홈)을 포함시켜 기존의 대규모 시설보호를 지양하고 소수의 아동이 가정과 유사한 환경에서 양육될 수 있도록 지원하게 되었다. 그리고 보다 포괄적인 아동복지서비스를 지역사회에서 접근성 높게 실현할 수 있도록 지역아동센터를 설치할 법적 근거를 마련하고 지원을 시작했다. 이처럼 21세기의 아동복지는 한층 보편적이고 구체적인 아동권리 실현을 지향하고 있다(문선화 외, 2012).

현행「아동복지법」제52조에 따라 규정된 **아동복지시설**이라 함은 ① 아동양육시설, ② 아동일시보호시설, ③ 아동보호치료시설, ④ 공동생활가정(그룹홈), ⑤ 자립지원시설, ⑥ 아동상담소, ⑦ 아동전용시설(어린이공원, 어린이놀이터, 아동회관, 아동휴게숙박시설 등), ⑧ 지역아동센터, ⑨ 아동보호전문기관, ⑩ 가정위탁지원센터, ⑪ 아동권리보장원 등으로 구분된다.

아동양육시설은 보호를 필요로 하는 아동을 입소시켜 보호, 양육하는 시설이며, 아동일시보호시설은 보호를 필요로 하는 아동을 일시보호하고 아동에 대한 향후의 양육대책수립 및 보호조치를 행하는 시설이다. 아동보호치료시설은 불량행위를 하거나 불량행위를 할 우려가 있는 아동으로서 보호자가 없거나 친권자나 후견인이 입소를 신청한 아동 또는 가정법원, 지방법원소년부지원에서 보호위탁된 아동을 입소시켜 그들을 선도하여 건전한 사회인으로 육성하는 시설이자 정서적·행동적 장애로 인하여 어려움을 겪고 있는 아동 또는 학대로 인하여 부모로부터 일시 격리되어 치료받을 필요가 있는 아동을 보호·치료하는 시설이고, 아동자립지원시설은 아동복지시설에서 퇴소한 자에게 취업준비기간 또는 취업 후 일정 기간 보호함으로써 자립을 지원하는 시설이다.

정부에서는 시설보호아동의 보호수준을 향상시키기 위하여 초등학교 보육에서 전체 아동의 보육까지 보육사의 2교대를 확대하는 등 시설운영비를 단계적으로 확대·지원하고 있으며, 지역여건이나 시설 특성에 맞게 효율적으로 집행할 수 있도록 시설운영자의 자율성을 대폭 강화하였다. 보호가 필요한 아동의 경우 가정위탁, 입양 등 가정보호정책 중심으로 아동복지정책이 변화됨에 따라 아동복지시설의 보호아동이 감소되고 있어 시설의 기능을 재정비할 필요성이 대두되고 있다. 이러한 국민 욕구 변화에 부응하여 빈곤아동에 대한 주거 등 지원, 빈곤 악순환 방지를 위해 보호종료 후에도 아동에 대한 자립지원을 강화하는 한편, 보호필요아동이 아동중심 관점에서 가정과 유사한 환경에서 양질의 보호를 받을 수 있도록 제도 기반 정비를 계획 중이다. 특히 보호필요아동은 아동 관점에서 대규모 시설보다는 가정위탁, 그룹홈 등 **소규모 시설 중심의 가정형 보호체계 제공**을 중점적으로 도모 중이다(관계부처합동, 2020).

■ 표 8-1 ■ 시설보호 아동현황(2018. 12. 31. 기준) (단위: 명)

구 분	시설 수	입소자	퇴소자	연말 현재 수용자
2005	282	6,435	6,298	19,151
2006	282	6,564	6,898	18,817
2007	282	5,874	6,265	18,426
2008	285	6,703	7,137	17,992
2009	280	6,742	7,148	17,586
2010	280	6,188	6,655	17,119
2011	280	5,902	6,498	16,523
2012	281	5,427	6,034	15,916
2013	281	4,401	5,048	15,239
2014	278	4,822	5,431	14,630
2015	281	4,331	4,960	14,001
2016	281	4,462	4,774	13,689
2017	280	5,543	6,325	12,789
2018	279	3,707	4,365	12,193

출처: 보건복지부(2019a).

주: 아동복지시설은 아동양육시설, 아동자립지원시설, 아동보호치료시설, 아동일시보호시설, 아동직업훈련
시설, 종합시설을 포함하되, 종합시설은 2007년 수치부터 포함됨

3) 주요 정부정책

아동복지정책은 아동의 복지를 위한 사회복지정책이며, 아동의 복지를 위한 정부의 실행원칙이나 지침 또는 조직화된 노력으로 정의할 수 있다. 구체적으로는 아동의 물질적·정신적 욕구를 충족시키기 위한 법률과 이 법률에 기초한 정부의 서비스로 제한하여 볼 수 있다. 아동복지정책에서 그 궁극적인 관심의 대상은 아동이지만, 아동의 복지증진을 위한 정책의 수행은 가족이라는 매개체를 거치게 되는 경우가 많아 아동의 복지증진을 위해서는 가정의 적정한 기능수행이 가장 일차적이며 가정에 대한 복지정책이 아동복지의 중심이 되어야 한다(윤혜미 외, 2013).

아동복지 전달체계는 세부분야별로 다양하게 구성되어 있는데, 2008년 이명박 정부는 정부조직을 개편하여 이전의 보건복지부 아동정책, 여성부 보육정책, 국가청소년위원회의 청소년정책을 통합하여 보건복지가족부 아동·청소년정책실로 개편하였으나, 2010년 3월에 다시 청소년정책을 여성가족부로 이관하였다. 2019년

7월 아동정책에 대한 종합적인 수행과 아동복지 관련 사업의 효과적인 추진을 위하여 필요한 정책의 수립을 지원하고 사업평가 등의 업무를 수행하기 위하여 **아동권리보장원을** 설립하여 추진하고 있다. 다음의 〈표 8-2〉는 아동의 대상특성 및 'UN 아동권리협약'에 근거하여 급여형태를 정리한 것이다.

일반적으로 아동복지서비스 향상을 위한 정책은 다음의 세 분야가 대칭적 관계를 형성하고 있다고 할 수 있다. 첫째, 예방적 접근과 치료 노력에 초점을 둔 정책들을 들 수 있고, 둘째, 가정 중심과 시설보호 중심의 정책들이 있을 수 있고, 마지막으로, 잔여적 · 보완적 모델과 제도적 모델에 의한 정책들이 있을 수 있다(김석란, 2002). 이러한 세 가지 접근 방법 중에서 지금까지 우리나라 아동복지는 예방보다 치료적 사업, 가정 중심보다 시설보호 중심, 제도적 접근보다 잔여적 접근을 우선하였다. 이러한 현상의 결과로 우리나라 아동복지서비스 정책은 지나치게 보완적, 선택적 접근에 치중해 왔고 따라서 상대적으로 예방적, 가정보호 중심적, 제도적 모델은 중시되지 못해 왔다는 지적을 받아 왔다. 이를 보완하고자 2018년 **아동수당제도**가 시작되었고 현재 만 7세 미만의 모든 아동에게 아동수당이 지급되어 아동양육에 따른 경제적 부담을 경감하고 아동의 건강한 성장환경을 조성하여 아동의 기본적 권리와 복지증진에 기여하고자 노력하고 있다.

■표 8-2■ 아동 · 청소년급여의 인생주기별/대상특성별/급여형태별 분포현황

대상		「UN 아동권리협약」에 입각한 급여형태			
나이	특성	생존권	보호권	발달권	참여권
영유아	일반	• 아동수당	• 지역아동센터 • 방과 후 지원 • 안전사고예방 • 보육	• 보육료 지원	• 아동권리 모니터링
	보호가 필요한 아동	• 디딤씨앗통장(CDA) • 입양아양육수당 • 입양장애아양육수당 • 가정위탁상해보험료	• 시설보호, 입양 • 가정위탁 • 지역아동센터 • 드림스타트 • 아동학대보호 • 실종아동보호		
아동 · 청소년 전기 (초등)	일반		• 지역아동센터 • 방과 후 지원 • 안전사고예방		• 아동권리 모니터링 • 아동총회 등 참여증진

| 보호가
필요한
아동 | • 아동발달계좌
• 입양아양육수당
• 입양장애아양육수당
• 가정위탁상해보험료
• 급식 | • 시설보호, 입양
• 가정위탁
• 지역아동센터
• 드림스타트
• 아동학대보호
• 실종아동보호 | | |

출처: 보건복지부(2015). 수정 · 보완

2020년 현재 보건복지부 인구정책실 아동복지정책과와 아동권리과에서 담당하는 업무는 〈표 8-3〉과 같다.

■ 표 8-3 ■ 아동복지정책과와 아동권리과의 주요 담당 업무

아동복지정책과	아동권리과
1. 아동복지에 관한 정책 총괄 및 종합계획의 수립 · 시행 2. 아동복지법령 제정 · 개정에 관한 사항 3. 아동정책조정위원회에 관한 사항 4. 아동복지서비스 조사 · 연구 · 홍보 및 통계에 관한 사항 5. 아동복지관련 업무의 중앙부처 및 지방자치단체 협의 · 조정	1. 아동권리증진 및 인권보호에 관한 사항 2. 아동권리 관련 국제협약 및 국제협력에 관한 사항 3. 아동 건강관리에 관한 사항 4. 결식아동 급식에 관한 사항 5. 실종아동보호 및 지원에 관한 사항 6. 실종아동등의 보호 및 지원에 관한 법령 제정 · 개정에 관한 사항
6. 빈곤아동종합대책의 수립 및 조정 7. 가정위탁, 소년소녀가정에 관한 사항 8. 아동복지시설, 그룹홈 등 운영 · 지원에 관한 사항 9. 입양특례법령 제정 · 개정에 관한 사항 10. 국내외 입양제도개선 및 활성화 종합대책 수립 · 시행에 관한 사항 10의2. 국내외 입양실태조사 · 연구 · 홍보 및 통계에 관한 사항 10의3. 헤이그국제아동입양협약에 관한 사항 10의4. 중앙입양원 및 입양기관 · 단체에 관한 사항 11. 아동발달지원계좌에 관한 사항 12. 아동관련 법인 및 단체에 관한 사항 13. 한국아동복지협회, 한국아동그룹홈협의회에 관한 사항	7. 아동에 대한 맞춤형 통합서비스 제공에 관한 사항 8. 지역아동센터, 방과 후 돌봄서비스에 관한 사항 9. 아동복지교사 파견 및 관리에 관한 사항 10. 어린이날, 어린이주간 등 아동행사에 관한 사항 11. 아동안전에 관한 사항

4) 관련 사회복지시설

(1) 아동복지시설

① 아동복지시설의 종류

'아동복지시설'이라 함은 「아동복지법」 제52조 제1항의 규정에 의하여 설치된 다음의 시설을 말한다.

■표 8-4 ■ 아동복지시설의 종류

종 류	내 용
아동양육시설	보호대상아동을 입소시켜 보호, 양육 및 취업훈련, 자립지원 서비스 등을 제공하는 것을 목적으로 하는 시설
아동일시보호시설	보호대상아동을 일시보호하고 아동에 대한 향후의 양육대책수립 및 보호조치를 행하는 것을 목적으로 하는 시설
아동보호치료시설	아동에게 보호 및 치료 서비스를 제공하는 다음 각 목의 시설 가. 불량행위를 하거나 불량행위를 할 우려가 있는 아동으로서 보호자가 없거나 친권자나 후견인이 입소를 신청한 아동 또는 가정법원, 지방법원소년부지원에서 보호위탁된 19세 미만인 사람을 입소시켜 치료와 선도를 통하여 건전한 사회인으로 육성하는 것을 목적으로 하는 시설 나. 정서적·행동적 장애로 인하여 어려움을 겪고 있는 아동 또는 학대로 인하여 부모로부터 일시 격리되어 치료받을 필요가 있는 아동을 보호·치료하는 시설
공동생활가정	보호대상아동에게 가정과 같은 주거여건과 보호, 양육, 자립지원 서비스를 제공하는 것을 목적으로 하는 시설
자립지원시설	아동복지시설에서 퇴소한 사람에게 취업준비기간 또는 취업 후 일정 기간 동안 보호함으로써 자립을 지원하는 것을 목적으로 하는 시설
아동 상담소	아동과 그 가족의 문제에 관한 상담, 치료, 예방 및 연구 등을 목적으로 하는 시설
아동전용시설	어린이공원, 어린이놀이터, 아동회관, 체육·연극·영화·과학실험전시 시설, 아동휴게숙박시설, 야영장 등 아동에게 건전한 놀이·오락, 그 밖의 각종 편의를 제공하여 심신의 건강유지와 복지증진에 필요한 서비스를 제공하는 것을 목적으로 하는 시설
지역아동센터	지역사회 아동의 보호·교육, 건전한 놀이와 오락의 제공, 보호자와 지역사회의 연계 등 아동의 건전육성을 위하여 종합적인 아동복지서비스를 제공하는 시설
아동보호전문기관	아동학대 예방 교육 및 홍보, 피해아동의 가족 및 아동학대행위자를 위한 상담·치료 및 교육, 피해아동 가정의 사후관리 교육 등의 업무 수행
가정위탁지원센터	가정위탁사업의 홍보 및 가정위탁을 하고자 하는 가정의 발굴, 친부모 가정으로의 복귀 지원, 가정위탁 아동의 자립 계획 및 사례관리 등의 업무 수행
아동권리보장원	아동정책에 대한 종합적인 수행과 아동복지관련 사업의 효과적인 추진을 위하여 필요한 정책 수립을 제원하고 사업 평가 등의 업무 수행

② 사업의 추가 실시

「아동복지법」 제52조 제1항에 따른 아동복지시설은 각 시설 고유의 목적 사업을 해치지 아니하고 각 시설별 설치기준 및 운영기준을 충족하는 경우 다음 각 호의 사업을 추가로 실시할 수 있다.

■표 8-5■ 아동복지시설 추가 사업의 종류

종 류	내 용
아동가정지원사업	지역사회아동의 건전한 발달을 위하여 아동, 가정, 지역주민에게 상담, 조언 및 정보를 제공하여 주는 사업
아동주간보호사업	부득이한 사유로 가정에서 낮 동안 보호를 받을 수 없는 아동을 대상으로 개별적인 보호와 교육을 통하여 아동의 건전한 성장을 도모하는 사업
아동전문상담사업	학교부적응아동 등을 대상으로 올바른 인격형성을 위한 상담, 치료 및 학교폭력예방을 실시하는 사업
학대아동보호사업	학대아동의 발견, 보호, 치료 및 아동학대의 예방 등을 전문적으로 실시하는 사업
공동생활가정사업	보호대상아동에게 가정과 같은 주거여건과 보호를 제공하는 것을 목적으로 하는 사업
방과 후 아동지도사업	저소득층 아동을 대상으로 방과 후 개별적인 보호와 교육을 통하여 건전한 인격형성을 목적으로 하는 사업

③ 시·도별 아동복지시설 현황

시·도별 아동복지시설 현황은 〈표 8-6〉와 같다.

■표 8-6■ 시·도별 아동복지시설 현황(2019. 12. 31. 현재)(단위: 개소, 명)

구분	계(현원)		양육시설		보호치료시설		자립지원시설		일시보호시설		종합시설		아동상담소	전용시설	개인양육시설	
	시설	인원	시설	인원	시설	인원	시설	인원	시설	인원	시설	인원			시설	인원
계	281	11,665	240	10,585	12	469	13	218	13	275	3	118	10	7	13	74
서울	49	2,341	35	1,959	3	140	3	71	5	53	3	118	1	0	0	0
부산	21	931	18	882	1	24	1	22	1	3	0	0	0	0	0	0
대구	23	697	18	588	2	54	2	40	1	15	0	0	0	0	0	0
인천	10	532	9	487	0	0	0	0	1	45	0	0	5	1	0	0
광주	12	507	10	454	0	0	1	12	1	41	0	0	0	0	0	0
대전	14	469	12	360	1	99	1	10	0	0	0	0	0	0	0	0

울산	1	117	1	117	0	0	0	0	0	0	0	0	0	0	0	0
세종	1	25	1	25	0	0	0	0	0	0	0	0	0	0	0	0
경기	28	1,176	25	1,049	1	40	0	0	2	87	0	0	3	1	4	34
강원	11	318	8	269	0	0	1	18	2	31	0	0	0	0	2	6
충북	13	518	11	477	1	29	1	12	0	0	0	0	0	3	1	0
충남	14	590	13	577	0	0	1	13	0	0	0	0	0	0	0	0
전북	16	643	14	587	1	45	1	11	0	0	0	0	0	0	0	0
전남	23	1,012	21	988	1	15	1	9	0	0	0	0	0	0	2	19
경북	15	708	15	708	0	0	0	0	0	0	0	0	0	0	3	13
경남	25	833	24	810	1	23	0	0	0	0	0	0	0	0	1	2
제주	5	248	5	248	0	0	0	0	0	0	0	0	1	0	0	0

출처: 보건복지부(2020b).

④ 아동복지시설종사자의 직종별 자격기준

아동복지시설종사자의 직종별 자격기준(「아동복지법 시행령」 제52조)은 다음과
같다.

■표 8-7 ■ 아동복지시설종사자의 직종별 자격기준

직종별	자격기준
아동복지 시설의 장	1. 「사회복지사업법」에 따른 사회복지사 2급 이상의 자격 취득 후 아동과 관련된 사회복지사업에 3년 이상 또는 사회복지사업에 5년 이상 종사한 경력이 있는 사람 2. 학대아동보호사업과 관련된 기관에서 3년 이상 근무한 경력이 있는 사람 3. 7급 이상 공무원으로서 국가나 지방자치단체에서 사회복지사업에 관한 행정업무에 5년 이상 종사한 경력이 있는 사람 4. 「의료법」에 따른 의사·한의사 또는 치과의사 면허 취득 후 3년 이상 진료 경력이 있는 사람 5. 「정신보건법」에 따른 정신보건전문요원 자격 취득 후 사회복지사업에 5년 이상 종사한 경력이 있는 사람 6. 「영유아보육법」에 따른 보육교사 1급 자격 취득 후 사회복지사업에 5년 이상 종사한 경력이 있는 사람 7. 유치원, 초등학교 또는 중등학교 교사 자격증 취득 후 사회복지사업에 5년 이상 종사한 경력이 있는 사람 8. 직업훈련교사, 간호사, 영양사 자격 취득 후 사회복지사업에 5년 이상 종사한 경력이 있는 사람

사무국장	1. 「사회복지사업법」에 따른 사회복지사 2급 이상의 자격 취득 후 아동과 관련된 사회복지사업에 1년 이상 또는 사회복지사업에 3년 이상 종사한 경력이 있는 사람 2. 학대아동보호사업과 관련된 기관에서 1년 이상 근무한 경력이 있는 사람 3. 9급 이상 공무원으로서 국가나 지방자치단체에서 사회복지사업에 관한 행정업무에 3년 이상 종사한 경력이 있는 사람 4. 「정신보건법」에 따른 정신보건전문요원 자격 취득 후 사회복지 사업에 3년 이상 종사한 경력이 있는 사람 5. 「영유아보육법」에 따른 보육교사 1급 자격 취득 후 사회복지사업에 3년 이상 종사한 경력이 있는 사람 6. 유치원, 초등학교 또는 중등학교 교사 자격증 취득 후 사회복지사업에 3년 이상 종사한 경력이 있는 사람 7. 직업훈련교사, 간호사, 영양사 자격 취득 후 사회복지사업에 3년 이상 종사한 경력이 있는 사람
보육사	1. 「사회복지사업법」에 따른 사회복지사 3급 이상 자격이 있는 사람 2. 「영유아보육법」에 따른 보육교사 자격이 있는 사람 3. 유치원, 초등학교 또는 중등학교 교사 자격이 있는 사람
생활복지사 또는 상담지도원	1. 「사회복지사업법」에 따른 사회복지사 2급 이상 자격이 있는 사람 2. 유치원, 초등학교 또는 중등학교 교사 자격이 있는 사람 3. 「영유아보육법」에 따른 보육교사 1급 자격이 있는 사람
직업훈련 교사	1. 「근로자직업능력 개발법」에 따른 직업능력개발훈련교사 자격이 있는 사람 2. 「학원의 설립·운영 및 과외교습에 관한 법률」에 따른 학원강사 자격이 있는 사람
임상심리 상담원	1. 「고등교육법」 제2조에 따른 학교, 「평생교육법」 제32조 또는 제33조에 따라 교육부장관의 인가를 받아 전문대학 또는 대학졸업자와 동등한 학력·학위가 인정되는 평생교육시설의 심리 관련 학과를 졸업한 사람 2. 「국가기술자격법 시행령」 제12조의2 제1항 및 별표 1에 따른 임상심리사 2급 이상의 자격이 있는 사람
자립지원 전담요원	1. 「근로자직업능력 개발법」에 따른 직업능력개발훈련교사 자격이 있는 사람 2. 「사회복지사업법」에 따른 사회복지사 2급 이상의 자격이 있는 사람 3. 초등학교 또는 중등학교 교사 자격이 있는 사람 4. 대학등 졸업자(법령에 따라 이와 같은 수준의 학력이 있다고 인정되는 사람을 포함한다)로서 아동복지 또는 사회복지 관련 학과를 졸업하고 1년 이상 아동복지 업무에 종사한 경력이 있는 사람

여기서는 대표적인 아동복지시설인 지역아동센터와 드림스타트를 간략히 소개하고자 한다.

(2) 지역아동센터

「아동복지법」 제52조 제1항 8호에서는 지역아동센터를 아동복지시설의 한 유형으로 보고 '지역 사회 아동의 보호, 교육, 건전한 놀이와 오락의 제공, 보호자와 지역사회의 연계 등 아동의 건전 육성을 위하여 종합적인 아동복지서비스를 제공하는 시설이다.'라고 규정하고 있다. 지역아동센터는 전국 읍·면·동에 위치하여, 아동들과 가장 가까운 곳에서 돌봄서비스를 제공하는 **지역밀착형 아동복지시설이다.** 이곳에서 실시하는 **프로그램은 5대 영역**, 즉 생활지원, 학습지원, 놀이 및 특별활동 지원, 사례관리, 지역자원 연계 프로그램 등으로 지역사회 아동들에게 통합적인 복지서비스를 제공하고 있다(보건복지부, 2020c).

지역아동센터는 2018년 12월을 기준으로 전국에 4,211개소가 설치 운영 중에 있다. 지역아동센터의 운영주체는 개인이 전체의 70.1%(2,951개소)로 가장 많으며, 그다음으로는 법인 21.3%(896개소), 일반단체 6.8%(288개소)의 순으로 나타나고 있다(보건복지부, 2020).

■ 표 8-8 ■ 지역아동센터의 운영주체 현황(2018. 12. 31. 기준)(단위: 개소, %)

구분		2012	2013	2014	2015	2016	2017	2018
전체		4,036 (100.0)	4,061 (100.0)	4,059 (100.0)	4,102 (100.0)	4,107 (100.0)	4,189 (100.0)	4,211 (100.0)
개인		2,614 (64.8)	2,650 (65.2)	2,669 (65.7)	2,796 (68.2)	2,860 (69.6)	2,934 (70.0)	2,951 (70.1)
법인	재단	305(7.6)	447(11.0)	431(10.6)	300(7.3)	300(7.3)	904(21.6)	896(21.3)
	사단	190(4.7)	226(5.6)	225(5.5)	249(6.1)	241(5.9)		
	사회복지	341(8.5)	336(8.3)	332(8.2)	331(8.1)	322(7.8)		
일반단체	시민단체	101(2.5)	100(2.5)	109(2.7)	67(1.6)	68(1.7)	290(6.9)	288(6.8)
	종교단체	425(10.5)	250(6.1)	231(5.7)	272(6.6)	183(4.5)		
지자체*	직영	-	-	-	-	19(0.5)	17(0.4)	25(0.6)
	위탁	-	-	-	-	22(0.5)	44(1.1)	51(1.2)
기타		60(1.4)	52(1.3)	62(1.6)	87(2.1)	92(2.2)	-	-

출처: 보건복지부(2019a).

주1: 2016년부터 지자체 직영/위탁 별도 표시함(2015년까지 기타에 지자체 포함됨)

주2: 기타는 협동조합, 사회적기업, 학교법인, 주민자치위원회 등임(2017년부터 법인 또는 일반단체에 포함됨)

　　지역아동센터를 이용하는 아동은 2018년 12월을 기준으로 총 109,610명으로 조사되었다. 이는 2017년의 지역아동센터 이용 아동 수인 108,578명에서 1,032명 증가한 수치다. 이용 아동을 학령별로 살펴보면 미취학아동은 총 1,798명으로, 전닌 대비 687명 증가한 것이다. 초등학생은 87,501명으로 나타났는데 이는 전년대비 2,795명이 늘어난 것이다. 초등학교 저학년은 43,438명, 초등학교 고학년은 44,063명이 지역아동센터를 이용 중이었다. 중학생 중 지역아동센터를 이용하는 아동은 16,321명으로 전년 대비 1,242명 줄어들었다. 고등학생은 3,902명으로 전년 대비 283명 감소한 수치다(보건복지부, 2019a).

　　지난 수십 년간 지역사회 내 아동복지 인프라가 거의 존재하지 않았던 상태에서 최근 들어 아동복지인프라가 증가한 것은 고무적이고 희망적인 일이지만, 급격한

■ 표 8-9 ■ 지역아동센터 이용 아동의 경제상황별 현황(단위: 명, %)

구분		이용 아동 수	비율	센터당 평균 아동 수
전체		109,568	100.0	26.5
양부모 가정	소계	73,992	67.5	17.9
	맞벌이 가정	53,708	49.0	13.3
	아버지만 경제활동	15,563	14.2	5.1
	어머니만 경제활동	3,366	3.1	2.4
	경제활동 안 함	1,355	1.2	2.0
모자 가정	소계	18,579	16.9	5.0
	경제활동 함	15,798	14.4	4.4
	경제활동 안 함	2,781	2.5	2.2
부자 가정	소계	12,769	11.7	3.7
	경제활동 함	11,573	10.6	3.4
	경제활동 안 함	1,196	1.1	1.8
조손 가정	소계	3,162	2.9	1.9
	경제활동 함	1,530	1.4	1.7
	경제활동 안 함	1,632	1.5	1.7
소년소녀가정		193	0.2	1.6
기타(친척 및 시설)		873	0.8	2.1

출처: 보건복지부(2019a).

양적 증가로 인하여 앞으로의 과제가 산적해 있는 실정이다. 이보람 등(2018)은 지역아동센터의 역할과 기능에 대해 안정감 있는 서비스 제공, 놀이 등 다양한 분야를 포괄하는 서비스 제공, 지역아동센터 이용 아동의 폭을 넓힐 수 있는 입소기준 완화, 아동의 안정적인 발달과 성장을 위한 정서돌봄서비스 강화 등을 과제로 제시하였다.

(3) 드림스타트사업

2007년 정부는 아동이 공평한 양육여건과 출발기회를 보장받을 수 있도록 하여 빈곤의 대물림을 차단하고 건강한 사회구성원으로 성장할 수 있도록 돕기 위하여 드림스타트사업을 도입하였다. 이 사업이 도입된 배경은 가족해체에 따른 가족기능약화 · 사회양극화 등에 따라 빈곤 대물림이 심화되고 있으나, 밀착형 서비스가 필요한 빈곤층 취약아동에 대한 집중관리가 미흡하고, 앞으로 국가성장잠재력 제고를 위한 선제적 인적투자로서 아동투자가 필요함을 인식하였기 때문이다. 선진국의 경우 아동에 대한 조기투자는 성장과 복지의 선순환을 달성하여 사회문제 예방 및 사회통합 유도 등 사회적 환원효과가 큰 것으로 분석되었다.

2020년 현재, 「아동복지법」제37조 제2항, 「아동복지법시행령」제37조 제3항에 근거하여 시행중인 드림스타트사업은 취약계층아동을 위한 통합 서비스를 제공하여 아동의 건강한 성장을 돕는 것을 목표로 삼고 있으며, 전담공무원과 아동통합사례관리사로 구성된 인력을 통하여 전국 229개 지역에서 사업을 진행 중이다. 주요 사업 내용은 취약계층 아동과 가족 중 사업대상 아동 발굴 및 문제 · 욕구 파악, 지역자원 연계를 통해 건강, 영양, 교육, 문화, 복지 등의 서비스를 맞춤형으로 제공하는 것 등이 있다. 주요 사업대상으로는 0세(임산부) 이상 만 12세 이하(초등학생 이하) 취약계층 아동 및 가족을 삼고 있으며, 경우에 따라 만 12세 이상의 초등학교 재학 아동, 연령도래 종결시점(만 12세 이후)의 위기개입, 집중사례관리아동 중 지속사례관리 필요아동(사례회의 및 지방자치단체장의 승인하에 최대 만 15세까지 연장 가능) 역시 사업대상에 포함된다. 드림스타트사업 대상아동 중 시설입소, 가정위탁 등을 통해 보호조치를 받게 된 아동의 경우에는 드림스타트를 통한 사례관리를 종결한 뒤, 모니터링과 같은 사후관리를 실시하는 방식을 취하고 있다(보건복지부, 2020a).

5) 쟁점

(1) 아동권리증진

국제사회는 1920년대부터 아동의 복지와 권리를 증진시키기 위하여 힘써 왔으며 나아가 전세계 아동들의 생존, 보호, 발달을 위한 지속적인 노력의 결과로 1989년 11월 20일 '아동권리협약(Convention on the Rights of the Child: CRC)'이 UN 총회에서 만장일치로 채택되었다. 이 협약은 무차별의 원칙, 아동최선의 이익 원칙, 아동의 생존·보호·발달보장원칙, 아동의 의사존중원칙이라는 기본원칙을 내세우고 있으며, 이 원칙은 모든 아동, 즉 특수한 상황에 처한 아동의 경우이든 일반 아동의 경우이든 동일하게 적용된다. 우리나라는 UN 아동권리협약의 비준국으로서 협약 내용 준수의 책임이 있으며 이를 이행하기 위해 노력해 왔다(나달숙, 2020). 앞으로도 아동의 권리에 대한 국민적 인식을 높이고 사회적 합의를 도출할 수 있는 다양한 방안을 마련해야 할 것이다.

(2) 가족중심 아동복지서비스 체계구축

아동복지가 가장 효과적으로 이루어지기 위해서는 가족의 한 구성원으로서의 아동에 초점을 두고 가족을 통한 아동지원을 도모할 필요가 있다. 이를 위해 가족해체를 예방하고 가족보존을 위한 정책을 개발해야 하며, 가족기능을 강화하고 잠재력을 개발하며 다양한 형태의 가족의 욕구를 충족해야 한다. 이를 위하여 건강가정지원센터의 확대 및 서비스 질 향상, 2세대 통합서비스 등이 활성화되어야 한다. 또한 장애아동이 있는 가정에 대한 특수교육비 보조와 장애아보육서비스 확장도 보편적 서비스로서 시행되어야 한다.

(3) 보편적, 예방적 아동복지서비스 정착

아동복지서비스는 보호가 필요한 아동만을 위한 응급구호적 성격의 잔여적 접근에서 벗어나 모든 아동에게 최적의 삶의 조건을 제시하는 방향으로 진행되어야 한다. 즉, 보호가 필요한 아동을 중심으로 하는 사후대처적인 접근방식에서 벗어나 모든 아동을 대상으로 사전예방적인 접근방법으로 전환하여야 한다. 아동의 발달은 아동의 생태체계적 환경에 많은 영향을 받기 때문에 심신의 건강한 발달을 위한 문화

공간 및 놀이공간의 확보와 더불어 이러한 공간이 가족중심으로 접근 가능하도록 하여야 하며 가족이 함께 즐길 수 있는 문화프로그램의 확장이 요구된다. 또한 학령기 아동을 위해서는 학교사회복지의 활성화를 통해 학교 폭력이나 부적응 등의 문제를 예방하는 효과를 기대할 수 있다.

(4) 취약계층아동 지원수준 향상

현재 우리나라는 아동복지예산 자체가 열악하여 취약계층아동에 대한 복지수준이 최소의 수준이다. 저소득모·부자가정의 아동양육비 지원단가를 인상하고, 지방자치단체별로 차이가 나는 교육부대경비(학교물품비, 교복구입비 등)도 차상위계층과 차차상위계층으로 확대하고 상향조정할 필요가 있다. 또한 기존 아동양육시설을 현대화하고, 그 종사자들을 사회복지사로 전문화하고, 단순한 수용보호에서 벗어나 상담을 비롯한 다양한 프로그램들을 개발하고 실시하여야 할 것이다. 아울러 시설보호아동의 발생을 원천적으로 방지하거나 원가정복귀를 위하여 가족해체 방지 및 가족보존의 방안으로 가정조성사업 및 소득보완사업, 보육사업, 가족상담 및 치료 등을 활성화시켜야 한다(송이은, 곽태희, 2019). 또한 소규모의 그룹홈이나 소숙사제도로 전환하여 아동이 보다 **가정에 근접한 생활환경에서 양육**될 수 있도록 하고, 아동의 특성에 따른 특수 그룹홈을 도입하여 보다 **전문적인 서비스를 제공**해야 한다. 더불어 가정위탁과 국내입양에 대한 지역주민의 관심과 참여를 높이는 방안을 강구하여 시설보호의 한계를 보완해줄 수 있도록 하여야 한다(류정희, 2018).

(5) 아동복지영역 개발과 전문성 향상

아동은 자기보호능력이 약하고 아동기의 특성인 무한한 잠재력과 가능성으로 인해 이 시기에 접하는 아동복지전문가들로부터 큰 영향을 받는다. 따라서 아동기에 대한 전문지식과 기술을 갖춘 **전문인력의 역할**이 매우 중요하다. 빈곤, 이혼, 학대, 폭력 등 현대 사회를 살아가는 아동에게 일어날 수 있는 다양한 문제들을 해결함에 있어 **아동최선의 이익을 대변**해 줄 수 있는 아동복지사나 아동변호사 등의 다양한 아동복지전문가를 양성하는 시스템이 마련되어야 한다.

(6) 아동복지에의 재정적 투자 확대

그동안 아동교육에 대한 중요성은 익히 강조되어 왔으나 복지인프라구축의 최우선적인 부분이 아동복지라는 말은 강조되고 있지 않다. 교육이든 복지이든 초기의 투자가 가장 경제적이고 효율적일 것이나, 아동정책은 정책과정에서 쉽게 소외되기 때문일 수 있다(김은정, 2019). 우리나라 아동 1인당 복지비 지출은 다른 OECD 국가들과 비교하여 매우 열악하다(이주연, 2016). 따라서 무엇보다도 아동정책에 대한 예산증가가 선결되어야 한다. 또한 보호가 필요한 아동과 일반아동을 망라하는 우리 사회의 모든 아동을 대상으로 하는 아동복지기관이 필요하고, 아울러 상담, 교육, 여가 등을 포함하여 모든 아동을 대상으로 하는 다양한 프로그램의 개발과 실시가 절실히 요구된다. 이를 위하여 국가가 아동의 보호와 양육을 위한 1차적 책임을 져야 하고, 보호가 필요한 아동뿐만 아니라 모든 아동의 복지를 위한 제도와 프로그램의 실시를 위한 예산의 증대가 이루어져야 할 것이다(안소영, 안현주, 2020). 또한 아동복지사업에 대해서는 지방자치단체의 재정자립도에 따라 중앙정부에서 예외적 지원을 제공하여 보편적이고 종합적인 진정한 의미의 아동복지가 실현되도록 해야 할 것이다.

4. 청소년복지

1) 청소년복지의 개념

2004년 「청소년복지지원법」이 제정되었지만 이 법에서는 청소년복지의 정의를 「청소년기본법」에 의존하고 있다. 「청소년기본법」에 의하면 청소년복지라 함은 청소년이 정상적인 삶을 영위할 수 있는 기본적인 여건을 조성하고 조화롭게 성장·발달할 수 있도록 제공되는 사회적·경제적 지원이다. 하지만 이러한 정의는 상당히 포괄적이어 구체적인 방향을 제시해 주는 데 제한적이라고 볼 수 있다. 청소년복지시책의 기본이 되는 개념정의와 청소년복지의 관점의 정립은 중요한 일이며, 이에 1980년대 이후 학자의 관심영역과 전공분야에 따라서 청소년복지에 대한 정의와 개념을 정립하려는 노력을 기울여왔으나, 아직까지 논란과 부족한 연구 속에서 명확하게 자리 잡지 못하고 있다.

그동안 청소년복지를 연구한 학자들은 대부분 청소년 육성, 청소년의 기본적 욕구충족과 사회적 위험 해소를 위한 사회적 기능, 보호를 필요로 하는 청소년에 대한 서비스나 치료적 대책 등 청소년복지를 소극적이고 협의적이며 부분적으로 보는 한계성을 지니고 있다(이현동, 김영찬, 2019). 그러나 점차 청소년의 독립성과 인권보장의 측면에서 볼 때 기존 아동복지의 개념과는 차별화하여야 한다는 주장이 높아지고 있다(김선애, 2019). 즉, 청소년복지에서의 복지는 성인으로부터 도움을 필요로 한다는 개념이라기보다는 청소년 개개인의 삶 자체의 복지나 삶의 질의 개념에 가깝다고 본다. 아동과 다른 청소년의 발달단계상 청소년의 독립성, 자율성, 책임을 중시하여야 하며, 따라서 청소년은 아동과는 달리 독립적인 존재라는 것에서부터 청소년복지와 아동복지의 구별이 필요하다고 본다(김선애, 2019). 이에 김경준 등(2006: 18)은 **청소년복지**를 첫째, 목적 면에서 청소년의 생존과 생활에 대한 복지권의 기본이념에 입각하여 청소년의 행복과 성장을 도모시킴과 동시에 청소년의 독립성과 주체성을 인정해 주며, 둘째, 주체 면에서 청소년 및 청소년을 포함한 가족과 사회구성원 전체가 되며, 셋째, 대상 면에서 청소년이 되며, 넷째, 수단 면에서 제도적, 정책적, 기술적 서비스 등 조직적인 제반 활동이 되며, 다섯째, 범위 면에서 사회복지의 한 분야라고 정의하였다. 따라서 청소년복지는 청소년 개인이나 가족에 대한 서비스뿐만 아니라 청소년 인권과 참여에 관련된 각종 사회제도의 강화나 수정 및 변화에 대한 제반 노력까지 포괄하는 것이다.

아직도 청소년복지를 문제청소년, 소외청소년 등 요보호청소년에 대한 차원으로 인식하고 있는 사람이 많은 현실이지만, 사회복지는 인간의 욕구에 대한 서비스를 제공하는 것으로 현실의 사회구조와 현상에 적응하는 것을 돕는 것이므로 문제 청소년을 중심으로 결핍요인에 대한 지원이라는 차원으로 이해해서는 한계가 있다. 따라서 청소년복지는 잔여적 복지 개념에서 **제도적 개념으로 변화를 지향**하고 있으며, 전체 청소년에 대한 총체적 노력이라는 차원에서 논의되어 가야 하며, 청소년의 욕구에 근거하여 이의 충족을 위한 청소년과 사회구성원의 합의가 필요하다(김상미 외, 2019).

2) 간략한 역사와 시설현황

그동안 아동과 청소년분야는 정치권력과 행정적 이해관계에 따라 수시로 변화해 왔다고 봐도 과언이 아니다. 청소년복지와 관련된 부분들의 발달과정을 살펴보면, 먼저 1961년 「미성년자 보호법」과 「아동복리법」 및 「보호시설에 있는 고아의 후견 직무에 관한 법률」과 「고아입양특례법」의 제정을 우리나라 청소년복지의 제도적 인 출발로 볼 수 있다. 그 후 1964년에 중앙청소년보호 대책위원회가 설치되었고, 1987년에는 「청소년육성법」이 제정되었다. 1991년 「청소년기본법」이 제정되어 부 족하고 협의적이기는 하나 정책과 제도적 차원에서 청소년복지를 접근하게 되었으 며, 2004년 「청소년복지지원법」이 마련되었고 2016년 개정되어 청소년복지를 실 천하기 위한 시설로 청소년쉼터, 청소년자립지원관, 청소년치료재활센터, 청소년 회복지원시설을 포함하였다(김선애, 2019).

최근 들어 청소년의 성장속도가 빨라지고 정보매체에 노출되는 등 전통적인 방 법으로 청소년을 다루어 나가는 데 한계를 느끼게 되면서 청소년 문제에 대한 인식 이 확대되고 국가의 적극적인 개입과 대책이 요구되고 있다. 청소년관련 전문가들 은 이제 청소년관련문제는 더 이상 가족 내의 문제가 아닌 전체 사회의 문제로서 다 루어져야 하며, 가정, 사회, 국가가 종합적으로 협력하여 이에 대응하여야 하는 시 점이 되었다는 데 동의하고 있다. 그동안 청소년기를 가정 안에서 보호되고 성장되 어야 하는 아동기의 연장으로 보았기 때문에 공적인 개입이 이루어져야 한다는 인 식의 전환이 더디었고, 문제에 대한 인식은 있으나 학교교육의 테두리 안에서 청소 년들을 교육적인 접근 대상으로만 바라보았기 때문에 복지적 접근이 이루어지기 어려웠다(김도영 외, 2019).

또한 2008년 이명박정부가 출범하면서 국가청소년위원회에서 보건복지가족부로 이관되었던 청소년정책은 2년 뒤 다시 여성부로 가족정책과 함께 이동하였으며, 이 는 2005년 문화관광부의 청소년정책이 청소년보호위원회와 통합되어 국가청소년 위원회로 바뀐 후 5년이 되지 않아 세 번째 이관된 것이다. 이렇듯 전담부서가 빈번 하게 바뀌는 것은 우리나라 청소년 관련 국가정책의 전반적인 수준과 혼란을 말해 주는 것으로 볼 수 있다(이민희, 2010).

2013년 박근혜정부가 출범하면서 여성가족부는 청소년정책 관련 국정과제로 '위기청소년 눈높이 보호지원'과 '청소년 창의성 및 글로벌 역량강화'를 선정하였다. 위기청소년 보호지원에는 학교폭력 제로환경을 조성하고, 청소년 인터넷 중독 극복을 지원하는 동시에 학업중단청소년, 가출청소년 등 위기청소년 지원 방안을 담고 있다. 또한 체험활동 및 국제교류사업확대를 통한 청소년의 창의성 및 글로벌 역량 강화를 위한 지원사업을 실시하였다(김정숙 외, 2014)

2017년 출범한 문재인정부는 아동·청소년의 안전하고 건강한 성장지원을 기본 국정목표로 삼는 한편 사회적 보호가 필요한 청소년 조기발견 및 대상별 맞춤형지원 강화, 국제교류, 체험활동 등 다양한 활동 지원으로 청소년 참여활성화 등을 추구하는 청소년정책을 기획하였다(국정기획자문위원회, 2017).

다음으로 청소년복지관련 시설현황을 간략히 살펴보고자 한다.

(1) 청소년수련시설

청소년수련시설은 수련활동에 필요한 여러 시설, 설비, 프로그램 등을 갖추고 청소년지도자의 지도하에 체계적이고 조직적인 수련활동을 실시하는 시설을 말한다. 청소년수련시설은 기능이나 수련활동 및 입지적 여건 등에 따라 다양한 유형으로 구분된다. 이전에는 생활권 수련시설(청소년수련관, 청소년문화의집), 자연권 수련시설(청소년수련원, 청소년야영장), 그리고 유스호스텔로 구분되어 왔으나 2005년부터는 청소년수련관, 청소년수련원, 청소년문화의집, 청소년특화시설, 청소년야영장, 유스호스텔로 구분하였다(여성가족부, 2019).

■표 8-10 ■ 청소년수련시설현황(단위: 개소, 2019. 12. 31.)

구분	연도	총계	청소년 수련관	청소년 문화의집	청소년 수련원	청소년 야영장	유스 호스텔	청소년 특화시설
계	2018	801	185	270	181	39	115	11
	2019	814	188	289	171	38	114	14
공공	2018	568	184	265	66	19	23	11
	2019	592	187	285	63	19	25	13
민간	2018	233	1	5	115	20	92	0
	2019	222	1	4	108	19	89	1

출처: 여성가족부(2019).

(2) 청소년 보호·복지시설

① 가출청소년쉼터

가출청소년 쉼터는 1992년 시범사업운영의 일환으로 서울YMCA 청소년쉼터가 개소한 이래 1996년 이후 광역시 중심으로 늘어나기 시작하였다. 2019년 기준, 국가와 지방정부의 지원을 받는 쉼터와 순수 민간쉼터 등 134개의 쉼터가 운영 중이다. 2005년에는 가출 및 위기 청소년의 요구와 특성에 따른 보호시설 체계화를 위해 청소년쉼터를 일시쉼터(드롭인센터), 단기쉼터(청소년쉼터), 중장기쉼터로 구분하였으며, 각 청소년쉼터의 전문성과 특성화가 종합적으로 고려된 정책과 지원책을 마련하였다(보건복지부, 2009).

■표 8-11 ■ 청소년쉼터 현황(단위: 개소, 2019. 11. 기준)

구분	2014	2015	2016	2017	2018	2019
일시쉼터	22	26	28	30	30	31
단기쉼터	50	52	51	53	62	63
중장기쉼터	37	41	40	40	38	40
계	109	119	119	123	130	134

출처: 여성가족부(2019).

② 청소년공부방 및 방과 후 아카데미

청소년공부방은 지역 내 공공시설, 청소년단체, 종교 및 공공사회의 복지시설 등 기존 시설을 사용하면서 현재 운영 중인 지역 내의 기존 공부방 중 영세시설을 확대·보강하여 활용하는 방법을 취하고 있으며, 한 개소 당 사용면적은 25평 이상을 기본규모로 하였다(보건복지부, 2009).

방과 후 돌봄이 필요한 청소년(초등 4학년~ 중등 3학년)에게 학습능력배양, 체험활동, 급식, 건강관리, 상담 등 종합적인 복지서비스를 제공하는 방과 후 아카데미는 2005년 9월부터 46개소를 시범운영하여, 2006년 전국적으로 확대하였고, 2020년 현재 301개소가 대상별·내용별 특화모델을 개발하여 운영하고 있다.

③ 청소년상담복지센터 및 학교밖청소년지원센터

청소년상담복지센터는 「청소년복지지원법」 제29조에 근거하여 도움이 필요한

청소년들에게 상담·긴급구조, 자활지원, 교육, 연구 등의 서비스를 제공하고 각 지역의 **청소년통합지원체계(청소년안전망)**의 중심적 역할을 수행하며 전국에 236개소가 운영되고 있다.

학교밖청소년지원센터 꿈드림은 2015년 「학교 밖 청소년 지원에 관한 법률」이 시행되면서 학교 밖 청소년의 개인적 특성과 상황을 고려한 상담지원, 교육지원, 직업체험 및 취업지원, 자립지원 등의 프로그램을 통해 학교 밖 청소년들이 꿈을 가지고 자신의 미래를 스스로 준비하여 공평한 기회를 얻을 수 있도록 지원하고 있다.

3) 주요 정부정책

우리나라의 경우 청소년정책은 청소년이란 대상을 중심으로 정책 특성상 각 부처별로 다양하게 입안 추진되어 왔기 때문에, 우리나라 청소년정책의 내용을 종합적으로 검토한다는 것은 쉬운 일이 아니다. 우리나라에서 독자적인 정책 영역으로서 청소년정책계획이 수립된 것은 1984년 10월 마련된 '청소년종합대책 추진방안'이라고 볼 수 있다. 이후 청소년정책계획은 1986년에는 제6차 '경제사회발전 5개년 계획'에 '청소년부문'으로 포함되었으며, 1991년 12월 '청소년기본계획'의 수립으로 장기적이고 종합적인 청소년정책이 마련되었다. 한국 청소년기본계획은 이후 청소년육성 5개년 계획으로 보완되었으며, 1998년에는 제2차 '청소년육성 5개년 계획'이 확정·시행되었다(김용진, 고필재, 2020). 정부의 중·장기 청소년정책 가운데 대표적인 것은 1992년부터 2001년까지의 10년 동안을 위한 '한국 청소년기본계획'과 이러한 기본계획을 바탕으로 한 '청소년육성 5개년 계획'으로서, 이 정책계획들은 청소년정책을 독자적인 국가정책의 하나로 자리매김하고 업무영역을 확보하는 데 크게 기여하였다. 우리나라 청소년정책의 변천과정을 살펴보면 다음의 〈표 8-9〉와 같다.

청소년문제개선종합대책(1985~1987년) 이후 제1차에서 제6차에 이르는 범정부**청소년정책기본계획**을 수립하여, 현재 2018년 말 수립한 제6차 기본계획(2018~2022년)을 시행중이다. 제4차 기본계획에서는 '건강하고 행복한 청소년 희망세상 실현'이라는 비전하에, 청소년 사회적 역량강화, 청소년 인권·복지 증진, 청소년 친화적 환경조성, 청소년정책 추진체계정비의 4대 정책분야 86개 과제를 추진하였다. 하

■ 표 8-12 ■ 제6차 청소년정책기본계획 개요

청소년 참여 및 권리증진	• 청소년의 시민의식 함양 및 양성평등의식 제고 • 청소년 참여방식의 다변화
청소년 주도의 활동 활성화	• 청소년이 기획·운영하는 자기주도활동 확대 • 디지털 플랫폼을 통한 활동성과 및 정보공유 기반 마련
청소년 자립 및 보호지원 강화	• 지자체 중심의 지역단위 콘트롤타워 기능 강화 • 아웃리치·거리상담 등 찾아가는 서비스 강화 • 표준화된 진단도구 개발 및 유형·특성별 맞춤형 지원
청소년정책 추진체계 혁신	• 지역특성을 고려한 효율적 사업모델 개발 및 확산 • 수요자 중심으로 청소년시설 자율적 개편 • 청소년사업디지털화기획위원회(가칭)설치·운영

출처: 관계부처합동(2018).

지만 제4차 기본계획은 환경변화에 대한 적절한 대응책을 포괄적으로 담는 데 한계가 있다는 지적과 함께 청소년을 둘러싼 환경의 변화에 적극적으로 부응할 수 있는 신규정책을 발굴하고 정책간 연계방안을 마련하고자 2010년 제4차 기본계획을 수정·보완하여 제5차 기본계획을 수립하였다. 제5차 기본계획은 '청소년이 행복한 세상, 청소년이 꿈꾸는 밝은 미래'를 비전으로, '역량함양 및 미래핵심인재 양성' '참여와 권리증진' '균형 있고 조화로운 성장' '안전하고 건강한 생활환경'을 목표로 하였다. 제6차 기본계획은 정책비전으로 '공정하고 안전한 사회환경에서 청소년들이 자기주도적 참여와 활동을 통해 현재를 즐기고, 미래사회에 필요한 역량을 갖추어 자립할 수 있도록 하고 청소년을 존중하는 사회로 나아가는 것'을 제시하고 있다(관계부처합동, 2018).

4) 관련 사회복지시설

(1) 청소년수련시설
① 청소년수련시설의 개념

청소년수련시설은 청소년활동에 필요한 여러 시설, 설비, 프로그램을 갖추고 청소년지도자의 지도하에 체계적이고 조직적인 활동을 하는 시설이며, 기능이나 수련거리 및 입지적 여건 등에 따라 다양한 유형으로 구분된다.

- 청소년수련시설: 「청소년활동진흥법」 제10조 제1항에의 규정에 의한 시설
  - 국가 또는 지방자치단체는 제3항에 따른 허가를 받아 수련시설을 설치 · 운영하는 자에게 예산의 범위에서 그 설치 및 운영에 필요한 경비의 일부를 보조할 수 있다.
  - 수련시설을 설치 · 운영하려는 개인 · 법인 또는 단체는 특별자치시장 · 특별자치도지사 · 시장 · 군수 · 구청장의 허가를 받아야 한다. 허가받은 사항 중 대규모의 부지 변경, 건축 연면적의 증감 등 대통령령으로 정하는 중요사항을 변경하려는 경우에도 또한 같다.

② 청소년수련시설의 종류

■ 표 8-13 ■ 청소년수련시설 종류

종 류	내 용
청소년수련관	다양한 청소년수련거리를 실시할 수 있는 각종 시설 및 설비를 갖춘 종합수련시설
청소년수련원	숙박기능을 갖춘 생활관과 다양한 청소년수련거리를 실시할 수 있는 각종 시설과 설비를 갖춘 종합수련시설
청소년문화의집	간단한 수련활동을 실시할 수 있는 시설 및 설비를 갖춘 정보 · 문화 · 예술중심의 수련시설
청소년특화시설	청소년의 직업체험, 문화예술, 과학정보, 환경 등 특정 목적의 청소년활동을 전문적으로 실시할 수 있는 시설과 설비를 갖춘 수련시설
청소년야영장	야영에 적합한 시설 및 설비를 갖추고, 청소년수련거리 또는 야영편의를 제공하는 수련시설
유스호스텔	청소년의 숙박 및 체류에 적합한 시설 · 설비와 부대 · 편익시설을 갖추고, 숙식편의 제공, 여행청소년의 활동지원(청소년수련활동 지원은 제11조에 따라 허가된 시설 · 설비의 범위에 한정한다)을 기능으로 하는 시설

출처: 청소년활동진흥법(2020).

③ 시·도별 청소년수련시설 현황

■ 표 8-14 ■ 시·도별 청소년수련시설 현황(2019. 11. 기준)

시·도	구분	총계	청소년 수련관	청소년 문화의집	청소년 수련원	청소년 야영장	유스 호스텔	청소년 특화시설	비고
총계	계	814	188	289	171	38	114	14	–
	공공	592	187	285	63	19	25	13	–
	민간	222	1	4	108	19	89	1	–
서울	계	66	32	19	3	0	4	8	–
	공공	61	31	19	1	–	2	8	–
	민간	5	1	–	2	–	2	–	–
부산	계	25	8	12	3	1	1	0	–
	공공	22	8	11	2	1	–	–	–
	민간	3	–	1	1	–	1	–	–
대구	계	17	5	6	2	0	2	2	–
	공공	16	5	6	2	–	1	2	–
	민간	1	–	–	–	–	1	–	–
인천	계	27	8	6	5	3	5	0	–
	공공	14	8	6	–	–	–	–	–
	민간	13	–	–	5	3	5	–	–
광주	계	15	5	8	1	0	0	1	–
	공공	14	5	7	1	–	–	1	–
	민간	1	–	1	–	–	–	–	–
대전	계	16	4	8	3	0	1	0	–
	공공	15	4	8	2	–	1	–	–
	민간	1	–	–	1	–	–	–	–
울산	계	11	3	7	1	0	0	0	–
	공공	10	3	7	–	–	–	–	–
	민간	1	–	–	1	–	–	–	–
세종	계	4	1	3	0	0	0	0	–
	공공	4	1	3	–	–	–	–	–
	민간	0	–	–	–	–	–	–	–
경기	계	160	35	64	37	9	14	1	–
	공공	109	35	63	7	3	1	–	–
	민간	51	–	1	30	6	13	1	–

강원	계	80	16	32	17	4	10	1	–
	공공	59	16	32	7	2	1	1	–
	민간	21	–	–	10	2	9	–	–
충북	계	43	6	14	18	1	4	0	–
	공공	28	6	14	7	–	1	–	–
	민간	15	–	–	11	1	3	–	–
충남	계	50	11	13	14	3	9	0	–
	공공	30	11	13	3	1	2	–	–
	민간	20	–	–	11	2	7	–	–
전북	계	54	11	19	12	3	8	1	–
	공공	40	11	19	5	2	2	1	–
	민간	14	–	–	7	1	6	–	–
전남	계	58	8	23	12	6	9	0	–
	공공	52	8	23	10	4	7	–	–
	민간	6	–	–	2	2	2	–	–
경북	계	62	15	17	14	2	14	0	–
	공공	46	15	16	10	2	3	–	–
	민간	16	–	1	4	–	11	–	–
경남	계	75	17	15	25	4	14	0	–
	공공	39	17	15	4	2	1	–	–
	민간	36	–	–	21	2	13	–	–
제주	계	51	3	23	4	2	19	0	–
	공공	33	3	23	2	2	3	–	–
	민간	18	–	–	2	–	16	–	–

자료: 여성가족부(2020a).

④ 수련시설외 운영대표자 및 종사자 자격기준

- 「청소년활동진흥법」 제14조 제1항 본문에서 '대통령령이 정하는 자격을 갖춘 자'라 함은 다음 중 어느 하나에 해당하는 자를 말한다. 〈개정 2014. 7. 21.〉
- 제1항 제2호부터 제7호까지의 규정에 따른 청소년육성업무에 종사한 경력에 관하여는 여성가족부령으로 정한다. 〈개정 2014. 7. 21.〉

■ 표 8-15 ■ 운영대표자 및 종사자 자격기준

구 분	자 격 기 준
운영 대표자	1. 1급 청소년지도사 자격증 소지자 2. 2급 청소년지도사 자격증 취득 후 청소년육성업무에 3년 이상 종사한 사람 3. 3급 청소년지도사 자격증 취득 후 청소년육성업무에 5년 이상 종사한 사람 4. 「초·중등교육법」 제21조에 따른 정교사 자격증 소지자 중 청소년육성업무에 5년 이상 종사한 사람 5. 청소년육성업무에 8년 이상 종사한 사람 6. 7급 이상의 일반직공무원 또는 이에 상당하는 별정직공무원(고위공무원단에 속하는 일반직공무원 또는 별정직공무원을 포함한다)으로서 청소년육성업무에 3년 이상 종사한 사람 7. 제6호 외의 공무원 중 청소년육성업무에 5년 이상 종사한 사람 ※ 결격사유자: 다음 각 호의 어느 하나에 해당하는 사람은 수련시설의 대표자(법인의 경우에는 임원을 포함한다) 또는 운영대표자가 될 수 없다. 1. 미성년자·피성년후견인 또는 피한정후견인 2. 파산선고를 받고 복권되지 아니한 사람 3. 금고 이상의 형을 선고받고 그 집행이 끝나거나 집행을 받지 아니하기로 확정된 후 2년이 지나지 아니한 사람 4. 금고 이상의 형의 집행유예를 선고받고 그 유예기간 중에 있는 사람 5. 법원의 판결 또는 법률에 따라 자격이 상실되거나 정지된 사람 6. 제22조에 따라 허가 또는 등록이 취소된 수련시설의 대표자로서 허가 또는 등록이 취소된 날부터 2년이 지나지 아니한 사람 〈전문개정 2014. 1. 21.〉
종사자	종사자는 다음과 같은 안전교육을 매년 1회 이상 받아야 한다. 1. 청소년수련활동 및 수련시설의 안전관련 법령 2. 청소년수련활동 안전사고 예방 및 관리 3. 수련시설의 안전점검 및 위생관리 4. 그 밖에 수련시설 종사자 등의 안전관리 역량 강화 및 안전사고 예방을 위하여 필요한 사항

(2) 청소년이용시설

① 청소년이용시설의 개념

「청소년활동진흥법」 제10조 제2항에 의거하여 설치된 수련시설이 아닌 시설로서 그 설치 목적의 범위에서 청소년활동의 실시와 청소년의 건전한 이용 등에 제공할 수 있는 시설

② 청소년이용시설의 종류

■ 표 8-16 ■ 청소년이용시설 종류

종 류	내 용
「문화예술진흥법」 제2조 제1항 제3호의 규정에 의한 문화시설	"문화시설"이란 공연, 전시, 문화 보급, 문화 전수 등 문화예술 활동에 지속적으로 이용되는 시설을 말한다.
「과학관육성법」 제2조 제1호의 규정에 의한 과학관	"과학관"이라 함은 과학기술자료를 수집·조사·연구하여 이를 보존·전시하며, 각종 과학기술교육프로그램을 개설하여 과학기술지식을 보급하는 시설로서 제6조 제1항의 규정에 의한 과학기술자료·전문직원등 등록요건을 갖춘 시설을 말한다.
「체육시설의 설치·이용에 관한 법률」 제2조 제1호의 규정에 의한 체육시설	"체육시설"이란 체육 활동에 지속적으로 이용되는 시설과 그 부대시설을 말한다.
「평생교육법」 제2조 제2호에 따른 평생교육기관	"평생교육기관"이란 다음 각 목의 어느 하나에 해당하는 시설·법인 또는 단체를 말한다. 1. 이 법에 따라 인가·등록·신고된 시설·법인 또는 단체 2.「학원의 설립·운영 및 과외교습에 관한 법률」에 따른 학원 중 학교교과교습학원을 제외한 평생직업교육을 실시하는 학원 3. 그 밖에 다른 법령에 따라 평생교육을 주된 목적으로 하는 시설·법인 또는 단체
「산림문화·휴양에 관한 법률」 제13조, 제14조 및 제19조의 규정에 의한 자연휴양림	산림청장은 공유림 또는 사유림의 소유자(사용·수익할 수 있는 자를 포함한다. 이하 이 장 및 제32조에서 같다) 또는 국유림의 대부 또는 사용허가(이하 "대부등"이라 한다)를 받은 자의 지정 신청에 따라 그가 소유하고 있거나 대부 등을 받은 산림을 자연휴양림으로 지정할 수 있다. 이 경우 지정 신청의 절차 등은 농림수산식품부령으로 정한다. 〈개정 2010.3.17〉
「수목원조성 및 진흥에 관한 법률」 제2조 제1호의 규정에 의한 수목원	"수목원(樹木園)"이라 함은 수목을 중심으로 수목유전자원을 수집·증식·보존·관리 및 전시하고 그 자원화를 위한 학술적·산업적 연구 등을 실시하는 시설로서 「농림수산식품부령」이 정하는 기준에 따라 다음 각목의 시설을 갖춘 것을 말한다. 1. 수목유전자원의 증식 및 재배시설 2. 수목유전자원의 관리시설 3. 화목원·자생식물원 등 「농림수산식품부령」으로 정하는 수목유전자원 전시시설 4. 그 밖에 수목원의 관리·운영에 필요한 시설
「사회복지사업법」 제2조 제5호에 따른 사회복지관	"사회복지관"이란 지역사회를 기반으로 일정한 시설과 전문인력을 갖추고 지역주민의 참여와 협력을 통하여 지역사회복지문제를 예방하고 해결하기 위하여 종합적인 복지서비스를 제공하는 시설을 말한다.
그 밖의 시설	시민회관·어린이회관·공원·광장·둔치, 그 밖에 이와 유사한 공공용 시설로서 청소년활동 또는 청소년들이 이용하기에 적합한 시설

4. 청소년복지

다음으로는 대표적인 청소년복지시설인 청소년쉼터, 청소년상담복지센터, 그리고 교육복지우선지역지원사업을 간략히 소개하고자 한다.

(3) 청소년쉼터

1990년대 이후 급격히 증가하기 시작한 가출청소년의 숫자 및 비행, 또래집단과의 합류 그리고 향락산업에로의 유입문제가 사회적 쟁점이 되기 시작함에 따라, 가출청소년들을 사회의 유해한 환경으로부터 보호하고 쉬게 해 주며 숙식을 제공하고, 각종상담 및 프로그램을 통한 서비스를 제공해 줌으로써 각자의 삶으로 되돌려보낼 수 있는 '가출청소년 보호시설'의 필요성을 인식하게 되었다(최순종, 2016).

이에 가출청소년을 위하여 첫째, 각종 비행의 유혹과 유해환경으로부터 청소년을 보호, 둘째, 가출청소년에 대한 조기발견, 일시보호 및 선도를 통하여 가정과 학교에 복귀시킴으로서 청소년비행과 탈선을 예방, 셋째, 집으로 복귀할 수 없는 가출청소년들에게 필요한 서비스를 제공할 수 있는 다른 기관으로의 의뢰를 목적으로 가출청소년을 위한 쉼터가 설치 운영되었으며, 2019년 12월 현재 전국적으로 133개소의 쉼터가 운영되고 있다(여성가족부, 2020c). 현재 운영되고 있는 청소년쉼터에서 제공되고 있는 서비스는 대체로 비슷한데, 정리해 보면 다음과 같다(권량희, 2018).

① 보호서비스

가출청소년에 대한 의식주의 **기본적 생존권을 보장**해 주는 것이다. 이는 청소년쉼터의 핵심서비스이며, 가출청소년에게 무료로 의식주 및 의료 서비스를 제공하여 사회유해환경과의 접촉을 방지하고, 가정·학교·사회로의 복귀촉진과 탈선 및 비행을 예방하는 데 목적이 있다.

② 치료 및 예방서비스
- 상담서비스: 청소년쉼터에 입소한 청소년을 대상으로 각종 심리검사, 개별상담, 집단상담, 진로상담, 음악치료, 미술치료 등을 제공한다.
- 교육문화서비스: 청소년쉼터의 상황적 특성에 따라 각기 다르게 실시되고 있다. 교육활동은 청소년쉼터에 입소한 청소년을 대상으로 성·금연·약물 교육, 봉사활동, 예절교육, 학습지도 등 실제로 입소한 청소년이 직면한 문제에

대한 정보를 제공하며, 앞으로 사회생활을 영위하기 위해 필요한 서비스를 제공한다. 문화활동서비스는 영화관람, 유적지 답사, 놀이동산 등의 내용으로 진행되고 있다.

- 예방서비스: 문제행동을 사전에 예방하기 위한 서비스 프로그램이다.
- 기타서비스: 다양한 연구조사 및 출판활동을 통해 대안적 청소년정책을 개발하고 홍보한다.

청소년쉼터는 유형별 특성에 따라 일시쉼터, 단기쉼터, 전환형쉼터, 가족형쉼터, 자립형쉼터, 치료형쉼터로 구분해 볼 수 있다(권량희, 2018).

(4) 청소년상담복지센터

청소년상담복지센터는 「청소년복지지원법」에 의해 특별시·광역시·특별자치시·도 및 시·군·구에 설치할 수 있다. 2019년 현재 전국 각지에서 256개소가 운영중이다(여성가족부, 2020b). 교육청 및 학교와의 연계망을 통한 상담프로그램을 운영하고, 면접, 집단, 전화, 사이버상담, 심리검사 등 상담복지센터 고유의 역할인 **상담활동을 진행**하고 있다. 또한 전문상담프로그램 개발, 청소년상담 관련 연구활동 및 학술 심포지움을 개최하고, 전문상담 연수기관으로서 교사, 학부모, 청소년지도자, 상담종사자, 자원봉사자 등에 대한 **교육 및 연수기능을 수행**하고 있다. 그리고 위험노출청소년에 대한 긴급구조 및 자활지원, 사후관리, 약물남용 예방 및 치료사업을 하고 있으며, 지역사회관련 자원을 연계해 **위기청소년에 대한 원스탑**(one-stop) 서비스를 제공하고 가정, 학교 및 사회로의 복귀를 지원하는 '지역사회 청소년안전망(CYS-Net)'을 구축하고 지원하고 있다. 정부는 '**지역사회 청소년안전망(CYS-Net)**'을 확대·강화하고 주요 유관기관과의 연계 강화를 추진하였다.

최근 정부는 나날이 복잡다단해지고 있는 양상을 보이는 우리 사회 속 위기청소년 문제에 선제적으로 대처하기 위하여 위기청소년 발굴·지원·사후관리를 전담할 '시·군·구 청소년안전망팀' 설치를 추진 중이다. 지역사회 '**청소년안전망**'이란 위기청소년과 관련된 다양한 지원기관, 서비스, 정보 등을 총괄·관리하여 위기청소년에게 상담·보호·자립 등 맞춤형 서비스를 제공하는 사회서비스 추진체계이며, 상세 구조는 〈표 8-15〉와 같다(여성가족부, 2019)

■ 표 8-17 ■ 청소년안전망 운영체계

	현재	개선
주요 내용	위기청소년 통합지원체계 명칭(CYS Net)에 대한 인지도 부족	CYS-Net을 '청소년 안전망'으로 명칭 변경
	지자체 총괄 기능 미흡 (전담인력 및 조직 부재)	지자체 중심 운영 체계 구축 (전담공무원 배치 및 청소년안전망팀 설치)
	공급자 중심 서비스 제공 (서비스 연계 및 다양한 서비스 부족)	청소년 중심 다양한 서비스 제공 (유관기관 협업 강화, 맞춤형 지원사업)
체계도	〈CYS-Net〉 상담복지센터 – 지자체 – 경찰청 및 경찰서 / 시·도교육청 – ? – 지방고용노동청 / 청소년시설 등 – 청소년비행예방센터 – 학교밖청소년지원센터	〈청소년안전망〉 여성가족부 / 관계부처·지자체 협의체 / 지방 관계기관(교육청, 지방경찰청, 지방노동청 등) – 지자체(청소년안전망팀) 상담복지센터 – 경찰서 / 각급학교 / 청소년시설 등 – 청소년비행예방센터 – 학교밖청소년지원센터 – 고용복지센터

출처: 여성가족부(2019).

(5) 교육복지우선지역지원사업

저소득층 청소년 지원 및 복지서비스의 확대를 위하여 드림스타트와 교육복지우선지원사업 등을 통해 보건·복지·보육·교육 등 사례별 맞춤서비스를 실시하고, 서비스 연계를 통해 중복 및 사각지대를 해소하고자 노력하고 있다. 특히 **교육복지우선지원사업**은 저소득층 밀집지역을 선정하여 교육·문화·복지·보육 등 다양한 프로그램을 지원하고 있으며, 2019년 현재 전국에서 교육복지우선지원사업을 실시하는 학교 수는 3,513개이며 대상학생 수는 333,290명이다(김선숙 외, 2019).

5) 쟁점

그동안 청소년복지는 점차적으로 다양한 정책을 통하여 확장되어 왔다고 볼 수 있지만, 여전히 청소년분야는 장기적인 안목을 가지고 일관된 정책을 추진함에 있어서 미흡한 점이 많았다고 볼 수 있다. 여기서는 청소년복지에서 논란이 되고 있거나 앞으로 해결해 나가야 할 과제를 몇 가지 제시하고자 한다.

(1) 청소년의 욕구에 근거한 정책 마련

청소년복지의 정책과 실천방향을 결정함에 있어서 무엇보다도 현대 청소년들의 **새로운 욕구를 파악**하여 반영하려는 노력을 해야 할 것이다. 사회환경이 급격하게 변화됨에 따라 생성되는 다양한 욕구들을 찾아내고 이러한 욕구들의 우선순위를 파악하여 이를 중심으로 보다 현실적인 정책마련이 필요하다.

(2) 청소년의 참여권 신장

UN 아동권리협약에서 제시하는 **4대 권리**인 생존권, 발달권, 보호권, 참여권 중 우리나라 청소년들이 가장 취약하다고 생각하는 권리는 참여권으로 나타났다. UN 아동권리협약의 궁극적 목적인 아동과 청소년권리의 인식 향상과 더불어 실효성 있는 **참여권 신장 방안**을 마련하고 이를 실행할 수 있는 여건을 조성하여야 한다. 이를 통하여 보다 책임 있는 민주시민을 양성하고 청소년들의 발달특성인 자율성과 독립성을 발현할 수 있도록 지원하여야 할 것이다.

(3) 창의적 체험활동을 통한 전인적 발달 도모

청소년들은 발달단계에서 다양한 사회적 욕구를 가지고 있지만 우리나라 청소년들은 입시위주의 교육으로 인해 제대로 충족되지 못한 채 지적인 면에서의 발달만을 강조받으면서 생활해 오고 있다. 따라서 청소년복지 분야에서는 교육분야에서 충분히 다루지 못하는 **전인적 발달을 도모**하는 프로그램을 마련하여야 한다. 예를 들어, 많은 예산을 할애하고 있는 방과 후 아카데미에서 학교교과를 지도하기보다는 **창의적 체험활동**을 통하여 신체적, 정서적, 사회적으로 조화롭고 균형 잡힌 인간을 형성하는 데 초점을 맞추어야 할 것이다(정영모, 2019).

(4) 전문성과 자질을 갖춘 전문인력 양성

보다 질 높은 청소년복지서비스의 제공을 위해 무엇보다도 전문성과 자질을 갖춘 전문인력이 필수적이다. 특히 교육복지우선지역지원사업의 확대는 보다 많은 청소년들에게 개입할 수 있는 기회를 줄 수 있다는 장점이 있을 수 있겠지만 이를 수행할 수 있는 전문인력의 양성이 뒷받침되어야 한다. **학교사회복지사**는 학생과 그를 둘러싼 학교, 가정, 지역사회의 상호 협조관계 속에서 업무를 수행해야 하며 이러한 자원을 적절히 연결, 활용할 수 있는 능력을 갖추고 있어야 하고 상담관련 지식도 갖추고 있어야 한다. 학교사회복지의 성패는 이 업무를 맡고 있는 학교사회복지사에 달려 있다고 할 수 있다. 따라서 전문성과 자질을 갖춘 학교사회복지사의 양성은 무엇보다도 중요한 일이라 할 수 있다. 학교사회복지가 제도화되지 못하고, 이에 따라 전문성을 갖춘 인력이 부족한 상태에서 학교사회복지제도를 전국적으로 도입할 경우 학교사회복지가 원래 의도한 목적을 제대로 달성하지 못할 수 있다. 따라서 학교사회복지제도에 대한 종합적인 계획을 세워 단계적으로 도입하는 방안을 마련할 필요가 있다(이종익 등, 2018).

 생각해 볼 문제

1. 아동과 청소년의 발달단계상 차이점은 무엇인지 생각해 봅시다.
2. 아동복지관련 종사자들이 가져야 할 아동관은 어떠한 것인지 생각해 봅시다.
3. 아동 및 청소년발달 이론들 간의 장단점에 대해 생각해 봅시다.
4. 현대사회에서의 아동복지 개념은 무엇인지 생각해 봅시다.
5. 대규모 양육시설에 대한 전문가들의 의견은 어떠하며, 앞으로 어떤 방향으로 기능을 전환할 수 있을지 생각해 봅시다.
6. 지역아동센터의 설립목적과 주요 프로그램에 대해 생각해 봅시다.
7. 청소년정책의 변천과정을 살펴보고 어떠한 방향으로 변화되었는지 생각해 봅시다.
8. 우리나라 청소년복지의 향후 과제는 무엇인지 생각해 봅시다.

참고문헌

곽형식, 백경숙, 김민정, 김혜금, 김혜영, 박희현(2013). 아동복지론. 공동체.
관계부처합동(2018). 2018~2022년 제6차 청소년정책(수정·보완)기본계획. 여성가족부.
관계부처합동(2020). 제2차 아동정책기본계획(안)(2020~2024년). 보건복지부.
권량희(2018). "청소년쉼터의 문제점과 개선 방향". 한국청소년상담학회, 3(3), 119-138.
공계순, 박현선, 오승환, 이상균, 이현주(2019). 아동복지론. 학지사.
국정기획자문위원회(2017). 문재인정부 국정운영 5개년 계획.
김경준, 최인재, 조홍식, 이용교, 이상균, 정익중, 최금해(2006). 청소년 복지정책 현황과 개성방안 연구. 한국청소년개발원.

김도영, 이혜경, 노자은(2019). 청소년복지론. 학지사.

김보영, 윤재희, 정서연(2019). 아동권리와 복지 교재 분석. 유아교육학논집, 23(5), 99-124.

김상미, 고도현, 고진희, 문정순, 박경희, 양기훈(2019). 청소년의 복지체제 선호에 따른 복지인식 유형화. 비판과 대안을 위한 사회복지학회 학술대회 발표논문집, 175-193.

김석란(2002). 우리나라 아동복지 정책의 평가와 향후과제/집단토론회:우리나라의 아동복지 정책발전을 위한 향후과제. 한국아동복지학회, 79-81.

김선숙, 김진숙, 최웅, 길희경(2019). 2019년 교육복지우선지원사업 운영 현황 조사 결과. 중앙교육복지연구지원센터.

김선애(2019). 아동복지정책과 청소년복지정책의 이중구조유형분석을 통한 정책방향 연구: 문화와 사회자본을 바탕으로 한 인간자본형성을 중심으로. 청소년학연구, 26(3), 31-58.

김용진, 고필재(2020). 국내 청소년참여기구 관련 연구동향 분석. 한국청소년활동연구, 6(1), 1-24.

김은정(2019). 아동정책영향평가 도입과 함의. 보건복지포럼, 2019(12), 56-69.

김정숙, 조혜영, 이덕난, 이태주(2014). 청소년 국제개발협력 참여 활성화 방안 연구. 한국청소년정책연구원 연구보고서, 1-279.

김한구(1999). 희망찬 21세기의 아동복지. 제 24회 아동복지세미나. 아동복지시설연합회, 27-39.

나달숙(2020). 아동의 인권에 관한 법적 조명-아동권리협약을 중심으로. 법학연구, 20(2), 1-30.

류정희(2018). 아동의 안전한 성장을 위한 지역 기반 아동보호정책의 방향과 과제. 보건복지포럼, 2018(5), 7-24.

문선화, 구차순, 박미정, 김현옥(2012). 한국사회와 아동복지. 양서원.

박세경(2018). 아동의 삶의 터전, 지역사회에서 아동권리 옹호. 동광, 113, 106-145.

변길희(2018). 아동의 인권에 대한 인식과 실천에 따른 정책 방향 모색: 유엔아동권리협약을 중심으로. 사회적경제와 정책연구, 8(3), 1-34.

변길희(2019). 저출산 고령사회에서의 아동복지의 과제와 정책연구. 한국인간복지실천연구, 22, 7-23.

보건복지부(2015). 생애주기별 맞춤형 복지 사례집.

보건복지부(2019a). 2018년 말 기준 전국 지역아동센터 통계조사보고서.

보건복지부(2019b). 보건복지통계연보.

보건복지부(2020a). 2020년도 드림스타트 사업안내.

보건복지부(2020b). 2020년도 아동복지시설 현황.

보건복지부(2020c). 2020년 지역아동센터 지원사업안내.

송이은, 곽태희(2019). 서울시 아동복지시설 운영 효율화 방안 연구: 원가족 복귀 지원을 중심으로. 서울시 여성가족재단 연구사업보고서, 1-119.

안소영, 안현주(2020). 아동보호를 위한 국가의 역할과 책임: 가정 내 아동학대를 중심으로.
　　　이화젠더법학, 12(2), 135-174.

여성가족부(2019). 2019 청소년 백서.

여성가족부(2020a). 2019년도 청소년 수련시설 현황.

여성가족부(2020b). 전국청소년상담복지센터현황.

여성가족부(2020c). 청소년쉼터, 청소년자립지원관 운영현황.

윤혜미, 김혜래, 심영화(2013). 아동복지론. 청목출판사.

이민희(2010). 새로운 청소년통합지원 체계와 가출청소년쉼터 기능의 탐색. 청소년보호지도연
　　　구, 16, 169-192.

이보람, 김현정, 김태종, 김부열, 박혜준(2018). 지역아동센터 종사자가 인식하는 이용아동의
　　　발달특성과 운영현황 및 개선방안에 관한 고찰. 한국아동복지학, 62, 165-205.

이종익, 최웅, 서동미(2018). 한국 학교사회복지의 제도화 과정과 주요 쟁점. 학교사회복지,
　　　41, 29-54.

이주연(2016). OECD 아동복지지표를 통해 본 아동의 삶의 질. 보건복지포럼, 2016(5), 91-106.

이혜원, 김성천, 오승환, 이태수, 정익중(2009). 아동ㆍ청소년정책 패러다임의 전환. 한국아동
　　　복지학, 28, 73-100.

이현동, 김영찬(2019). 한국 청소년정책의 진단과 발전 방안. 교육문제연구, 25, 29-51.

전재일, 이준상, 이성희, 이선자(2016). 사회복지실천론. 공동체.

정영모(2019). 초등돌봄서비스의 현황과 개선방안. 월간 복지동향, 252, 13-18.

조성연, 이정희, 천희영, 심미경, 황혜정, 나종혜(2010). 아동발달. 신정.

최순종(2016). 가출청소년 쉼터의 새로운 유형화를 위한 방안 연구-'거리청소년'의 생존권보
　　　호와 '쉼터청소년'의 자립역량강화를 중심으로. 교정담론, 10(2), 273-295

최옥채(2017). [동광] 에 비친 1950-70 년대 한국 아동복지의 전개: 사회사 관점 중심으로. 한
　　　국사회복지학, 69(1), 9-32.

NASW(2004). 사회복지대백과사전. 나눔의집.

Bandura, A. (1977). *Social Learning Theory*. Englewood Cliffs. Prentice-Hall.

Bogenschneider, K. (1996). An ecological risk protective theory from building prevention
　　　program, polices, and community capacity to support youth. *Family Relation, 45*(2),
　　　127-138.

Costin, L. B.(1969). *Analysis of the tasks in school social work. Social Service Review,
　　　43*(3), 274-285.

Friendlander, W. , & Apte, R. (1974). *Introduction to social welfare*. Prentice Hall.

Hartman, A. , and J. Laird. (1983). *Family centered social work pracitce*. Free Press.

Kadushin, A. (1974). *Child Welfare Services* (2nd ed.). Macmillan.

Kadushin, A. , & Martin, J. (1988). *Child Welfare Services* (4th ed.). Macmillan Publishhing Company.

Meyer, C. (1985). The insitutional context of child welfare. In J. Laird & A. Hartman (Eds.), *Handbook of Child Welfare*. The Free Press.

Skinner, B. F. (1957). *Verbal behavior*. Applelton-Century-Crofts.

Vygotsky, L. S. (1978). *Mind in society: The development of higher mental process*. Harvard University Press.

제9장

사회복지의 실천분야 II:
노인·여성복지

세계 최저 수준의 출산율과 가장 빠른 고령화를 경험하고 있는 한국은 이에 대응하기 위해서 출산·양육에 어려움이 없는 환경조성과 안정적인 노후생활 보장을 위한 기반구축이 요구된다. 이번 장에서는 노인복지와 여성복지의 개념 및 발달과정 그리고 저출산·고령사회에 대응하기 위한 정부정책과 정책과제 등을 살펴본다.

1. 노인복지

1) 노인 및 노인복지의 개념

노인(老人)은 일반적으로 나이가 많거나 늙은 사람을 지칭한다. 문화에 따라 older person, aged, elderly, senior citizen, grey, silver 등으로 불리워진다. 한국의 사회복지실천현장에서는 '어르신'이라는 호칭을, 또 성별에 따라 '할아버지, 할머니' 라고 호칭되고 있다.(양옥남 외, 2006)

노인복지분야의 대표적 연구자인 애칠리(Atchley, 1988)는 노인을 '생리적·생물학적인 면에서 퇴화기에 있는 사람, 심리적인 면에서 정신기능과 성격이 노인 특유의 보수, 온건, 의존, 경직성향으로 변화되고 있는 사람, 사회적인 면에서 지위와 역할이 상실된 사람'으로 정의했다. 또 1951년에 개최된 2회 국제노년학회에서는 노인을 '인간의 고령화 과정에서 나타나는 생리적·심리적·환경적 변화 및 행동의 변화가 상호작용하는 복합형태의 과정에 있는 사람'으로 정의했다. 이들 정의는 본인이 스스로를 노인이라고 생각하는 개인의 자각 연령(subjective age), 심리적 연령 (psychological age), 생물학적 연령(biological age), 사회적 연령(sociological age), 기능적 연령 (functional age) 등을 중시하고 있다고 할 수 있다.

그러나 실제적으로 노인복지정책과 실천현장에서 사용되고 있는 노인은 달력에 따라 세는 나이, 즉 역연령(歷年齡, chronological age)을 기준으로 하고 있다. 예를 들면, 미국 사회복지사협회(NASW)는 노인을 55~64세는 연소노인(young old), 65~74세는 노인(old), 75~84세는 고령노인(old old), 그리고 85세 이상은 초고령노인(very old)으로 구분하고 있다. 최성재, 장인협(2006)은 60~69세를 연소노인, 70~74세를 중고령노인, 75~84세를 고령노인, 85세 이상을 초고령노인으로 구분하고 있다. 그리고 또 다른 노인의 기준으로는 법제에 의한 연령이 있다. 예를 들면, 「고용상 연령차별금지 및 고령자 고용촉진에 의한 법률」은 고령자를 55세 이상인 자로, 준고령자는 50세 이상 55세 미만인 자로, 「국민연금법」은 60세 이상인 자를, 「국민기초생활보장법」과 「노인복지법」은 65세 이상인 자를 노인으로 분류하고 있다.

이상과 같이 다양한 노인의 기준에도 불구하고, 노인을 대상으로 이루어지는 복지, 즉 노인복지(老人福祉)는 '노인이 자기가 속한 가족과 사회에 적응하고 통합되어 인간다운 생활을 영위하기 위해 필요한 자원과 서비스의 제공과 관련한 공적 및 사적 차원에서의 조직적 제반활동'으로 요약할 수 있다(최성재, 장인협, 2006). 즉, 노인을 대상으로 기본적인 의식주 문제의 해결뿐만 아니라, 사회·심리적인 욕구와 개인의 발전을 위한 서비스가 공적·사적 양차원에서 계획적이고 조직적으로 이루어지는 활동을 의미한다. 따라서 이 글에서는 노인복지를 노인의 심리·정서·사회적인 욕구나 문제 해결을 목적으로 해 공공부문과 민간부문에서 노인에게 제공되는 개별적인 접근과 집단·체계적인 활동으로 정의한다.

2) 노인복지의 역사와 시설현황

(1) 노인복지의 역사

우리나라에 있어 노인복지의 역사는 크게 다음 네 시기로 나눌 수 있다. 첫 번째 시기는 삼국시대, 고려시대, 조선시대, 그리고 일제강점기이다. 삼국시대부터 조선시대까지의 약 2000년에 걸쳐 왕의 백성에 대한 인자함을 보여 주는 민생구휼(民生救恤)적 차원에서 노인구호정책과 경로효친정책이 실시되었다. 특히 조선시대는 홀아비와 과부, 그리고 고아와 늙어서 자식이 없는 사람, 이른바 환과고독(鰥寡孤獨)에 대한 국가부양의 차원에서 양민원이 설치되어 부양자가 없는 노인을 보호했으며, 양로법을 입법하여 양로연을 실시했다. 또 부모를 잘 모시는 효자, 효부 등을 덕행이 있는 자로 표창하는 것을 통해 노인부양을 장려하고자 했다. 그리고 일제강점기에는 조선총독부가 식민지 통치의 원활화를 목적으로 한 시혜적 성격의 단순구호사업 차원에서 노인에 대한 정책을 실시하기도 하였다.

두 번째 시기는 광복 이후부터 1970년대까지로, 전통적인 대가족제도와 경로사상에 의해 대부분의 노인문제가 해결되는 가운데 정부의 노인에 대한 정책은 가족의 도움·보호를 받을 수 없는 노인을 대상으로 한 구빈 차원에서 이루어졌다. 대표적인 정책으로는 1961년 제정된 65세 이상의 생활능력이 없는 무의탁노인의 시설 및 재가에서의 보호사업을 주요내용으로 하는 「생활보호법」이 있다.

세 번째 시기는 1981년 「노인복지법」제정부터 동법이 몇 차례의 전문개정과 일부개정을 통해 명실상부하게 「노인복지법」으로 자리 잡는 1990년대 말까지이다. 1980년대에 들어오면서 1960년대와 70년대에 걸쳐 급격히 진행된 산업화가 초래한 도시화, 핵가족화, 인구의 고령화에 의해 노인문제가 사회문제로 대두되기 시작했다. 이에 대한 대응의 일환으로 정부는 1981년 6월 노인의 보건과 복지를 규정한, 법률 제3453호인 「노인복지법」을 공포했다. 이후 1989년 12월 전문이 개정되어 노령수당, 노인복지대책위원회 설치 등이 이루어져 노인복지의 근거가 마련되게 되었다. 이에 더해 1993년 12월의 일부개정을 통해서는 재가 및 유료노인복지사업의 실시근거가, 1997년 8월의 일부개정을 통해서는 노인주거복지시설, 노인의료복지시설, 재가복지시설, 노인여가복지시설이 구비되게 되었다. 그리고 2년 뒤인 1999년 2월의 일부개정을 통해서는 정부위원회 정비계획에 의거해 노인복지대책위원회가 폐지되고, 경로연금지급대상자 선정기준이 조정되고, 가정봉사원 교육에 관한 규정이 신설되었다. 이를 통해 노인복지가 정비단계에 진입할 수 있었다. 이 결과, 노인복지는 성숙단계로 접어들게 되었다. 이처럼 1981년 「노인복지법」이 제정된 이래 약 20년 동안 노인복지의 대상은 빈곤노인에서 전체노인으로 확대되었으며, 시설보호 중심에서 지역과 가정 중심으로 변화되었다. 또 노인이 수혜의 대상이 아닌 복지의 주체로서 참여할 수 있는 여건이 부족하나마 조성되었으며, 보건의료와 복지서비스가 통합되어 정부와 민간의 상호협조체계가 구축되게 되었다. 그러나 이와 같은 성과에도 불구하고 여전히 사후중심적이고, '최소 대상에게 최소의 비용으로 최저의 서비스를 제공하는' 3저복지(三低福祉)의 속성 등의 문제는 해결되지 않았다.

네 번째 시기는 2000년부터 2005년 6월 「저출산·고령사회기본법」 제정 이후부터 현재까지이다. 2000년대에 들어와 한국사회는 급속한 경제성장에 의한 국민들의 생활수준의 향상과 결혼·가족 등에 대한 가치관의 변화, 1990년대 이전에 강력하게 추진해 왔던 출산억제정책 등에 의해 세계에서 유례를 찾아볼 수 없을 정도로 급격한 저출산 및 인구고령화 현상에 직면하게 되었다. 이에 2003년 10월에는 급속히 진행되고 있는 저출산과 고령화가 초래할 장래 사회·경제적 변화를 예측하고 국가경쟁력을 확보하기 위해, 대통령직속사회통합기획단 내에 인구고령사회대책팀을 만들어 중장기 종합대책을 추진했다. 그 결과, 2005년 6월 저출산 및 인구고령화에 대응하는 기본방향 수립 및 추진체계를 규정해 국가 경쟁력을 높이고 국민의 삶의 질 향상에 이바지하는 것을 목적으로 하는 「저출산·고령사회기본법」이 제정되었다. 이후, 「저출산·고령사회기본법」에 근거하여 2006년 '제 1차 저출산·고령사회기본계획'을 수립하여 실행하였다. 저출산·고령사회기본계획은 5년 단위 계획으로 현재는 2021년부터 시작된 '제4차 저출산·고령사회기본계획'이 추진되고 있다. 80년대 이후의 「노인복지법」이 노인문제를 산업화의 부산물로 인식하고 그에 대한 처방전을 제시한 것과는 달리, 이들 저출산·고령사회기본계획은 고령사회가 한국사회의 저출산 등과 유기적으로 관련된 문제이기 때문에 그의 해결 없이는 활력 있는 한국사회를 유지하기 힘들다는 인식하에 정부차원에서 종합적 대책을 강구하고 있다는 점에서 차별성을 가진다.

또한 2004년 1월의 일부개정을 통해서는 긴급전화 및 노인보호전문기관의 설치·운영 등 노인학대 예방을 위한 관련 법적 근거가 마련되고, 2007년 8월에는 2008년 7월 1일부터 실시되는 노인장기요양보험제도 시행에 대비하여 노인복지시설 중 노인주거복지시설, 노인의료복지시설, 재가노인복지시설이 통합·개편되고, 요양보호사 국가자격제도가 도입되었다. 다음에서 노인복지시설에 관해 살펴본다.

(2) 노인복지시설 현황

노인복지시설은 「노인복지법」 제31조에 의거하여 각종 노인복지사업을 행할 목적으로 설치된 사회복지시설이다. 그 유형에는 노인주거복지시설, 노인의료복지시설, 노인여가복지시설, 재가노인복지시설, 노인보호전문기관, 노인일자리지원기관, 학대피해노인전용쉼터가 있다. 특히 2008년 노인장기요양제도가 실시된 이래 노인의료복지시설은 1,832개소에서 2020년 현재 5,529개소로 급증하였다.

- 노인주거복지시설: 가정을 대신하여 노인이 생활할 수 있도록 주거를 포함해 일상생활이 가능하도록 서비스를 제공하는 시설로서 양로시설, 노인공동생활가정, 그리고 노인복지주택이 있다. 양로시설과 노인공동생활가정의 입소대상자는 일상생활에 지장이 없는 65세 이상의 수급권자나 실비보호대상자, 자비로 입소비용을 부담하는 60세 이상의 노인이며, 노인복지주택의 입소대상자는 독립된 주거생활에 지장이 없는 60세 이상의 노인이다.
- 노인의료복지시설: 의료서비스의 제공을 목적으로 하며, 치매·중풍 등 노인

성질환으로 장애가 발생해 도움을 필요로 하는 노인을 입소시켜 급식·요양 및 일상생활 편의를 제공하는 시설이며, 노인요양시설과 노인요양공동생활가정이 있다. 이용대상자는 장기요양급여수급자 중 시설급여 대상자로 장기요양 1~2등급자, 장기요양 3~5등급자 중 불가피한 사유, 치매 등으로 등급판정위원에서 시설급여대상으로 판정받은 노인, 기초수급자나 긴급조치 대상자로서 가정에서 생활이 불가능하거나, 부양의무자로부터 부양을 받지 못하는 노인, 입소자 본인이 입소비용 전액을 부담하는 노인이다.

- 노인여가복지시설: 비교적 건강한 노인의 여가생활을 위한 상담, 다양한 여가·교육 서비스를 제공하는 시설이다. 노인복지관은 노인의 교양·취미생활 및 사회참여활동 등에 대한 각종 정보와 서비스를 제공하고, 건강증진 및 질병예방과 소득보장·재가복지, 그 외에 노인의 복지증진에 필요한 서비스를 제공한다. 경로당의 경우는 지역노인들이 자율적으로 친목도모·취미활동·공동작업장 운영 및 각종 정보교환과 기타 여가활동을 즐길 수 있는 장소를 제공한다. 노인교실은 노인들의 사회활동에의 참여욕구를 충족시키기 위하여 건전한 취미생활·건강유지·소득보장 및 기타 일상생활과 관련한 학습프로그램을 제공한다. 노인복지관 및 노인교실의 이용대상자는 60세 이상이며 배우자와 함께 이용 시에는 60세 미만의 자도 가능하다. 경로당은 65세 이상의 노인이 이용가능하다.

- 재가노인복지시설: 신체적·정신적 장애로 일상생활을 영위하기 곤란한 노인들에게 각종 사회적 서비스를 제공하여 지역사회 내에서 건강하고 안정된 생활을 영위하고 노인부양으로 인한 가족의 부담을 덜어주는 것을 목적으로 하는 시설이다. 재가노인복지시설에는 방문요양서비스, 주·야간 보호서비스, 단기보호서비스, 방문목욕서비스, 방문간호서비스, 복지용구지원서비스, 재가노인지원서비스가 있다. 이용대상자는 장기요양급여 수급자, 심신이 허약하거나 장애가 있는 65세 이상의 기초수급권자 및 부양의무자로부터 부양을 받지 못하는 노인이다.

- 노인보호전문기관: 학대받은 노인을 대상으로 하며, 학대받은 노인의 발견·상담·상담·보호서비스 및 노인학대 행위자에 대한 상담·교육, 그리고 노인학대예방 홍보사업을 하는 기관이다.

- 노인일자리지원기관: 지역사회 등에서 노인일자리의 개발·지원, 창업·육성 및 노인에 의한 재화의 생산·판매 등을 직접 담당하는 노인일자리 전담기관 이다.
- 학대피해노인 전용쉼터: 노인학대로 피해를 입은 노인을 일정기간 보호하고 심신치유 프로그램을 제공하고 있다.

■ 표 9-1 ■ 노인복지시설 현황

종류	시설	2017	2018	2019
노인주거 복지시설	소계	404	390	382
	양로시설	252	238	232
	노인공동생활가정	119	117	115
	노인복지주택	33	35	35
노인의료 복지시설	소계	5,242	5,287	5,529
	노인요양시설	3,261	3,390	3,595
	노인요양공동생활가정	1,981	1,897	1,934
노인여가 복지시설	소계	67,324	68,013	68,413
	노인복지관	364	385	391
	경로당	65,604	66,286	66,737
	노인교실	1,356	1,342	1,285
재가노인 복지시설	소계	3,216	3,494	4,821
	방문요양서비스	1,001	1,051	1,513
	주·야간보호서비스	1,174	1,312	1,816
	단기보호서비스	80	73	78
	방문목욕서비스	609	650	942
	방문간호서비스	10	21	60
	복지용구지원서비스	–	0	0
	재가노인지원서비스	342	387	412
노인보호전문기관		32	33	34
노인일자리지원기관		153	160	184
학대피해노인 전용쉼터		–	18	19
합계		76,371	77,395	79,382

출처: 보건복지부(2019).

주: 재가노인복지시설 현황은 「노인복지법」에 의거 설치·신고된 시설 현황자료임

3) 주요 정부정책

정부의 노인문제와 관련한 최초의 정책은 1961년에 제정된 「생활보호법」이다. 동법은 65세 이상의 생활능력이 없는 무의탁 노인을 시설 및 재가에서 보호하는 것을 주요내용으로 하고 있었다. 대가족제도 안에서 노인문제가 대부분 해결되고 있던 당시의 사회구조를 반영하여 정부는 노인문제를 구빈차원에서 다루고 있었던 것이다. 그러나 1970년대 후반 한국사회는, 1960년대 초부터 본격적으로 추진된 약 20년간의 산업화의 결과, 대가족 중심의 전통사회에서 핵가족 중심의 산업사회로 변화되었다. 이 결과, 가족 차원에서 노인문제의 해결이 어려워지면서, 노인문제가 사회적 관심영역으로 진입하기 시작했다. 이와 같은 사회적 환경의 변화를 배경으로 1981년 정부는 「노인복지법」을 제정했다. 동법은 노인문제가 개인차원의 문제가 아니라, 한국사회의 구조변화가 초래한 사회차원의 문제라는 인식에 입각해, 노인들의 복지증진을 위한 다양한 방안을 제시하고 있었다. 동법은 제정 이래 사회의 변화에 따라 다양화되는 노인문제를 해결하기 위해 수차례에 걸쳐 개정되었다. 그 결과, 노인이 복지의 대상이 아닌 복지의 주체로 자리매김 하였으며, 보건의료와 복지서비스가 통합되었고, 또 정부와 민간의 상호협조체계가 구축되었다. 여러 가지 한계에도 불구하고, 「노인복지법」에 의해 노인복지를 위한 기본토대가 마련된 것이다.

2000년대에 들어와 고도산업사회에 진입하게 된 한국사회는 세계에서 그 유례를 찾아볼 수 없을 정도로 급격한 저출산·고령화현상에 직면하게 되었다. 즉, 출산율이 장기적으로 하락함에 따라 전체인구에서 차지하는 노인인구가 급격히 증가하게 되고, 이 결과 노동가능인구가 감소함에 따라 국가경쟁력의 저하가 우려되는 상황이 발생한 것이다. 이와 같은 사회의 변화를 기존의 「노인복지법」으로 대처하는 것이 어렵다고 판단한 김대중정부는 저출산·고령화대책을 주요 국정과제로 선정하고, 2001년 8월 총리실 산하에 '노인보건복지대책위원회'를 구성해 범정부적 차원에서 중장기적이고 일관된 대응책을 준비하기 시작했다.[1]

김대중정권의 문제의식을 이어받은 형태로 2005년 9월 노무현 정부는 「저출산·

---

1) 2001년 8월 총리실 산하에 설치된 '노인보건복지대책위원회'는 2003년 10월 대통령 직속의 사회통합기획단 내에 '인구고령사회대책팀'으로, 2004년 2월 대통령자문 '고령화 및 미래사회위원회'로, 2005년 9월 대통령직속의 '저출산고령사회위원회'로 재편되었다.

고령사회기본법」을 제정하고, 대통령 직속으로 '저출산·고령사회위원회'를 설치했다.[2] 저출산·고령사회위원회를 중심으로 한 5개 중앙부처, 연구기관, 민간전문가의 참여하에 2005년 11월, 「저출산·고령사회기본법」의 규정에 따라 '제1차 저출산·고령사회기본계획'(2006~2010년)이 제시되었다. 이후 5년 단위로 저출산·고령사회기본계획이 수립되어 2021년 현재 '제5차 저출산·고령사회기본계획'이 시행되고 있다.

제1차 기본계획의 목표는 '고령사회 삶의 질 향상 기반 구축'이었다. 이의 실현을 위해 노인복지분야의 주요과제로는 노후소득보장체계 강화, 건강하고 보호받는 노후생활 보장, 노후준비와 사회참여기반 조성, 고령친화생활환경 조성이 설정되었다. 그리고 이들 주요과제에 따라, 세부정책과제와 실천전략이 제시되었다. 제1차 기본계획은 저출산·고령화문제를 정부가 주요 정책 어젠다로 채택하고 그를 위한 정책을 입안하고 실시한 결과, 한국사회가 앞으로 당면하게 될 저출산·고령화문제에 대한 국민적 공감대를 형성시켰으며, 또 저소득노인 중심으로 노후소득보장과 요양보장을 위한 제도적 기반을 구축하는 등의 성과를 올렸다. 그럼에도 불구하고 분야별 예산집행이 영세하거나 대상을 한정하여 정책이 실시됨으로써, 급증하는 노인은퇴문제, 고령화로 인해 발생하는 각종 문제에 대해 충분히 대응할 수 없었으며, 민간부분에서의 고령자고용률 저하와 조기퇴직의 관행을 소멸시킬 수는 없었다(이삼식, 2011).

5년마다 저출산·고령사회기본계획을 수립하여 시행하고 있지만 세계 최저의 출산율과 급속한 고령화에 대한 근본적 해결책이 되지 못하고 있는 가운데, 2020년 12월 정부는 '제4차 저출산·고령사회기본계획'(2021~2025년)을 발표하였다. 제4차기본계획에서는 개인을 노동력·생산력의 관점에 바라보던 국가발전전략에서 개인의 삶의 질 제고로 관점을 전환하고, '모든 세대가 함께 행복한 지속가능사회'를 비전으로 제시했다. 고령사회관련 주요핵심정책은 고령자를 부양대상이 아닌 삶의 주체로 인식하고 능동적 고령자로서 역할을 할 수 있도록 사회적 기반을 마련하는 것이었다. 고령사회관련 주요중점과제는 다음 〈표 9-2〉와 같다.

---

[2] 「저출산·고령사회기본법」의 목적은 저출산 및 인구의 고령화에 따른 변화에 대응하는 저출산고령사회정책의 기본방향 수립 및 추진체계에 관한 사항을 규정함으로써 국가의 경쟁력을 높이고 국민의 삶의 질 향상과 국가의 지속적인 발전에 이바지함이다.

■ 표 9-2 ■ 제4차 저출산 · 고령사회기본계획 고령사회 관련 중점과제

추진전략	대과제	소과제
건강하고 능동적인 고령사회 구축	안정적 노후소득 보장	기초생활보장제도 생계급여 부양의무자 기준 폐지 퇴직연금제도 도입의무화 단계적 추진
	예방적 보건 · 의료서비스 확충	노인건강검진 강화 방문건강관리 및 비대면 서비스 확충 치매가족상담수가 도입 등 치매가족지원 확대
	지역사회 계속 거주를 위한 통합적 돌봄 체계 구축	「지역사회 통합돌봄법」 제정 지역사회 통합돌봄 전국확산 모델 마련 장기요양보험 수급노인 OECD 선진국 수준으로 확대 공공요양시설 확충
	고령친화적 주거 · 도시환경 조성	고령자복지주택 및 리모델링 공급 고령자 서비스연계주택 등 다양한 주거대안 마련
	존엄한 삶의 마무리 지원	호스피스 대상질환 단계적 확대 일반완화의료 단계적 도입 연명의료결정제도 정착 및 활성화
모두의 역량이 고루 발휘되는 사회	평생교육 및 직업훈련 강화	대학의 평생교육기능 강화 학습비 지원, 학습휴가 기반조성
	신중년의 품격 있고 활기찬 일 · 사회참여	계속고용장려금, 워라밸일자리장려금 등 지원 재취업지원서비스, 신중년적합직무고용장려금 제공 생애전환기 노후서비스 강화
인구구조 변화에 대한 적응	연령통합적 사회 준비	인구통계상 연령기준(고령 65세 이상) 재검토 추진 연령통합 지표 개발 · 보급
	전 국민 사회안전망 강화	고용보험 가입대상 단계적 확대 국민연금 저소득지역가입자 지원 상병수당 도입방안 등 검토
	고령친화경제로의 도약	스마트 돌봄 로봇 개발 비대면 안심 · 건강관리 서비스 등 개발

출처: 관계부처합동(2020).

이 외에 노인의 소득, 고용, 요양 및 건강보장을 위해 현재 실시 중인 대표적인 노인복지정책을 살펴보면 다음과 같다.

(1) 소득보장정책

노년기의 퇴직은 소득감소를, 갑작스런 또는 만성적인 질병은 지출의 증가를 가져오게 되며 지속될 경우 노인은 점차 빈곤상태가 된다. 공적 소득보장제도가 미비

245

하고, 취업으로 인한 경제활동 기회가 낮은 우리나라의 경우 급속한 고령화에 대한 소득보장정책은 매우 절실하다. 노인을 위한 소득보장은 직접소득보장과 간접소득 보장으로 구분되며 직접적 소득보장에는 사회보험, 공공부조, 사회수당, 개인보장이, 간접적 소득보장에는 경로우대제도, 노인고용, 생업지원, 세제혜택 등이 포함된다(〈표 9-3〉 참조).

■ 표 9-3 ■ 소득보장제도

직접적 소득보장제도		간접적 소득보장제도	
사회보험	공무원연금(1960)	경로우대 제도	공영시설 이용요금 할인(1980)
	군인연금(1963)		버스승차권 지급(1990)
	사립학교교직원연금(1975)		노인능력은행(1981)
	국민연금(1988)		노인공동작업장(1986)
공적부조	생활보호(1961) → 「국민기초생활보장법」	취업증진	고령자 취업알선센터(1992)
	경로연금(1998) → 기초연금		매점설치 우선지원(1989)
	노인결연사업(1989)		전매품 판매인 우선지원(1989)
사회수당	노부모부양수당(1986)	생업지원	상속세 공제(1986)
개인보장	퇴직금(1953), 개인연금신탁 등	세제혜택	소득세 공제(1986)

주: (   ) 속의 연도는 제도의 실시 연도임

공공부조 가운데 기초연금은 우리나라 65세 이상 전체 노인 중 소득과 재산이 적은 하위 70%에게 매월 일정액의 연금을 제공하고 있다. 2020년도 선정기준액은 단독가구는 148만 원, 부부가구는 236만 8천 원(저소득자 단독가구 38만 원, 부부가구 60만 8천 원)이다. 기초연금 선정기준액은 65세 이상 노인 중 기초연금 수급자가 70% 수준이 되게 설정한 기준금액으로 전체 노인의 소득분포, 임금상승률, 지가, 물가상승률 등을 종합적으로 반영해 산정한다. 급여를 지급하는 기준인 '소득인정액'은 노인가구의 월소득평가액과 재산의 월소득환산액을 합한 금액이며 소득인정액이 선정기준액 이하이면 기초연금수급자로 선정된다.

2020년 연금지급액은 일반수급자의 경우 단독가구는 월 최대 254,760원, 부부가구는 407,600원, 상대적으로 여유가 있는 가구는 최소 25,476~254,760원까지 차등지급한다. 저소득수급자의 경우 단독가구는 월 최대 300,000원, 부부가구는

480,000원을 지급한다. 2020년도 기준 단독가구, 부부가구 1인 수급, 부부가구 2인 수급에 따른 소득인정액과 연금지급액은 〈표 9-4〉와 같다.

■표 9-4■ 2020년도 기준 기초연금 선정기준액

구분	단독가구	부부가구
선정기준액	1,480,000원	2,368,000원
저소득자 선정기준액	380,000원	608,000원

출처: 보건복지부(2020b).

(2) 고용보장정책

노인고용은 노인의 직업적인 역량과 더불어 사회적인 지원이 필요한 부분으로 정년퇴직으로 인해 소득이 감소되는 것에 대비하는 일차적인 목표와 함께 경제적인 빈곤으로 인한 사회보장부담 경감의 이차적인 목표를 가지고 있다. 고령자 고용정책이 국가적 과제로 부각된 것은 2005년을 전후한 시기이며 '고령자고용촉진기본계획'(2007~2011년) 및 '고령화시대에 대응한 50+세대 일자리 대책' 수립, 「저출산·고령사회기본법」 제정, 「고용상 연령차별금지 및 고령자고용촉진에 관한 법률」의 전면 개정 등을 통해 고령자 일자리 확대를 위해 노력해 왔다. 노인 및 중고령자 고용 지원을 위한 프로그램들은 주로 고용노동부와 보건복지부에서 실시하고 있으며 대표적인 정책이나 프로그램은 다음 〈표 9-5〉와 같다.

■표 9-5■ 고용촉진대책의 주요내용

고용촉진대책	내용 및 현황	소관 부처
기준고용률제도	업종별로 일정비율 이상의 고령자를 고용하도록 지원	고용노동부
60세 이상 정년제	근로자의 정년을 60세 이상으로 의무화	
고령자 고용안정지원금	60세 이상 고령자고용지원금, 고령자계속고용장려금	
임금피크제	정년을 60세 이상으로 정한 사업 또는 사업장에서의 임금피크제지원금 지원	
고령자인재은행, 고용지원센터, 고급인력정보센터	실직한 고령자에 대한 취업알선 및 직업상담 지원	
신중년 경력형 일자리	지역서비스 일자리를 제공함으로써 신중년의 지역사회 역할 강화 및 민간일자리로의 재취업 지원	

고령자 우선고용직종 선정 및 채용권고	고령자 우선고용직종으로 직업상담사 및 취업알선원, 육아시설 도우미 등 40개 직업 선정, 고시	
노인취업지원센터	60세 이상 구직 희망노인의 취업상담 및 알선	
노인공동작업장	특별한 기술훈련 없이 가능한 소일거리(포장상자 접기, 제품포장 정리 등)제공으로 경로당·복지관 등에서 운영	
시니어클럽	노인일자리 전담기관으로 취업알선, 창업지원, 시장지향형 공동체사업단, 공동작업장 등 운영	복지부
노인일자리 및 사회활동 지원사업	현재 대표적인 고령층 고용지원사업으로 65세 이상 취약계층을 대상으로 공익활동, 재능나눔활동과 60세 이상 대상으로 시장형의 사업 병행	

(3) 요양 및 건강보장정책

노인 요양 및 건강보장정책은 고령인구의 급속한 증가에 따른 요양 및 의료욕구를 해결하기 위해 실시되며, 노인들의 경제적인 부담을 경감 또는 해소시켜 요양 및 의료서비스를 쉽게 이용하게 하는 데 목적이 있다. 우리나라의 의료보장제도는 크게 국민건강보험, 노인장기요양보험, 산업재해보상보험제도, 사적 의료보험제도(민간의료보험), 공공부조정책인 의료급여와 무료건강진단 등이 있다. 노인을 대상으로 하는 공공보건의료서비스는 다음의 〈표 9-6〉과 같다. 이 중 의료급여 수급노인을 대상으로 하는 건강진단서비스는 노인무료건강진단제도로 1차 건강진단에서는 13개 항목으로 진찰(시진, 청진, 촉진, 문진), 체위검사(신장, 체중, 시력, 청력, 혈압), 치과검사(우식증, 결손치, 치주질환)과 혈액검사, 기타 검사를 실시한다. 2차 진단(1차 진단결과 유질환 소견자 및 그 전년도 진단결과 유질환자)에서는 고혈압의 정밀안저검사 외 29개 항목을 검사한다.

■표 9-6 ■ 현행 노인 공공보건 의료서비스의 주요내용

서비스 내용	사업대상(내용)	비용부담
건강진단 서비스	의료급여수급노인(노인복지서비스의 일환)	정부재정
	일반노인(건강보험급여)	건강보험재정
방문간호 서비스	국민기초생활수급노인(보건소 중심)	정부재정
	병원의뢰노인(병원 중심)	건강보험재정, 이용자부담
	일반거주노인(사회복지관 중심)	무료(자원봉사)

질병치료 서비스	국민기초생활수급노인(의료급여)	정부재정, 일부 환자부담
	일반노인(건강보험급여)	건강보험재정, 일부 환자부담
치매상담 서비스	치매노인 등록·관리 및 환자와 보호자 대상 교육(보건소 중심)	정부재정
장기요양 서비스	국민기초생활보장제도 대상 노인	정부재정
	저소득 노인은 실비, 이외 소득 노인은 유료부담	이용자부담

(4) 노인돌봄정책

급속히 증가하고 있는 취약 고령·독거노인에게 적절한 돌봄을 제공하여 상태 악화를 방지하고 노후 삶의 질을 향상하기 위한 목적으로 2020년부터 기존의 노인 돌봄기본서비스와 노인돌봄종합서비스 등 노인돌봄 6개 사업을 노인맞춤돌봄서비스로 통합하여 시행하고 있다. 지원대상은 65세 이상 국민기초생활수급자, 차상위, 기초연금 수급자 중 독거노인, 고령부부가구, 신체·인체기능 저하로 돌봄이 필요한 노인이다. 사회, 신체, 정신영역의 돌봄 필요도에 따라 대상자군을 결정하고, 군에 따라 서비스의 종류나 서비스 제공시간의 범위에 차등을 둔다.

중점돌봄군과 일반돌봄군은 직접서비스의 제공시간은 다르나 안전지원, 사회참여, 생활교육, 일상생활지원의 직접서비스 및 필요시 민간자원 등의 후원물품이나 서비스를 발굴·연계하는 연계서비스와 은둔형·우울형 노인을 대상으로 개별 맞춤형상담 및 집단활동을 제공하는 특화서비스를 제공한다. 사후관리가 필요한 대상자에게는 정기적인 모니터링 및 자원연계의 사후관리 서비스를 제공한다.

■표 9-7 ■ 노인맞춤돌봄서비스

대상자 군	서비스 내용
중점돌봄군	16~40시간 미만 직접서비스 + 연계서비스(필요시) + 특화서비스(필요시)
일반돌봄군	16시간 미만 직접서비스 + 연계서비스(필요시) + 특화서비스(필요시)
사후관리대상	서비스 종결 후 사후관리가 필요한 자

출처: 보건복지부(2020c).

4) 관련 사회복지시설

(1) 장기요양기관

장기요양기관은 노인장기요양보험제도 내에서 고령이나 노인성질병으로 인하여 일상생활 유지가 곤란한 노인에게 장기간의 의료적 원조 및 사회적 서비스를 제공하는 기관이다. 장기요양기관은 시설급여와 재가급여를 제공하는 시설로 나뉜다. 시설급여를 제공하는 노인의료복지시설로는 노인요양시설과 노인요양공동생활가정이 있다. 노인요양시설은 치매·중풍 등 노인성 질병으로 수발을 필요로 하는 노인을 입소시켜 급식·요양 기타 일상생활에 필요한 편의를 제공하는 시설로, 10인 이상 노인을 수용하며, 노인요양공동생활가정은 노인을 가정과 같은 환경 속에서 타인들과의 공동생활을 통해 치매노인들의 문제행동과 행동장애 완화를 목적으로 하는 시설로 입소정원은 5명 이상 9명 이하이다.

재가급여를 제공하는 재가노인복지시설은 종전의 가정봉사원파견시설, 주간보호시설, 단기보호시설에서 2008년 4월 이후 재가노인복지시설로 명칭을 통일하고, 서비스 종류로 구분하고 있다. 재가노인복지시설의 대상자는 장기요양급여수급자, 심신이 허약하거나 장애가 있는 65세 이상의 노인으로서 방문요양서비스, 주·야간 보호서비스, 방문목욕서비스 등의 재가서비스가 필요한 노인이다. 방문요양서비스는 요양보호사가 가정을 방문하여 신체활동 및 가사활동 등 필요한 각종 서비스를 제공하는 서비스이다. 주·야간 보호서비스는 주간 또는 야간 동안 보호시설에 입소시켜 일상생활지원 및 일상동작훈련, 급식 및 목욕서비스 등 필요한 각종 편의를 제공하는 서비스이다. 단기보호서비스는 일시적으로 보호가 필요한 노인을 보호시설에 단기간(월 1일 이상 9일 이하로 하되 연간 4회까지 연장 가능) 입소시켜 급식, 치료, 그 밖의 일상생활에 필요한 편의를 제공한다. 방문목욕서비스는 목욕장비를 갖추고 재가노인을 방문하여 목욕을 제공하는 서비스이다. 방문간호서비스는 간호사 등이 의사, 한의사, 또는 치과의사의 지시서에 따라 노인의 가정 등을 방문하여 간호, 진료의 보조, 요양에 관한 상담 또는 구강위생 등을 제공하는 서비스이다. 복지용구지원서비스는 일상생활·신체활동 지원 및 인지기능의 유지·향상에 필요한 용구를 제공한다. 장기요양기관의 설치 및 이용인원은 〈표 9-8〉과 같다.

■ 표 9-8 ■ 장기요양기관 현황(단위: 개소, 명)

종류	시설	2018		2019	
		시설 수	입소정원	시설 수	입소정원
	합계	21,290	265,748	24,953	315,397
시설급여	소계	5,320	180,428	5,543	191,699
	노인요양시설	3,389	163,484	3,604	174,634
	노인요양공동생활가정	1,931	16,944	1,939	17,065
재가급여	소계	15,970	85,320	19,410	123,698
	방문요양서비스	12,335	–	15,305	–
	방문목욕서비스	9,665	–	11,121	–
	방문간호서비스	682	–	795	–
	주·야간보호서비스	3,211	83,674	4,179	122,252
	단기보호서비스	179	1,646	162	1,446
	복지용구지원서비스	1,920	–	1,975	–

출처: KOSIS 국가통계포털(2020).

(2) 노인복지관

급증하는 노인인구의 다양한 욕구와 서비스를 실현하기 위해 노인복지관이 없는 시·군·구는 최소 1개소 이상 노인복지관을 건립하는 것을 원칙으로 2019년 현재 총 391개소의 노인복지관이 설치 운영되고 있다. 노인복지관은 노인의 교양·취미생활 및 사회참여 활동 등에 대한 각종 정보와 서비스를 제공하고, 건강증진 및 질병예방과 소득보장, 재가복지, 그 밖에 노인의 복지증진에 필요한 종합적인 노인복지 서비스를 제공하는 시설로 60세 이상의 모든 노인이 참여할 수 있다. 노인복지관은 이용노인의 여가에 대한 욕구 및 지역특성을 반영하여 종합복지센터로서의 기능과 역할을 수행하기 위해 기본적으로 제공해야 할 기본사업과, 지역 또는 노인복지관의 특성을 반영하여 개발·추진 가능한 사업인 선택사업으로 구분하여 실시하고 있다. 기본사업으로는 일반상담 및 정보제공사업, 전문상담사업, 위기 및 취약노인지원사업, 지역사회 생활자원연계 및 지원사업, 건강생활지원사업, 평생교육지원사업, 취미여가지원사업, 지역자원개발사업, 지역복지연계사업, 사회참여지원사업, 노인권익증진사업이 있다. 선택사업으로는 건강생활지원사업(기능회복지원, 급식지원), 고용 및 소득지원사업, 가족기능지원사업, 돌봄요양서비스 등이 있다.

5) 노인복지의 과제와 쟁점

(1) 베이비붐세대의 은퇴준비

우리나라의 베이비붐세대는 1955년부터 1963년 사이에 태어난 출생집단을 일컬으며, 2018년 현재 728만여 명으로 전체 인구의 약 14.0%를 차지하고 있다. 1955년생 71만여 명이 2020년에 65세에 진입하였으며 앞으로 10년 동안 베이비붐세대 728만여 명이 65세 이상 노인이 된다. 베이비붐세대들은 본격적으로 은퇴를 시작하였으나 이들의 상당수가 노후설계준비가 미흡하여 대거 고령빈곤층으로 전락할 가능성이 크다. 이들의 노후소득보장을 위하여 더 많은 공적연금을 받을 수 있도록 연금제도를 개선하고, 고용연장을 위한 제도마련, 은퇴 전에 업종 및 직종이전을 위한 지원서비스의 확대, 새로운 일자리창출방안 등이 모색되어야 할 것이다.

(2) 노인인력의 인적자원 활용과 개발

전문적인 지식과 경험을 가진 건강한 노인인력은 경제활동 인구가 감소하는 우리나라에서 꼭 필요한 인적자원이지만 정년퇴직자의 비율은 8.2%에 불과하며, 50세 전후에 주된 일자리에서 조기퇴직하여 질 낮은 일자리에서 일하다가 60대 후반에 노동시장에서 완전은퇴를 한다. 노인인구 중 일하기를 원하는 비율은 61.2%로 주된 일자리에서 더 오래 일할 수 있는 사회시스템과 노동시장시스템 구축이 우선되어야 하겠다. 주된 일자리에서 퇴직 후 재취업을 희망하는 노인과 불안정한 고용상태에 있는 노인에 대해 더 나은 일자리로의 상향이동과 취업을 지원하는 맞춤형 고용·복지서비스 제공이 필요하다. 중소기업에 대한 정책지원과 함께 기술과 경쟁력을 가진 노인인력풀의 확보가 시급하며, 다양한 분야에 대한 현장교육과 체계적인 활용방안이 필요하다. 한편, 학력이나 기술을 갖추지 못한 취약계층 노인들을 위해서는 공공분야의 노인일자리사업을 확대·실시하고 민간이나 기업과의 협력을 통하여 수익을 창출할 수 있는 괜찮은 일자리들이 개발·보급되어야 할 것이다.

(3) 노인인권과 노인학대

고령화로 인한 고령노인과 허약노인의 증가는 노인학대를 포함한 노인인권침해문제를 발생시키고 있다. 노인학대는 주로 가족에 의해 부양부담, 스트레스, 경제적인 문제들로 일어나며 이를 예방하기 위해서는 가족들의 부양부담을 경감시켜줄 수 있는 방문요양서비스나 주·단기보호서비스와 같은 가족지원 프로그램의 확대와 노인의 경제적 자립을 위한 일자리 공급이 필요하다. 특히, 시설거주노인들의 인권이 존중되고 가정과 같은 세심한 보호를 받을 수 있어야 함에도 불구하고 아직 시설거주노인의 인권에 관한 사회적 관심은 부족하다. 거주노인들의 존엄성 유지 및 인권보호를 위해서 시설종사자와 거주노인들을 대상으로 인권 및 학대예방교육을 실시할 필요가 있다.

(4) 노인자살

우리나라 65세 이상 노인들의 자살률은 전 연령대에서 가장 높으며, 국제적으로도 OECD 국가 중 1위이다. 노인자살률이 10년 새 2배로 늘고, OECD 가입국 중 증가율이 1위에 도달했다. 노인자살의 주 원인인 경제적 어려움과 질병, 외로움은 노후준비가 미비한 우리나라 노인 전반의 문제라 하겠다. 노인자살을 방지하기 위해서는 우선 노후소득보장을 강화하고, 만성질환의 예방, 치료 및 재활에 관한 적극적인 지원책을 강구하고, 노인이 속한 가족과 지역사회로의 통합을 강화할 수 있는 각종 서비스나 프로그램이 마련되어야 하겠다. 아울러 지역사회 내에서 우울증세를 보이거나 자살위험성이 높은 노인을 조기에 발견하여 의뢰하거나 치료할 수 있는 지원체계를 강화하여야 하겠다.

2. 여성복지

1) 여성복지의 개념

'여성복지(女性福祉, female welfare)'의 개념은 여성 및 복지를 바라보는 관점에 따라 다르게 정의될 수 있다. 우리나라는 광복 이후 약 50년 가까이 '부녀복지'의 용어로 여성복지를 설명하였다. 아내, 며느리, 딸을 의미하는 한자로 이루어진 '부녀(婦女)'에서 유추할 수 있듯이 '부녀복지'는 여성을 하나의 독립된 인격체보다는 가족관계 내 어머니, 부인으로 바라보았고, 그 결과 어머니, 부인의 역할수행에 어려움과 문제가 있는 저소득모자가정, 미혼모, 가출여성, 성매매 여성, 가정폭력 피해여성 등 요보호 여성이 가족 내 원활한 역할을 수행할 수 있도록 돕는 데 중점을 두었다.

'부녀복지'의 관점이 '여성복지'로 변화한 것은 1990년대부터이다. 여성의 경제활동과 사회진출이 증가하고 인권에 대한 사회적 관심과 의식이 높아지면서, 여성을 가족관계 안에서 어머니, 딸, 아내, 며느리의 제한된 역할에서 고유의 존엄성과 욕구를 갖고 자아를 실현하고자 하는 독립적이고 주체적인 존재로 인식하기 시작했다. 그에 따라 여성복지의 대상은 요보호 여성을 넘어 모든 여성으로 확대되고, 여성복지의 목표는 모든 여성의 인권과 복지, 사회참여 증진, 양성평등 실현 등으로 발전하였다. 이에 박인덕 등(1990)은 「여성복지관계법제에 관한 연구」에서 여성복지를 '여성이 국가나 사회로부터 인간의 존엄성과 인간다운 생활을 할 권리를 동등하게 보장받음으로써 여성의 건강, 재산, 행복 등 삶의 조건들이 만족스러워지는 상태를 의미함과 동시에 사회 구조적 차원에서 기존의 가부장적 가치관과 이에 기초를 둔 법, 기타 사회제도들을 개선하는 등의 방법으로 이러한 상태를 실현하기 위한 모든 구체적 과정'으로 정의하였다. 다시 말해 여성 개개인의 인권 및 복지 증진과 남성 중심의 사회제도와 가부장적 문화 개선까지 포함하는 개념으로 이해하였다. 김인숙과 동료들(2000) 역시 여성복지를 '여성이 국가나 사회로부터 남성과 동등하게 권리를 보장받을 수 있도록 가부장적 가치관과 이에 근거한 각종 법과 사회제도를 개선하고 여성 개인의 능력을 고양함으로써 여성의 인간다운 삶을 보장하기 위한 모든 조직적 활동'으로 정의하며 정책적·실천적 차원을 모두 포함하였고, 조흥식 등(2006)은 '모든 여성이 사회의 구성원으로서 삶의 질을 영위할 수 있도록 여성의 욕구나 문제를 해결하기 위하여 사회 구성원들이 공·사 차원에서 행하는 공동체적 노력'으로 정의하며 사적 차원, 곧 민간 차원의 여성복지실천과 법과 제도, 정책 등 공적 차원의 노력을 모두 요구하였다.

이상의 정의를 종합하여 이 절에서는 여성복지의 대상을 모든 여성으로 바라보고, 여성복지의 개념을 '모든 여성이 인간의 존엄성과 권리를 보장받아 인간다운 삶을 영위할 수 있도록 문제와 욕구를 해결하는 것으로서, 이때 여성의 문제와 욕구 해결은 미시적 차원 곧 대인적, 실천적, 기술적 차원과 거시적 차원 곧 제도적, 정책적, 문화적 차원을 모두 포함하는 것'으로 정의한다.

2) 여성복지의 발달과정

우리나라 여성복지는 요보호 여성에 대한 보호 차원에서 시작되었다. 여성에 대한 복지지원의 시작은 일제강점기 선교사들이 선교사업의 하나로 여성에 대한 의료지원과 탁아소 운영, 교육 및 계몽사업 등을 실시한 것에서 찾을 수 있는데, 광복 이후 1946년 미 군정이 「부녀국설치령」을 제정하여 부녀국을 창설, 부녀계몽사업을 시행하면서 여성복지가 공식화되기 시작했다(백영주 외, 2003). 1950년대에 들어 6·25 전쟁 이후 전쟁미망인과 윤락여성 문제가 심해지면서 전쟁미망인 구호사업과 윤락여성에 대한 교도 및 직업보도사업이 시행되었고, 이는 1961년 「생활보호법」과 「윤락행위 등 방지법」이 제정되고 이듬해인 1962년 요보호 여성을 위한 직업보도소, 부녀상담소 등이 설치·운영되면서 더욱 본격화되었다. 1970년대에 들어서는 요보호 여성에 대한 복지사업과 함께 모자복지사업, 농촌생활개선사업, 근로여성사업 등이 추진되었다. 당시 모자가족은 1950년대 전쟁미망인이 주류를 이루었던 것에서 1960~1970년대 산업화의 영향으로 산업재해를 비롯한 사고, 사별, 이혼, 미혼모 등 다변화되었고, 정부는 모자원을 설립하여 숙소 및 생활지원, 자립지원, 자녀양육과 교육지원을 제공하는 등 전문적인 모자복지를 추진하였다. 이와 함께 농촌생활개선사업으로 농촌지역에 새마을부녀회를 조직해 생활개선사업, 교양사업, 저축사업, 가족계획사업 등을 진행하였고, 공장 등에서 근로하는 여성들의 저임금 및 열악한 처우를 개선하기 위해서는 주거지원, 중·고등학교 과정을 비롯한 교육기회제공, 탁아사업, 근로환경개선을 위한 지도계몽 등을 실시하였다(백영주 외, 2003).

우리나라 여성복지가 한 단계 발전한 시기는 1980년대이다. 그동안 전쟁미망인과 모자가족, 윤락여성, 저임금여성근로자 등 요보호 여성에 대한 보호와 지도, 계몽이 주를 이루었던 여성복지는 1975년 UN의 '세계 여성의 해' 선포를 계기로 평등지향의 정책들로 변화하기 시작했다. 1983년 4월 여성정책전담연구기관인 '한국여성개발원(현재의 한국여성정책연구원)'이 설립되었고, 같은 해 12월 국무총리 정책자문기구로 '여성정책심의위원회'가 발족되었으며, 이러한 제도적 토대 위에 1986년 '여성발전기본계획'과 '여성개발부문계획'이 수립되는 등 정부정책 내 여성문제가 중요하게 다루어지기 시작했다(백영주 외, 2003). 한편 여성의 활발한 경제활동에도 불구하고 임금격차 등 여성근로자의 근로조건은 호전되지 않아, 정부는 여성근로자를 위한 복지후생대책을 확대하는 동시에 1982년「노동기준법 시행령」을 개정해 여성의 취업금지 직종을 완화하였고 특히 고용에 있어 차별을 철폐하고자 1987년「남녀고용평등법」을 제정하고 노동부 내 '근로여성위원회'를 설치하였다.

1990년대에 들어서는 여성문제를 여성 개인의 문제가 아닌 사회적, 구조적 문제로 바라보며 국가와 사회의 책임을 확대하였다. 1989년「모자복지법」제정을 시작으로「영유아보육법(1991년 제정)」,「성폭력범죄의 처벌 및 피해자 보호 등에 관한 법률(1994년 제정)」,「가정폭력범죄의 처벌 등에 관한 특례법(1997년 제정)」,「가정폭력방지 및 피해자 보호 등에 관한 법률(1997년 제정)」등을 연이어 제정하면서 여성복지의 영역 확대 및 사회적 책임을 강화하였고, 특히 1995년에는 '여성이 더 이상 보호의 대상이 아니라 남성과 더불어 살아가는 동반자'임을 천명한 UN 제4차 세계여성회의의 영향으로「여성발전기본법」을 제정하였으며, 뒤이어 1999년「남녀차별금지 및 구제에 관한 법률」을 제정하였다. 여성복지에 관한 기본법이라 할 수 있는「여성발전기본법」은 제1조에서 '정치·경제·사회·문화의 모든 영역에 있어서 남녀평등을 촉진하고 여성의 발전을 도모하는 것'을 목적으로 밝히고 제3조 제1호에서 여성정책을 '남녀평등의 촉진, 여성의 사회참여 확대 및 복지증진에 관한 정책'으로 정의하면서 여성복지의 관점이 양성평등, 여성의 사회참여 및 삶의 질 증진, 그리고 이를 위한 국가와 사회의 책임으로 옮겨졌음을 보여주었다. 이에 근거하여 1998년부터 국가 차원의 종합계획인 '여성정책기본계획'이 5년 단위로 수립·시행되며, 여성의 사회참여와 복지증진 및 양성평등 촉진은 명실공히 국가와 지방자치단체의 책무로 자리 잡았다.

2000년대 이후 여성복지는 더욱 발전하였다. 우선 여성정책을 총괄하는 국가기구로 2001년 여성부가 출범하였고, 이후 2005년 여성가족부, 2008년 여성부, 2010년 다시 여성가족부로 개편되어 오늘날에 이른다. 2003년에는 국무총리 산하 '여성정책조정위원회'가 신설되어 경제, 국방 등의 부문과 같이 여성정책 또한 범정부 차원에서 조율될 수 있는 계기가 마련되었고(현재의 '양성평등위원회'), 모든 중앙행정기관에는 여성정책 추진강화를 위해 '여성정책책임관'이 신설(현재의 '양성평등정책책임관'), 국회 내에는 '여성위원회'가 발족되었다(현재의 '여성가족위원회'). 이로써 통합적 여성정책의 추진체계가 정립되고 정부정책 전반에 걸쳐 성 주류화(gender mainstreaming,

공공정책의 입법, 실행, 평가 각 수준에서 양성평등 실현)를 위한 구조가 갖추어졌다. 한편 여성의 사회진출 확대가 가속화되면서 일·가정 양립 및 돌봄의 사회화 문제가 심화되었는데, 이는 곧 여성의 경제활동 및 사회참여에 있어 차별과 불평등 해소, 양성평등 촉진에 대한 사회적 요구로 이어졌다. 그 결과 2008년 「호적법」이 폐지되고 「가족관계의 등록 등에 관한 법률」이 제정되며 양성평등을 위한 법적 기반이 부족하나마 마련되었고, 2008년 「경력단절여성 등의 경제활동촉진법」 제정, 2014년 「여성발전기본법」이 「양성평등기본법」으로 변경되면서 양성평등 사회를 위한 제도적 기반이 구축되었다. 구체적으로 고용부문에서의 성별격차 해소, 여성대표성 제고, 여성인재발굴과 양성, 경력단절 방지 및 경제활동 재참여 지원, 정부정책 전반에 걸쳐 성별영향평가제도 도입, 여성친화도시지정·관리 등이 추진 중이다.

　취약 및 위기 여성에 대한 보호와 지원도 강화되어 갔다. 정부는 2003년 국무총리 산하에 성매매방지기획단을 구성하고 범정부 차원의 성매매방지종합대책을 수립·발표하였고, 2004년 「성매매알선 등 행위의 처벌에 관한 법률」 및 「성매매방지 및 피해자보호 등에 관한 법률」을 제정하며 성매매를 윤락이 아닌 매매로, 그리고 성매매여성을 도덕적으로 타락한 여성이 아니라 피해자로 바라보며 성매매피해여성에 대한 국가 및 사회적 보호와 지원을 한 단계 발전시켰다. 2010년에는 그간 시행 중이던 성폭력범죄의 처벌 및 피해자 보호 등에 관한 법률을 구체화하여 「성폭력방지 및 피해자보호 등에 관한 법률」과 「성폭력범죄의 처벌 등에 관한 특례법」을 각각 제정하였고, 여성에 대한 폭력과 범죄의 심각성이 날로 더 높아지고 디지털성범죄, 스토킹과 데이트폭력 등 다변화됨에 따라 2019년 여성에 대한 폭력 제반을 아우르는 「여성폭력방지기본법」을 제정하였다. 정부는 이와 함께 2019년 여성가족부 등 15개 부처가 참여하는 '여성폭력방지위원회'를 발족하고 '한국여성인권진흥원'을 설립하였으며 2020년 여성폭력방지에 관한 범정부 차원의 기본정책인 '제1차 여성폭력방지정책기본계획'(2020~2024년)을 발표하였다. 한편 대표적 취약여성부문인 한부모가족에 대한 지원도 강화하였다. 2002년 「모자복지법」을 「모·부자복지법」으로 개정하며 부자가정에 대한 지원을 도입하였고, 2007년 「한부모가족지원법」으로 개정하면서 모·부자가족을 긍정적 명칭으로 변경하고, 보호 대상에 조손가족을 포함하며 한부모가족에 대한 지원을 강화하였고 이후 여러 차례 법 개정을 통해 지원을 계속 확대하고 있다.

이처럼 한국의 여성복지는 전쟁미망인, 윤락여성 등의 요보호 여성 지원을 중심으로 한 잔여적 접근에서 출발하였으나 1980년대 여성개발원 설립, 여성발전계획 수립 등을 계기로 그 대상을 부녀에서 여성으로 확대하고 정책의 관심도 요보호 여성 지원에서 차별철폐 및 평등지향으로 이동하였고, 1990년대 「여성발전기본법」을 대표로 하는 일련의 법률제정과 5년 단위의 여성정책기본계획 수립, 이어 2000년대 여성복지를 총괄하는 정부기구 수립(당시 여성부, 현재의 여성가족부), 2010년대 「여성발전기본법」의 「양성평등기본법」으로의 변경 및 양성평등정책기본계획 수립, 여성폭력방지기본법 제정을 필두로 한 여성폭력 방지 및 인권보호 강화 등으로 발전하면서 안전권을 포함한 여성의 인권 전반에 대한 보호, 법과 제도 나아가 사회적 인식과 문화 개선을 통한 양성평등사회 실현의 방향으로 나아가고 있다.

3) 주요 정부정책

여성복지에 관한 현재 정부정책은 크게 양성평등 증진에 관한 정책으로 양성평등정책기본계획과 성별영향평가제도, 경력단절여성 등의 경제활동촉진기본계획, 출산·양육 지원에 관한 정책으로 저출산·고령사회기본계획, 여성폭력 방지 및 인권보장을 위한 정책으로 여성폭력방지정책기본계획, 취약여성 생활지원에 관한 정책으로 한부모가족지원정책으로 요약된다.

(1) 양성평등정책기본계획

양성평등정책기본계획은 양성평등에 관한 국가 및 지방자치단체정책의 기본이 되는 정책이라 할 수 있다. 1995년 제정, 1996년부터 시행되어 온 「여성발전기본법」이 2014년 전부개정되면서 그 명칭이 「양성평등기본법」으로 변경되었고, 그 결과 1998년부터 수립, 추진되어 온 '여성정책기본계획' 또한 2015년부터 '양성평등정책기본계획'으로 변경, 추진되고 있다. 「양성평등기본법」은 제3조 제1호에서 양성평등을 '성별에 따른 차별, 편견, 비하 및 폭력 없이 인권을 동등하게 보장받고 모든 영역에 동등하게 참여하고 대우받는 것'으로 정의하면서 제7조에서 정부의 양성평등정책기본계획 수립 의무를 정하고 있다. 즉, 여성가족부 장관은 관계 중앙행정기관의 장과 협의하여 양성평등정책기본계획을 5년마다 수립해야 하며, 이에 제

1차 양성평등정책기본계획은 법 개정 당시 시행 중이던 제4차 여성정책기본계획(2013~2017년)을 일부 수정하여 계획만료시점인 2017년까지의 3개년(2015~2017년)에 대하여 시행하였고, 2018년부터는 제2차 양성평등정책기본계획(2018~2022년)을 추진 중이다. 구체적인 과제 내용은 다음 〈표 9-9〉와 같다.

■ 표 9-9 ■ 제2차 양성평등정책기본계획(2018~2022년)

비전: 여성과 남성이 함께 만드는 평등하고 지속 가능한 민주사회		
목표: 성숙한 남녀평등의식 함양 / 여성의 고용과 사회참여 평등 / 일과 생활의 균형 / 여성안전과 건강증진		
대과제(6개)	**중과제(22개)**	
남녀평등의식과 문화의 확산	• 대중매체의 성차별 개선 • 생활 속 성평등문화 확산	• 학교에서의 양성평등교육 강화 • 양성평등 시민교육의 실효성 제고
평등하게 일할 권리와 기회의 보장	• 고용기회의 평등성 제고 • 노동시장 내 여성의 지위개선	• 고용현장의 성차별 개선 • 여성의 경력유지 · 개발 지원
여성대표성 제고 및 참여 활성화	• 정치 · 공공분야 여성대표성 제고 • 여성리더십역량 강화	• 민간기업 등의 여성대표성 제고
일 · 생활 균형 사회기반 조성	• 돌봄의 사회적책임 강화 • 기업의 가족친화경영 확산	• 근로자의 모 · 부성권 보장
여성폭력근절과 여성건강증진	• 여성폭력 근절정책 추진기반 강화 • 여성폭력 피해자 보호 · 지원 강화	• 다양한 여성폭력대응력 제고 • 성인지적 건강증진기반 강화
양성평등정책 추진체계 강화	• 성 주류화정책 추진기반 정비 • 시민사회와의 협력체계 구축 및 강화	• 성인지적 정책역량 강화 • 평화 · 통일활동 및 국제협력 증진

출처: 여성가족부(2018).

(2) 성별영향평가제도

성별영향평가제도는 정부 정책이 성별에 미치는 영향과 성차별 발생원인 등을 체계적 · 종합적으로 평가하여 합리적으로 개선함으로써 실질적인 성평등을 실현하는 것을 목적으로 하는 제도로,「양성평등기본법」제15조 및「성별영향평가법」에 법적 근거를 두고 있다. 2002년「여성발전기본법」(2014년 전부개정되면서「양성평등기본법」으로 명칭 변경)에 성별영향평가의 근거조항을 마련한 것을 시작으로 2004년 9개 기관 10개 과제에 대하여 시범적으로 성별영향평가를 실시, 이후 2005년 중앙행정기관과 광역자치단체사업, 2006년 기초자치단체 및 2007년 시 · 도 교육청으로 확대 시행되었다(여성가족부, 2020c).

성별영향평가는 크게 법령·계획·사업에 대한 성별영향평가와 특정성별영향평가으로 구성된다. 구체적으로 법령에 대한 성별영향평가는 제·개정을 추진하는 법령(법률·대통령령·총리령·부령) 및 자치 법규(조례·규칙)를 대상으로 하고, 계획에 대한 성별영향평가는 3년 이상의 주기로 수립하는 계획 중 성평등에 중대한 영향을 미치는 계획을 대상으로 하며, 사업에 대한 성별영향평가는 성평등에 중대한 영향을 미칠 수 있는 사업을 대상으로 한다. 특정성별영향평가는 여성가족부장관이 평가대상을 특정하여 실시하는 것인데, 시행 중인 법령, 여성의 지위향상과 밀접한 관련이 있는 중앙행정기관과 지방자치단체의 소관정책 또는 공공기관사업을 대상으로 한다. 자세한 성별영향평가 절차는 〈표 9-10〉과 같다.

■표 9-10 ■ 성별영향평가 절차

단계	내용	주체
[1단계] 체크리스트 및 평가서 작성·제출	해당부처(부서)는 법령/계획/사업이 성평등에 미칠 영향에 대한 체크리스트 및 성별영향평가서를 작성하여 제출	(중앙행정기관) 해당부처 (지방자치단체) 해당부서
[2단계] 검토의견 통보	성별영향평가서를 검토하여 해당부처(부서)에 '개선사항 없음' '자체개선안 동의' '개선의견'으로 결과 통보	(중앙행정기관) 여성가족부 (지방자치단체) 성별영향평가책임관
[3단계] 반영계획 제출	검토의견 통보서 결과가 '개선의견'인 경우, 반영계획을 작성하여 제출('개선사항 없음' '자체개선안 동의'로 통보받은 경우 절차 종료)	(중앙행정기관) 해당부처 (지방자치단체) 해당부서
[4단계] 반영계획 관리	해당부처(부서)에서 개선의견을 수용하였는지 여부를 확인('개선의견 수용/불수용/일부수용/중단') 및 지속 관리	(중앙행정기관) 여성가족부 (지방자치단체) 성별영향평가책임관

출처: 여성가족부(2020c).

(3) 경력단절여성 등의 경제활동촉진기본계획

'경력단절여성 등의 경제활동촉진기본계획'은 여성의 경제활동에 중점을 둔 양성평등증진정책이라 할 수 있다. '경력단절여성'은 '혼인·임신·출산·육아와 가족구성원의 돌봄 등을 이유로 경제활동을 중단하였거나 경제활동을 한 적이 없는 여성 중에서 취업을 희망하는 여성'으로 정의된다(「경력단절여성 등의 경제활동촉진법」

제2조 제1호). 2019년 기준 우리나라 15~64세 여성고용률은 57.8%로 남성(75.7%)의 76%에 불과하고 OECD 국가 평균(61.3%)을 크게 밑돌며(통계청, 2020a; OECD Data 홈페이지), 특히 전체 연령대 중 30~40대에서 경제활동참가율의 성별격차가 23.4~31.7%p로 높아 30~40대 여성의 경력단절 현상(M 커브)이 심각하다(통계청, 2020a).

이에 정부는 2008년 「경력단절여성 등의 경제활동촉진법」을 제정하고 동법 제4조에 근거하여 5년마다 여성가족부장관과 고용노동부장관 공동으로 관계 중앙행정기관장 협의하에 경력단절여성 등의 경제활동촉진기본계획을 수립, 시행하고 있다. 제1차 경력단절여성 등의 경제활동촉진기본계획은 2010년부터 2014년, 제2차 계획은 2015년부터 2019년, 제3차 계획은 2020년부터 2024년을 대상기간으로 한다. 제3차 경력단절여성 등의 경제활동촉진기본계획(2020~2024년)은 '여성의 경제활동 참여 확대로 공정 · 포용 사회 구현'의 비전과 '여성의 경력 유지와 역량개발을 위한 사회지원 시스템 구축'의 목표 아래 '재직여성 경력단절 예방 내실화' '경력단절여성 재취업 강화' '다변화되는 일 방식 · 영역 대응' '돌봄 지원체계 강화' '경력단

■표 9-11 ■ 제3차 경력단절여성 등의 경제활동촉진기본계획(2020~2024년)

비전: 여성의 경제활동 참여 확대로 공정 · 포용사회 구현	
목표: 여성의 경력 유지와 역량개발을 위한 사회지원 시스템 구축	
영역(5개)	중점과제(13개)
재직여성 경력단절예방 내실화	• 출산 · 육아기 근로자지원 강화 • 일 · 생활 균형제도 정착을 위한 기업지원 • 경력단절예방대책 내실화 • 능력개발 및 성평등한 직장문화 확산
경력단절여성 재취업 강화	• 여성취업희망자 역량강화 • 여성취업지원 강화 • 여성창업지원 서비스강화
다변화되는 일 방식 · 영역 대응	• 다양한 형태의 일자리 지원 • 사회적경제 분야의 여성지원 강화
돌봄지원체계 강화	• 맞벌이 가구 · 취업모의 자녀돌봄 사각지대 해소 • 지역사회 돌봄체계 구축
경력단절여성 정책추진체계 정비	• 경력단절여성 지원을 위한 전달체계 개선 • 제도개선 및 협력체계 구축

출처: 여성가족부(2020a).

절여성 정책 추진체계 정비'의 5대 영역 13개 중점과제, 102개 세부과제를 제시한다(여성가족부, 2020a). 구체적인 과제 내용은 〈표 9-11〉과 같다.

(4) 저출산·고령사회기본계획

우리나라의 저출산문제의 심각성에 대하여는 부인의 여지가 없다. 우리나라 합계출산율[3]은 1983년 인구를 현상유지하기 위한 최소수준인 2.1명 미만으로 떨어진 후 회복하지 못하고 있으며, 2001년부터는 1.3명 미만의 초저출산 상태에 머물고 있다(대한민국 정부, 2015). 심지어 2018년부터는 1명이 채 되지 못하고 있는데(2018년 0.99명, 2019년 0.92명), 합계출산율이 1명 미만인 국가는 OECD 국가 중에서도 우리나라가 유일하며 2031년부터 인구 감소, 노동력 부족과 노동생산성 저하, 경제성장률 하락, 사회보장부담 증가 및 재정수지 악화 등 여러 위험을 겪을 것이 예상되는 상황이다.

이에 우리나라는 2005년 「저출산·고령사회 기본법」을 제정하고 동법 제20조에 근거하여 2006년부터 보건복지부장관이 관계 중앙행정기관의 장과 협의하여 5년마다 기본계획을 수립·시행하고 있다. 제1차 저출산·고령사회기본계획은 2006년부터 2010년, 제2차 계획은 2011년부터 2015년, 제3차 계획은 2016년부터 2020년을 대상기간으로 한다. 2019년 한 차례 수정된 제3차 저출산·고령사회기본계획(2016~2020년)은 '모든 세대가 함께 행복한 지속 가능 사회'의 비전 아래 '삶의 질 향상' '성 평등 구현' '인구변화 적극 대비'의 3대 목표, '함께 돌보고, 함께 일하는 사회' '함께 만들어 가는 행복한 노후' '인구변화 적극 대비'의 3대 영역에서 93개 추진과제를 설정하여 추진 중이다. 이 중 출산·양육과 관련한 '함께 돌보고, 함께 일하는 사회' 영역은 비용, 시간, 돌봄, 문화, 기반의 5개 차원에서 '출산/양육비부담 최소화' '아이와 함께하는 시간 최대화' '촘촘하고 안전한 돌봄체계 구축' '모든 아동 존중과 포용적 가족문화 조성' '2040세대 안정적인 삶의 기반 조성'을 위한 23개 중점과제(54개 세부과제)로 구성되어 있다(대한민국 정부, 2019). 구체적인 과제 내용은 〈표 9-12〉와 같다.

---

3) 합계출산율(Total Fertility Rate: TFR): 가임여성 1명이 평생 동안 낳을 것으로 예상하는 평균 출생아 수를 나타낸 것으로 출산력 수준을 나타내는 대표적 지표

■표 9-12 ■ 제3차 저출산·고령사회기본계획(2016~2020년) - 함께 돌보고, 함께 일하는 사회 영역

비전: 모든 세대가 함께 행복한 지속 가능 사회		
영역	분류(5개)	중점과제(23개)
함께 돌보고, 함께 일하는 사회	(비용) 출산/양육비 부담 최소화	• 의료비 제로화 • 건강관리 • 다자녀 지원확대 • 출산친화적 국민연금 및 세제 개편 • 안전한 출산 • 아동수당 지급 • 출산휴가급여 사각지대 해소
	(시간) 아이와 함께하는 시간 최대화	• 생애주기별 근로시간 단축 • 일·생활 균형환경 조성 • 남성 육아참여 확대 • 육아휴직 개편
	(돌봄) 촘촘하고 안전한 돌봄체계 구축	• 보육의 공공성 강화 • 온종일 돌봄 • 지역 협력체계 구축 • 유치원 공공성 강화 • 가정 내 돌봄 지원 • 아동이 안전한 환경
	(문화) 모든 아동 존중과 포용적 가족문화 조성	• 모든 아동 차별 없는 보호여건 마련 • 포용적 가족문화 조성
	(기반) 2040세대 안정적인 삶의 기반 조성	• 안정된 일자리 • 맞춤형 주거지원 강화 • 차별 없는 일자리 • 교육 혁신

출처: 대한민국 정부(2019).

(5) 여성폭력방지정책기본계획

통계청과 여성가족부(2020)가 공동으로 발표한 「2020 통계로 보는 여성의 삶」에 따르면, 2018년 성폭력은 약 31,396건 발생하였고 30,045건 검거되어 2011년(21,912건 발생, 18,499건 검거) 대비 발생 건수는 43.3%, 검거 건수는 62.45 증가했고, 가정폭력은 2018년 41,905건 검거되어 2011년(6,848건) 대비 6.1배에 달하였다. 범죄의 증가뿐만 아니라 여성폭력과 범죄의 다변화도 심각하다. 예를 들어, 경찰청 범죄통계 자료(2017~2019년)에 따르면 데이트폭력은 2017년 14,136건에서 2019년 19,940건으로 빠르게 증가하고 있고(41.1% 증가), 강은영(2020)이 대검찰청 범죄분석 자료를 토대로 파악한 바에 따르면 디지털 성범죄는 2007년 인구 10만 명당 1.6건에서 2018년 14.4건으로 약 9배 증가하는 등 새로운 유형의 범죄피해가 급증하고 있다. 이러한 상황 속에 여성폭력 방지를 위한 종합적이고 체계적인 정책기반 및 그에 따른 중장기적 정책 제시, 2차 피해 방지를 위한 인식개선과 시스템 변화, 성평등한 조직문화 개선 등에 대한 목소리가 높아지면서 정부는 2017~2018년 '여성폭력

방지정책에 관한 기초연구'를 실시하여, 2019년「여성폭력방지기본법」을 제정·시행, 2020년 '제1차 여성폭력방지정책기본계획'(2020~2024년)을 발표하였다.

「여성폭력방지기본법」은 제3조 제1호에서 '여성폭력'을 '성별에 기반한 여성에 대한 폭력으로 신체적·정신적 안녕과 안전할 수 있는 권리 등을 침해하는 행위로서 관계 법률에서 정하는 바에 따른 가정폭력, 성폭력, 성매매, 성희롱, 지속적 괴롭힘 행위와 그 밖에 친밀한 관계에 의한 폭력, 정보통신망을 이용한 폭력 등'으로 규정하면서, 이를 방지하고 피해자를 보호, 지원하기 위해 여성가족부장관은 관계 중앙행정기관의 장과의 협의 아래 여성폭력방지정책기본계획을 5년마다 수립해야 할 의무를 갖는다고 설명한다(제7조). 그에 따라 2020년 발표된 제1차 여성폭력방지정책기본계획(2020~2024년)은 '여성폭력 근절을 통한 성평등 사회 실현'의 비전 및 '새롭게 등장하는 여성폭력에 대한 대응력 제고' '여성폭력 예방-보호-처벌 시스템의 전문화와 내실화' '여성폭력 근절 정책의 추진기반 강화'의 3대 목표를 설정하고 이를 위하여 4개 전략과제, 14개 정책과제, 46개 세부과제를 수립하였다. 구체적인 과제 내용은 〈표 9-13〉과 같다.

■ 표 9-13 ■ 제1차 여성폭력방지정책기본계획(2020~2024년)

비전: 여성폭력 근절을 통한 성평등 사회 실현		
목표: 새롭게 등장하는 여성폭력에 대한 대응력 제고 / 여성폭력 예방-보호-처벌 시스템의 전문화와 내실화 / 여성폭력 근절 정책의 추진기반 강화		
전략과제(4개)	정책과제(14개)	
여성폭력에 대한 선제적 대응	• 디지털 성범죄 대응력 제고 • 여성폭력방지를 위한 국제공조 강화	• 신종 여성폭력 대응 강화 • 대상별 맞춤형 대응조치 강화
피해자 중심의 형사사법체계 운영	• 초기현장대응력 강화 • 재범방지제도의 실효성 제고	• 형사사법체계의 2차 피해 방지
여성폭력예방 및 피해지원 내실화	• 교육·문화·예술·체육분야 여성폭력 근절 • 여성폭력피해지원서비스 전문화	• 민간·공공부문 등 조직 내 여성폭력 근절 • 여성폭력예방·홍보 내실화
통합적 대응 및 사각지대해소 기반	• 여성폭력 관련 법·제도 정비 • 여성폭력방지정책 추진기반 마련	• 여성폭력피해지원체계 연계·협력 강화

출처: 관계부처합동(2020).

(6) 한부모가족지원정책

취약여성을 위한 여성복지정책으로는 한부모가족지원사업이 대표적이다. 한부모가족지원사업은 저소득 한부모가족이 가족기능을 유지하고 건강하고 문화적인 생활을 영위할 수 있도록 내실 있는 지원사업을 수행함으로써 한부모가족의 생활안정과 자립기반 조성 및 복지증진에 이바지하는 것을 목적으로 하며, 「한부모가족지원법」에 그 법적 근거를 둔다(여성가족부, 2020d). 한부모가족지원정책의 시작은 1950년대로 거슬러 올라간다. 6 · 25 전쟁으로 남편을 잃고 혼자 자녀를 키우는 여성들이 늘어나면서 이들 모자가정의 경제적 어려움을 해결하고자 1955년 모자보호시설을 설치한 것이 그 시작이다. 이후 「생활보호법」, 「아동복지법」 등을 토대로 모 · 부자 가정을 지원해 오던 중 1989년 「모자복지법」을 제정, 시행하며 본격적인 한부모가족지원정책의 토대를 마련하였다. 2002년 법명을 「모 · 부자복지법」으로 개정하며 그동안 사각지대에 놓여 있던 부자가정에 대한 지원을 확대하였고, 2007년 다시 「한부모가족지원법」으로 개정 및 법명을 개정하여 '한부모가족'으로 용어를 변경하는 한편, 조손가족을 보호대상으로 포함하여 저소득한부모가족, 청소년한부모가족, 조손가족의 생활과 자립, 자녀양육과 교육, 법률상담과 조력 등의 지원을 구조화하였다(여성가족부, 2020d).

2019년 기준 전국 한부모가족은 1,529,151가구로 이 중 18세 이하 미성년자녀를 둔 한부모가족은 384,114가구(통계청, 2020b), 저소득한부모가족은 182,606가구 453,045명, 가족 유형별로는 모자가족 140,709가구 350,795명, 부자가족 37,559가구 93,208명, 청소년모자가구 3,031가구 6,100명, 청소년부자가구 410가구 856명, 조손가족 897가구 2,086명이다(한국사회보장정보원 사회보장통계 웹페이지). 한부모가족지원사업은 한부모가족, 조손가족, 청소년한부모가족으로 소득인정액이 기준 중위소득 52% 이하(청소년한부모가족은 60% 이하)인 가구를 지원대상으로 하여, 저소득 한부모가족과 조손가족에게는 아동양육비, 아동교육지원비(학용품비), 추가 아동양육비, 생활보조금, 청소년한부모가족에게는 아동양육비 외에 청소년한부모의 자립을 위한 검정고시 학습비, 고등학생 교육비, 자립지원촉진수당 등의 복지급여를 제공한다(여성가족부, 2020d). 지원대상과 급여의 자세한 내용은 〈표 9-14〉와 같다.

■ 표 9-14 ■ 한부모가족지원사업 지원대상과 급여내용

구분	지원대상	급여내용
저소득 한부모 가족	• 모자가족 또는 부자가족(지원대상 가구원: 모 또는 부와 만 18세 미만(취학 시 만 22세 미만)의 자녀) • 소득인정액이 기준 중위소득 52% 이하	• 아동양육비: 만 18세 미만 아동 대상 월 20만 원 • 추가 아동양육비: 만 25세 이상 미혼 한부모가족의 만 5세 이하 아동, 월 5만 원 • 학용품비: 중고등학생 자녀, 연 5.41만 원 • 생활보조금: 한부모가족복지시설 입소 한부모가족, 월 5만 원
조손 가족	• 부모로부터 사실상 부양을 받지 못하는 아동을 (외)조부 또는 (외)조모가 양육하는 가족(지원대상 가구원: (외)조부 또는 (외)조모와 만 18세 미만(취학 시 만 22세 미만)의 손자녀) • 소득인정액이 기준 중위소득 52% 이하	• 아동양육비: 만 18세 미만 아동 대상 월 20만 원 • 추가 아동양육비: 조손가족의 만 5세 이하 아동, 월 5만 원 • 학용품비: 중고등학생 자녀, 연 5.41만 원 • 생활보조금: 한부모가족복지시설 입소 한부모가족, 월 5만 원
청소년 한부모 가족	• 한부모가족으로서 모 또는 부의 연령이 만 24세 이하인 가족(지원대상 가구원: 모 또는 부와 만 18세 미만(취학 시 만 22세 미만)의 자녀) • 소득인정액이 기준 중위소득 60% 이하	• 아동양육비: 만 24세 이하 청소년 한부모 자녀 대상 월 35만 원 • 검정고시 학습비: 청소년 한부모가족의 모 또는 부가 검정고시 학원수강 시 연 154만 원 이내 • 고등학생 교육비: 청소년 한부모가족의 모 또는 부가 고등학생인 경우 수업료 및 입학금 지원 • 자립지원촉진수당: 자립활동에 참여한 청소년 한부모, 월 10만 원

출처: 여성가족부(2020d).

4) 관련 사회복지시설

여성복지 관련 사회복지시설은 먼저 취약여성 지원시설로 한부모가족복지시설, 여성의 안전과 인권보호를 위한 시설로 성폭력·가정폭력·성매매 피해자를 위한 여러 보호 및 지원시설과 한국여성인권진흥원, 여성인력개발 관련 시설로 여성회관, 여성인력개발센터, 여성새로일하기센터, 그리고 양성평등 증진 관련 시설로 한국양성평등교육진흥원 등이 있다.

(1) 취약여성 지원시설

여성복지 관련 사회복지시설 중 취약여성의 생활과 자립을 지원하는 대표적 시설은 바로 한부모가족복지시설이다. 한부모가족복지시설은 저소득한부모가족, 청소년한부모가족, 조손가족의 생활과 자립을 지원하는 생활시설과 상담지원을 제공하는 이용시설로 이루어져 있는데 2019년 12월 말 기준 생활시설 124개소, 이용시설 7개소로 총 131개소 시설이 설치·운영 중이다(여성가족부, 2020d). 각 시설 유형과 시설별 대상과 기능 등의 세부내용은 다음 〈표 9-15〉와 같다.

■ 표 9-15 ■ 한부모가족복지시설 현황(2019년 12월말 기준)

시설 유형		대상 및 기능	입소기간 (연장기간)
모자가족 복지시설 (47개소)	기본생활지원 (42개소)	만 18세 미만의 자녀를 양육하는 무주택저소득모 자가족	3년(2년)
	공동생활지원 (3개소)	독립적인 가정생활이 어렵고 일정 기간 공동으로 가정을 이루어 생활하면서 자립을 준비하고자 하는 모자가족	2년(1년)
	자립생활지원 (2개소)	만 18세 미만의 자녀를 양육하는 무주택저소득모 자가족, 기본생활지원형에서 퇴소한 모자세대로서 자립준비가 미흡한 모자가족	3년(2년)
부자가족 복지시설 (3개소)	기본생활지원 (2개소)	만 18세 미만의 자녀를 양육하는 무주택저소득부 자가족	3년(2년)
	공동생활지원 (1개소)	독립적인 가정생활이 어렵고 일정 기간 공동으로 가정을 이루어 생활하면서 자립을 준비하고자 하는 부자가족	2년(1년)
	자립생활지원 (-)	기본생활지원형에서 퇴소한 부자세대로서 자립 준비가 미흡한 부자가족	-
미혼모자 가족복지 시설 (64개소)	기본생활지원 (22개소)	이혼·사별 또는 미혼의 임신여성 및 출산 후(6개 월 미만) 지원을 요하는 여성	1년(6개월)
	공동생활지원 (42개소)	(40개소) 3세 미만의 영유아를 양육하는 미혼모	2년(1년)
		(2개소) 출산 후 해당 아동을 양육하지 않는 미혼모	2년(6개월)
일시지원복지시설 (10개소)		배우자의 학대로 인하여 아동의 건전양육과 모의 건강에 지장을 초래할 우려가 있는 모와 아동	6개월(6개월)
한부모가족복지상담소 (7개소)		한부모가족에 대한 위기·자립상담 및 문제해결 지원	이용시설

출처: 여성가족부(2020d).

(2) 여성안전 및 인권보호시설

폭력과 학대, 범죄 등의 위험으로부터 여성의 안전과 인권을 보호하기 위한 시설은 크게 생활시설과 이용시설로 구성된다. 생활시설로는 성폭력피해자보호시설, 가정폭력피해자보호시설, 성매매피해자보호시설이 있어 각각 성폭력, 가정폭력, 성매매 피해자에게 보호와 숙식을 제공하고 상담과 심리치료, 자립과 자활지원, 의료 및 법률지원 등을 제공한다. 성폭력피해자보호시설은 보호대상에 따라 일반보호시설, 장애인보호시설, 특별지원보호시설, 자립지원공동생활가정, 장애인자립지원공동생활가정으로 구분, 성매매피해자지원시설은 보호대상 연령에 따라 일반지원시설과 청소년지원시설로 구분된다. 한편 성매매피해자에 대하여는 탈성매매한 여성의 자립을 지원하기 위한 자립지원공동생활가정, 외국인성매매피해여성을 위한 외국인여성지원시설 등도 설치되어 운영 중이다. 이용시설로는 각 유형별 피해자에 대하여 상담 및 심리치료 서비스를 제공하는 성폭력피해상담소, 가정폭력상담소, 성매매피해상담소 그리고 성매매청소년피해자의 교육 및 자립 지원을 위한 대안교육위탁기관, 탈성매매 여성의 자립을 지원하는 자활지원센터 등이 있다.

정부는 성폭력, 가정폭력, 성매매 피해가 중첩적으로 일어나는 경우가 적지 않은 현실을 고려하여 통합적으로 접근하는 시설도 설치·운영 중이다. 구체적으로 성폭력·가정폭력·성매매 피해자에 대하여 365일 24시간 상담, 의료, 법률, 수사 지원을 원스톱으로 제공하는 해바라기센터, 폭력피해여성의 자립을 지원하고 사회적응 여건을 조성하고자 피해여성과 그 가족이 공동으로 생활할 수 있는 주거공간을 제공하는 폭력피해여성주거지원, 성폭력·가정폭력 피해자를 위한 통합상담소와 성폭력·가정폭력·성매매 피해자의 긴급한 구조와 보호, 상담을 위해 365일 24시간 운영 중인 여성긴급전화 1366센터 등이 있다. 이와 함께 최근 이주여성의 폭력피해가 증가함에 따라 폭력피해이주여성보호시설인 쉼터와 자활지원센터를 운영하여 숙식 및 생활지원, 상담과 치료, 의료 및 법률, 수사지원, 직업기술교육과 취업지원, 동반자녀의 육아 및 보육지원, 본국으로의 출국관련지원 등을 제공하고, 이용시설로 폭력피해 이주여성상담소를 운영하고 있다.

여성가족부는 여성폭력피해 예방과 피해자지원이라는 국가의 책무를 보다 전문적이고 체계적으로 수행하고자 「양성평등기본법」 제46조의2에 의거하여 2019년 12월 한국여성인권진흥원을 설립하였다. 한국여성인권진흥원은 성폭력·가정폭력·성매매 등을 예방·방지하고 그 피해자를 보호·지원하기 위하여 설립된 공공기관(특수법인)으로 여성폭력방지 현장지원, 종사자역량강화, 여성폭력피해자 인권보호, 여성폭력방지 연구·홍보 등의 사업을 수행한다. 이들 주요사업을 자세히 살펴보면 여성폭력방지 현장지원 세부사업으로 여성폭력피해자 지원시설 연계망 구축과 협력, 여성폭력피해자 지원시설 기관역량강화, 여성폭력피해자 지원통계 및 실적관리, 성매매 피해청소년 치료·재활 사업, 종사자역량강화 세부사업으로 성매매방지상담원 양성교육, 여성폭력피해자보호·지원시설종사자 보수교육, 소진방지프로그램, 교육체계 수립, 여성폭력피해자 인권보호 세부사업으로 여성긴급전화 1366 중앙센터 및 디지털성범죄피해자지원센터 운영, 성희롱·성폭력근절종합지원센터 운영, 여성폭력방지 정책연구 및 토론회, 여성폭력방지 콘텐츠 개발 및 온라인 홍보, 여성폭력추방주간 홍보사업 등이 있다(한국여성인권진흥원 홈페이지).

다음 〈표 9-16〉으로 성폭력·가정폭력·성매매 피해여성 보호시설 현황을 요약하여 제시하였다.

■표 9-16 ■ 성폭력·가정폭력·성매매 피해여성 보호시설 현황(2020년 1월 기준)

	시설 유형	시설 수	대상	보호기간(+연장기간)	비고
성폭력	성폭력 피해자 보호시설 (일반, 장애인, 특별지원, 자립지원 공동생활)	32개소	성폭력피해여성	일반: 1년+1년 6개월 장애인: 2년+회복시 특별지원: 18세+2년 자립지원: 2년+2년	생활
	성폭력피해상담소	168개소	성폭력피해자		이용
가정 폭력	가정폭력피해자 보호시설	66개소	가정폭력피해여성과 아동	6개월+3개월씩 2회 (장기시설: 2년 이내)	생활
	가정폭력상담소	208개소	가정폭력피해자		이용
성매매	성매매피해자 지원시설 (일반, 청소년)	39개소	성매매피해자	일반: 1년+1년 6개월 청소년: 19세가 될 때까지+2년	생활
	자립지원 공동생활가정	12개소	탈성매매한 자로서 자활조건이 성숙되었다고 판단되는 자	2년+2년	생활
	대안교육 위탁기관	2개소	청소년성매매 피해자 등	1년+1년 단위로 최대 3년까지 가능	이용

	외국인여성 지원시설	1개소	외국인성매매 피해여성	1년(수사, 소송 진행 시 필요시까지 연장)	생활
	자활지원센터	12개소	자활기반을 갖춘 탈성매매여성		이용
	성매매피해상담소	30개소	성매매피해자 등		이용
통합	해바라기센터	40개소	성폭력 · 가정폭력 · 성매매 피해자		이용
	폭력피해여성 주거지원	334호	성폭력 · 가정폭력 피해여성	2년+2년	생활
	폭력피해이주여성 보호시설	32개소	성폭력 · 가정폭력 · 성매매 등 피해이주 여성 및 동반 자녀	2년 이내	생활
	폭력피해이주여성 상담소	5개소	성폭력 · 가정폭력 · 성매매 등 피해이주 여성 및 동반 자녀		이용
	통합상담소	40개소	성폭력 · 가정폭력 등 피해자		이용
	여성긴급전화 1366 센터	18개소	성폭력 · 가정폭력 · 성매매 등 피해자		이용

출처: 여성가족부(2020b).

(3) 여성인력개발 관련 시설

여성의 경력개발 및 사회참여 증진에 중점을 둔 시설에는 여성회관과 여성인력
개발센터, 여성새로일하기센터 등이 있다. 우리나라 최초의 여성회관은 미국에서
온 감리교 선교사 메리 놀즈(Mary Knowles)가 1906년 설립한 '반열방(강원도 원주
시 소재)'으로 여성교육과 사회적 계몽운동을 주로 실시하였으며, 공공기관으로는
1952년 부산시에 설립된 '경상남도 부녀사업단'이 처음이다(채창균, 고혜원, 2001).
이후 여성인력개발 관련 시설들이 활발하게 설립되어 오늘날 여성회관, 여성복지
회관, 여성문화회관, 여성발전센터, 여성플라자, 여성가족플라자 등의 다양한 명칭
(이하 '여성회관'으로 통칭)으로 운영되고 있다. 여성회관은 주로 여성을 대상으로 복
지기능과 교육기능을 수행하는데, 과거에는 복지기능이 강했다면 최근에는 교육기
능 곧 평생교육 및 사회참여 증진기능이 강해 직업교육, 강사양성, 취 · 창업 준비
및 취미 · 교양교육, 사회의식교육 등이 활발하다. 서울특별시남부여성발전센터,
부산광역시 여성문화회관 등을 비롯하여 42개소가 현재 운영 중이다(부산광역시 여

■ 표 9-17 ■ 여성인력개발 관련 시설

시설유형	법적 근거	대상	주요 사업
여성회관 (42개소)	「양성평등기본법」 제45조	여성 일반	직업교육, 강사양성, 취·창업 준비 및 취미·교양교육, 사회의식교육 및 복지사업
여성인력개발센터 (53개소)	「양성평등기본법」 제47조	노동시장에서 사각지대에 속한 여성(경력단절여성을 포함한 전업주부, 중고령층 여성, 여성가장, 취약계층 여성)	직업능력 개발 및 직무능력 향상 교육, 직업상담과 취업알선, 취·창업 지원, 사회문화교육, 복지사업 및 지역사회 연계사업
여성새로일하기센터 (158개소)	「경력단절여성 등의 경제활동촉진법」 제13조	혼인·임신·출산·육아 등으로 인한 경력단절여성	직업상담 및 교육, 인턴십, 취·창업 지원, 사후관리, 경력단절예방 등의 종합지원

성문화회관 홈페이지).

여성인력개발센터는 「양성평등기본법」 제47조에 의거하여 여성인력 개발을 위해 설치하는 시설로서, 여성의 능력발휘 및 사회참여증진을 지원하는 것을 주목적으로 한다. 특히 노동시장에서 사각지대에 속한 경력단절여성 및 전업주부, 중고령층여성, 여성가장, 취약계층여성 등을 주요 대상으로 하며 직업능력개발과 직무능력 향상교육, 직업상담과 취업알선, 취·창업지원, 사회문화교육, 복지사업 및 지역사회 연계사업 등을 운영한다(여성인력개발센터연합 홈페이지). 2020년 1월 기준 53개 센터가 운영되고 있다. 여성새로일하기센터(새일센터)는 혼인·임신·출산·육아 등으로 경력이 단절된 여성에게 직업상담, 구인/구직 관리, 직업교육, 인턴십, 취·창업 지원, 취업 후 사후관리, 경력단절예방 등을 종합적으로 지원하는 곳으로 전국 158개소가 운영 중이다(여성새로일하기센터 홈페이지).

(4) 양성평등 관련 시설

그 외 양성평등 관련 시설로 한국양성평등교육진흥원이 있다. 한국양성평등교육진흥원은 2003년 재단법인의 형태로 설립된 후 2005년 「여성발전기본법」 개정으로 한국양성평등교육진흥원의 근거조항(현재는 「양성평등기본법」 제46조)이 마련되면서 2006년 특수법인(공공기관)으로 전환되었다. '양성평등 가치확산으로 모두가 행복한 사회를 실현한다.'는 미션 및 '맥락적 콘텐츠와 가치지향의 전문성으로 양성

평등 교육의 허브가 된다.'는 비전 아래 성인지정책교육, 전문강사양성과정, 폭력예
방교육사업, 양성평등진흥사업, 여성역량강화사업, 네트워크사업, 국외사업 등을
추진한다(한국양성평등교육진흥원 홈페이지).

이와 함께 한국양성평등교육진흥원은 현장교육을 위하여 본원(서울시 소재) 외에
고양캠퍼스(경기도 고양시 소재)와 남부센터(경상남도 양산시 소재) 등의 교육시설을
운영하고 공공기관 종사자, 교원, 공무원 등에게 양성평등교육과 폭력예방교육 등
을 제공하고자 이러닝센터(www.kigepe.or.kr/elearning)를 운영하는 한편, 양성평등
과 폭력예방 교육 콘텐츠를 통해 전 국민의 양성평등 및 폭력예방의식을 고취하고
자 모바일 콘텐츠 플랫폼 '젠더온(http://genderon.kigepe.or.kr)'을 운영한다.

5) 쟁점

(1) 여성폭력방지 및 인권보호증진

그간 여성폭력 및 여성인권과 관련하여 법제적, 정책적 노력이 꾸준히 이루어져
왔으나 여전히 그 문제의 심각성이 완화되지 않고 있다. 가정폭력과 성희롱, 성폭
력, 성매매 등 여성을 대상으로 한 전통적 범죄는 증가하고 있고 스토킹 및 데이트
폭력, 디지털 성범죄 · 성착취 · 성매매 등 새로운 폭력과 범죄의 심각성도 매우 크
다. 이에 정부는 성폭력, 가정폭력, 성매매 등에 대하여 개별적으로 법령이 제정되
고 정책이 이루어진 데 따른 한계를 극복하고 사각지대를 해소하고자 2019년 「여성
폭력방지기본법」을 제정하고 2020년 여성폭력방지정책기본계획을 발표하였다. 현
재 법령 및 정책 시행 초기인데, 앞으로 통합적이고 적극적인 정책추진을 통해 여성
폭력문제해결과 예방, 여성인권증진에 실질적으로 기여해야 할 것이다. 이를 위해
디지털 성범죄 · 성착취 · 성매매, 데이트폭력 등의 신종 여성폭력에 대한 선제적
대응방안 마련 및 사각지대 해소, 여성폭력에 대한 전문성 및 피해자 중심의 관점
을 갖춘 형사사법체계 운영, 사회적 법의식을 고려하는 양형기준 제시와 실제 선고
형량에의 반영, 피해자 보호 및 지원의 전문화와 내실화, 특히 디지털 성범죄를 비
롯한 새로운 폭력에 대한 맞춤형 지원 도입, 여성폭력에 대한 사회적 인식과 감수성
개선 및 예방체계 강화 등의 노력이 시급하다.

(2) 경력단절 예방 및 경제활동의 질적 제고

우리나라 여성의 고용률은 정부의 다양한 정책 추진으로 꾸준히 증가하고 있지만, 여전히 OECD 국가 중 낮은 편이다. 더욱 심각한 것은 노동의 질적 차원에서 발견된다. 남녀 성별에 따른 임금격차가 OECD 회원국 중 가장 높고, 여성의 전반적인 고용률은 높아졌지만 정규직 비율증가에 비해 비정규직 비율증가폭이 훨씬 커 임금차별, 낮은 대표성, 불안정한 지위와 낮은 질 등의 문제가 심각하다 하겠다. 한편 30~40대에서 성별에 따른 경제활동참가율 격차가 높은 것 등 여전히 여성의 경력단절현상이 심각하여 경력단절예방 및 경제활동증진을 위한 제도적 노력 또한 요청된다. 구체적으로 일과 가정, 육아의 병행이 원활히 이루어질 수 있도록 노동정책 및 출산육아정책의 협력과 개선이 필요하고, 경력단절여성을 위한 직업기술교육과 훈련, 재취업 지원 등도 강화되어야 할 것이다. 한편 일자리 지원에 있어 양적 증가를 위한 정책을 추진하되 전문성과 경력개발, 일·가정 양립 등을 이어갈 수 있는 양질의 안정적 일자리 지원, 여성인재 발굴과 양성 및 역량강화, 남녀 임금격차 해소 및 그 외 차별적 요소 제거, 여성의 대표성 증진 등 다각적 제도적 접근이 필요하며, 이를 위하여는 직장 및 사회 전반의 양성평등인식과 문화 확산이 함께 이루어져야 할 것이다.

(3) 취약여성에 대한 관점과 접근 확대

우리나라 여성복지는 '부녀복지'에서 '여성복지'로 발전하며, 복지대상을 기존의 가부장적 관점 아래 '가족구성원(어머니, 아내, 딸, 며느리 등)으로서의 여성'에서 '독립적 인격체로서의 여성'으로 확대하였다. 이에 취약여성에 대한 접근 또한 확대되어, 그간 가족 구성원의 역할 수행에 어려움을 겪는 여성(예를 들어 미혼모, 모자가정 등)을 취약여성으로 바라보아 보호와 지원을 제공하던 것에서 성폭력·가정폭력·성매매 피해여성, 경력단절여성 등으로 시야를 넓히며 보호와 지원을 확대하고 있다. 그러나 여전히 취약여성에 대한 관점과 접근의 확대가 요청된다. 예를 들어, 범죄와 안전문제에서 취약성을 갖는 1인여성가구, 국제결혼가정의 이혼 증가에 따른 한부모이주여성, 가정폭력 또는 경제적 어려움 등으로 거리로 나왔지만 또 다른 위험(성범죄) 속에 노출되는 여성노숙인, 예술흥행비자(E-6-2)로 입국하여 유흥업체 등에서 성매매·성착취로 고통받는 이주여성, 청년여성의 실업과 자살 문제 등 다양한 취약여성을 아우르는 관점과 접근확대가 필요하다.

(4) 양성평등적 행정 강화

우리나라는 「양성평등기본법」 제정, 양성평등정책기본계획 수립과 시행 등 계속하여 양성평등정책을 추진하고 있으나, 실질적 정책추진체계 및 행정에 있어 해결해야 할 과제가 많은 상황이다. 예를 들어, 현재 성별영향평가 및 성인지예산제도가 의무 운영 중이지만, 두 제도 간의 연계가 부족하고 성별영향평가 책임관이 개선의견을 제시하는 경우가 약 10%에 불과하는 등 제도의 질적 개선과 내실화가 필요한 실정이다. 국가승인통계의 성인지적 관점도 부족하여 여성폭력, 성차별 등에 대한 정확한 실태를 파악하거나 주요 통계에 있어 성인지적 검토가 어려워 정책설계에도 한계를 가질 수밖에 없다. 이에 양성평등적 행정 강화를 위한 성별영향평가 및 성인지예산제도의 내실화, 국가통계 체계개선을 비롯하여 행정체계의 책무성을 강화하고 공무원 성인지교육을 활성화하는 한편 양성평등정책 전문인력 양성 등이 요청된다.

생각해 볼 문제

1. 노인복지의 개념을 설명해 봅시다.
2. 제4차 저출산·고령사회기본계획에서 고령사회 관련 중점과제를 설명해 봅시다.
3. 노인복지분야 소득보장정책을 설명해 봅시다.
4. 노인복지분야 고용보장정책을 설명해 봅시다.
5. 노인돌봄정책을 설명해 봅시다.
6. 노인복지시설 종류를 설명해 봅시다.
7. 우리나라의 여성복지정책의 발달사를 설명해 봅시다.
8. 여성복지에 관한 주요정부정책을 설명해 봅시다.
9. 여성복지시설의 종류를 설명해 봅시다.
10. 경제활동 분야에서 여성차별이 심각한 이유 및 해결방안을 설명해 봅시다.
11. 대중매체나 온라인상의 성별고정관념 또는 혐오, 성차별 등의 실태를 설명하고 개선방안을 제시해 봅시다.

📖 참고문헌

강은영(2020). 디지털성범죄의 현황과 특성. 통계청 통계개발원(편). 한국의 사회동향 2020 (pp. 344-355).

경찰청(2020). 경찰청범죄통계(2017~2019년).

관계부처합동(2020). 제1차 여성폭력방지정책기본계획(2020~2024년).

김인숙, 김혜선, 성정현, 신은주, 윤영숙, 이혜경, 최선화(2000). 여성복지론. 나남.

김종훈, 이지혜, 박종서, 이소영, 변수정, 김은정(2018). 저출산·고령사회기본계획 보완 연구. 저출산고령사회위원회, 한국보건사회연구원.

대한민국정부(2006). 제1차 저출산·고령사회기본계획: 2006~2010년.

대한민국정부(2010). 제2차 저출산·고령사회기본계획: 2011~2015년.

대한민국정부(2015). 제3차 저출산·고령사회기본계획: 2016~2020년.

대한민국정부(2019). 제3차 저출산·고령사회기본계획(수정본).

대한민국정부(2020). 제4차 저출산·고령사회기본계획: 2021~2025년.

박인덕, 김엘림, 서명선, 배영자(1990). 여성복지관계법제에 관한 연구. 한국여성정책연구원.

백영주, 이배용, 김혜경, 이소연(2003). 한국 여성정책 관련 사료 체계화 방안에 관한 연구. 여성부.

변재관, 정경의, 선우덕, 석재은, 이윤경(2002). 고령화 사회 대책 기본법 제정검토 및 노인보건복지 종합대책. 한국보건사회연구원.

보건복지부(2019). 2019 노인복지시설현황.

보건복지부(2020a). 2020 노인복지시설현황. 2020.

보건복지부(2020b). 2020년 기초연금 사업안내. 2020.

보건복지부(2020c). 2020년 노인맞춤돌봄서비스 사업안내.

변수정, 황남희(2018). 저출산·고령사회기본계획의 주요 내용과 향후 과제. 보건복지포럼, 4, 41-61.

양옥남, 김혜경, 김미숙, 정순둘(2006). 노인복지론. 공동체.

여성가족부(2018). 제2차 양성평등정책기본계획(2018~2022년).

여성가족부(2020a). 제3차 경력단절여성 등의 경제활동촉진기본계획(2020~2024년).

여성가족부(2020b). 2020 여성·아동권익증진사업 운영지침.

여성가족부(2020c). 2020년 성별영향평가 지침.

여성가족부(2020d). 2020년 한부모가족지원사업 안내.

원시연(2010). 제 2차 저출산·고령사회기본계획(안)평가: 고령사회 부문. 이슈와 논점. 국회입법조사처.

이삼식(2011). 제2차 저출산 고령사회기본계획 수립 배경과 의의. 한국보건사회연구원.

이삼식(2016). 저출산·고령화 대책의 현황과 정책과제. 보건복지포럼, 231, 51-65.

조추용, 신승연, 임병우, 남연희, 박차상, 이양훈, 이은영(2008). 사회복지개론. 창지사.

조흥식, 김혜련, 신혜섭, 김혜란(2006). 여성복지학. 학지사.

최성재, 장인협(2006). 노인복지학. 서울대학교출판부

채창균, 고혜원(2001). 여성회관 및 여성인력개발센터 활성화 방안 연구. 여성부.

통계청. KOSIS 국가통계포털(2020). 연도별 시·도별 급여종류별 장기요양기관 현황. https://kosis.kr/statHtml/statHtml.do?orgId=350&tblId=DT_35006_N019&vw_cd=MT_ZTITLE&list_id=350_35006_A004&seqNo=&lang_mode=ko&language=kor&obj_var_id=&itm_id=&conn_path=MT_ZTITLE에서 2020.12.17. 인출.

통계청(2020a). 경제활동인구조사(2019).

통계청(2020b). 인구총조사(2019).

통계청, 여성가족부(2000). 2020 통계로 보는 여성의 삶.

Atchley, R. C. (1988). *Social forces and aging: an introduction to social gerontology*. Wadsworth.

부산광역시 여성문화회관. www.busan.go.kr/wcc

여성새로일하기센터. http://saeil.mogef.go.kr

여성인력개발센터연합. www.vocation.or.kr

한국사회보장정보원 사회보장통계. www.ssis.or.kr

한국양성평등교육진흥원. www.kigepe.or.kr

한국여성인권진흥원. www.stop.or.kr

OECD Data. http://data.oecd.org

제10장

사회복지의 실천분야 III:
장애인 · 가족복지

이번 장에서는 사회복지 실천분야 중 장애인복지와 가족복지분야
에 대해 다루고자 한다. 장애인복지와 가족복지실천을 위해서는 사
회복지실천의 가치, 지식, 기술에 대한 이해와 더불어 장애인 및 가
족과 관련된 포괄적인 지식이 필요하다. 이에 대한 개괄적인 이해를
돕고자 장애개념과 장애인복지의 동향, 장애인구현황과 장애인복지
의 역사, 주요 정부정책 및 관련 사회복지시설, 쟁점에 대해 살펴보
고, 다음으로는 가족 및 가족복지의 개념, 한국가족의 현황과 가족
복지의 역사, 주요 정책 및 관련 사회복지시설, 쟁점에 대하여 살펴
보고자 한다.

1. 장애인복지

1) 장애의 개념 및 장애인복지의 동향

(1) 장애의 개념

장애는 복합적인 의미를 내포한 개념으로 정의하는 것이 쉽지 않다. 그러나 장애를 무엇으로 규정하는가는 장애인구규모를 파악하고 이들을 위한 복지정책의 방향과 내용을 결정하는 것과 밀접하게 관련되어 있기 때문에 중요하게 다루어져 왔다. 이러한 맥락에서 WHO는 장애 범주를 지속적으로 제시해 오고 있는데 이 절에서는 먼저 'WHO의 장애범주'를 살펴본 다음, 우리나라에서는 장애를 어떻게 정의하고 있는지를 소개하고자 한다.

① WHO의 장애범주

장애와 장애인의 정의는 국가의 사회적, 문화적, 경제적, 정치적 여건 및 수준에 따라 달라지는데 WHO는1980년 국제장애분류(International Classification of Impairments, Disabilities and Handicaps: ICIDH)를 통해 손상(impairment), 불능(disability) 및 불리(handicap)의 세 가지 단계[1]로 장애의 개념적 틀을 정립하였다. 그 후 1997년 기존의 ICIDH의 개념을 더욱 발전시킨 ICIDH-2를 발표하였는데, 이는 환경과의 상호관계 속에서 장애를 보다 포괄적으로 규정한 것으로, 장애를 손상(impairment), 활동(activities), 참여(participation)로 구분하고 있다. 이후 2001년에는 ICIDH의 개정판이라 할 수 있는 ICF(국제기능, 장애, 건강분류: International Classification of Functioning, Disability and Health)를 발표하였는데, 이는 장애를 이해하는 데 있어 '질병의 결과' 모형에서 '인간과 환경간의 상호작용' 모형으로 전환하고자 한 노력의 결과라 할 수 있다. 즉 한 사람의 기능과 장애는 건강조건(질병, 질환, 상해, 외상 등)과 배경요인(개인적·환경적) 간의 복합적인 상호관계로 인식한 분류체계이다(변용찬 외, 2006: 105).

---

1) WHO에 의한 국제장애분류(ICIDH)에 의하면, 손상(impairment)은 심신의 구조적·기능적 손상 자체를 의미하고, 불능(disability)은 손상에 의한 개인적 차원에서 일상생활의 활동에 나타나는 이차적 장애를 의미하며, 불리(handicap)는 손상과 불능으로 인한 사회적 차원에서 경험하는 불이익으로서 편견, 차별 등을 의미함

■ 표 10-1 ■ 장애 정의의 변화 (WHO)

ICIDH(1980)	ICIDH-2(1997)	ICF(2001)
심신의 손상(Impairment)	손상(Impairment)	기능과 장애(건강조건:질병, 질환, 상해, 외상 등)
불능(Disability)	활동(Activity)	
불리(Handicap)	참여(Participation)	상황요인(개인적 · 환경적 배경요인)

② 우리나라의 장애 정의 및 유형

우리나라의 장애 정의와 범주는 「장애인복지법」에서 규정하고 있는 장애 정의를 중심으로 소개하고자 한다. 「장애인복지법」 제2조에 따르면 '장애인이란 신체적 · 정신적 장애로 오랫동안 일상생활이나 사회생활에서 상당한 제약을 받는 자'로 정의하고 있다. 여기서 '**신체적 장애**'란 주요 외부 신체 기능의 장애, 내부기관의 장애 등을, '**정신적 장애**'란 발달장애 또는 정신질환으로 발생하는 장애를 의미한다. 이 정의는 WHO의 정의에 비해서는 미흡한 수준이기는 하지만 손상상태와 능력장애 상태 그리고 참여의 환경요인까지를 고려했다고 알려져 있지만, 지나치게 의학적 기준에 의해 장애인을 정의한다는 비판을 받고 있다. 「장애인복지법」상의 장애분류는 다음과 같다.

■ 표 10-2 ■ 장애인의 분류

대분류	중분류	소분류	세분류
신체적 장애	외부 신체 기능의 장애	지체장애	절단장애, 관절장애, 지체기능장애, 변형 등의 장애
		뇌병변장애	뇌의 손상으로 인한 복합적인 장애
		시각장애	시력장애, 시야결손장애
		청각장애	청력장애, 평형기능장애
		언어장애	언어장애, 음성장애, 구어장애
		안면장애	안면부의 추상, 함몰, 비후 등 변형으로 인한 장애
	내부 기관의 장애	신장장애	투석치료중이거나 신장을 이식 받은 경우
		심장장애	일상생활이 현저히 제한되는 심장기능 이상
		간장애	일상생활이 현저히 제한되는 만성 · 중증의 간기능 이상
		호흡기장애	일상생활이 현저히 제한되는 만성 · 중증의 호흡기기능 이상

		장루·요루장애	일상생활이 현저히 제한되는 장루·요루
		간질장애	일상생활이 현저히 제한되는 만성·중증의 간질
정신적 장애	발달 장애	지적장애	지능지수와 사회성숙지수가 70 이하인 경우
		자폐성장애	소아청소년 자폐 등 자폐성 장애
	정신 장애	정신장애	정신분열병, 분열형정동장애, 양극성정동장애, 반복성 우울장애

출처: 보건복지부(2020a).

〈표 10-2〉에서 보여주는 바와 같이 우리나라의 법적 장애유형은 총 15가지로, 종전에는 장애유형별로 장애정도에 따라 1급에서 6급까지로 등급을 판정하였으나[2] 장애등급제 폐지에 따라 의학적 상태에 따른 장애등급은 폐지하고 기존 6개의 장애등급은 '**장애정도**'로만 구분한다. 따라서 1~3급인 장애인은 '장애의 정도가 심한 장애인'으로, 4~6급인 장애인은 '장애의 정도가 심하지 않은 장애인'으로 표현한다(보건복지부, 2019).

■표 10-3 ■ 장애인 심사결과 변경사항

구분	현행	변경
심사결과	장애등급	장애정도
	1급, 2급, 3급	장애의 정도가 심한 장애인
	4급, 5급, 6급	장애의 정도가 심하지 않은 장애인
	등급외	장애정도 미해당

출처: 보건복지부(2019).

장애인등급제 폐지에 따라 장애인의 복지서비스 필요도를 파악하여 지원하기 위해 '**서비스 지원 종합조사**'가 신규로 도입되어 일상생활지원분야 5종 서비스를 지원하게 된다. 서비스 지원 종합조사를 통해 제공되는 서비스는 활동지원, 보조기기 교부, 거주시설 입소, 응급안전 알림, 발달장애인 주간활동 서비스이며 기존 장애인 활동지원 제도에서 운영되던 인정조사는 폐지되었다. 조사 주체는 국민연금공단으로 1회 조사된 내용을 각 서비스별로 선택적으로 활용할 수 있다.

---

2) 장애인등급제는 1988년부터 도입되어 사용되어 왔으나 의학적 판정에 따른 획일적인 기준이라는 지적을 받아 왔다(보건복지부, 2019).

■ 표 10-4 ■ 활동지원 인정조사와 서비스 지원 종합조사 비교

구분	변경 전(활동지원 인정조사)	변경(서비스 지원 종합조사)
대상 서비스	• 활동지원	• 활동지원, 보조기기교부, 거주시설 입소, 응급안전알림, 발달장애인 주간활동
신청자격	• (활동지원) 장애등급 1~3등급	• (활동지원, 보조기기, 거주시설, 주간활동) 모든 장애인 • (응급안전) 활동지원수급자
조사대상 유형	• 아동: 6~14세 • 성인: 15~64세	• 아동: 6~18세 • 성인: 19~64세

조사지표의 구성	• 기본조사(성인 24개, 아동 22개)
	  －일상생활 기능평가 영역(식사하기, 목욕하기 등: 성인 15개, 아동 13개)
	  －장애특성영역(휠체어 사용, 시각·청각 등 5개)
	  －사회환경영역(사회활동, 위험상황 등 4개)
	• 생활환경(독거, 취약가구, 출산 등 8개)
		• 기본조사(성인 36개, 아동 27개)
		  －기능제한(식사하기, 목욕하기 등: 성인 29개, 아동 20개)
		  －사회활동영역(학교 및 직장생활 2개)
		  －가구환경영역(독거, 취약가구 등 5개)
		• 생활환경(출산, 자립준비, 보호자 일시부재 3개)

조사주체	• (활동지원) 국민연금공단	• 국민연금공단
조사 결과 활용	• (활동지원) 인정조사점수 활용	• (활동지원, 응급안전) 종합조사점수 활용 • (보조기기, 거주시설, 주간활동) 일부 지표를 최소기준으로 활용

출처: 보건복지부(2019).

(2) 장애인복지의 동향

장애인복지란 장애인을 대상으로 한 일련의 사회적 노력, 즉 정책, 제도, 서비스, 운동 등을 의미하며 장애인복지는 그 사회가 장애를 이해하는 방식에 따라 접근방식이 달라지게 된다. 오래동안 장애원인을 개인에게 두던 관점에서 벗어나 사회적, 환경적 관점에서 파악하는 방향으로 변화되고 있다. 이에 따라서 해결책 모색에 있어서도 사회적 책임을 강조하고 장애인의 권리를 강조하는 방향으로 패러다임이 변화되어 장애인복지정책의 방향, 사회복지서비스를 제공하는 기관의 성격과 역할뿐만 아니라 개입방식까지 변화되고 있다. 이러한 변화를 주도한 장애인복지 이념

으로는 **인권보장**의 이념, **정상화** 이념, **사회통합** 이념, **자립생활**(independent living)이 념을 들 수 있다(임종호 외, 2020; 정무성 외, 2006). 이들의 의미를 간략하게 살펴보면 다음과 같다.

① 인권보장의 이념

장애라는 이유로 인간의 기본적인 권리인 인간의 존엄성, 생존권, 생명존중의 가치가 무시되기 쉽다. 모든 인간은 태어나면서부터 인간으로서 가지는 권리를 갖고 태어났으므로 장애인복지의 궁극적인 지향점은 인권보장이 되어야 하며, 지원과정 상에서도 가장 우선시되어야 한다.

② 정상화의 이념

북유럽에서 시작된 이념으로 장애인도 비장애인과 동일한 사회적 · 문화적인 생활을 누릴 권리가 있으며 시설에서 생활하는 지적장애인들도 그 사회의 일반적인 (주류) 사람들과 동일한 생활방식과 환경을 누릴 수 있도록 해야 한다는 생각에서 출발하였다. 이후 북아메리카로 전파되면서 장애인의 정상적이고 일상적인 생활리 듬을 존중할 것과 장애인 개인의 성장과 발달에서 정상적인 발달경험, 장애인 자신의 삶에 중요한 영향을 미치는 일상사건에의 참여와 선택의 중요성을 강조하며 장애인을 비롯하여 사회에서 가치가 박탈될 위기에 있는 사람들을 위해 가능한 한 사람들에게 내재화된 사회적 역할을 창조하고 지원해야 한다는 관점을 취하게 되었다(정영숙, 이현지, 2007).

③ 사회통합의 이념

장애인이 사회구성원으로서 역할을 수행하며 살아가는 것을 의미하는데 진정한 사회구성원의 역할을 수행하기 위해서는 그 사회가 인정하는 생활방식과 기회에 완전하게 참여해야만 가능하며 이를 위해서는 물리적, 심리적, 문화적인 제약조건 들을 없애는 것이 필요하다는 입장이다.

④ 자립생활의 이념

다른 이념들에 비해 비교적 최근에 나타난 이념 내지는 패러다임으로, 장애인 스스로가 자신의 삶을 선택하고 결정하며 자신의 생활 전반에 대한 통제력을 가지고 있음을 강조한다. 즉, 장애인 스스로가 자신이 어디에서 누구와 함께 살 것이며, 어떤 생활방식을 택할 것인지 등에 있어서 능동적이고 주체적인 입장이 되어야 한다는 것이다. 또한 이 이념은 장애보다는 장애를 야기하는 조건들을 문제로 가정하며 이러한 제약조건과 환경문제를 해결하기 위한 접근을 강조한다.

2) 장애인구 현황

(1) 장애출현율 및 추정 장애인 수

2017년도 장애인실태조사 결과에 따르면 인구 100명당 장애인 수인 **장애출현율**은 5.39%로 추정된다[3]. 장애출현율은 2011년 5.61%, 2014년 5.59%로 다소 감소하는 추세이다. 감소의 가장 큰 이유는 인구증가폭보다 장애인의 증가율이 낮기 때문인데 이는 의료기술의 발달로 인한 질환이나 사고와 같은 후천적 원인발병 감소에 따른 것으로 추정되고 있다(김성희 외, 2017). 호주, 독일, 프랑스 등 OECD국가들은 장애개념을 의학적 개념이 아닌 '활동 및 참여제약' 측면에서 장애출현율을 산출하는 데 비해 장애인실태조사에서는 의학적 기준의 장애인만을 포함하고 있어 장애인구를 다소 협소하게 추정하고 있다(조윤화, 서욱영, 2018).

■ 표 10-5 ■ 전국 장애인 추정 수

구분		재가장애인	시설장애인	전체
2017년	장애인 수	2,580,340	88,071	2,668,411
	출현율	5.21	–	5.39
2014년	장애인 수	2,646,064	80,846	2,726,910
	출현율	5.43	–	5.59
2011년	장애인 수	2,611,126	72,351	2,683,477
	출현율	5.47	–	5.61

출처: 김성희 외(2017).

---

3) 전국 장애인출현율은 가구표본조사와 행복e-음을 통한 사회복지시설에 거주하는 장애인 수를 바탕으로 지역사회에 거주하는 재가장애인과 시설에 거주하는 시설장애인을 합하여 산출하였다(김성희 외, 2017).

전국의 **장애인 추정** 수는 2,668,411명으로 재가장애인 2,580,340명, 시설장애인 88,071명으로 추정되며 2014년에 비해 전술한 이유 등에 의해 감소된 것을 나타 났다(〈표 10-5〉 참조).

2017년 기준 장애등록률은 94.1%로 2014년에 비해 다소 증가한 것을 알 수 있으 며 2011년 이후 90%이상의 높은 수준을 유지하고 있다. 이는 장애에 대한 사회적 인식 개선과 장애등록과 연계되는 서비스의 확대의 영향으로 보인다. 눈에 띄는 결 과는 65세 이상 인구 비율로 2011년 38.8%, 2014년 43.3%, 2017년 46.6%로 인구고 령화와 함께 장애인구의 고령화도 빠르게 진행되고 있음을 알 수 있다. 후천적 장애 발생률은 2011년 90.5%, 2014년 88.9%, 2017년 88.1%로 감소하는 경향을 보이고 있다. 후천적 장애의 발생원인별로 살펴보면 질환이 56.0%, 사고가 32.1%를 차지 하고 있다(〈표 10-6〉 참조).

■표 10-6 ■ 장애인구 및 출현율

구분	2011년	2014년	2017년	비고
장애 추정 인구 수	268만 명	273만 명	267만 명	
장애 출현율	5.61%	5.59%	5.39%	
장애 등록률	93.8%	91.7%	94.1%	
65세 이상 인구	38.8%	43.3%	46.6%	65세 이상 노인인구 증가
1인 가구 수	17.4%	24.3%	26.4%	장애인가구 중 1인가구 증가
후천적 장애발생률	90.5%	88.9%	88.1%	후천적 장애발생률 감소경향 2017년(질환 56.0%, 사고 32.1%) 2014년(질환 56.2%, 사고 32.7%) 2011년(질환 55.1%, 사고 35.4%)

출처: 보건복지부 · 한국보건사회연구원(2017).

(2) 등록장애인 현황 및 실태

2018년을 기준으로 등록장애인은 전체 인구의 5.0%인 251만 7천 명이었으며, 연 령별 분포를 살펴보면 58.3%가 60대 이상으로 고령자 비중이 비장애인(19.7%)에 비하여 약 3배 정도 높은 것으로 나타났다.

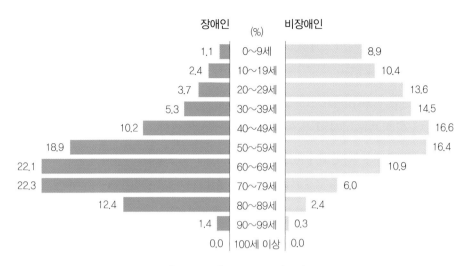

[그림 10-1] **연령별 인구(2018)**

출처: 보건복지부(2020b).

장애인 인구의 57.8%가 남자로 여자 보다 많은 반면, 비장애인 인구는 남자가 49.5%로 여자보다 적었다.

■ 표 10-7 ■ 성별 · 연령별 인구(2018)

	장애인	남자	여자	비장애인	남자	여자	전체	남자	여자
합계	2,517 (5.0)	1,454 (5.8)	1,063 (4.2)	47,461 (95.0)	23,477 (94.2)	23,984 (95.8)	49,978 (100.0)	24,932 (100.0)	25,046 (100.0)
0~9세	29	19	10	4,200	2,153	2,048	4,229	2,172	2,057
10~19세	60	39	21	4,926	2,551	2,375	4,986	2,590	2,396
20~29세	93	61	32	6,456	3,406	3,051	6,550	3,467	39세
30~39세	133	91	42	6,863	3,501	3,361	6,996	3,592	3,404
40~49세	258	181	77	7,880	3,945	3,935	8,138	4,126	4,012
50~59세	477	323	153	7,807	3,823	3,984	8,283	4,146	4,137
60~69세	557	337	220	5,180	2,461	2,719	5,737	2,798	2,939
70~79세	561	277	284	2,836	1,227	1,608	3,397	1,504	1,893
80~89세	312	116	197	1,156	379	777	1,468	494	974
90~99세	36	10	26	154	31	123	190	41	149
100세이상	1	0	1	4	0	3	4	1	4

출처: 보건복지부(2020b).

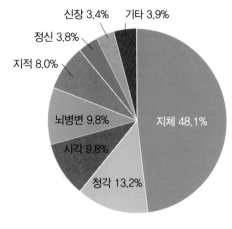

[그림 10-2] 주요 장애유형별 장애인 인구(2018)   [그림 10-3] 장애정도별 장애인 인구(2018)

출처: 보건복지부(2020b).

2018년 현재 등록장애인 장애유형은 지체장애(48.1%), 청각장애(13.2%), 시각장애(9.8%), 뇌병변장애(9.8%) 순으로 나타났으며 10명중 6명(63.6%)은 경증 장애를 가지고 있는 것으로 나타났다.

심하지 않은 장애인(경증)의 90%가 지체장애, 청각장애, 시각장애인 반면, 심한 장애인(중증)의 경우 지체장애, 지적장애, 뇌병변장애의 비중이 61.8%이다(보건복지부, 2020b).

■ 표 10-8 ■ 장애유형별 · 장애정도별 장애인 인구(2018)

	계	비중	심하지 않은 장애(경증)	비중	심한 장애 (중증)	비중
합계	2,517(100.0)	100.0	1,601(63.6)	100.0	916(36.4)	100.0
지체	1,212	48.1	999	62.3	213	23.2
뇌병변	246	9.8	93	5.8	153	16.7
시각	246	9.8	199	12.4	48	5.2
청각	333	13.2	244	15.2	89	9.7
언어	20	0.8	12	0.7	8	0.9
지적	200	8.0	-	-	200	21.9
자폐성	26	1.0	-	-	26	2.9
정신	96	3.8	-	-	96	10.4
신장	86	3.4	22	1.4	64	7.0
심장	5	0.2	1	0.1	4	0.5

호흡기	11	0.5	0	0.0	11	1.2
간	12	0.5	11	0.7	1	0.1
안면	3	0.1	1	0.1	1	0.1
장루 요루	15	0.6	14	0.9	1	0.1
뇌전증	7	0.3	5	0.3	1	0.2

출처: 보건복지부(2020b).

3) 장애인복지의 역사

(1) 서구 장애인복지의 역사

역사적으로 대부분의 사회에서 장애는 비정상적인 것으로 간주되었고 장애인은 사회의 비주류로 취급받아 왔다(Mackelprang & Salsgiver, 2009: 23). 이와 같은 장애인에 대한 복지의 발전과정을 근대이전, 근대이후, 현대로 나누어 살펴보면 다음과 같다(강영실, 2016; 18-22).

① 근대이전

고대에서 중세에 이르기까지 장애인에 대한 시각은 부정적 사고가 지배적이었다. 악령이 씌었다거나 죄의 대가로 장애를 갖게 되었다는 등의 각종 미신과 비과학적 사고에 의해 장애인을 차별과 학대의 대상으로 삼았다. 장애인에 대한 편견적 태도와 사고는 기독교사상이 전파된 이후 사랑을 기초로 자선사업의 대상으로 삼으면서 변화되었지만, 단순 구제보호사업 수준에 머무르는 수준이었다. 종교개혁과 르네상스 이후 의학의 발달로 장애의 원인을 과학적으로 분석하기 시작하면서 장애인에 대한 부정적 편견과 미신을 타파하고 인간으로서 이해하려는 새로운 장애인관이 확립되기 시작했다. 이처럼 중세이전의 장애인에 대한 부정적이고 비인도주의적 관점과 다르게 중세이후에는 보호받아야 할 대상으로 시각이 변화되었지만 여전히 보호·수용의 대상으로 그쳐 장애인에 대한 사회적 대책도 수용·보호 위주에 그쳤다.

② 근대이후

제1차 세계대전에서 참전한 상이군인들이 치료와 보호, 고용대책을 요구하기 시작한 것을 계기로 장애인복지에 대한 관심이 확대되었다. 이를 계기로 제2차 세계 대전 이후에는 참전군인뿐만 아니라 모든 국민에게로 확대하게 되었고 장애인의 생존권, 발달권 및 교육권, 시민권 등을 보장하게 되었으나, 1960년대까지는 시설 중심의 복지이념이 주를 이루어 격리된 시설에서 수용ㆍ보호형태의 서비스를 주로 제공하였다.

③ 현대

1960년대를 전후로 대규모 시설에서 생활하는 장애인들의 실상이 알려지고 인권을 중시하는 사회적 상황과 맞물려 장애인복지에 대한 논의가 본격적으로 시작되었다. 비슷한 시기에 정상화이론이 유럽에서부터 시작된 이후 UN이 정상화이론을 기초로 1970년에 '장애인 재활 10년 선언'을 선택하였고 1975년에는 '신체장애인권리선언' 발표를 통해 장애인의 기본적 권리를 세상에 알렸다. 이와 함께 1981년을 '세계 장애인의 해'로 선포하면서 장애인의 완전한 사회참여와 평등을 강조하게 되었다. 한편, 1960년대 이후에는 장애인의 인권침해, 지역사회치료 및 지원에 대한 관심증가, 사회적 비용증가에 대한 대안으로서 탈시설화정책이 활발하게 전개되면서 사회통합에 대한 관심이 확대되었다. 비슷한 시기에 시민권운동의 영향으로 장애인인권운동이 전개되어 오다가 버클리대학에 입학한 중증장애인인 에드 로버츠(Ed Roberts)에 의해 자립생활운동이 시작되어 오늘날 장애인복지의 대표적인 패러다임인 자립생활패러다임의 근간이 되었다(Rothman, 2003: 38-39).

(2) 우리나라 장애인복지의 역사

① 근대이전

삼국시대에서 근대개화기까지 일반적인 구휼사업을 통해 장애인을 구제하였으나 고려시대와 조선시대에는 각각 시각장애인을 위한 직업대책과 맹인의 점술업을 허가했던 것이 특징적이다. 근대에는 1948년에 국립재활원의 전신인 중앙각심학원이 설립되는 등의 역사는 있었으나 여전히 장애인문제를 독립된 영역으로 보기보다는 구빈문제나 아동, 부녀자문제에 포함하여 다루었다.

② 현대

정부수립 이후 1970년까지가 현대적 의미의 장애인복지가 태동한 시기라 할 수 있는데, 6·25 전쟁 이후 참전군인이나 경찰을 위한 제도가 제정되기 시작한 것이 계기가 되었다. 1970년대는 장애 및 장애인에 대한 국제적인 관심이 확대된 시기로 이에 맞추어 우리 정부에서도 1978년 심신장애자종합대책을 발표하였다. 1980년대는 장애인복지의 전환기라 할 수 있다. 1981년 한국역사상 최초의 장애인복지를 위한 종합적 법률이라 할 수 있는 「심신장애자복지법」이 공포되었다. 한편 1988년 장애인올림픽 개최를 계기로 장애인복지가 본격적으로 발전되기 시작하여 장애 및 장애인관련 법률들이 제정되었다(정무성 외, 2006). 1996년 12월에는 제1차 장애인 복지발전 5개년 계획이 수립된 이후 현재 5차에 이르고 있다. 현대적 의미의 장애인복지가 발전되는 동안 장애인복지서비스 패러다임이 시설에서 지역사회로, 전문가 중심에서 장애당사자(소비자) 중심으로 변화되었다.

4) 주요 정부정책

(1) 장애인복지 관련 법률

장애와 직접 또는 간접적으로 관련이 있는 법률에는 여러 가지가 있으며 그 주무 부처도 다양하다. 이 절에서는 「장애인복지법」, 「장애인 등에 대한 교육법」, 「장애인 등에 대한 특수교육법」, 「장애인고용촉진및직업재활법」, 「장애인·노인·임산부 등의 편의 증진 보장에 관한 법률」, 「장애인차별금지 및 권리구제 등에 관한 법률」을 중심으로 살펴보고자 한다.

① 장애인복지법

1981년 「심신장애자복지법」으로 제정된 이후 수차례의 전면개정을 하였다. 다른 장애관련 법률의 근간이 되는 기본법으로서 장애인의 완전한 사회참여와 평등을 통하여 사회통합을 이루는 것을 장애인복지의 기본이념으로 정하고 있다. 장애인의 권리, 국가와 지방자치단체 및 국민의 책임을 명시하고 있으며 기본정책의 강구, 복지조치, 자립생활의 지원, 복지시설과 단체, 장애인보조기구, 장애인복지 전문인력 등에 관한 내용으로 구성되어 있다.

② 장애인 등에 대한 특수교육법

2007년 5월에 제정되었으며 법의 전신은 1977년 제정된「특수교육진흥법」으로, 이 법의 제정으로 폐지되었다. 국가 및 지방자치단체가 장애인 및 특별한 교육적 요구가 있는 사람에게 통합된 교육환경을 제공하고 생애주기에 따라 장애유형·장애정도의 특성을 고려한 교육을 실시하여 이들이 자아실현과 사회통합을 하는 데 기여하는 것을 법의 목적으로 하고 있다. 국가 및 지방자치단체의 임무, 특수교육대상자의 선정 및 학교배치, 영유아 및 초·중등교육, 고등교육 및 평생교육 등의 내용으로 구성되어 있다.

③ 장애인고용촉진 및 직업재활법

이 법은 장애인이 그 능력에 맞는 직업생활을 통하여 인간다운 생활을 할 수 있도록 장애인의 고용촉진 및 직업재활을 꾀하는 것을 목적으로 제정되었다. 1991년「장애인고용촉진등에관한법률」로 제정되었다가 2000년 전면개정되면서 현재의 명칭으로 변경되었다. 이법에서의 '장애인'이란 신체 또는 정신상의 장애로 장기간에 걸쳐 직업생활에 상당한 제약을 받는 자를 의미한다. 장애인 고용촉진 및 직업재활, 장애인 고용의무 및 부담금, 한국장애인고용공단, 장애인 고용촉진 및 직업재활기금 등의 내용을 담고 있다.

④ 장애인·노인·임산부 등의 편의증진 보장에 관한 법률

이 법은 장애인·노인·임산부 등이 생활을 영위함에 있어 안전하고 편리하게 시설 및 설비를 이용하고 정보에 접근하도록 보장함으로써 이들의 사회활동참여와 복지증진에 이바지함을 목적으로 제정되었다. 1997년 제정되었으며 편의시설 설치의 기본원칙, 접근권, 국가 및 지방자치단체의 의무, 대상시설, 실태조사 등의 내용을 담고 있다.

⑤ 장애인차별금지 및 권리구제 등에 관한 법률

2007년 3월 제정된 이 법은 모든 생활영역에서 장애를 이유로 한 차별을 금지하고 장애를 이유로 차별받은 사람의 권익을 효과적으로 구제함으로써 장애인의 완전한 사회참여와 평등권 실현을 통하여 인간으로서의 존엄과 가치를 구현함을 목

적으로 한다. 차별금지, 장애여성 및 장애아동, 장애인차별시정기구 및 권리구제, 손해배상 및 입증책임 등의 내용으로 구성되어 있으며 장애인에 대한 차별을 직접 차별, 간접차별, 편의 제공을 거부, 광고에 의한 차별, 장애인 관련자에 대한 차별, 보조견 및 장애인보조기구에 대한 차별로 세분화하여 규정하고 있다.

(2) 장애인복지 관련 제도

장애인복지의 실현은 장애인이 사회참여와 평등을 보장받을 수 있도록 국가의 제도적 지원이 이루어질 때 가능하다. 이를 위해 우리나라에서는 다양한 장애인복지제도를 시행하고 있다. 1980년대 이전 장애인복지정책의 방향이 수용·보호중심이었던 것에 비해서는 가히 급속한 발전이 이루어졌다고 볼 수 있다. 그러나 장애인들의 삶에 있어서 가장 큰 어려움으로 제기되고 있는 경제적 문제, 의료적 문제, 주거문제, 사회·경제활동문제 해결에 필요한 지원제도들은 장애정도와 소득기준을 비교적 엄격하게 적용하고 있어, 양적확대에 비해 질과 내용이 담보되지 못했다는 비판과 함께 대상자 확대에 대한 장애인 관련 단체들의 요구가 상존하고 있다.

한편, 정부는 장애인복지를 증진시킬 수 있는 종합대책으로서 제1차 장애인복지발전 5개년(1998~2002년)계획을 수립한 이래 현재 제5차(2018~2022년) 계획이 추진 중이다.

국내 장애인복지제도는 소관 및 시행주체별로 보건복지부에서 시행하는 사업, 기타 중앙행정기관에서 시행하는 사업, 지방자치단체에서 조례에 의거 시행하는 사업, 민간기관에서 자체운영규정에 의하여 실시하는 사업, 지방이양사업으로 구분할 수 있는데, 지방자치제의 확대로 지방자치단체별로 다양한 장애인복지제도가 도입·확대되고 있는 추세이다. 또한, 대부분의 장애인복지시설사업은 지방으로 이양되어 운영되고 있는데, 지방자치단체의 재정자립도에 따라 지원규모와 방식의 차이가 있어 이에 대한 비판의 목소리도 높은 상황이다.

■표 10-9 ■ 장애인정책종합계획의 추진 개요(1998-2022)

구분	제1차 (1998~2002년)	제2차 (2003~2007년)	제3차 (2008~2012년)	제4차 (2013~2017년)	제5차 (2018~2022년)
비전	장애인의 완전한 사회 참여와 평등 보장	장애인이 대등한 시민으로 참여하는 통합적 사회 실현	장애인의 권리에 기반한 참여 확대와 통합 사회 구현	장애인과 비장애인이 더불어 행복한 사회	장애인의 자립생활이 이루어지는 포용 사회
정책 목표	가족 · 이웃 · 지역사회가 장애인과 함께하는 복지 실현	① 생애주기별 특화된 복지 서비스 개발 · 제공 ②통합교육 확대 ③ 안정적 장애인 고용 실현 ④ 디지털 복지사회 구현 ⑤ 장애인 이동편의체계 구축	① 장애인복지서비스의 선진화 구현 ② 생애주기별 교육지원체계 구축 및 문화활동 확대 ③ 장애인이 일할 수 있는 사회 실현 ④ 장애 통합적 접근으로의 사회참여확대와 장애인 권익증진	① 장애인 복지 · 건강서비스 확대 ② 장애인 생애주기별 교육강화 및 문화 · 체육 향유 확대 ③ 장애인 경제 자립 기반강화 ④ 장애인의 사회 참여 및 권익 증진	① 복지 · 건강 지원 체계 개편 ② 교육 · 문화 · 체육 기회보장 ③ 경제적 자립기반 강화 ④ 권익 및 안전 강화 ⑤ 사회참여 활성화
세부 과제	3대 분야 71개 세부과제	7대 분야 103개 세부과제	4대 분야 58개 세부과제	4대 분야 71개 세부과제	5대 분야 22개 중점과제 70개 세부과제
주요 정책	• 장애 범주 확대 • 장애인 고용 지원	• 장애수당 확대 • 장애아 무상보육 • 문화바우처 도입	• 장애인연금 도입 • 장애인활동지원 서비스 도입	• 장애등급제 개편 및 맞춤형 서비스 지원 체계 시범 사업	• 장애인 권리보장 및 종합지원체계 구축 • 탈시설 및 주거지원 강화 • 진로 및 평생교육 지원강화 • 재난 · 안전 지원 시스템 강화
참여 부처	3개 부처	5개 부처	12개 부처	12개 부처	12개 부처

출처: 김성희(2018). 수정 · 보완.

다음은 주요 장애인복지서비스로, 크게 연금, 보육 · 교육, 의료 및 재활지원, 서비스, 일자리 · 융자지원, 공공요금 등, 세제혜택, 지역사회복지사업(재활시설) 및 기타서비스로 구분되며, 각 서비스에 따른 세부사업을 요약하면 〈표 10-10〉과 같다.

■ 표 10-10 ■ 주요 장애인복지서비스(총괄표)

구분	사업명	구분	사업명
연금	• 장애인연금 • 장애수당 및 장애아동수당 • 장애아동 양육수당 • 장애아동 입양양육 지원	일자리 · 융자지원	• 장애인고용서비스 • 장애인 일자리 지원 • 장애인 생산품 판매시설 운영 지원 • 장애인 창업 육성 • 중증장애인 직업재활지원 및 시설 운영 • 장애인 자립자금 대여 • 장애인 표준사업장 설립지원 • 장애인고용시설 장비 융자 · 지원 • 장애인 고용장려금 지원 • 보조공학기기 지원 등 20개
보육 · 교육	• 장애아 보육료 지원 • 여성장애인 교육지원 • 장애인 정보화교육 • 장애학생 정보격차 해소 지원 • 국립특수학교 및 국립부설학교 특수학급지원 등 8개	공공 요금 등	• 차량 구입 시 도시철도채권구입 면제 • 고궁, 능원, 국 · 공립박물관 등 시설 요금 감면 • 공영주차장 주차요금 감면 • 철도 · 도시철도 요금감면 • 이동통신 요금 감면 • 시 · 청각장애인 TV수신료 면제 • 항공요금 할인 • 고속도로 통행료 할인 등 15개
의료 및 재활 지원	• 장애인 의료비 지원 • 건강보험 지역가입자의 보험료 경감 • 장애인 등록진단비 지원 • 장애검사비 지원 • 장애인 보조기기 교부 • 장애인 의료재활 시설 운영 • 여성장애인 출산비용 지원 • 장애입양아동 의료비 지원 • 지역장애인보건의료센터 등 16개	세제 혜택	• 승용자동차에 대한 개별소비세 면제 • 장애인용 차량에 대한 지방세 감면 • 차량 구입시 지역개발공채 구입 면제 • 소득세 공제 • 장애인 의료비 공제 • 장애인 특수교육비 소득공제 • 장애인보장구 부가가치세 영세율 적용 등 12개
서비스	• 장애인활동지원 • 장애아 가족 양육지원 • 발달장애인 주간활동서비스 • 발달장애인 공공후견지원 • 발달장애인 부모상담 지원 • 발달장애인 가족휴식지원 • 장애인거주시설 운영 등 16개	지역사회 복지사업 (재활 시설) 및 기타	• 지역사회중심재활사업 • 주간보호시설 운영 • 장애인복지관 운영 • 특별교통수단 운행 • 장애인특별 운송사업 운영 • 여성장애인 가사도우미 파견 • 청각장애인 인공달팽이관 수술비 지원 등 17개

출처: 보건복지부(2020c).

5) 관련 사회복지시설

「장애인복지법」제57조에서는 국가와 지방자치단체는 장애인복지시설의 이용을 통하여 기능회복과 사회적 향상을 도모할 수 있도록 필요한 정책을 강구하여야 한다고 규정하고 있다. 또한 장애인이 시설을 이용함에 있어 장애인의 인권보호, 장애인복지시설에 대한 장애인의 선택권 보장과 정보제공, 정보 및 서비스 제공 시 장애인의 성별·연령 및 장애의 유형과 정도를 고려해야 함도 명시하고 있다. 장애인복지시설의 주요기능 및 세부종류는 다음과 같다.

- 장애인 거주시설: 거주공간을 활용하여 일반가정에서 생활하기 어려운 장애인에게 일정 기간 동안 거주·요양·지원 등의 서비스를 제공하는 동시에 지역사회생활을 지원하는 시설

■ 표 10-11 ■ 장애인복지시설 종류

형태		시설 종류	소관부서	관련법령
생활 시설	• 거주시설	• 장애유형별거주시설	장애인 권익지원과	「장애인복지법」 제58조
		• 중증장애인거주시설		
		• 장애인영유아거주시설		
		• 장애인단기거주시설		
		• 장애인공동생활가정		
이용 시설	• 지역사회 재활시설	• 장애인복지관		
		• 장애인주간보호시설		
		• 장애인체육시설, 장애인수련시설, 장애인생활이동지원센터		
		• 수화통역센터, 점자도서관, 점서 및 녹음서출판시설		
	• 직업재활 시설	• 장애인보호작업장	장애인 자립기반과	
		• 장애인근로사업장		
		• 장애인직업적응훈련시설		
	• 장애인생산품판매시설			
	• 장애인의료재활시설		장애인정책과	

출처: 보건복지부(2020d).

- **장애인 지역사회재활시설**: 장애인을 전문적으로 상담·치료·훈련하거나 장애인의 일상생활, 여가활동 및 사회참여활동 등을 지원하는 시설
- **장애인 직업재활시설**: 일반 작업환경에서는 일하기 어려운 장애인이 특별히 준비된 작업환경에서 직업훈련을 받거나 직업생활을 할 수 있도록 하는 시설
- **장애인 의료재활시설**: 장애인을 입원 또는 통원하게 하여 상담, 진단·판정, 치료 등 의료재활서비스를 제공하는 시설

6) 쟁점

향후 장애인복지에서 해결해야 할 과제에 대해 간략하게 제시하면 다음과 같다 (관계부처합동, 2018; 김성희 외, 2010).

(1) 소득보장 확대

중증장애인의 생활안정에 실질적으로 기여하기 위해서는 장애연금급여액과 대상자 확대에 더하여 장애수당 등 다층적 소득보장제도로의 발전이 필요하다. 또한 중증장애인 고용확대와 유지, 장애아동을 양육하고 있는 가족의 경제적 부담 경감을 위해 장애아동수당 지급대상 확대 등이 필요하다.

(2) 의료보장 확대

장애인들의 의료적 욕구에 부응하기 위해 의료서비스 접근성 강화와 전달체계를 구축해야 한다. 이를 위해 국립재활원, 지역재활병원, 거점보건소 및 민간 병·의원 등을 포괄하는 통합적 노력이 필요하다. 장애인의 의료서비스 지원을 강화하는 것이 중요하지만 장애발생을 예방하는 것도 중요하므로 장애발생 예방체계 구축을 위한 적극적 노력이 필요하다. 더불어 재활치료 중심의 대응에서 더 나아가 만성질환·장애 관리 등 다양한 지원이 필요하다.

(3) 주거지원 강화

탈시설정책에 따라 거주시설에서 거주 전환을 하게 되는 장애인뿐만 아니라 부모 사망 등으로 인해 더 이상 가족과 함께 생활하기 어려워 주거대안 및 거주지원을

필요로 하는 장애인을 위한 다양한 거주서비스 개발 및 지원 서비스 다양화가 필요하다.

(4) 가족지원서비스 확대

장애인과 일상생활을 영위하는 가족의 보호부담을 덜어주기 위해 돌봄 · 보호 · 휴식 지원, 심리사회 정서적 지원 등이 확대되어야 한다.

(5) 권리보장 및 종합지원체계 개선

의학적 판정에 의한 장애등급제가 폐지됨에 따라 장애인이 자립하여 생활하는 데 필요한 서비스를 원활하게 이용할 수 있도록 맞춤형 종합지원체계를 구축하여, 장애인이 지역사회에서 살아가는 데 필요한 서비스를 쉽게 찾고 신청할 수 있도록 해야 한다.

(6) 장애인 권익 및 사회참여 확대

장애인의 사회참여를 지속적으로 확대하기 위해서는 장애인식개선을 위한 중장기적인 대책이 필요하며 디지털정보화 수준의 격차 해소, 저상버스 및 여객시설 등 이동편의 개선도 필요하다. 또한 「장애인차별금지법」이 실효성 있게 이행될 수 있도록 지속적으로 모니터링되어야 한다.

2. 가족복지

1) 가족복지의 개념

(1) 가족 및 가족복지의 개념

가족은 사회의 기본단위이면서 사회의 유지와 발전을 위한 필수불가결한 제도이다. 또한 가족은 가족구성원과 사회를 위해서 고유한 기능을 수행한다. 전통적으로 가족은 가족구성원의 교육과 사회화, 보호, 정서적 지지, 경제적 욕구충족 등 다양한 기능을 담당했다. 그러나 산업화과정에서 핵가족화, 맞벌이 가족의 증가, 여성의 사회활동 증가 등으로 인해 가족의 전통적인 기능이 약화되었으나 여전히 구성원에게 가장 큰 영향을 미치는 사회제도이다. 또한 가족문제나 사회문제 해결을 일차적으로 담당해야 하기 때문에 가족의 기능을 유지, 지원, 대체할 수 있는 제도 도입의 필요성이 대두되었다. 가령 취업한 여성이 돌봄이 필요한 가족 구성원(아동, 노인 등)에 대한 보호기능을 전담할 수 없는 상황에 대한 지원은 가족복지의 주요 과제가 되었다(Hooyman & Gonyea, 1995: 954).

사회복지분야에서는 초창기부터 가족을 사회복지사업의 주 대상으로 삼아왔다. 자선조직협회 활동 초기부터 우애방문자(friendly visitor)들의 활동은 가족에게 집중되었고 원조를 위한 관심의 단위도 개인이 아닌 가족이었다. 이와 더불어 사회복지학 학문분야에서도 가족에 관한 연구가 중시되었는데 리치몬드(Richmond)는 이미 1917년 『사회진단』에서 환경으로서의 가족의 중요성을 강조했다(성정현 외, 2014).

시대와 사회에 따라 가족의 개념이 다르기 때문에 가족복지의 개념을 정의하기란 쉽지 않다. 가족복지에 대한 여러 학자들의 정의가 있는데, 광의의 개념은 모든 국민은 인간으로서의 존엄과 가치를 가지며, 행복을 추구할 권리를 가진다는 「헌법(제10조)」의 정신에 입각하여 정리해 볼 수 있다. 즉, 가족생활이 가족구성원 모두의 존엄과 양성의 평등을 기초로 성립되고 유지될 수 있도록 국가와 사회가 수행해야 할 총체적인 노력이라 할 수 있다. 반면 협의의 개념으로는 '모든 가족구성원들이 각자의 발달적·정서적 욕구를 충족하면서 보다 유능하게 기능하는 것을 배울 수 있도록 돕는 것'으로 정의할 수 있는데, 통상 이를 가족사회사업 내지는 가족사회복지(family social work)라고 한다(Collins et al., 1999: 2). 조흥식 등은(2017) 여러 학자들의 견해를 종합하여 '가족복지란 목적 면에서는 국민생활권의 기본이념에 입각하여 가족의 행복을 유지시키고자 하는 것이며, 주체 면에서는 가족을 포함한 한 단위로서의 가족 전체가 되며, 수단 면에서는 제도적·정책적·기술적 서비스 등 조직적인 제반활동이 되며, 범위 면에서는 사회복지의 한 분야'라고 정의하면서 가족복지는 가족구성원 개인이나 가족에 대한 서비스뿐만 아니라 가족제도의 강화나 수정 및 변화에 대한 노력까지 포괄하는 다소 폭넓은 개념으로 정의하고 있다. 한편, 가족복지의 맥락에서 이루어진 가족사회사업(family social work)의 목표는 다음과 같이 정의할 수 있다(Collins et al., 1999: 2).

- 가족이 변화에 대한 준비를 하도록 가족의 강점을 강화시키는 것
- 가족이 효과적인 가족기능을 유지할 수 있도록 가족치료 후 추가지원을 제공하는 것
- 효과적이고 만족스러운 일상생활을 지속하도록 가족기능에 구체적인 변화를 창출하는 것

(2) 가족복지의 대상 및 영역

가족복지의 대상에 대한 학자들의 견해도 다양하게 나타나고 있는데 장인협 (1985: 93)은 가족복지의 대상을 개인과 가족의 기능과 가족관계에 관한 문제, 빈곤이나 사회자원의 결핍에 의한 문제, 일시적 긴장에 의한 문제로 제시하였다. 한편 김성천(1989: 113-114)은 가족 전체에 미치는 영향을 기준으로 가족복지의 대상을 세 가지로 제시하고 있다.

- 환경적 문제: 가족 전체성에 영향을 주는 빈곤, 불평등, 실업, 무주택, 교육기회의 박탈, 의료기회의 박탈 등
- 가족성원 간의 문제: 가족 전체성에 영향을 주는 가족성원의 역할 불이행, 갈등, 가족성원의 증가나 감소, 별거 등
- 가족성원의 내적 문제: 가족 전체성에 영향을 주는 가족성원의 적응능력, 인격, 행동상의 장애 등

한편 가족복지의 영역 내지는 접근방법은 크게 가족정책(가족정책적 접근방법)과 서비스 영역(가족복지 서비스적 접근방법)으로 분류할 수 있다.

가족정책은 문제가족에 대하여 사후복구적 처우라기보다는 예방적 처우라는 관점에서 사회의 구조적 문제에 대하여 제도적, 환경적, 거시적 접근을 하는 것으로, 정부가 가족을 위해 시행하는 모든 활동을 의미한다. 즉, 소득유지와 관련된 것, 인구정책에 관련된 것, 고용 및 노동시장의 촉진에 관련된 것, 주택정책에 관한 것, 아동양육프로그램 및 서비스에 관한 것, 보건 및 의료보호정책에 관한 것, 대인복지서비스에 관한 것 등이 포함될 수 있다(조흥식 외, 2017). 한편, 김성천(2000)은 가족정책을 **가족친화적**(family-friendly)**정책**과 소극적 가족정책으로 구분하였는데, 전자

는 다양한 가족형태를 인정하고 가족 전체성에 초점을 두고 가족문제의 예방과 해결에 있어서 국가가 적극적으로 개입하는 정책적 방향을 의미한다. 반면, 소극적 가족정책이란 국가의 가족문제에 대한 개입을 최소화하고 빈곤가족, 장애인가족 등에 대한 선별적인 지원을 강조하는 것을 의미한다.

서비스 영역 내지는 가족복지 서비스적 접근방법의 대표적인 프로그램은 다음과 같다(조흥식 외, 2017).

- 가족에 대한 직접적 개입: 가족사회사업(family social work)
- 가족보호(family caregiving): 발달장애인 또는 치매노인가족에 대한 각종 서비스
- 가정생활교육(family life education): 부모역할훈련 프로그램
- 가족보존(family preservation services)와 가정기반서비스(home-based services)
- 가족치료
- 가족옹호

2) 한국가족의 현황

전 세계적으로 가족의 규모는 점차 축소, 단순화되고 있으며 개인의 자발적 선택에 의해 가족구성원의 구성이 유연해지는 경향이 높아가고 있다. 또한 이혼, 재혼, 그리고 다양한 혼인형태가 증가하고 있는 실정이다(성정현 외, 2014). 이러한 상황에서 한국가족의 현황은 어떠한지를 가족의 구조와 기능의 변화, 가족주기의 변화를 중심으로 살펴보고자 한다(성정현 외, 2014; 이원숙, 2016).

(1) 가족의 구조

저출산, 고령화, 여성의 경제활동 참여 증가, 소득의 양극화와 갈등 등의 환경변화로 인해 **가족의 구조**도 점차 변화되고 있다. 주요한 가족의 구조적 변화로는 가구 수와 1인가구의 증가, 이혼가족의 증가, 조손가족의 증가, 고령가구의 증가 등을 들 수 있다(이원숙, 2016).

① 가구 수의 증가 및 평균 가구원 수의 감소

2019년 인구주택총조사 결과(통계청, 2019)에 따르면 우리나라의 가구 수는 20,343천 가구로 2018년보다 364천 가구 증가하였고 평균 가구원 수는 2.39명으로 2018년 2.44명보다 0.04명 감소하였다. 읍면동별 평균 가구원수를 비교해 보면 동 지역이 2.42명으로 가장 높고, 읍지역 2.41명, 면지역 2.13명 순이다. 이러한 현상은 1인가구나 2인가구의 증가로 평균 가구원 수는 감소되는 대신 가구 수는 증가하는 것으로 해석할 수 있다. 실제로 2019년 주된 가구유형은 1인가구(30.2%)로 전년에 비해 299천가구(0.9%p) 증가하였다.

■표 10-12 ■ 가구수 및 가구당 평균 가구원수(2000년T~2019년R)[4]   (단위: 천 가구, 천 명, 명)

구 분		2000년 T	2005년 T	2010년 T	2015년 R	2016년 R	2017년 R	2018년 R(A)	2019년 R(B)	증감 (B-A)
일반가구(A)		14,312	15,887	17,339	19,111	19,368	19,674	19,979	20,343	364
일반가구원(B)		44,712	45,737	46,651	48,340	48,551	48,615	48,665	48,674	9
평균 가구 원수	전 국 (B/A)	3.12	2.88	2.69	2.53	2.51	2.47	2.44	2.39	-0.05
	읍 부	3.10	2.87	2.68	2.53	2.51	2.48	2.44	2.41	-0.03
	면 부	2.79	2.50	2.33	2.24	2.22	2.19	2.16	2.13	-0.03
	동 부	3.18	2.93	2.74	2.57	2.54	2.51	2.47	2.42	-0.05

출처: 통계청(2019).

주목할 만한 현상은 1인가구의 증가로 1인가구 비율은 30.2%(6,148천 가구)로 전년 29.3%에서 0.9%p 증가하였으며 연도별로 지속적으로 증가하고 있음을 알 수 있다(통계청, 2019).

---

4) 2018년R과 2019년R 자료는 행정자료를 활용한 등록센서스 방식의 집계 결과이며 2005년T 이전자료는 전통적 현장조사방식의 집계자료이다. 시계열자료가 있는 2010년은 전통적 방식과 등록센서스 방식을 모두 표기하였으며 전통적 방식은 2010년T, 등록센서스 방식은 2010년R로 표시하였다.

* 전통적 방식: 2010년T(Traditional), 등록센서스 방식 : 2010년R(Register-based)(통계청, 2019).

■ 표 10-13 ■ 연도 및 가구원수별 가구 규모(2000T~2019R)　　　　(단위 : 천 가구, %, %p)

	2000년 T	2005년 T	2010년 T	2015년 R	2016년 R	2017년 R	2018년 R(A)	2019년 R(B)	증감 (B−A)
1인가구 수 (비율)	2,224	3,171	4,142	5,203	5,398	5,619	5,849	6,148	299
	(15.5)	(20.0)	(23.9)	(27.2)	(27.9)	(28.6)	(29.3)	(30.2)	(0.9)

출처: 통계청(2019).

② 가족형태의 변화

가족형태의 변화도 주목할 만하다. 2015년 기타가족 비율은 2010년에 비해 약간 증가하였으며, 직계가족 비율은 감소하였다. 지난 30년간 핵가족 비중은 지속적으로 증가한 반면(1970년 71.5%에서 2015년 81.7%로 증가), 3대가족 등 직계가족 비중은 감소(1970년 18.8%에서 2015년 5.3%로 감소)하고 있음을 알 수 있다. 이를 통해 볼 때 부부와 양친과 자녀로 구성된 직계가족의 비중은 지속적으로 감소가 예상되는 반면 가구 분화와 더불어 핵가족 중 부부가족의 비중은 계속 늘어날 전망이며, 이에 따라 가족의 형태별 분포도 지속적으로 변화할 전망이다. 이로 인해 가족 내 돌봄기능의 약화가 예상되어 가족 내 돌봄기능을 보완하는 가족정책 마련 필요하다. 또한 다양한 형태의 가족을 지원하는 정책이 필요하다고 볼 수 있다.

■ 표 10-14 ■ 가족의 형태별 분포　　　　(단위 : 천가구, %)

		1970	1975	1980	1985	1990	1995	2000	2005	2010	2015
	혈연가구수	5,576	6,367	7,470	8,751	10,167	11,133	11,928	12,490	12,995	13,694
핵가족 (%)	부부	5.4	5	6.4	7.8	9.3	12.6	14.8	18	20.6	21.8
	부부와 미혼자녀	55.5	55.6	56.5	57.8	58	58.6	57.8	53.7	49.4	44.9
	편부모와 미혼자녀	10.6	10.1	10	9.7	8.7	8.6	9.4	11	12.3	15
직계가족 (%)	부부와 양(편)친	1.4	0.5	0.6	0.8	0.9	1.1	1.2	1.2	1.2	1.1
	부부와 양(편)친과 자녀	17.4	10.9	10.4	9.9	9.3	8	6.8	5.7	5	4.2
	기타가족(%)	9.7	17.9	16.1	14	13.8	11.2	10.1	10.4	11.6	13

출처: 통계청(2020a).

③ 이혼 독신가구수의 증가

통계청에 따르면 2019년 **이혼**은 11만 8백 건으로 전년(10만 8천 7백 건)보다 2.0%(2천 1백 건) 증가하였으며 2019년 조이혼율(인구 1천 명당 이혼 건수) 2.2건으로 전년보다 0.1건 증가하였다. 한편, 평균 이혼연령은 남자 48.7세, 여자 45.3세로 지속적인 상승추세에 있으며 남자의 연령별 이혼율은 40대 후반이 1천 명당 8.6건으로 가장 높은 반면, 여자의 연령별 이혼율은 40대 초반이 1천 명당 9.0건으로 가장 높았다.

■표 10-15 ■ 총 이혼건수 및 조이혼율[5]　　　　　　　　　　　　　　　　　　(단위 : 천건, %, 건)

	2010	2011	2012	2013	2014	2015	2016	2017	2018	2019
총이혼건수(천건)	116.9	114.3	114.3	115.3	115.5	109.2	107.3	106	108.7	110.8
증감건수(천건)	-7.1	-2.6	0	1	0.2	-6.4	-1.8	-1.3	2.7	2.1
증감율(%)	-5.8	-2.2	0	0.9	0.2	-5.5	-1.7	-1.2	2.5	2
조이혼율(인구 1천 명당 건)	2.3	2.3	2.3	2.3	2.3	2.1	2.1	2.1	2.1	2.2

출처: 통계청(2020b).

④ 조손가정의 증가

조손가정의 증가도 또 하나의 변화로 볼 수 있다. 조손가정은 조부모와 손자녀로 구성되어 빈곤위험이 높으며, 가족 내 돌봄과 보호기능이 취약한 문제를 가지고 있다. 실제 조손가정 가구 당 평균소득은 2,175만 원으로, 전체가구 평균소득 4,883만 원의 45%에 불과하며, 다문화가구(4,328만 원)와 장애인가구(3,513만 원)보다도 낮은 수준이다. 이러한 조손가정이 통계청 장래가구추계에 따르면 2015년 153천 가구에서 2035년 321천 가구로 증가할 것으로 전망되므로, 조손가족에 대한 경제적 지원, 돌봄부담 경감, 학습지원, 건강지원 등의 가족복지서비스적 대응이 필요하다(보건복지부, 2017).

---

5) 조이혼율: 특정 1년간 신고한 총 이혼건수를 당해 연도의 중간(7월) 기준 인구(연앙인구)로 나눈 수치를 1,000분율로 나타낸 것

일반이혼율: 특정 1년간 신고한 총 이혼건수를 당해 연도의 15세 이상 남자(여자)인구로 나눈 수치를 1,000분율로 나타낸 것

연령별 이혼율: 특정 1년간 특정 연령층에서 신고한 남녀별 이혼건수를 그 해당 연령층의 남자(여자) 연앙인구로 나눈 수치를 1,000분율로 나타낸 것(e-나라지표: https://www.index.go.kr/potal/main/EachDtlPageDetail.do?idx_cd=1579)

⑤ 고령가구의 증가

65세 이상 **고령자가 있는 가구**는 5,598천 가구로 일반가구의 27.5%이며, 2018년 5,378천 가구보다 220천 가구(4.1%) 증가하였다. 65세 이상 고령자만 있는 가구는 2,720천 가구로 일반가구의 13.4%이며, 2018년 2,545천 가구보다 175천 가구(6.9%) 증가하여 고령자만으로 구성되거나 고령자 1인으로 구성된 가구가 늘어나고 있다. 특히, 고령자 1인가구 비중은 2017년 24.1%(134만 7천 가구)에서 2047년 48.7%(405만 1천 가구)로 늘어날 것으로 예측됐다. 노년에 대한 준비가 충분하지 않은 고령자 1인가구의 경우 건강약화와 생활안전, 사회적 관계축소와 고립, 빈곤 등의 문제에 노출될 가능성이 높기 때문에 이에 대한 사회적 대책마련이 필요하다.

■표 10-16 ■ 고령자가구 규모 (단위 : 천 가구, %)

구 분		2018년R(A)	비율	2019년R(B)	비율	증감(B-A)	증감률
일반가구		19,979	100.0	20,343	100.0	364	1.8
고령자가 있는 가구		5,378	26.9	5,598	27.5	220	4.1
	고령자만 있는 가구	2,545	12.7	2,720	13.4	175	6.9
	고령자 1인가구	1,445	7.2	1,533	7.5	88	6.1

출처: 통계청(2019).

(2) 가족기능

사회변화에 따라 가족의 구조뿐만 아니라 **가족의 기능**도 변화되었다. 전통적인 가족의 기능과 비교하여 현대사회의 가족의 기능은 상당 부분이 사회로 이양되고 있다. 이를 몇 가지로 정리하면, 첫째, 가족의 경제적 기능은 생산이 이루어지는 일터와 교환이 이루어지는 시장으로 이전함에 따라 생산기능은 약화 혹은 상실되고 소비기능은 강화되었다. 둘째, 가족의 출산 및 성행위 규제기능은 현대사회에 들어와서도 가족의 주요기능으로 남아 있지만 결혼과 출산시기는 점차 늦어지고 있다. 셋째, 자녀양육 및 사회화의 기능은 여성의 경제활동 증가 등으로 인해 공식교육기관으로 이전되고 있고 입시부담으로 인한 사교육 증가 등으로 인해 가족의 큰 부담으로 작용하고 있다. 넷째, 가족의 출산과 양육, 사회화 기능보다는 정서적 유대기능과 여가의 기능은 점차 중시되고 있다. 다섯째, 가족 내 부양의식의 약화로 가족의 사회보장기능은 약화되고 있다. 특히 여성들의 경제활동 확대와 자녀양육 부담 증가로 인해 노인부양기능은 약화되고 있다. 여섯째, 가족의 지위계승 기능은 자녀교육과 결혼, 재산상속 등을 통해 강화되고 있다. 일곱째, 가사노동은 사회화, 상품화, 기계화되고 있다(성정현 외, 2014; 이원숙, 2016).

(3) 가족주기

자녀 출산과 양육기간이 짧아지면서 자녀들을 출가시킨 후 노인부부만 남는 빈 둥지 시기가 점차 길어지고 있다. 이렇듯 마지막 자녀 출가시기가 빨라진 반면 평균수명은 점차 길어져 자녀출가 후 노인부부만이 남아 생활하는 기간이 길어짐으로써 노년기의 고립과 고독, 여가문제 등이 사회문제로 대두되고 있다(성정현 외, 2014).

3) 가족복지의 역사

가족복지정책은 취약한 가족을 중심으로 한 국가개입으로부터 일반 가족에 대한 국가 개입으로 확대되는 경로를 걸어왔다. 초기에는 어머니와 그 자녀를 보호하고자 하는 제한된 목적에서 출발하여 오늘날 가족복지정책은 모든 가족을 대상으로 포괄적인 현금 및 현물급여를 제공하는 긴 발달의 경로를 통해 구축되었다. 지난 세기 동안 서구에서 나타난 주요 변화는 다음과 같다(Gauthier, 1996; 성정현 외, 2014 재인용).

(1) 제1기(1879~1929년)

대다수 임금근로자 가족의 높은 빈곤율과 높은 영아사망률이 사회문제였던 시기로 모성휴가제도, 아동복지센터 설립, 빈곤한 어머니, 과부, 고아 등에 대한 제한적 현금급여 등 아동과 여성을 보호하기 위한 공적 개입이 나타났다.

(2) 제2기(1930~1933년)

제2차 세계대전의 영향으로 출산율이 하락된 시기로 많은 국가들이 출산수당 등과 같은 결혼과 출산을 장려하는 조치를 취하였고, 일부 국가에서는 부양자녀가 있는 남성노동자에게 가족수당의 형태로 현금급여를 지원하였다.

(3) 제3기(1945~1959년)

종전으로 출산율이 높아진 시기로 보편주의에 기반하여 가족에 대한 지원책을 강화하였다. 제한적 급여였던 가족수당이 보편주의적 급여로 확장되었고 전쟁기간 동안 노동시장에 참여했던 여성들이 가정에서 전통적인 역할을 수행할 것을 강조한 시기였다.

(4) 제4기(1960~1974년)

빈곤문제가 재부상된 시기로 저소득 빈곤가족에 대한 선별주의적 급여정책이 도입되었고 한부모가족에 대한 급여 확대, 저소득가족에 불리한 조세감면제도의 개선 등이 이루어졌다.

(5) 제5기(1975년~1980년대)

유례없는 저출산, 여성의 노동시장참여율 증가, 가족 형태의 다양화 등으로 특징화되는 시기이다. 취업모에 대한 지원 강화, 부양자녀가 있는 빈곤가족 공공지원정책이 마련되었다. 또한 일부 국가에서는 출산장려정책을 추진하고 있는데, 가족복지, 취업활동과 부모역할의 양립을 지원하는 가족친화적 정책 등을 통해 간접적인 방식으로 지원하는 경향이 강하다.

(6) 제6기(1990년대 이후)

다양한 가족형태가 출현함에 따라 가족을 보존하기 위한 정책의 개발과 더불어 가족에 대한 서비스 제공이 사회적 과제로서 새롭게 부상하게 되었다.

4) 주요 정부정책

(1) 가족복지 관련 법

가족복지정책과 관련된 법률들로 「건강가정기본법」, 「영유아보육법」, 「한부모가족지원법」, 「가족친화 사회환경의 조성 촉진에 관한 법률」, 「다문화가족지원법」과 기타 모성보호관련 법들이 있다(백은령 외, 2010; 손병덕 외, 2014; 이원숙, 2016).

① 건강가정기본법

이 법은 건강한 가정생활의 영위와 가족의 유지 및 발전을 위한 국민의 권리·의무, 국가 및 지방자치단체 등의 책임을 명백히 하고, 가정문제의 적절한 해결방안을 강구하며 가족구성원의 복지증진에 이바지할 수 있는 지원정책을 강화함으로써 건강가정 구현에 기여하는 것을 목적으로 2004년도에 제정되어 2005년 1월 1일부터 시행되고 있다. 이 법에서의 '건강가정'이라 함은 가족구성원의 욕구가 충족되고 인간다운 삶이 보장되는 가정을 말한다. 법률에서는 건강가정정책, 건강가정사업, 건강가정전담조직 등에 대해 규정하고 있다.

② 저출산·고령사회기본법

저출산·고령사회정책의 기본방향과 그 수립 및 추진체계에 관한 사항을 규정하고 있다. 이 법에 의하여 보건복지부 장관은 매 5년마다 관계중앙행정기관의 장과 협의해 저출산·고령사회기본계획을 수립·추진하도록 하고 있다. 저출산·고령사회정책의 기본방향, 저출산·고령사회정책의 수립 및 추진체계 등을 규정하고 있다.

③ 영유아보육법

이 법은 영유아의 심신을 보호하고 건전하게 교육하여 건강한 사회구성원으로 육성함과 아울러 보호자의 경제적·사회적 활동이 원활하게 이루어지도록 함으로써 영유아 및 가정의 복지증진에 이바지함을 목적으로 한다. 이 법에서의 '영유아'란 6세 미만의 취학 전 아동을 의미하며 '보육'이란 영유아를 건강하고 안전하게 보호·양육하고 영유아의 발달 특성에 맞는 교육을 제공하는 어린이집 및 가정양육 지원에 관한 사회복지서비스를 말한다. 법률에서는 어린이집의 설치, 보육교직원, 어린이집의 운영, 건강·영양 및 안전, 비용, 지도 및 감독 등을 규정하고 있다.

④ 한부모가족지원법

이 법은 한부모가족이 안정적인 가족기능을 유지하고 자립할 수 있도록 지원함으로써 한부모가족의 생활안정과 복지증진에 이바지함을 목적으로 한다. 이 법에서의 '한부모가족'이란 모자가족 또는 부자가족을, '아동'이란 18세 미만(취학 중인 경우에는 22세 미만을 말한다)의 자를 말한다. 법률에서는 한부모가족을 위한 복지의 내용과 실시, 한부모가족복지시설, 비용 등을 규정하고 있다.

⑤ 가족친화 사회환경의 조성 촉진에 관한 법률

이 법은 2007년 12월 14일 제정되어 2008년 6월 15일부터 시행된 법률로서, 가족친화 사회환경의 조성을 촉진함으로써 국민의 삶의 질 향상과 국가사회의 발전에 이바지함을 목적으로 한다. 여기서의 가족친화 사회환경이란 일과 가정생활을 조화롭게 병행할 수 있고 아동양육 및 가족부양 등에 대한 책임을 사회적으로 분담할 수 있는 제반 환경을 의미한다. 가족친화 사회환경 조성 기본계획, 가족친화 사회환경 조성사업, 기업 등에 대한 가족친화인증 등을 규정하고 있다.

⑥ 다문화가족지원법

이 법은 다문화가족 구성원이 안정적인 가족생활을 영위하고 사회구성원으로서의 역할과 책임을 다할 수 있도록 함으로써 이들의 삶의 질 향상과 사회통합에 이바지함을 목적으로 2008년 3월 21일 제정되고 2008년 9월 22일부터 시행된 법률이다. 다문화가족 지원을 위해 생활정보 제공 및 교육 지원, 의료 및 건강관리를 위한 지원, 아동 · 청소년 보육 · 교육, 다문화가족지원센터의 설치 · 운영 등의 조항을 규정하고 있다.

⑦ 모성보호관련 법

여성의 경제적 활동과 사회진출을 도우면서 모성의 역할을 충실히 할 수 있도록 보호하는 법으로는 「근로기준법」, 「남녀고용평등과 일 · 가정 양립 지원에 관한 법률」, 「고용보험법」 등이 포함된다.

(2) 가족복지 관련 제도

우리나라의 사회복지제도는 가정 내에서 발생하는 문제에 대해 개인과 가족의 책임을 우선시해 왔기 때문에 정부차원에서의 가족복지정책의 발달이 서구 복지국가에 비해 상대적으로 늦었다. 이런 맥락에서 손승영은 한국의 가족정책은 요보호가족을 대상으로 그때그때 필요한 해결책을 땜질식으로 제시해 왔을 뿐 한국가족의 변화를 사회변화와의 연결고리 속에서 이해하고 정책화하고자 하는 시도는 전무했다고 비판하였다(손승영, 2001: 3). 즉, 우리나라의 가족복지정책은 기본적으로 개별 가족이 소득유지, 가족부양의 기능을 담당할 것이라고 가정하고 예외적인 경우에만 국가의 제한적 개입이 상당 기간 이루어졌다고 볼 수 있다. 국내 가족복지 관련 제도를 세 가지로 나누어 제시하면 다음과 같다(성정현 외, 2014; 여성가족부, 2016; 이원숙, 2016).

① 소득지원

소득지원제도로는 사회보험 및 공공부조를 통한 소득지원이 예가 될 수 있으나 사회보험은 기본적으로 가입자 개인별 수급권에 의한 급여체계로, 엄밀히 말하면 가족에 대한 소득지원제도라 보기는 어렵다(성정현 외, 2014). 그러나 국민연금급여 중 수급자에 의해 부양되는 가족을 지원하는 가급연금[6], 유족연금 등이 가족에 대한 지원을 목적으로 하고 있다. 대표적인 공공부조제도인 국민기초생활보장제도의 경우, 가족 단위로 수급자격이 판정되고 급여 또한 가족을 단위로 이루어진다는 점에서 가족복지제도라고 볼 수 있으며 한부모가족양육비 및 복지자금지원 등이 해당된다. 보편적 소득 및 지출지원으로는 가정양육수당, 임신·출산 진료비지원이 있다.

② 일·가족 양립지원

가족과 일을 양립할 수 있도록 지원하는 제도로는 「근로기준법」에 의한 모성보호제도(출산전후휴가제도, 유·사산휴가제도, 배우자 출산휴가)와 「남녀고용평등과 일·가정 양립 지원에 관한 법률」에 의한 육아휴직제도 및 육아휴직급여, 육아기 근로시간 단축제도, 직장보육시설 설치, 근로자의 가족돌봄 등을 위한 지원 등이 있다.

③ 돌봄 및 양육지원

가족의 돌봄 부담을 경감시켜주기 위한 지원들로는 아동돌봄부담을 덜어주기 위

---

6) 가급연금은 수급권자가 권리를 취득할 당시 그 자(유족연금에 있어서는 가입자 또는 가입자이었던 자)에 의하여 생계를 유지하고 있거나 노령·장애연금수급권자가 그 권리를 취득한 이후 생계를 유지하게 된 자에 대하여도 지급하는 일종의 가족수당 성격의 부가급여이다.

한 보육시설 운영, 아이돌봄서비스 지원, 산모·신생아도우미사업을 시행하고 있으며, 장애인돌봄지원을 위해서는 장애인활동지원서비스, 장애아가족 양육지원사업을 실시하고 있다. 노인돌봄지원을 위해서는 노인장기요양보험제도, 노인돌봄기본서비스, 노인돌봄종합서비스 등을 제공하고 있다.

④ 기타 가족지원프로그램

기타 가족지원프로그램으로는 다문화가족지원, 가정폭력 예방 및 피해자 지원, 저소득 한부모가족 주거 지원, 다자녀가정을 위한 지원 등이 있다(성정현 외, 2014).

5) 관련 사회복지시설

사회복지시설은 「사회복지사업법」 제2조의 '사회복지사업[7]'을 행할 목적으로 설치된 시설을 의미한다. 따라서 가족복지 관련 사회복지시설로는 〈표 10-17〉에서 보는 바와 같이 어린이집, 다함께돌봄센터, 가정폭력보호시설, 한부모가족복지시설, 다문화가족지원센터가 해당된다. 건강가정지원센터의 경우는 「사회복지사업법」에 의한 사회복지시설은 아니나, 2005년 보건복지가족부에서 시행한 「건강가정기본법」에 따라 가정문제의 예방·상담 및 치료, 건강가정의 유지를 위한 프로그램의 개발, 가족문화운동의 전개, 가정관련 정보 및 자료제공 등을 위하여 설립되었다(「건강가정기본법」 제35조).

■표 10-17 ■ 가족복지 관련 사회복지시설 및 기관

소관부처	시설종류	세부종류		관련법
		생활시설	이용시설	
보건복지부	어린이집		• 어린이집	「영유아보육법」
	다함께돌봄센터		• 다함께돌봄센터	「아동복지법」

7) 「사회복지사업법」 제2조에 의하면 '사회복지사업'이라 함은 다음 각 목의 법률에 의한 사업을 말한다고 규정하고 있는데, 마. 「한부모가족지원법」, 바. 「영유아보육법」, 하. 「가정폭력방지 및 피해자보호 등에 관한 법률」, 버. 「다문화가족지원법」은 각 목에 해당하는 법률이다.

	가정폭력 보호시설	• 가정폭력피해자보 호시설	• 가정폭력상담소 • 긴급전화센터	「가정폭력 방지 및 피해자 보호 등에 관 한 법률」
여성 가족부	한부모 가족복지 시설	• 모자가족복지시설 (기본, 공동, 자립) • 부자가족복지시설 (기본, 공동, 자립) • 미혼모자가족복지 시설(기본, 공동) • 일시지원복지시설	• 한부모가족복지상 담소	「한부모가족지원법」
	다문화가족 지원센터		• 다문화가족지원센터	「다문화가족지원법」
	건강가정 지원센터		• 건강가정지원센터	「건강가정기본법」

출처: 보건복지부(2020d).

6) 쟁점

모든 가족이 함께 행복한 사회를 구현하기 위해서는 다양한 가족의 삶의 질이 향상되고 남녀 모두 일·가정 양립이 가능해야 한다. 이를 위해서는 다음의 사항들이 고려되어야 한다(성정현 외, 2014; 여성가족부, 2016; 이원숙 2016).

(1) 맞춤형 가족정책의 강화

가족복지를 더 이상 사적 책임으로 방치할 수 없으므로 가족복지책임주의를 극복하고 사회적 연대의 가치를 확보해야 한다. 또한 문제가족 중심에서 벗어나 일반 가족을 대상으로 하는 보편주의가 확립되어야 한다. 보편적 가족서비스로서의 가족교육, 상담, 여가활동지원이 필요하며, 가족형태의 다양화에 따라 가족의 상황에 적절한 맞춤형 가족정책이 강화되어야 하고, 가족정책에 젠더관점을 결합시키는 방향으로 정립되어야 한다(여성가족부, 2016; 이원숙, 2016)

(2) 가족 내의 여성 불평등 개선

가족 내 여성이 수행하는 돌봄노동에 대한 사회적 가치인정을 확대할 필요가 있고 가족 내의 불평등한 권력관계에 의해 발생하는 가정폭력, 아동학대 등에 대해 가족복지적 관점에서 상담, 치료 등 사회적 서비스가 강화되어 폭력을 예방하고 평등 가정이 유지될 수 있도록 지원해야 한다(성정현 외, 2014).

(3) 일·가정 양립 실천 강화

배우자 출산휴가, 남성 육아휴직 활성화 등을 통해 남성의 일·가정 양립 지원을 강화하고 가족친화인증제도 내실화 및 일·가정 양립 홍보 등을 통하여 기업이 자발적으로 참여하도록 유도해야 한다.

(4) 가족정책 환경 변화에 대응한 추진체계 강화

가족정책은 요보호가족 지원을 위한 단편적 차원의 정책에서 벗어나 보다 확대, 체계화된 가족정책 수립과 정책을 위한 행정체계 구축이 필요하다. 가족구조 및 정책환경 변화를 반영하고 미래가족의 변화를 예측하여 가족정책의 패러다임 전환 및 중장기 과제 추진이 필요하다. 더불어 보편적 가족정책 전달체계로의 위상강화 및 효율적인 가족정책 및 서비스 추진이 필요하다(여성가족부, 2016; 이원숙, 2016).

생각해 볼 문제

1. 장애개념의 변화가 장애인복지에 미친 영향에 대해 생각해 봅시다.

2. 최근 장애인복지의 이념적 동향에 대해 생각해 봅시다.

3. 서구와 우리나라의 장애인복지 발전과정에 대해 생각해 봅시다.

4. 장애와 직접 또는 간접적으로 관련이 있는 법률에는 어떠한 것이 있는지 생각해 봅시다.

5. 장애인복지 분야에서 논의되고 있는 쟁점에 대해 생각해 봅시다.

6. 가족을 대상으로 한 사회복지실천의 역사에 대해 생각해 봅시다.

7. 현대 한국가족의 변화에 대해 생각해 봅시다.

8. 가족복지정책의 발전과정에 대해 생각해 봅시다.

9. 가족복지 관련 제도에는 어떠한 것이 있는지 생각해 봅시다.

10. 가족복지에서 해결해야 할 과제에 대해 생각해 봅시다.

![참고문헌] **참고문헌**

강영실(2016). 장애인복지의 이해. 신정.

관계부처합동(2018). 제5차 장애인정책종합계획(안)(2018~2022년).

김성천(1989). 가족복지의 이론체계구성을 위한 연구. 사회복지, 101.

김성천(2000). 한국가족복지정책의 재조명: 문제점과 개혁방안. 한국가족복지학, 5.

김성희(2018). 장애인정책종합계획의 현황과 발전방안. 보건복지포럼, 4, 62-71.

김성희, 윤상용, 이민경, 이송희, 허수정, 강민희, 김동주, 노승현(2010). 장애인의 통합사회 구현을 위한 복지정책연구-장애인정책발전 5개년계획 복지분야 중간점검-. 한국보건사회연구원.

김성희, 이연희, 오욱찬, 황주희, 오미애, 이민경, 이난희, 오다은, 강동욱, 권선진, 오혜경, 윤상용, 이선우(2017). 2017년 장애인 실태조사. 보건복지부, 한국보건사회연구원.

백은령, 김기룡, 유영준, 이명희, 최복천(2010). 장애인가족지원. 양서원.

변용찬, 김성희, 윤상용, 최미영, 계훈방, 권선진, 이선우(2006). 2005년 장애인실태조사. 보건복지가족부, 한국보건사회연구원.

보건복지부(2017). 도움 필요한 조손가정, 빨리 발견하고 세심하게 배려. 보도자료(2017. 2. 28.).

보건복지부(2019). 장애등급제 단계적 폐지 시행을 위한 장애인복지사업안내.

보건복지부(2020a). 2020년 장애인등록심사 규정집.

보건복지부(2020b). 2020통계로 보는 장애인의 삶.

보건복지부(2020c). 2020년 장애인복지사업안내.

보건복지부(2020d). 2020년도 사회복지시설관리안내.

보건복지부, 한국보건사회연구원(2017). 2017년 장애인실태조사 결과.

성정현, 여지영, 우국희, 최승희, 임세희(2014). 가족복지론. 양서원.

손병덕, 황혜원, 전미애(2014). 가족복지론. 학지사.

손승영(2001). 가족정책의 새로운 방향과 과제. 여성과 가정정책 세미나: 가족정책의 새로운 전망. 한국여성개발원자료집, 3-16.

여성가족부(2016). 제3차 건강가정기본계획(2016~2020년).

이원숙(2016). 가족복지론. 학지사.

임종호, 이영미, 이은미(2020). 장애인복지론(4판). 학지사.

장인협(1985). 가족복지의 과제와 전망. 제3회 전국사회복지사대회: 2000년대를 향한 사회복지 과제. 한국사회복지협의회.

정무성, 양희택, 노승현(2006). 장애인복지론. 학현사.

정영숙, 이현지(2007). 장애인복지론. 현학사.

조윤화, 서욱영(2018). OECD국가 장애출현율 산출기준과 장애개념 관계성 연구: 한국, 호주, 독일, 프랑스를 중심으로. 한국장애인개발원.

조흥식, 김인숙, 김혜란, 김혜련, 신은주(2017). **가족복지학**. 학지사.

통계청(2019). **2019년 인구주택총조사 결과**. 보도자료.

통계청(2020a). **e-나라지표**. https://www.index.go.kr/potal/main/EachDtlPageDetail. do?idx_cd=1576

통계청(2020b). **e-나라지표**. https://www.index.go.kr/potal/main/EachDtlPageDetail. do?idx_cd=1579

Collins D., Jordan C., & Coleman, H. (1999). *An introduction to family social work*. F. E. Peacock Publishers, Inc.

Hooyman, N. R., & Gonyea, J. G. (1995). Family Caregiving. *Encyclopedia of Social Work* (19th ed.). National Association of Social Workers Press, 951–959.

Mackelprang, R. W., & Salsgive, R. O. (2009). *Disability: A diversity model approach in human service practice* (2nd ed.). LYCEUM Books, INC.

Rothman, J. C. (2003). *Social work practice across disability*. Pearson Education. Inc.

사회복지의 실천분야 Ⅳ: 산업·군사회·교정복지

사회복지는 인간의 보편적인 권리를 옹호하고, 기본적인 욕구를 충족하기 위한 실천적 학문이다. 따라서 사회복지의 출발점인 빈곤의 현장뿐만 아니라 사회복지는 우리 사회 대부분의 현장에 적용할 수 있다. 현대 사회에 들어서 사회복지사들의 활동 영역은 확대되고, 실천기술은 전문화되고 있다. 이 장에서는 최근 사회복지사들의 활동이 본격화되고 있는 기업체, 군대, 교정시설에서의 사회복지사의 활동과 전망을 살펴보고자 한다.

1. 산업복지

1) 산업복지의 개념

산업복지는 사회복지의 원리와 방법 · 기술 등을 산업현장에 적용한 것으로 **산업사회복지**(industrial social welfare), **직업복지**(occupational welfare), **산업복지**(industrial welfare), 근로복지, 노동복지 등의 다양한 용어를 사용하고 있다.

산업복지는 협의의 개념과 광의의 개념으로 설명할 수 있는데, 협의의 산업복지는 '임금 및 근로시간과 같은 기본적 근로조건 이외에 부가적으로 근로자와 그 가족의 생활안정 및 향상을 목적으로 실시하는 시책 및 활동'을 말하며 광의의 산업복지는 '국가 또는 지방자치단체, 기업, 노동조합, 협동조합 등이 주체가 되어 노동자와 그 가족의 생활안정, 생활수준의 향상 등 생활복지의 증진을 목적으로 실시하는 모든 시책, 시설, 서비스 활동의 종합적 · 통일적 체계'를 의미한다.

산업복지는 근로자와 그 가족을 원조함으로써 노동현장에서 발생하는 그들의 욕구를 충족시켜 만족스러운 생활을 영위할 수 있도록 지원하는 것으로, 열악한 작업환경을 개선하고 보다 나은 사회적 · 물리적 환경을 조성하는 것을 목적으로 한다. 또한 파업근로자들의 요구를 충족시키기 위한 협상이나 실업자를 위한 서비스 프로그램도 제공하며, 전문적 사회복지 지식과 기술을 활용하여 사회심리적, 정신적 문제에 대한 개입도 하면서 근로자 개인뿐만 아니라 그의 가족, 나아가 사회 전체의 복지향상에 기여하게 된다.

2) 산업복지의 필요성

근로자의 생활조건의 개선 및 인간성 회복을 위해서는 국가가 사회정책적으로 개입하여 산업복지를 수행할 필요가 있다. 국가의 공공산업복지정책이 요구되는 이유 중 하나는 같은 산업노동자라 하여도 기업의 규모와 수준에 따라 복지의 수준도 달라지기 때문에 결국 상당한 격차가 발생할 수 있기 때문이다. 따라서 국가는 중소기업 및 영세기업 근로자에 대해 취약한 기업복지를 보완하고, 비정규직 근로자에 대해서는 사용자 역할을, 산재근로자에 대해서는 사회복지사업의 보완을, 실업자에 대해서는 자활적 복지사업을 제공한다.

기업의 입장에서도 기업의 사회적 책임이 커지고 노사협의의 풍토가 조성됨에 따라 산업복지가 필요하게 되었다. 기업은 적정한 임금을 지불하며, 국가에 세금을 내고, 사회에 공정을 기해야 한다는 기업의 윤리와 책임에 대한 시대적 요구가 높아졌다. 또한, 기업은 노사협의를 통해 산업현장에서 발생하는 여러 문제들을 해결하고, 노동자들에게 다양한 복지서비스를 제공함으로써 기업에 대한 신뢰감과 만족감을 높여 생산성을 높일 수 있다. 노동시장에서 약자의 입장에 있는 근로자 역시 질병, 노령, 실업과 같은 다양한 위험요인들로부터 스스로를 보호하기 위해 산업복지를 필요로 한다.

3) 산업복지의 역사

산업복지의 발전과정에서 주목해야 할 점은 노동자 자신의 **자조적**(自助的) **노력**에서 산업복지의 조직화가 시작되었다는 것이다. 산업혁명 초기에 영국을 비롯한 서구 노동자들의 근로조건은 매우 열악하였다. 열악한 작업환경, 장시간의 노동, 저임금과 가혹한 규율 등에 시달리며 빈곤, 질병, 실업의 위협에서 벗어날 수 없었다. 또한, 아동과 여성에 대한 노동력 착취가 공공연히 행해지고 있었음에도 불구하고 국가와 공장주는 이런 비참한 현실을 외면하고 노동 착취를 통한 생산력 증대와 이윤 확보에만 열중하여 근로자들의 생활 개선에는 소홀하였다.

이런 상황에서 근로자들은 자신과 가족의 생존을 위해 우애조합, 공제조합과 생활협동조합 등을 결성하여 자조활동을 시작했다. 공동구매를 통해 생활필수품을 싸게 구입함으로써 생활비를 아끼는 방식의 **협동조합 형태**가 바로 초기 자조적 조직의 시작이었다. 이후 노동자의 개인적, 사회적 욕구가 점차 다양화되고 조직화되면서 근로조건개선을 위한 노동조합운동, 근로자계급을 주체로 하는 정치운동 등으로 발전하게 되었다. 이러한 근로자의 정치운동은 노사 간 갈등과 대립을 격화시키게 되고, 일부에서는 사회주의 세력과 연계되어 혁명적 분위기가 조성되었다. 자본주의가 낳은 부정적 결과를 해결하고 당시 널리 보급된 사회주의 사상에 맞서 체제 안정을 도모하기 위해 국가가 조정자로 나섰는데, 그 중요한 정책수단이 바로 사회보험에 의한 국가복지의 제공이다.

사회보험을 세계 최초로 도입한 독일은 산업화를 추진하면서 체제 안정을 위하여 1880년대에 근대적 의미의 **사회보험입법**을 제정하였다. 독일의 사회보험입법은 인근 각국에 영향을 미쳐 19세기 후반부터 20세기 초 유럽 각국으로 급속히 보급되었으나, 당시 각국의 사회보험 프로그램들은 내용과 범위가 미흡하고 제한적이었다.

이후 1930년대 경제공황에 대한 국가의 개입, 제2차 세계대전 기간 중 국민동원전략, 그리고 제2차 세계대전을 통한 사회민주주의 세력의 부상으로 국가복지가 확대되기 시작했다. 현대적 의미의 복지정책은 구빈적 차원의 소극적 개입을 넘어서서 사회경제적 평등의 실현과 사회성원으로서의 생존권의 보장까지 포함하게 되었다.

한편, 20세기 들어 기업의 지불능력 증가와 부분적인 노동력 부족현상의 발생, 그리고 1930년대 **인간 관계론**의 확산 등으로 산업복지제도도 꾸준히 발전했다. 제2차 세계대전 이후 서구의 노동조합이 기업의 복지프로그램을 사용자의 온정적 은혜에 의한 일방적 급부로 인정하지 않고 근로자의 당연한 권리로서 단체교섭 대상에 포함시킬 것을 요구하면서 급속한 발전을 이루게 되었고, 결국 법적 보장을 받게 되면서 산업복지 제도의 다양화와 적용범위의 확대, 복지내용의 충실화 등이 이루어졌다. 특히 경제발전과 함께 산업화의 주역인 근로자의 생활안정 문제는 국가적으로도 그 중요성이 커지게 되었고, 사회보장제도의 충실화는 물론 각종 공공복지시설의 확충에도 국가적 차원의 노력이 요구되었다.

4) 한국 산업복지의 역사

우리나라 산업복지의 발달과정은 생산시장과 노동시장의 변화양상과 이에 대한 국가의 개입 전략, 국가복지의 발전정도, 산업복지의 특성 등에 따라 다음과 같이 다섯 개의 시기로 구분할 수 있다.

첫 번째 시기인 1961년 이전은 6·25 전쟁 이후 미국에 의존하여 뚜렷한 경제성장을 이루지 못한 채 소규모의 경공업 위주로 산업이 발전한 시기로 산업복지의 공백기라 할 수 있다. 1953년에 제정된 「노동관계법」은 근로조건 기준에 대한 규제를 명시하고 있으나 당시 실정에 맞지 않았으며, 퇴직금제도 역시 「**근로기준법**」에 의해 실시가 명문화되었지만 임의규정에 지나지 않았다. 이 시기에는 노동자에 대한

국가복지 프로그램은 말할 것도 없고, 산업복지 프로그램 역시 거의 존재하지 않았으며, 피폐한 국가경제 속에서 고용 그 자체가 산업복지로 간주되는 수준이었다.

두 번째 시기는 국가주도의 산업화가 본격적으로 시작된 1962년부터 1972년까지이다. 이 시기에는 노동에 대한 억압적 정책과 자본에 대한 지원육성정책을 통해 본격적인 수출주도 산업화가 시작되면서 경제가 급속히 발전하게 되고, 이에 따라 근로자의 가치가 상승하여 국가가 기업에 산업복지를 강제하기도 하고, 기업의 복지 프로그램도 발달하면서 산업복지가 자리를 잡게 된다. 퇴직금제도가 일반화되었고, 해고예고제를 도입하였으며, 기업에서 인사노무관련 부서가 직제화되기 시작했다. 하지만, 이 시기의 산업복지는 여전히 열악한 임금을 보완하는 보조재의 성격으로 기숙사, 양호실, 식당과 같은 시설위주의 생활관련 프로그램이 거의 전부였으며 기업규모별 산업복지의 격차가 심화되기 시작했다.

세 번째 시기는 1973년부터 1987년까지로 국가가 산업복지에 관심을 가지기 시작했다. 당시의 중화학공업정책이 노동권의 제한과 지속적인 임금 가이드라인을 설정해 놓은 데서 알 수 있듯이 억압적인 노동정책이 주를 이루고 있었다. 당시 한국의 기업들은 급성장했으며 농촌인구 유입의 감소와 중동특수 등에 의한 노동력 부족현상으로 1970년대 후반에는 국가가 산업복지에 개입하게 된다. 국가는 의료보험의 실시 등으로 국가복지를 제공하기도 했으며, 공장새마을운동(1973), 사내 복지기금운영준칙(1984) 등의 규제를 통해 산업복지의 실시를 강제하기도 해서 복지제도의 내용은 다양해졌지만 여전히 열악한 임금수준을 보완하는 생활보조적인 성격을 가지고 있었다. 한편, 산업화의 진전에 따라 산업집중도가 더욱 심화되어 대기업을 중심으로 직무분석, 고용관리, 인사고과 등 노무관리체제의 제도화가 이루어졌다.

네 번째 시기인 1987년부터 1998년에는 노동운동의 급격한 성장과 맞물려 산업복지에 대한 관심이 어느 때보다 커지면서 기업뿐 아니라 국가의 노동정책과 복지제도에 획기적 변화가 나타났다. 전체 노동비용에서 산업복지가 차지하는 비중이 크게 증가했으며, 프로그램의 내용 역시 다양화되고 실용화되었다. 하지만, 기업 간의 산업복지의 격차가 확대되면서 개별 근로자들 사이에 존재하는 임금이나 여타의 노동조건과 관련된 불평등도 확대되었다.

다섯 번째 시기는 1998년 이후부터 현재까지로, 지속적으로 확대되어 오던 한국의 산업복지가 1997년 경제위기를 기점으로 심각한 도전에 직면했다. IMF 경제위기를 겪으면서 많은 기업의 도산과 휴폐업으로 실직자가 양산되었고 기업의 고용감소로 인해 노동시장은 근로자에게 불리하게 형성되고 산업복지의 수준은 후퇴하였다. 특히, 경제위기 극복을 위한 대응책으로 기업 구조조정과 노동시장의 유연화 정책이 시행되고 정리해고제와 근로자파견제가 도입됨으로써 고용불안정 문제가 급속히 증가하면서 고용을 전제조건으로 하는 산업복지가 약화되는 결과를 초래하였다.

5) 기업의 사회적 책임과 산업복지의 확대

최근에는 **기업의 사회적 책임**(Corporate Social Responsibility: CSR)에 대한 논의가 활발해지고 관심이 높아지는 가운데, 산업복지는 고용관계에 한정된 복지제공에서 벗어나 지역사회에 대한 이익 환원과 문화·복지 서비스의 제공으로 그 범위가 확대되고 있다.

기업의 사회적 책임이란 기업이 생산 및 영업활동을 하면서 이익만 추구할 것이 아니라 사회의 일원으로서 그 책임을 자각하고 지역사회 및 사회전체의 문제 해결에 관여해야 한다는 것이다. 과거에는 기업들이 외부환경을 무시한 채 비용절감과 생산성 향상만을 강조했지만 시대가 변화하고 환경이 바뀜에 따라 외부환경의 요구에 적응할 필요성이 생긴 것이다. 또한 소비자와 투자자들이 기업의 제품과 서비스를 선택할 때 기업의 사회적 책임에 점점 더 큰 가치를 두고 있으므로 대중에게 긍정적인 이미지를 얻기 위해 기업은 사회공헌 활동에 적극적으로 참여하고 있다. 게다가 2010년 11월 '경제주체별 사회적 책임에 관한 자발적 국제표준'인 ISO 26000이 채택, 시행됨으로써 국제경쟁력과 지속가능 경영을 위한 기업의 사회적 책임에 대한 실천은 선택이 아닌 필수가 되었다.

이에 따라 기업들은 사회공헌활동에 관한 예산을 비용이 아닌 투자라는 생각으로 확대·편성하고 있으며, 대기업에서는 사회공헌 전담팀을 신설하거나 임직원 자원봉사단을 조직하고 있다. 기업들은 지속가능 경영을 위한 장기적 관점에서 '전략적 사회공헌'을 연구하기 시작했고, 단순한 금전적 기부와 같은 자선활동에서 벗어나 직접 재단을 설립해 프로그램을 기획·운영하거나, NGO와 연계한 사업을 추진하는 등 활동의 영역과 범위를 확장하고 있다.

6) 산업복지의 전망과 과제

한국사회에서 사회복지에 대한 인식개선과 함께 복지요구는 점점 높아지고 있으며, 사회복지의 영역이 확장되면서 산업현장도 사회복지사의 활동공간으로 편입될 가능성이 높다. 동시에 사회복지의 실천이론과 기술 등과 함께 사회복지사의 전문성이 발달하면서 산업사회복지 전문가로 일할 수 있는 역량도 증가하고 있다. 이 외에도 **비정규직의 증가, 고용의 불안정성 증가** 등으로 작업장의 근로자들은 어느 때보다 많은 스트레스를 받고 있으며, 외부로부터의 적절한 원조가 필요한 실정이다.

산업복지의 우선적 과제는 산업복지 프로그램의 개발과 운영에 필요한 복지재정의 확대와 복지인프라의 조성 및 구축이다. 그 중 하나가 충분한 기초생활보장예산을 확보하고, 합리적인 대상자 선정을 통해 실질적으로 생활이 어려운 저소득취약계층에 대하여 최소한의 소득, 의료, 주거, 교육과 같은 기초생활이 보장될 수 있도록 하고, 직업훈련 등을 통해 일할 기회를 제공함으로써 자활·자립할 수 있는 기반을 조성하는 것이다. 또한 IMF 경제위기를 거치며 심화된 소득분배의 불균형과 빈익빈 부익부 현상과 함께 비정규직 근로자와 영세사업장 근로자가 최저생활수준을 유지할 수 있도록 현실적인 최저임금제를 보장해야 한다.

한편, 우리나라의 산업복지는 업종 및 규모별 기업의 지불능력에 따른 복지격차의 심화로 노동시장의 왜곡, 내부적 재분배 역기능, 복지수혜의 부익부 빈익빈 현상 악화와 같은 여러 가지 문제점을 안고 있다. 이러한 기업 간의 복지격차를 완화하고 복지수혜의 내부적 불평등을 해결하여 형평성을 확보하고 산업복지 본래의 목적인 경쟁력 향상, 근로의욕 고취, 생산성 제고, 노사관계 안정 등을 도모하기 위해서는 산업복지 제도의 수립과 시행과정에 수혜당사자인 근로자를 적극적으로 참여시켜 인간적 신뢰와 협조체제를 구축해야 할 것이다.

산업복지의 개선을 위해서는 경제성장과 복지의 조화라는 관점에서 산업복지의 투자와 수혜에 대한 형평성과 효율성을 확보하고 산업복지에의 참여와 책임을 확대할 수 있도록 장기적, 거시적 차원의 산업복지정책이 수립되어야 할 것이다.

2. 군사회복지

1) 군사회복지의 개념

군은 국가 방위를 목적으로 합법적으로 무력을 사용할 수 있는 집단이다. 군은 항상 국내외 상황을 주시하면서 발생할 수 있는 위기에 대처하는 역량을 강화해 나가야 하는 임무를 맡고 있기 때문에 병력의 신체적·심리적·사회적 안정과 균형을 유지하는 것이 중요하다. 군사회복지는 이런 특징을 가진 군을 사회복지실천의 영역으로 삼아 일차적으로는 군의 고유한 기능이 향상될 수 있도록 원조하고, 나아가 사회복지의 전문지식과 실천방법을 활용하여, 군의 주요 구성원인 군인과 그 가족의 복지를 증진시켜 삶의 질을 높이는 활동을 말한다.

군사회복지의 몇 가지 특성을 살펴보면 다음과 같다. 첫째, 사회복지의 현장이 군이라는 것이다. 따라서 군사회복지는 군조직에 대한 이해와 존중을 바탕으로 하는 신중한 접근을 필요로 한다. 둘째, 군사회복지의 일차적 목적은 사회복지사가 군에 개입하여 국가의 존립을 보장하는 국방을 수행하기 위한 전투력 향상이라는 군 본연의 목적을 지원한다는 데 있다. 셋째, 군 정책과 군인의 심리와 관련된 문제의 예방과 해결을 위해 개입한다. 군사회복지는 군인들이 군이라는 특수한 환경에 성공적으로 적응할 수 있도록 지원하고, 물리적, 심리적 장애를 발견하여 해결할 수 있도록 개입한다. 넷째, 환경과 상호 작용하는 인간에 초점을 맞추는 사회복지 실천의 기본적인 관점을 적용하여 군인 개인 뿐 아니라 그 가족, 그리고 다양한 수준의 군 조직 및 지역사회라는 환경에 대한 개입을 동시에 고려한다.

2) 군사회복지의 목적

군사회복지는 사회복지의 기능이 주가 되는 **일차현장**(primary setting)이 아니고, 다른 조직의 본래적 기능에 협조하는 **이차현장**(secondary setting)에서 이루어지는 것이 특징이다. 따라서 군사회복지는 군 조직의 본래적 목적인 국가안보 혹은 국방력 강화라는 불변의 소명을 완수하도록 돕는 데 일차적인 목적이 있다. 이러한 일차적 목적을 수행하지 못할 때 군사회복지는 당위성을 잃게 된다. 이에 일차적 목적을 염두에 두고 군사회복지사들이 지향하는 목표는 다음과 같다.

첫째, 군의 구성원들이 그들이 처한 환경에 적응하도록 돕고, 그들의 생활수준이 향상될 수 있도록 돕는다. 둘째, 개인적인 문제나 가족 및 대인관계의 문제, 그리고 군생활적응의 문제가 있는 군의 구성원들에게 다양한 서비스를 제공한다. 셋째, 군의 구성원들이 가능한 최적의 환경에서 생활할 수 있도록 필요한 서비스를 개발하고 제공한다.

3) 한국 군사회복지의 역사

우리나라 군사회복지의 기원을 찾아본다면 1973년 미군 군사회복지장교 이부덕 대위가 미군사회복지 프로그램을 한국군에 연결시키려던 노력으로 거슬러 올라간다. 한국군에 의무병과를 신설하고, OJT(On the Job Training: 직장내 교육 및 훈련)교육을 실시함과 동시에 군병원에 의무 군사회복지장교를 배치한 것인데, 안타깝게도 이 제도는 시행한지 얼마 되지 않아 중단되었다.

1980년대 초에는 '군진 사회사업 교범'이 육군에서 발간되었고, 국군의무학교에서 '군의료사회사업'에 대한 교육이 실시되었으며, 그 필요성을 인정받아 1981년 고등 군사반과 간호관리반에 정규과정으로 채택되었으며 1982년부터는 장교양성과정과 보수과정이 확대 실시되었다.

우리나라에서 진일보된 군사회복지의 필요성이 본격적으로 제기되기 시작한 것은 2005년부터 지속적으로 발생하는 군 내부의 인권 관련 사고에 대한 우려의 목소리가 높아지면서이다. 논산훈련소 인분사건, GP 총기난동사건, 통합병원 의료사고와 군 내부의 총기사고와 자살, 탈영과 같은 사건이 잇따라 일어나면서, 자녀를 군에 보낸 부모 및 가족은 물론 사회 각계의 우려의 목소리가 높아졌다. 이를 계기로 병영문화 개선을 위한 적극적이고 다각적인 노력이 이루어졌다. 장병에 대한 인권상담과 부적응 병사에 대한 치료 프로그램을 마련하는 등 군내부적으로 대안을 마련하고, 민간단체를 중심으로 학회가 창립되고, 각 대학에서도 '군사회복지론' 과목을 개설하는 등 군사회복지에 대한 연구 및 활동이 전국적으로 확대되었다.

2008년 3월 1일부로 시행된 「군인복지기본법」은 보다 보편적이고 포괄적인 의미에서 군사회복지의 실천이 가능한 기반을 마련해 주었다. 「군인복지기본법」은 장병 및 직업군인 가족을 위한 군 숙소지원, 의료지원, 간부자녀에 대한 보육 및 교육지원, 군인복지시설 설치 및 운영 등에 관한 사항을 법적으로 제도화했다는 데 의의가 있다. 2009년에는 「군인복지기본법」에 명시된 바에 따라 '군인복지실태조사'가 최초로 실시되었으며, 국방부에 '군인복지위원회'가 설치되어 정례적 회의가 실시되는 등 군사회복지의 향상을 위한 진일보한 시책과 방안들이 시행되고 있다.

최근까지 군의 인권감수성 향상과 함께 군인들의 인권과 복지향상을 위한 논의와 정책이 꾸준히 추진되고 있지만, 여전히 군대 내에서 발생하는 폭력, 자살, 스트레스의 대처가 사회적 기대에 부응하고 있다고 하기에는 역부족인 것이 사실이다.

4) 병영생활전문상담관제도

현재 우리 군은 '병영생활전문상담관 운영에 관한 훈령(2015)'을 근거로 군사회복지사라 할 수 있는 병영생활전문상담관제도를 운영하고 있다. 전문상담관은 고충을 호소하는 군인 및 장기복무 군인가족에 대한 전문적인 심리상담, 복무부적응을 겪고 있는 장병을 대상으로 대면상담, 출장상담, 심리검사 및 각종 집단상담 프로그램 진행, 상담역량의 구비가 필요한 간부 및 병사에게 상담 관련 교육 시행 또는 지도, 각종 심리검사 및 심리상담 결과에 대한 분석을 통해 건전한 병영문화 조성을 위한 제도적 보완사항 등을 건의할 수 있다. 훈령이 정한 상담관의 세부업무는 다음과 같다.

- '병영생활전문상담관실' 세부 운영계획 수립 시행
- 사고우려자 및 도움·배려 병사 등에 대한 현장위주 상담 관리
- 장병 기본권 보장 관련 갈등관리 및 지휘조언
- 군내 사용하는 인성검사 분석 및 후속조치 조언
- 각종 집단상담 프로그램 지도 및 시행
- 그린캠프(green camp) 운영지원 및 장병 상담교육
- 군생활, 성고충, 개인신상, 가족관계 및 자녀교육 등으로 인한 어려움을 겪고 있는 군인 및 장기복무군인가족에 대한 상담 조언

- 주기적 상담결과 분석 및 분석결과의 지휘 참고자료 제공
- 그 밖에 상담관 임무와 관련하여 운영부대장 또는 직접운영부대장이 부여한 업무

5) 군사회복지의 과제

군사회복지가 본연의 목적을 달성하고 앞으로 발전해 나가기 위해서는 다음과 같은 과제를 해결해야 할 것이다.

첫째, 군사회복지 제도화를 위한 정당성 확보와 필요성이 제고되어야 한다. 따라서 제도화에 대한 충분한 논의와 연구, 군사회복지와 관련한 산ㆍ학ㆍ군의 공동 협력체제 강화와 함께 지자체와 연계한 군사회복지 관련 특화사업을 추진함으로써 제도화의 필요성에 대한 공감대를 형성해야겠다.

그간 제도화를 위한 노력의 결실로 2007년 「군인복지기본법」이 탄생했지만 여러 면에서 한계를 보이고 있고 보완이 필요한 현실이므로, 충분한 논의와 연구가 계속되어야 하며 군사회복지 실천의 성공사례를 꾸준히 살펴봐야 할 것이다. 또한 제도화를 통해 사회복지사들의 활동을 위한 법적 근거를 마련하여 군사회복지가 특화되고 전문화될 수 있도록 해야겠다. 군사회복지사를 군무원의 신분으로 규정하거나 국군병원과 교정시설에 군사회복지사를 고용하는 등의 방법을 생각해 볼 수 있다.

둘째, 대학 및 군의 양성 및 보수교육기관에 군사회복지 전공설치 및 과목개설을 확대할 수 있도록 학문적 체계정립 및 연구를 활성화해야 할 것이다.

셋째, 군사회복지전문가 양성 및 장병들 중 군복지 전문특기를 부여함으로써 복지수혜 대상자들의 욕구해결과 삶의 질 향상을 위한 업무를 수행하는 전문가 양성이 시급하다. 군사회복지가 이루어지는 곳은 사회복지의 기능이 주가 되는 1차 현장이 아니고, 군조직의 목적이 주가 되는 2차 현장이기 때문에 여러 가지 특수성과 한계가 있다. 그러므로 군사회복지사들의 역할을 설정하고 확대해 가기 위해서는 군조직과 구성원에 대한 충분한 이해와 지식이 필요하며 일에 대한 소명의식과 전문적 정체성이 요구된다.

넷째, 군사회복지제도가 시행착오 없이 본격적으로 시행되도록 부대 형태별, 제대별, 유형별 특성에 맞는 시범사업을 통해 문제점을 파악한 후 군 사회복지제도를

도입하는 방안이 마련되어야 한다. 이를 통해 군대의 사기를 높이고 전투력을 향상시킬 수 있으며, 국방력 강화라는 군 조직의 목적을 돕는다는 군사회복지의 일차적 목적과 군 조직 구성원과 그들의 가족에게 정신적 · 물질적 욕구를 충족시키는 이차적 목적을 모두 실현할 수 있을 것이다.

3. 교정복지

1) 교정복지의 개념

교정복지에 대한 정의는 역사적 · 시대적 배경과 각국의 행정 및 범죄의 종류에 따라 다르게 이해할 수 있다. 일반적으로 교정복지는 범죄자, 비행청소년 그리고 그 가족을 대상으로 하며, 사회복지의 철학과 가치관을 밑바탕으로 사회복지의 정책과 실천기술을 활용하여 범죄자의 재활과 사회로의 복귀를 돕고 범죄사건이 지역사회에 발생시킨 문제를 해결하기 위한 전문적 사회복지의 한 분야라고 할 수 있다.

구체적으로는 범죄자도 사회복지의 기본가치인 인간존엄성과 헌법과 법률에 명시되어 있는 생존권적 권리를 향유하고 있음을 명확하게 하고 그것이 현실화될 수 있도록 하는 국가적 차원의 각종 사회복지정책과 개인, 가정, 지역사회 단위의 전문 프로그램을 활용하여 그들의 교정, 교화는 물론 건강한 재사회화와 그들이 속한 가정의 문제해결을 지원하는 총체적인 활동으로 교정복지를 이해해야 한다.

교정복지는 그 활동의 범위에 따라 협의의 개념과 광의의 개념으로 나눌 수 있는데, 협의의 교정복지는 범죄자를 대상으로 교도소, 구치소 등의 교정시설 내에서 이루어지는 개별지도, 그룹지도, 지역사회조직활동 등을 말하며, 이를 통해 범죄자의 적응능력을 배양시켜 사회로 복귀시키는 것을 목적으로 한다. 반면 광의의 교정복지는 범죄자에 대한 원조활동뿐만 아니라 그를 둘러싼 환경에 개입하여 유해환경의 개선을 도모하는 사회적 노력과 활동 및 피해자에 대한 보상과 피해자가 정상적 생활로 복귀하도록 하는 지원활동을 의미한다.

2) 교정복지의 역사

장애인, 아동, 노인 등은 본인의 의사와 상관없이 사회적 인식의 변화에 의해 자연스럽게 사회복지의 주요 대상이 되어 왔다. 하지만 범죄자는 사회에 위해를 끼친 사람들이라는 부정적인 고정관념으로 인해 복지제도의 대상에서 제외되어 왔다. 역사적으로 인류는 범죄의 원인을 개인의 결함에서 비롯된 것으로 보고 피해의 보상과 함께 보복적 형벌에 초점을 두었는데, 근래에 들어 범죄자의 출소 이후 사회로의 복귀와 재범의 방지가 중요한 과제로 인식됨에 따라 교정복지도 발달해 왔다.

교정복지의 기원은 범죄자의 재활을 위해 사회복지론의 방법을 사용한 보호관찰제도에서 찾아볼 수 있다. **보호관찰제도**는 사회사업과 결부되어 발전했는데 19세기 후반 영국과 미국에서는 단순한 자선사업의 영역을 벗어나 대상자의 치료와 자립 갱생운동으로 발전하면서 사회복지분야로 그 영역을 넓혀 왔다.

우리나라의 경우, 1980년대 초 정부가 교정사업에 관심을 갖기 시작하면서 이 분야가 활기를 띠기 시작했다. 교정시설에 근무하는 교정직 공무원의 열악한 근무 여건을 개선하고자 경비교도대를 1981년에 창설한 것을 시작으로 범법정신장애인과 범법약물중독자를 위한 공주치료감호소를 1987년에 신설하였다. 이어 1988년에는 재소자에게 개방처우서비스를 실현하기 위해 천안개방교도소를 운영하기 시작하였고, 1989년부터는 비행청소년을 대상으로 비구금형사제도이자 교정복지의 주요 지역사회중심프로그램인 보호관찰제를 실시하였다. 이후 법무부는 비행청소년에 대한 교육과 치료적인 접근을 위해 꾸준히 노력해 왔으며, 교육부와 노동부, 정보통신부와 협력하여 이들 기관을 중·고등학교 혹은 직업전문학교로 발전시켜 비행청소년들에게 학교교육과 직업훈련을 강화했다. 1987년부터 1991년까지 5년 동안 정부는 사회사업학과나 사회복지학과 전공자를 7급 교정직으로 특별 채용하여 교정시설에 근무하도록 하였는데, 제도적·물적·인적 인프라가 갖추어지지 않은 상태에서 이들은 사회사업의 전문성을 살릴 수 없었으며 결국 이 제도는 중단되었다. 이후 정부는 2010년부터 보호관찰기관에서 근무할 7·9급 보호직 공무원을 특채로 선발했는데, 이 중 임상심리와 사회복지분야도 포함되었다.

3) 교정복지의 역할

교정복지의 실천현장에서 교정사회복지사가 비행청소년과 범죄자를 위해 이 분야의 전문가로서 해야 할 역할을 살펴보면 다음과 같다.

첫째, 비행청소년과 범죄자의 적응을 도와야 한다. 비행청소년과 범죄자의 재활은 먼저 수용시설 혹은 지역사회 내에서 이들이 안정된 생활을 할 수 있도록 돕는데서 시작된다. 이를 위해 그들이 언제든지 변화가 가능한 존재임을 인정하고, 현재 생활에 잘 적응할 수 있도록 도움을 준다.

특히 수용시설에 있는 소년원생과 재소자는 시설 내에서 특별한 경우를 제외하고는 모두 규정된 작업을 해야 하며, 항상 동료 재소자와 교도관과 함께 생활하게 된다. 그러므로 각자의 특성에 맞게 작업이 배정될 수 있도록 협력하고, 작업활동에 생산적으로 임할 수 있도록 도와주고, 동료 재소자와 교도관들과의 관계가 긍정적이고 건설적으로 형성될 수 있도록 전문 프로그램을 통해 도울 수 있다.

둘째, 범죄자의 질병치료에 개입해야 한다. 비행청소년과 범죄자의 특성이 날로 다양해지면서 알코올중독, 약물중독, 후천성면역결핍증(AIDS), 기타 정신질환 등의 치료가 중요한 과제로 등장하고 있다. 교정사회복지사는 이런 문제로 어려움을 겪고 있는 비행청소년과 범죄자의 재활에 개입하여 치료를 돕고 또한 난치병에 걸린 수용자들이 스스로 대처할 수 있는 능력을 키울 수 있도록 도와야 한다.

셋째, 비행청소년이나 범죄자를 재활하는 것도 중요하지만 비행과 범죄를 예방하는 데도 적극적으로 개입해야 한다. 비행과 범죄의 예방은 이에 따르는 피해를 막을 수 있고 사후교정과 재활보다 재정적인 면에서 비용이 적게 소요되며 또한 비행청소년이나 범죄자의 가족과 사회에도 유익하다.

넷째, 비행청소년과 범죄자의 가족을 도와 지역사회에 통합될 수 있도록 돕는다. 대부분의 비행청소년과 범죄자들은 가족 간의 관계가 갈등상태에 있거나 가정형편이 어려운 경우가 많으며, 주변으로부터 범죄자가족이라는 낙인까지 받고 있는 실정이다. 이러한 실상을 고려하여 범죄자를 올바로 이해하고 포용할 수 있는 환경이 조성되어야 할 것이다. 특히 가족 간의 유대관계와 사후관리도 강조되어야 하며, 교정사회복지사가 적극 개입해야 한다.

다섯째, 보호관찰업무에 협력한다. 보호관찰제도의 역사가 깊고 비구금제도가 발달한 서구에서는 사회복지학 전공자가 보호관찰관으로 활동하는 사례가 많아 보호관찰은 '교정복지의 꽃'이라 할 수 있을 정도로 사회복지학과 밀접한 관계를 맺고 있다. 교정사회복지사는 보호관찰이 효과적으로 운용될 수 있도록 시설 내 비행청소년이나 범죄자를 충분히 파악해야 한다. 또한, 이들이 사회에 잘 적응할 수 있도록 개입하고, 관련 기관과 보호관찰소가 협력적인 관계에서 공동 프로그램을 실시할 수 있도록 한다.

여섯째, 교정자원봉사자 인력을 조성하여 이들을 교육하고 활용하는 것도 교정사회복지사의 역할이다. 재정축소와 지방이양화 추세 속에서 자원봉사인력의 역할은 커지고 있다. 자원봉사인력을 통해 교정당국은 부족한 자원을 지역사회로부터 제공받을 수 있으며, 지역사회의 인력이 교정 현장에 참여함으로써 지역사회가 비행청소년과 범죄자를 이해하고 함께 할 수 있는 기회가 주어지는 이점이 있다.

일곱째, 교정제도의 개선에 노력해야 한다. 교정사회복지사는 자신이 맡은 클라이언트의 재활에 일차적으로 관심을 가져야 하지만 이 역시 교정제도라는 틀에 의해 좌우될 수밖에 없다. 그러므로 교정사회복지사는 교정제도가 적절하게 만들어져 운영될 수 있도록 제도개선을 위해 노력해야 한다. 이를 위해 시민운동 차원에서 모든 시민이 교정복지를 이해하고 교정활동에 참여하도록 유도하는 역할을 수행할 수 있다.

4) 교정복지의 전망과 과제

행형이론과 행형제도가 과거의 보복형 처벌에서 교정교화형으로 변화하면서 비행과 범죄의 예방, 재범방지와 같은 전문적인 교정서비스가 요구되고 있다. 교정업무와 갱생제도의 개선을 위해 지역사회의 전문사회복지사가 필요하며 그 역할의 중요성은 점차 커질 것으로 보인다.

전통적인 응보적 사법의 관점은 범죄를 개인이 국가의 권위를 위배한 행위로 간주하여 범행에 대한 책임과 상응하는 형벌을 강제로 부과하여 범행을 상쇄하려고 한다면, **회복적 사법의 관점**에서는 범죄를 개인이 다른 개인에게 피해를 가한 범죄행위로 혹은 다른 사람과의 관계를 위반한 것으로 개념화하여 개인과 개인과의 관계를 우선적으로 다룬다. 회복적 사법의 기본철학은 가해자와 피해자 모두의 인간성을 인정하며, 범죄와 관련된 모든 사람들의 상처를 아물게 하는 데 그 목적을 두고 있다. 범죄와 관련된 주요 당사자들, 즉 범죄자, 범죄피해자, 지역사회 모두를 해결책을 모색하는 과정에 참여시키고 잘못된 결과를 함께 고쳐 나갈 의무를 갖게 함으로써, 서로 화해하고 정상적인 관계로 회복할 수 있도록 하는 것이다. 이러한 의미에서 회복적 사법은 교정복지가 지향하는 범죄자의 존엄과 권리 향상에 기여할 수 있으며, 가해자, 피해자, 지역사회 간의 사회적 통합을 촉진하여 궁극적으로는 범죄예방에도 크게 기여할 것으로 기대된다. 2008년 6월부터 시행된 「개정소년법」은 제 35조의3 '화해권고' 규정을 마련하여 재판절차에서 판사가 피해자에게 배상 등 화해를 하도록 권고할 수 있고, 그 결과를 보호처분 결정 시에 고려할 수 있도록 했는데, 이는 회복적 사법의 이념을 부분적으로 도입했다고 볼 수 있다.

교정제도에서 사회복지실천을 향상시키기 위해서는 회복적 사법이라는 비전을 바탕으로 관련학계와 실천현장에서 다음과 같은 과제들을 해결해야 한다.

첫째, 사회복지학을 전공한 전문인력이 교정현장에 근무할 수 있도록 제도적 장치가 마련되어야 한다. 제도를 개선하거나 새로운 제도를 마련하기 위해서는 우선 국민의 교정복지의식 제고와 사회복지사의 인식 변화가 선행되어야 할 것이다. 교정복지가 사회복지의 다른 분야와는 달리 활동의 영역이 폐쇄적이고 그 대상이 비행청소년이나 범죄자이다 보니 이 분야를 기피하는 경향이 있다. 하지만, 사회복지가 인간의 존엄성 향상과 사회적 자원에 대한 배분의 공평성이라는 불변의 가치를 토대로 사회적 통합에 기여하는 학문이란 점을 고려한다면 교정복지의 대상이야말로 사회복지 서비스의 제공이 절실히 필요함을 알 수 있다. 따라서 관련 전문분야의 연구와 실천을 통해 교정복지의 중요성을 대중에게 알림과 동시에 실천기술을 익히며 경험을 쌓아갈 필요가 있다.

둘째, 교정복지에 대한 교육과 연구의 활성화가 이루어져야 할 것이다. 대학을 포함한 사회복지학 관련인들이 적극적으로 나서서 교정복지의 이해가 폭넓게 이루어질 수 있도록 노력함과 동시에, 범죄를 다루는 전문적인 기술과 프로그램의 다양한 개발을 통해 점점 복잡하고 다양하게 변화하는 범죄의 양상과 수법에 대응할 수 있어야한다.

셋째, 구체적인 교정정책 및 프로그램의 개발과 실시가 필요하다. 범죄자의 재활과 사회로의 정상적 복귀를 돕고 동시에 지역사회를 보호하고 구성원들의 재통합을 도울 수 있는 프로그램 개발에 초점을 맞추어야 한다. 지역사회중심의 교정활동을 위해 보호관찰제도 등을 활용하고 발전시켜나가야한다. 또한, 범죄자 중 특히 비행청소년의 행동이 부모와 가족 간의 부정적 관계와 상호작용에서 비롯된 것이며 가정이나 학교환경 등에 많은 영향을 받는다는 점을 볼 때, 당사자 중심의 프로그램에서 벗어나 가정, 학교, 지역사회와 연계한 프로그램을 개발하고 사회적 연계망을 적극적으로 활용해야한다.

 생각해 볼 문제

1. 산업복지의 역할과 필요성에 대해 생각해 봅시다.
2. 광의의 산업복지와 협의의 산업복지를 비교해 봅시다.
3. 우리나라 산업복지의 발달과정에서 시기별 특징에 대해 생각해 봅시다.
4. 군사회복지사의 목적과 당위성에 대해 생각해 봅시다.
5. 군인을 위한 복지의 내용에 대해 생각해 봅시다.
6. 교정복지의 개념에 대해 생각해 봅시다.
7. 교정복지의 발달 배경을 바탕으로 교정복지의 필요성을 생각해 봅시다.

참고문헌

김의명(2016). 한국 산업복지론. 양성원

국방부(2006). 병영문화개선 연구백서.

노병일(2014). 현대 산업복지론. 공동체.

박미은(2018). 군사회복지실천론. 공동체.

박영숙, 천정환, 김주연, 강영실, 고명석, 김수정, 황희숙(2008). 교정복지론. 청목.

배지양(2017). 기업 사회공헌활동, CSR의 이해. 커뮤니케이션북스.

법무부(2008). 보호소년 등의 처의에 관한 법률 시행규칙. [법무부령 제641호]

법제처(2015). 병영생활전문상담관 운영에 관한 훈령. [국방부훈령 제1818호].

안연식(2018). 기업과 사회: 윤리경영과 사회책임경영 기반. 청목출판사.

유홍위, 유연웅, 이윤수, 최선애(2017). 군사회복지론. 창지사.

윤철수, 노혁, 도종수, 김정진, 김미숙, 석말숙, 김혜경, 박창남, 성춘모(2008). 사회복지개론. 학지사.

이홍윤(2009). 한국군사회복지학회 자료집.

조흥식(2014). 교정복지론. 학지사.

조흥식, 김진수, 홍경준(2017). 산업복지론. 나남출판사.

조흥식, 이형섭(2014). 교정복지론: 이론, 현장 그리고 실천. 학지사.

한국군사회복지학회(2016). 군사회복지 이해와 실천. 양서원

홍봉선, 아영아, 이조경(2019). 교정복지론. 공동체.

Abandinsky, H. (1977). *Probation and parole: Theory and practice.* Prentice-Hall Inc.

Berk, R. A., & Rossi, P. H. (1997). *Prison reform and state elites.* Gallinger Publishing Company.

Biles, D. (Ed.). (1998). *Current international trends in corrections.* The Federation Press.

Cole, G. F. (1986). *The American system of criminal justice.* Brooks/Cole Publishing Company.

Daley, J. G. (1999). Military social work, "A Theoretical Overview". 34th International Congress on Military Medicine Sun City, South Africa.

Daley, J. G. (2003). *Social work practice in the military.* The Haworth Press.

Dodge, C. R. (1979). *A world without prison: Alternative to incarceration through the world.* Lexington Books.

Evans, P. (1980). *Prison crisis.* George Allen & Unwin.

International Organization for Standardization. (2010). *Discovering ISO 26000.* http://www.iso.org/iso/discovering_iso_26000.pdf

Kordesh, R. & Constable, R. (1999). Policies, programs and mandates for developing social services. In R. Constable, S. McDonald, & J. Flynn (Eds.), *School social work: Practice, policy, and research perspectives* (4th ed.). Lyceum Books Inc.

Kurzman, P. A. (1987). Industrial social work. *Encyclopedia of social work* (18th ed.). NASW.

Lewis, J. A. (2001). *Management of human service programs.* Wadsworth Press.

Northen, H. (1982). *Clinical social work.* Columbia University Press.

Wilensky, H. L. & Lebeaux, C. N. (1965). *Industrial society and social welfare.* Russel Sage Foundation.

Whitfield, D. (1991). *The state of the prisons-200 years on.* Routledge.

Zastrow, C. (1995). *The practice of social work* (5th ed.). Brooks/Cole Publishing Company.

Zastrow, C. (2004). *Introduction to social work and social welfare.* Brooks/Cole-Thomson Learning.

제12장

사회복지의 실천분야 V: 다문화가족복지

다문화사회로 진입하고 있는 한국사회가 진정한 의미의 다문화사회와 사회통합을 이루기 위해서는 다문화집단의 다수를 차지하고 있는 다문화가족과 북한이탈주민의 안정적인 정착을 위한 지원을 아끼지 않아야 한다. 이 장에서는 다문화가족과 북한이탈주민의 개념, 이들의 정착과 적응을 돕는 정부정책의 발달과정과 시설 및 서비스를 중심으로 살펴보고 정책과제를 제시해 본다.

1. 다문화가족복지

1) 다문화가족의 개념 및 현황

(1) 다문화가족의 개념

다문화가족의 개념은 다문화가족 대상자의 범위에 따라 달리 규정될 수 있다. 가장 넓게는 한국인을 배우자로 둔 국제결혼 가족, 외국인 노동자 가족, 북한이탈주민 가족을 포함하며, 중범위로는 국제결혼 가족 및 외국인노동자 가족까지 포함하며, 가장 좁게는 국제결혼 가족, 특히 결혼이주 여성으로 구성된 가족만을 지칭한다. 2008년 3월 제정된 「다문화가족지원법」에서 다문화가족은 '결혼이민자와 출생 시부터 대한민국 국적을 취득한 자로 이루어진 가족' 또는 '국적법에 따라 귀화허가를 받은 자와 출생 시부터 대한민국 국적을 취득한 자로 이루어진 가족'으로 정의되고 있다[1]. 여기에서 '결혼이민자'란 대한민국 국민과 혼인한 적이 있거나 혼인관계에 있는 재한 외국인이다. 현행법에서 다문화가족의 대상자는 한국국민과 결혼이민자나 귀화자로 이루어진 가족을 의미한다. 「다문화가족지원법」 제정 이전에는 주요 연구(윤희원 외, 2006; 조영달 외, 2006)에서 다문화가족이란 용어가 국제결혼 가족, 외국인 노동자 가족, 북한이탈주민 가족을 포함하는 넓은 의미로 사용되었으나, 「다문화가족지원법」의 제정 이후에는 그 범위가 합법적 결혼이민자로 한정되고 있다.

(2) 다문화가족의 현황

2010년 현재 한국인 남성과 외국인 여성 간 국제결혼은 총 26,274건으로 우리나라 전체 결혼의 8.0%를 차지하고, 외국인 남성과 한국인 여성 간 결혼은 2.4%로 나타났다. 1990년대 이전까지는 이러한 국제결혼은 매우 드문 현상이었다. 그러나 1990년대로 들어오면서 국제결혼이 증가하면서 주로 한국인 여성과 외국인 남성 간의 결혼이 다수를 차지했다. 그러던 것이 1995년부터 한국인 남성과 외국인 여성의 결혼이 많아지면서 한국인 여성과 외국인 남성 간 결혼을 앞지르기 시작했으며,

---

1) 「다문화가족지원법」 법률 제10534호 일부개정 2011. 04. 04.

2005년에 30,719건으로 정점을 찍었으나 이후 점차 감소하여 2019년에는 17,687건으로 2005년도의 절반 수준인 것으로 나타났다.

■ 표 12-1 ■ 국제결혼 추이(2000~2019년)

년도	총 결혼건수	국제결혼건수		한국남성+외국여성		한국여성+외국남성	
		건수	비율	건수	비율	건수	비율
2000	332,100	11,605	3.4	6,945	2.0	4,660	1.4
2005	314,300	42,356	13.4	30,719	9.7	11,637	3.7
2010	326,100	34,235	10.4	26,274	8.0	7,961	2.4
2015	302,800	21,274	7.0	14,677	4.8	6,597	2.2
2019	239,200	23,643	9.8	17,687	7.3	5,956	2.5

출처: 통계청(2019a).

2019년 현재 한국 남성과 결혼한 외국인 여성의 국적별 분포는 총 137,094명 가운데 베트남 출신이 30.2%로 가장 많으며, 다음은 조선족을 포함한 중국이 23.5%, 기타(21.0%), 일본(9.4%), 필리핀(8.4%)의 순이다. 2000년대에는 조선족은 뿌리가 한국인이며 한국어를 유창하게 사용하고 지역적으로도 근접하여 여성 결혼이민자 중 조선족의 비율이 높았으나 2010년대에 들어서는 베트남의 비율이 높아진 것을 볼 수 있다.

■ 표 12-2 ■ 여성 결혼이민자의 국적별 현황

출신국	2010		2015		2019	
	수	%	수	%	수	%
중국	31,429	27.9	30,969	24.1	32,161	23.5
베트남	35,191	31.2	39,953	31.1	41,430	30.2
일본	9,603	8.5	11,641	9.1	12,949	9.4
필리핀	7,272	6.5	11,039	8.6	11,567	8.4
몽골	2,366	2.1	2,280	1.8	2,334	1.7
캄보디아	4,188	3.7	4,510	3.5	4,272	3.1
미국	569	0.5	752	0.6	1,082	0.8
우즈베키스탄	1,678	1.5	2,163	1.7	2,547	1.9
기타	20,383	18.1	25,029	19.5	28,752	21.0
총계	112,679	100.0	128,336	100.0	137,094	100.0

출처: 통계청(2019b).

여성 결혼이민자의 거주지 분포가 제시되어 있다. 총 135,288명의 여성 결혼이민자 중에서 경기도에 거주하는 사람이 38,380명(28.4%)으로 가장 많고, 서울 20,528명(15.2%), 경상남도 9,115명(6.7%), 인천 8,692명(6.4%) 순으로 나타나 서울, 인천, 경기도 등의 수도권에 과반수가 넘게 거주하고 있음을 알 수 있다.

■표 12-3 ■ 여성결혼이민자의 거주지 분포 (단위: 명, %)

전국	서울	경기	대구	인천	광주	대전	울산	부산
135,288	20,528	38,380	4,783	8,692	3,178	3,043	2,974	6,266
100.0	15.2	28.4	3.5	6.4	2.3	2.2	2.2	4.6
강원	충북	충남	전북	전남	경북	경남	제주	세종
3,486	4,779	7,871	5,561	6,342	7,253	9,115	2,367	670
2.6	3.5	5.8	4.1	4.7	5.4	6.7	1.7	0.5

출처: 통계청(2019b).

한국남성과 외국인 여성과의 혼인이 감소하는 것과는 달리 이혼건수는 2005년 2,382건으로부터 2015년 5,743건으로 10년 동안 2.4배에 달하는 현저한 증가세를 보이다가 2016년부터는 감소추세에 있다. 이혼율은 줄어들고 있으나 여전히 높은 비율을 나타내고 있으며, 다문화가족의 잠재된 갈등과 문제점 등을 감안할 때 이혼으로 인한 가족의 위기에 대한 정책적 대응 및 서비스의 필요성을 시사한다.

■표 12-4 ■ 국제결혼 부부의 이혼건수

년도	총 국제결혼건수	국제결혼 부부의 이혼		한국남성+외국여성의 이혼		한국여성+외국남성의 이혼	
		건수	비율	건수	비율	건수	비율
2005	128,035	4,171	3.3	2,382	1.9	1,789	1.4
2010	116,858	11,245	9.6	7,904	6.8	3,341	2.8
2015	21,274	8,237	38.7	5,743	30.0	2,494	11.7
2016	20,591	7,665	37.2	5,610	27.3	2,055	10.0
2017	20,835	7,130	34.2	5,206	25.0	1,924	9.2
2018	22,698	7,140	31.5	5,174	22.8	1,966	8.7
2019	23,643	6,899	29.2	4,917	20.8	1,982	8.4

출처: 통계청(2019a).

결혼이민자의 자녀 또한 매년 꾸준히 증가하고 있다. 2018년 현재, 결혼이민자의 자녀는 237,506명으로 2008년 15,804명에 비해 15배가 증가하였으며, 결혼이민 초기와는 달리 청소년기로 진입하는 자녀들과 국내에서 출생하지 않은 중도입국 자녀들이 증가하고 있어 이들에 대한 실효성 있는 지원정책이 필요한 상황이다.

■ 표 12-5 ■ 다문화가족 자녀 연령별 현황

구분	초		중		고		계	
	인원	증감(%)	인원	증감(%)	인원	증감(%)	인원	증감(%)
2008	15,804	38.1	2,213	38.9	761	84.0	18,778	39.6
2015	197,550	−3.3	116,068	−4.3	61,625	23.4	12,567	−35.6
2016	201,333	1.91	113,506	−2.2	56,768	−7.8	17,453	38.9
2017	222,455	10.5	115,085	1.4	81,826	44.1	15,753	−9.4
2018	237,506	6.8	114,125	-0.8	92,368	12.9	19,164	21.7

출처: 행정안전부(2018).

2) 다문화가족복지의 역사와 시설 현황

1990년대 정부 차원에서 실시된 조선족 여성과의 '농촌 총각 장가보내기 사업'의 진행으로 촉진된 한국남성들의 국제결혼은 2000년대에 들어 필리핀, 베트남 등 동남아시아 여성으로 확대되면서 급증하였다. 한국사회에서 주변화된 남성들과 경제적으로 빈곤한 국가의 여성들과의 국제결혼이 주를 이루면서 결혼이민자들이 한국 사회에서 겪는 문화적 갈등, 편견, 인권침해 등 다양한 문제가 나타남에 따라 중앙정부는 이에 대한 정책방안을 세 단계에 걸쳐 마련하였다. 2005년 8월의 1차 지원대책은 결혼이민자의 체류자격 불안문제 해결에 중점을 두고 2005년 9월에 출입국관리법 시행령을 개정하여 결혼이민자의 영주권 취득요건을 완화하고 별도의 허가절차 없이 자유로운 취업을 하도록 허용하였다. 2005년 11월의 2차 지원대책은 여성결혼이민자 가족의 생활상의 지원에 중점을 두고 여성결혼이민자 가족의 안정적인 생활을 지원하기 위해 「국민기초생활보장법」을 개정하고 「긴급복지지원법」의 지원 대상에 여성결혼이민자를 포함하였다. 그러나 1차, 2차 지원대책은 결혼중개업에 대한 국가의 감독·관리체계 미흡, 결혼이민자 가족 업무의 정부부처 내 분산, 여성결혼이민자 업무 담당자에 대한 교육 부재, 결혼이민자의 안정적인 체류지원 부족 등의 문제점이 지적되었다. 이에 다음해인 2006년 4월에 여성결혼이민자의 사회통합과 다문화사회 실현이라는 비전하에 범정부 차원의 종합대책인 '여성결혼이민자 가족의 사회통합지원 대책'을 발표하였다. 여기에서는 1차, 2차 지원대책에서의 미흡한 부분과 정보제공·취업·보건의료서비스 지원내용을 보강하였고, 여성가족부를 결혼이민자가족 지원을 위한 주무부서로 정하고 12개 관련부처가 총 7개 주요 과제 및 27개 세부과제를 분담 시행한다는 것이 주요 내용이었다.

이를 시작으로 국적을 취득하지 못한 결혼이민자와 영주권자를 포함한 재한외국인이 대한민국에 적응하여 개인능력을 최대한 발휘하도록 하고 대한민국 국민과 재한외국인이 상호이해하고 존중함으로써 대한민국의 발전과 사회통합에의 기여를 목적으로 2007년 5월에「재한외국인 처우 기본법」이 제정되었으며, 외국인정책에 관한 기본계획 수립, 외국인 및 그 자녀에 대한 교육, 외국인종합안내센터 설치·운영 등이 포함되어 있다. 또한 국제결혼과정에서 인신매매성 위장결혼, 사기결혼 및 허위정보 제공에 따른 피해가 늘어남에 따라 2007년 12월에 결혼중개업 등록제 도입을 주된 내용으로 하는「결혼중개업 관리에 관한 법률」이 제정되었다.

2008년 3월 가족관련 업무가 여성가족부에서 보건복지부로 이관됨에 따라 보건복지가족부에서 다문화가족업무를 주관하게 되면서 다문화가족의 삶의 질 향상과 사회통합을 목적으로「다문화가족지원법」을 제정하여 다문화가족 지원의 법적 근거를 마련하였다. 동 법에는 다문화가족 지원정책 수립, 다문화가족지원센터 운영, 다문화가족에 대한 이해증진, 생활정보 제공 및 교육지원, 산전·산후 건강관리 지원, 아동보육·교육지원, 다국어에 대한 서비스 제공 등이 주요 내용으로 포함되어 있다. 지역사회 내 다문화가족지원을 위한 다문화가족지원센터가 설치되기 시작하였다. 같은 해 10월에 보건복지가족부는 다문화가족 관련 보건복지가족정책 전체를 포괄하는 다문화가족 생애주기별 맞춤형 지원강화대책을 수립하여 발표하였다. 동 계획은 2010년 여성가족부가 가족관련 업무를 다시 주관하게 되면서 다문화정책의 기본방향이 되고 있다. 또한 정부는 법무부 출입국관리사무소를 출입국외국인정책본부로 변경하고「재한외국인 처우 기본법」에 따라 범부처적 작업을 통하여 같은 해 12월 '제1차 외국인정책기본계획'을 수립하였다. 2011년 4월,「다문화가족지원법」개정을 통해 다문화가족정책기본계획이 법적 기반을 갖게 되었다. 다문화가족정책기본계획은 5년마다 수립되는 법정계획이 되었고, 계획에는 기본방향, 분야별 발전시책과 평가, 제도 개선, 재원 확보와 배분에 관한 사항이 포함된다.

다문화가족 지원을 위한 시설 현황은 다음과 같다.

(1) 다문화가족지원센터

2006년 '결혼이민자가족지원센터'라는 명칭으로 발족되었으나 현재 다문화가족
지원센터는 여성가족부의 관할하에 결혼이민자 가족의 사회문화적 적응을 위한 종
합적 가족지원전달체계로 가족교육·상담·문화 프로그램 등의 서비스를 제공하
고 있다. 2006년 전국에서 1개소를 선정하여 시범운영하였던 다문화가족지원센터
는 확대되어 〈표 12-6〉에서 나타난 것과 같이 2020년 1월 현재 전국에 227개소를
두고 있다.

■표 12-6 ■ 다문화가족지원센터 현황

지역	서울	부산	대구	인천	광주	대전	울산	세종	경기
계	25	13	8	9	5	5	5	1	31
강원	충북	충남	전북	전남	경북	경남	제주	합계	
18	12	15	14	22	23	19	2	227	

출처: 여성가족부(2020).

(2) 폭력피해이주여성보호시설(쉼터)

폭력피해이주여성쉼터는 2008년 4개소에서 2020년 28개소로 24개소가 확대되
었다. 이주여성쉼터는 가정폭력, 성폭력 등 각종 인권피해를 입은 이주여성과 동반
자녀를 일시적으로 보호하고 상담 및 의료·법률·출국 지원뿐 아니라, 정서적 안
정과 자신감 회복을 위한 치료회복프로그램, 직업훈련 등 인권보호 및 자립을 지원
하고 있다. 이주여성은 다누리콜센터 1577-1366으로 문의하여 신청할 수 있으며,
여성가족부는 현재 전국적으로 28개소를 지원하고 있다.

(3) 다누리콜센터(1577-1366)

다문화가족·이주여성을 위한 한국생활 정보제공, 위기상담 및 긴급지원, 생활
통역과 3자 통화를 지원하는 서비스를 제공한다. 2014년부터 이주여성긴급지원센
터(1577-1366)와 다누리콜센터가 통합 운영되고 있으며, 13개 언어로 해당국가의

이주여성 전문상담원과 자국 언어로 상담할 수 있다. 가정폭력, 성폭력 등으로 피해자의 긴급상담과 보호가 필요할 때 365일 24시간 이용할 수 있으며, 다문화가족에게 어려운 일이 발생하거나 정보가 필요할 때 생활상담은 물론 국적, 체류문제 등의 상담과 법원진술 시 통·번역 등 다양한 지원을 받을 수 있다. 상담 후에는 문제를 해결할 수 있도록 관련기관(전국 다문화가족지원센터, 가정폭력상담소, 성폭력상담소, 가정폭력피해자 보호시설, 경찰, 변호사, 병원, 여성단체, 복지단체, 전국 병원 내 해바라기센터 등)에 연계하는 역할을 한다. 2020년 현재, 서울 중앙센터 외에 수원, 대전, 광주, 부산, 구미, 전주에 6개의 지역센터가 설치·운영되고 있다.

3) 주요 정부정책

정부는 2005년부터 다문화가족 지원정책을 여성가족부, 법무부, 행정안전부, 문화체육관광부, 교육부 등 범 부처 차원에서 여성결혼이민자를 대상으로 한 한국어교육과 생활적응 지원사업을 추진하고 있다. 특히,「다문화가족지원법」에 따라 여성가족부가 주관이 되어 다문화가족지원정책기본계획을 수립하고 하고 있다. '다문화가족지원정책기본계획'(2010~2012년)에서는 '열린 다문화사회로 성숙한 세계국가' 구현을 위해 다문화가족의 삶의 질 향상과 안정적인 정착 지원, 다문화가족자녀에 대한 지원강화 및 글로벌 인재를 육성하는 것을 주요 목표로 설정하고 다양한 과제들을 추진하였다. 이에 대한 추진과제로는 다문화가족 지원정책 추진체계 정비, 국제결혼중개 관리 및 입국 전 검증시스템 강화, 결혼이민자 정착지원 및 자립역량 강화, 다문화가족 자녀의 건강한 성장환경 조성, 다문화에 대한 사회적 이해제고 등의 사업을 펼쳤다. 제1차 기본계획은 다문화가족지원정책 추진의 토대를 구축하고, 결혼이민자의 한국생활 정착을 위한 맞춤형 서비스를 지원하는 성과를 거두었으나, 다문화가족의 취학자녀 지원과 가족해체 등에 대한 예방정책 및 해체된 다문화가족 지원에 대한 관심은 소홀했다는 평가를 받았다.

'제2차 다문화가족정책기본계획'(2013~2017년)에서는 이러한 문제를 해결하기 위해 '활기찬 다문화가족, 함께하는 사회'라는 비전 아래 사회발전 동력으로서의 다문화가족 역량강화, 다양성이 존중되는 다문화사회 구현을 목표로 정책과제를 수립하였다. 정책과제로는 다양한 문화가 있는 다문화가족 구현, 다문화가족자녀의 성장과 발달 지원, 안정적인 가족생활 기반 구축, 결혼이민자 사회경제적 진출 확대, 다문화가족에 대한 사회적 수용성 제고, 정책추진체계 정비 등을 추진하였다. 제2차 기본계획에서는 다문화가족을 지원의 대상보다는 우리사회에서 능동적인 역할을 수행하는 주체라는 점과 쌍방향의 문화교류 및 다문화가족자녀에 대한 지원을 강조하고 있다. 미비한 점으로는 「다문화가족지원법」에 따라 3년마다 실시되는 다문화가족실태조사의 결과를 담지 못하였고, 여성가족부 중심의 세부사업으로 이루어져 있는 것에 대한 비판이 있었다.

'제3차 다문화가족정책기본계획'(2018~2022년)은 결혼이민자의 장기정착 비율이 높아짐에 따라 초기적응지원 중심에서 장기정착화에 따른 정책으로 재편하고, 다문화 수용성 제고를 강조하고 있다. '참여와 공존의 열린 다문화 사회'를 비전으로, '모두가 존중받는 차별 없는 다문화 사회 구현' '다문화가족의 사회경제적 참여

■ 표 12-7 ■ 제3차 다문화가족정책기본계획의 주요내용

	대과제	중과제
추진 과제	다문화가족 장기정착 지원	결혼이주여성 인권보호 강화
		국제결혼 피해예방 지원
		안정된 가족생활 지원
		서비스연계 활성화
	결혼이민자 다양한 사회참여 확대	자립역량강화
		취·창업지원서비스 내실화
		사회참여 기회 확대
	다문화가족 자녀의 안정적 성장지원과 역량강화	안정적 성장을 위한 환경조성
		학업 및 글로벌 역량강화
		진로준비 및 사회진출 지원
		중도입국자녀 맞춤형 지원
	상호존중에 기반한 다문화 수용성 제고	정책환경에 대한 주기적 모니터링 실시
		다문화 이해교육 활성화
		다문화수용성 제고를 위한 미디어 환경조성
		지역환경조성 및 참여 교류 프로그램 활성화
	협력적 다문화가족 정책운영을 위한 추진체계 강화	정책추진체계간 협력 강화
		다문화가족 지원체계 내실화

출처: 여성가족부(2018).

확대' '다문화가족 자녀의 건강한 성장 도모'를 정책목표로 설정하고, 5개의 대과제, 17개의 중과제, 그리고 70개의 소과제를 담고 있다.

또한 '제1차 외국인정책기본계획'(2008~2012년)은 외국인정책의 국가 전략적 활용과 이민자 사회통합을 위해 그동안 소관 부처별로 추진해 온 정책들을 종합적·체계적으로 추진하고자 수립되었다. 기본 방향은 '개방을 통한 국가 경쟁력 강화' '인권이 존중되는 성숙한 다문화사회로의 발전' '법과 원칙에 따른 체류질서 확립'에 두고 있다. 이러한 기본방향하에 '외국인과 함께하는 세계 일류 국가'를 외국인 정책의 비전으로 설정하고 이를 달성하기 위해 '적극적인 개방을 통한 국가 경쟁력 강화' '질 높은 사회통합' '질서 있는 이민행정 구현' '외국인 인권옹호'를 4대 정책목표로 설정하였으며, 이를 위한 13대 중점과제를 확정하였다. 이 중 다문화가족을 위한 정책은 '질 높은 사회통합'의 정책목표 아래 다문화에 대한 이해증진, 결혼이민자의 안정적 정착, 이민자 자녀의 건강한 성장환경 조성의 13개의 중점과제와 7개 세부과제를 제시하였다.

'제2차 외국인정책기본계획'(2013~2017년)은 국경 및 출입국관리, 국적부여 정책과 이민자 사회통합 정책을 포괄하기 위해 수립되었다. '세계인과 더불어 성장하는 활기찬 대한민국'이라는 비전을 가지고 '경제활성화 지원과 인재유치' '대한민국의 공동가치가 존중되는 사회통합' '차별방지와 문화다양성 존중' '국민과 외국인이 안전한 사회구현' '국제사회와의 공동발전'을 정책목표로 설정하였으며, 이를 위한 18대 중점과제를 선정하였다. 이 중 다문화가족을 위한 정책은 '대한민국의 공동가치가 존중되는 통합'의 정책목표 아래 자립과 통합을 고려한 국적 및 영주제도 개선, 체계적인 이민자 사회통합프로그램 운영, 국제결혼 피해방지 및 결혼이민자 정착 지원, 이민배경자녀의 건강한 성장환경 조성, 이민자 사회통합을 위한 인프라 구축의 5개 중점과제와 15개의 세부과제를 포함하고 있다.

법무부는 제1차와 제2차 기본계획 추진상의 한계 및 문제점으로 우수 외국인재 유치 미흡 및 단순 기능 인력의 장기거주 진행, 외국인 유입증가에 따른 국민일자리 침해 우려, 결혼이민자 위주의 정책으로 인해 그 이외의 이민자 지원과의 형평성 문제 제기, 이민자 증가 등에 따른 사회불안 요인에 대한 체계적 대비부족 등을 지적하고 있다. 이에 '제3차 외국인정책기본계획'(2018~2022년)은 지난 10년간 정책과의 차별성을 두기 위하여 이민의 양적 확대 및 질적 고도화를 병행한 적극적 이민정책으로 사회통합 체계를 마련하고 '국민공감! 인권과 다양성이 존중되는 안전한 대한민국'의 비전과 5개 정책목표 아래 18개 중점과제와 45개의 세부과제를 제시하고 있다.

각 과제의 구체적인 내용은 〈표 12-8〉과 같다.

■ 표 12-8 ■ 제3차 외국인정책기본계획의 정책목표 및 중점과제

정책 목표	중점과제
국민이 공감하는 질서 있는 개방	우수인재 유치 및 성장지원 강화
	성장동력 확보를 위한 취업이민자 유치 · 활용
	관광객 및 투자자 등 유치를 통한 경제 활성화
	유입 체계 고도화 및 체류 · 국적제도 개선
이민자의 자립과 참여로 통합되는 사회	이민단계별 정착지원 및 사회통합 촉진
	이민배경 자격 역량강화
	이민자 사회통합을 위한 복지지원 내실화
	이민자의 지역사회 참여확대
국민과 이민자가 함께 만들어 가는 안전한 사회	안전하고 신속한 국경관리 체계구축
	체류외국인 관리체계 선진화
인권과 다양성이 존중되는 정의로운 사회	이민자 인권보호 체계강화
	여성 · 아동 등 취약 이민자 인권증진
	문화다양성 증진 및 수용성 제고
	동포와 함께 공존 · 발전하는 환경조성
	국제사회가 공감하는 선진 난민정책 추진
협력에 바탕한 미래 지향적 거버넌스	이민관련 국제협력 증진
	중앙부처 · 지자체 · 시민사회 협력강화
	이민정책 및 연구기반 구축

출처: 법무부(2018).

4) 관련 시설

(1) 다문화가족지원센터

다문화가족지원센터는 여성가족부 관할 기관으로서 다문화가족의 한국사회 적응을 위하여 가족 내 관계 증진을 위한 교육(가족, 성평등, 인권 등), 한국어교육, 방문

교육, 상담, 정보안내, 결혼이민자 통번역서비스, 자녀언어발달지원서비스 등을 제
공하는 기관으로, 2020년 현재 전국에 228개소가 설치·운영되고 있으며 다문화가
족에 대한 서비스를 전달하는 중추적인 역할을 담당하고 있다.

■ 표 12-9 ■ 다문화가족지원센터 프로그램

영역 \ 구분	공동필수사업	선택사업(예시)
가족	• 다문화가족 이중언어 환경조성 프로그램 • 다문화가족 학령기자녀 입학 및 입시정보제공	• 가족의사소통프로그램 • 가족관계 향상 프로그램 • 결혼과 가족의 이해 • 가족의 의미와 역할 • 아버지교육 • 부모-자녀관계 및 자긍심향상프로그램 • 자녀교육프로그램 • 부모역할교육, 자녀건강지도 • 자녀생활지도 • 자녀성장지원사업 등
성평등, 인권	• 가족 내 성평등교육 • 다문화이해교육 • 인권감수성 향상교육 • 이주여성 한국인 배우자부모 대상 프로그램(多함께 프로그램) 등 • 폭력피해 대처 및 예방교육	• 이주여성 대상 프로그램 • 찾아가는 폭력예방교육 • 다문화가족 관련법과 제도 • 이주민과 인권 등
사회통합	• 취업기초소양교육 • 새일센터 연계 • 새일센터의 결혼이민자 대상 직업 교육훈련 협조	–
	• 다문화가족 나눔봉사단 소양교육 • 다문화가족 나눔봉사단 활동	• 한국사회 적응교육 • 소비자·경제교육 • 재난안전교육 • 학업지원반 운영 및 연계 • 다문화가족 자조모임 • 다문화인식개선 • 결혼이민자 멘토링 프로그램 • 결혼이민자 정착단계별 지원패키지프로그램 등

1. 다문화가족복지

상담	• 가족상담	• 개인상담 • 집단상담 • 사례관리 • 위기가족 긴급지원 • 외부상담기관 연계 등

출처: 여성가족부(2020).

또한, 다문화가족지원센터에서 운영하는 다문화가족을 위한 특성화사업은 다음과 같다.

■ 표 12-10 ■ 다문화가족지원센터 특성화사업

구분	내용
특수목적 한국어교육	수요자 맞춤형 실용한국어프로그램으로 지역수요를 반영하여 7개 과정(자녀학습지도, 취업준비, 지역문화활동, 중도입국, 자녀 topik읽기/듣기/쓰기) 운영
방문교육 서비스	• 방문한국어교육: 최초 입국 5년 이하 결혼이민자, 중도입국자녀에게 방문한국어교육 서비스 제공 • 방문부모교육서비스: 생애주기별(임신·출산·영아기/유아기/아동기) 자녀의 양육 관련 교육·정보제공 • 자녀생활서비스: 만 3~만 12세 이하 다문화 가족 자녀, 중도입국자녀에게 독서코칭, 숙제지도, 발표토론지도, 자아·정서 발달교육, 문화역량 강화, 기본생활습관교육, 건강 및 안전지도, 진로지도 등 제공
사례관리 지원	가정폭력·이혼 등 다문화가족의 복잡하고 다양한 문제해결을 위한 심리·정서적인 안정 및 자립역량강화 지원 등 맞춤형종합서비스 제공
통·번역 서비스	한국말이 서툰 결혼이민자의 가족, 사회생활에 필요한 의사소통을 지원하기 위한 통·번역서비스 제공
다문화가족자녀 언어발달지원	다문화가족 자녀의 언어발달 상태를 평가하여 의사소통에 어려움을 가진 아동에게 언어교육을 실시하고 부모를 대상으로 교육방법 제공
이중언어환경 조성사업	다문화가족 자녀가 가정 내에서 영유아기부터 자연스럽게 이중언어로 소통할 수 있는 환경조성(이중언어 부모코칭, 부모-자녀 상호작용 프로그램, 이중언어 활용프로그램, 가족코칭)

출처: 여성가족부(2019).

(2) 사회통합프로그램 이수제도 운영기관

2009년부터 사회통합프로그램 이수제도를 시행하여 이민자들이 한국어, 한국 문화·제도 등 기본적 소양 교육을 받도록 의무화함으로서 이들이 보다 안정적으로 한국사회에 적응할 수 있도록 하는 것을 목적으로 하고 있다. 동 제도는 결혼이민자는 한국인과 결혼하여 2년 후 귀화필기시험을 면제받고 국적을 취득하고, 귀화자의 경우도 5년 이상 한국에 체류하였음에도 한국어 및 한국사회 이해 등 기본소양을 갖추지 못한 상태로 한국사회에 정착함에 따라 사회부적응문제를 최소화하기 위한 것이다.

또한 중앙부처, 지방자치단체 및 민간단체 등에서 이민자를 대상으로 실시 중인 한국어, 한국사회이해 등 정착지원 시책을 표준화하여, 법무부장관이 인정하는 소정의 교육과정을 이수하면 국적취득 시 필기시험이 사회통합프로그램 귀화용 종합평가로 대체되며, 귀화용 종합평가에 합격하면 귀화면접심사가 면제된다. 사회통합프로그램은 5단계로, 1~4단계는 한국어와 한국문화과정이고 5단계는 한국사회이해과정이다. 단계별로 결혼이민자와 일반이민자로 분류되어 진행되는데, 결혼이민자의 경우 3, 4단계를 면제받게 되고 사전평가에 의해 배정된 단계를 이수한 후 5단계로 진입할 수 있다.

2009년 1월 서울, 부산 등 주요 도시에 이민자의 사회적응을 돕는 이민자 사회통합시범교육기관 20개소를 지정하여 운영실적과 전문가, 현장활동가의 견해 등을 토대로 교육기관을 확대하여, 2020년 현재 전국적으로 45개소의 거점기관과 331개소의 일반기관이 운영되고 있다.

■ 표 12-11 ■ 2020 · 2021년 사회통합프로그램 운영 거점기관

지역	서울	부산	대구	인천	광주	대전	울산
계	6	3	2	3	2	2	2
경기	강원	충청도	전라도	경상도	제주	합계	
11	2	5	3	2	2	45	

출처: 법무부(2020).

(3) 그 외 한국어, 한국생활 및 문화, 정보교육 제공 기관

다문화가족지원센터, 다문화사회통합프로그램 이수제도 거점기관 이외에 결혼이민자를 위한 한국어, 한국생활 및 문화, 정보교육을 제공하는 주요 기관은 〈표 12-12〉와 같다.

■ 표 12-12 ■ 한국어, 한국생활 및 문화, 정보교육 제공 기관

분야	서비스 기관
한국어교실	• 한국어교실 • 정보화교육기관 • 다문화가족지원센터 • 지역사회복지관
한국생활 및 문화교육	• 다문화가족지원센터 • 시 · 군 농협기술센터 및 지역농협 문화복지센터 • 한국문화예술교육진흥원 • 지역사회복지관 • 여성회관
정보교육	• 결혼이민자정보화교육기관 • 다문화가족지원센터 • 지역사회복지관

5) 쟁점

다문화가족의 삶의 질 향상을 위한 정부의 다각적인 노력에도 불구하고 다문화가족이 정착해 가는 과정에서 특수한 욕구들이 나타나고 있으며 이를 반영하지 못하는 정책의 한계점들이 나타나고 있다. 여기서는 이러한 욕구들을 중심으로 정책적인 과제를 살펴본다.

(1) 안정적인 생활환경 조성을 위한 지원

정부는 결혼이민자 가족의 안정적인 생활환경 조성을 위하여 국적취득 전이라도 18세 미만 아동을 양육하는 경우, 「국민기초생활보장법」, 「긴급복지지원법」, 「모부자복지법」 적용을 통해 생계 · 의료 · 주거 등을 지원하고 있다. 그러나 국민기초생활보장제도의 경우 한국국적이 없는 출산 전의 이민여성에게도 확대, 적용되어야 할 것이다. 또한 미취업여성의 대부분이 자녀교육비 충당이나 가족의 생계유지를 위해서 취업을 희망하고 있으므로, 이들에게 다양한 직업훈련 프로그램 및 취업알선 등을 제공하고 저소득 한국여성의 자활을 위한 모든 교육이나 지원 프로그램을 이들에게도 개방하여야 할 것이다. 이들이 안심하고 교육을 받고 취업을 할 수 있도록 보육지원 및 취업과의 연계 등을 더욱 적극적으로 시행하여야 할 것이다.

(2) 다문화가정 자녀의 학업 및 학교적응을 위한 서비스 확대

대부분의 다문화가정은 한국어와 한국문화에 익숙하지 못한 외국인 어머니가 자녀양육 및 교육을 담당함으로써 자녀들의 언어지체, 학업 및 학교적응 등에 있어 많은 어려움을 겪고 있다. 다문화가정 자녀의 학교적응 및 학습능력 제고를 위해서는 우선 다문화가정의 부모와 자녀의 역량을 강화할 필요가 있으며 이를 위해 다문화

가정 자녀와 어머니를 위한 체계적인 언어정책이 필요하다. 또한 자녀 양육방법이나 교육과 관련한 정보를 개발하여 제공하고 지역의 보육정보센터, 종합사회복지관 및 지역아동센터 등과의 연계를 통해 다문화가정부모의 교육지원 능력을 제고시키고, 방과 후 프로그램을 확대하여 시행할 필요가 있다. 한편, 학교 차원에서도 다문화가정학생의 학교적응 및 프로그램 운영 등을 전담할 교사를 양성하고 교사들에 대한 다문화이해교육 등을 확대·실시하여야 하겠다.

(3) 다문화가족의 해체 및 빈곤예방

다문화가족의 이혼이 증가하면서 특히 경제적으로 취약하고 사회적 관계망이 결여된 여성결혼이민자는 생계, 자녀양육, 교육, 주거, 심리적 문제 등 생활전반에 걸쳐 위기에 직면할 가능성이 크다. 기존의 다문화가족 정책이 주로 안정적인 결혼생활을 영위하는 다문화가족을 대상으로 제공되고 있어 해체다문화가족의 특수한 상황과 욕구를 반영한 보호체계를 마련할 필요가 있다. 다문화가족의 주요한 이혼사유 중의 하나가 결혼과정상의 부정확한 정보제공에 있으므로 결혼단계에서 혼인의 진정성을 확인할 수 있는 절차를 강화하고, 예비 다문화가족(예비 남편과 부인) 대상 교육·상담 등을 확대한다. 또한 결혼이민자 한부모가족의 실질적인 자립기반 마련을 위한 지원체계를 구축하고, 자녀양육 지원, 정서안정 및 가족관계 프로그램 등을 확대 실시한다.

(4) 다문화가족의 상호문화 이해 증진

다문화가정이 건강한 부부관계를 맺고 안정된 가정생활을 하기 위해서는 가족 내에서 상호문화 이해증진을 위한 다문화교육 실시가 요구된다. 여성결혼이민자들과 한국 남편들과의 부부갈등의 많은 부분이 문화적인 차이로 인하여 발생하고 있고 아내에 대한 이해가 부족할 때 가정폭력의 원인으로 작용할 가능성이 크다. 따라서 결혼이민 여성도 한국어 배우기와 한국문화 배우기가 필요하지만, 한국 남편도 부인의 언어와 문화에 대해 관심을 가지고 배우고 경험할 수 있는 프로그램의 개발 및 실시가 필요하다. 또한, 다문화 사회에 대한 기본인식과 가부장적 사회의 문제점을 보완하고 양성평등적 가족구조와 가치관으로의 전환이 이루어질 수 있도록 프로그램과 교육을 실시할 필요가 있다.

(5) 일반인의 다문화 이해증진

여성결혼이민자들은 한국에 거주하면서 사회적 차별을 경험하고 있으며, 그들의 자녀들 또한 학교에서 집단따돌림이나 편견과 차별로 학교를 포기하는 사례가 늘고 있다. 다문화가정에 관련된 각종 편견과 선입견을 없애기 위해서는 일반인들을 대상으로 다문화 인식전환 교육활동(캠페인, 홍보) 등의 보다 실천적이고 구체적인 다문화교육 지원노력이 요구되며 다문화교육의 실천방법들과 수준 높은 프로그램들을 개발하여 보급하여야 하겠다. 또한 여성결혼이민자나 여성결혼이민자 가족이 지역주민과 자주 접하고 사귈 수 있는 기회를 마련해 주는 것이 필요하다.

 생각해 볼 문제

1. 다문화가족의 개념을 설명해 봅시다.
2. 다문화가족 지원시설과 기관을 제시하고 각각의 역할을 설명해 봅시다.
3. '제3차 다문화가족정책기본계획'(2018~2022년)의 주요 내용을 설명해 봅시다.
4. 다문화가족의 정책적 쟁점들을 설명해 봅시다.

 참고문헌

법무부(2008). 제1차 외국인정책기본계획(2010~2012년). 외국인정책위원회.

법무부(2012). 제2차 외국인정책기본계획(2013~2017년). 외국인정책위원회.

법무부(2018). 제3차 외국인정책기본계획(2018~2022년). 외국인정책위원회.

법무부(2020). 사회통합정보망. 사회통합프로그램 전국운영기관 현황(2020~2021년). http://www.moj.go.kr/bbs/immigration/211/516745/artclView.do.

법무부(2019). 공고 제2019-399호. 2020~2021년 이민자 사회통합프로그램 운영기관 지정결과 공고.

여성가족부(2010). 다문화가족지원정책기본계획(2010~2012년).

여성가족부(2016). 제2차 다문화가족정책기본계획(2013~2017년).

여성가족부(2018). 제3차 다문화가족정책기본계획(2018~2022년).

여성가족부(2020). 공공데이터포털, 전국 다문화가족지원센터 현황. https://www.data.go.kr/dataset/3077033/fileData.do.

여성가족부, 한국건강가정진흥원(2019). 2020 한국생활가이드북.

윤희원, 박윤경, 김경량, 이소연, 이혜리, 오준호(2009). 인권관점에서 다문화교육 실태분석 및 개선방안 연구. 서울대 다문화교육센터.

조영달(2006). 다문화가정 자녀교육실태 조사. 교육부.

조영달(2006). 다문화가정교육 지원을 위한 자료 개발 연구. 교육인적자원부.

통계청(2019a). e-나라지표. 국제결혼 현황. http://www.index.go.kr/potal/main/EachDtlPageDetail.do?idx_cd=2430.

통계청(2019b). e-나라지표. 결혼이민자 연도별 · 국적별 · 성별 현황. http://www.index.go.kr/potal/main/EachDtlPageDetail.do?idx_cd=2819.

행정안전부(2018). 다문화가족 통계자료. 외국인주민현황. https://www.liveinkorea.kr/portal/KOR/page/contents.do?menuSeq=295&pageSeq=289.

제13장

사회복지 실천분야 Ⅵ:
의료 · 정신건강 · 학교사회복지

이번 장에서는 사회복지 실천분야 중 의료사회복지, 정신건강사회
복지, 학교사회복지 분야에 대해 다루었다. 각각의 개념과 역사, 현
실태와 자격제도, 개선방안 등에 대해 살펴보았다. 의료사회복지는
의료기관 등에서 의료전문가들과의 팀 협력을 통해 사회복지를 실
천하는 것으로 사회복지 전문지식과 기술뿐 아니라, 의학적 지식과
소통을 요청한다. 정신건강사회복지사도 정신건강 특히 지역사회
정신건강을 다루는 전문가로서 그 역할이 매우 중요하다. 학교사회
복지는 우리나라에서 가장 최근에 도입된 사회복지실천영역의 하나
로, 그 중요성이 점점 부각되고 있는 분야이다. 이들 세 가지 실천분
야를 살펴봄으로써 다양한 영역에서의 사회복지실천의 가치와 중요
성을 인식할 수 있게 될 것이다.

1. 의료사회복지

1) 의료사회복지의 개념

의료사회복지는 쉽게 말하면 의료현장에서 이루어지는 사회복지실천이다. 그러나 이 개념을 조금 더 구체적이고 명료한 정의로 살펴볼 필요가 있다. 먼저, 사회복지사전에서는 의료사회복지를 다음과 같이 정의한다.

> 건강을 증진하고 질병을 예방하며, 신체적으로 아픈 환자와 그의 가족이 질병에 관련된 사회적, 심리적 문제를 해결하도록 돕기 위하여 병원과 다른 건강보호 세팅에서 수행되는 사회복지실천(Barker, 1995: 홍영수, 2009에서 재인용: 22)

한편 다소 오래된 개념정의이긴 하지만 현대화된 의미의 의료사회복지가 발전하기 이전에 내려진 정의들을 살펴보면 다음과 같다.

> 의료사회복지란 사회사업의 전문화된 한 분야로서 환자가 가능한 한 보건서비스를 가장 효과적으로 받을 수 있도록 하기 위해 병원이나 진료소, 기타의 의료기관에서 실시되고 있는 개별사회사업과 집단사회사업의 실천을 포함하고 있으며, 환자의 질병과 치료에 영향을 주는 사회적, 정서적 문제를 다루는 것에 강조점을 두는 것(Friedlander, 1968: 389)

스트로프(Stroup, 1964)는 퇴원 후 서비스까지도 의료사회복지에 포함시키고 있다.

> 의료사회복지란 질병의 원인이 될 수도 있고 치료에 방해가 되는 사회심리적인 문제들을 해결하도록 도와주고, 퇴원 후에도 정상적인 사회기능을 하도록 환자뿐 아니라 그 가족에게까지도 전문적 서비스를 제공하는 활동(Stroup, 1964: 134)

이와 같이 의료사회복지는 환자와 그의 가족을 대상으로 질병과 관련된 심리사회적 문제를 해결하여 더 나은 사회적 기능을 할 수 있도록 돕는 사회복지의 전문적인 한 분야라 할 수 있다.

의료사회복지에서는 환자를 질병을 가진 한 병약자로 보기보다 총체적 전인성을 가진 인간으로 보고 그의 심리, 사회, 경제, 정서적 상태를 통합적으로 이해할 때 보다 효과적이고 완전한 치료를 할 수 있다고 믿는다. 특히 환자의 질병은 심리사회적 환경과 밀접한 관계가 있기 때문에 신체 질병의 치료뿐만 아니라 심리사회적인 환경의 변화나 문제해결이 수반되어야 완전한 치료가 가능하다고 전제한다.

2) 의료사회복지의 역사

의료사회복지는 어떻게 시작되었을까? 최초의 전문의료사회복지가 싹트게 된 영국에서부터, 의료사회복지 전문화와 제도화에 영향을 끼쳤던 미국의 역사, 이들 국가들보다 상대적으로 늦게 시작된 우리나라의 의료사회복지의 역사를 살펴보면 다음과 같다(이효순 외, 2016: 36-49; 한인영 외, 2013: 16-32).

(1) 영국 의료사회복지의 역사

영국의 의료사회복지 역사는 1895년 영국 왕립무료병원에 최초로 고용된 사회복지사로 거슬러 올라간다. 당시 왕립무료병원에서는 자선조직협회(Charity Organization Society)로 하여금 빈민에 대해 조사하게 했는데 이들 중 많은 사람들이 무료진료를 받기 위해 자기들의 상황을 부정확하게 말한다는 것을 알게 되었다. 왕립외과대학 의사인 로크(Loch)는 이 상황에 주목하고, 이들의 환경과 처지를 정확하게 검토할 수 있는 사람을 선별해야 한다고 생각하고 메리 스튜어트(Mary Stewart)를 왕립병원 최초의 사회복지자로 고용하게 되었다. 스튜어트는 병원의 입구에 배치되어 병원의 외래진료에 적합하다고 판단되는 사람을 선별하는 업무를 맡게 되었으며, 이때부터 시작되어 1905년까지 영국의 다른 7곳의 병원에서도 사회복지담당자를 고용하게 되었다. 이와 같이 영국의 의료사회복지 역사 초기에는 주로 환자가 치료비 지불능력이 있는지 조사하고, 지불능력이 없을 경우 좋은 자선기관에 의뢰해주는 등의 역할을 수행했다.

(2) 미국 의료사회복지의 역사

미국의 의료사회복지 역사는 보스턴 메사추세츠 종합병원 의사인 리차드 카보 (Richard Cabot)에 의해 시작되었다. 그는 대부분의 환자의 질병은 그 사람이 처한 사회환경과 깊은 관계가 있음을 깨닫고 환자의 신체만이 아닌 심리사회환경에 대해 알고, 이에 대해 관심을 기울일 필요가 있다는 사실에 주목했다. 따라서 카보는 1905년 가넷 펠톤(Garnet Pelton)을 고용하여 외래진료소에서 사회복지사로 일하게 하였다. 처음에는 병원에서 사회복지사 고용을 승인하지 않아서 얼마간 카보 자신의 돈으로 의료사회복지사의 임금을 지불하기도 했다.

카보는 의료사회복지사가 병원과 환자의 환경 간의 교량 역할을 할 것을 기대했고, 입원한 환자에게 병원체계를 잘 설명해 줌으로써 환자에게 편안함을 제공하고, 환자와 가족에게 퇴원 후의 관리, 건강상태에 대한 이해 등을 도와줄 수 있도록 지도했다. 이 후 미국에서는 1912년 '병원(의료)사회복지에 대한 뉴욕회의'를 개최하면서 의료사회복지의 제도화와 발전을 도모했고, 1919년까지 미국 전역에 200개의 병원에서 사회복지사를 고용하게 되었으며, 1930년에는 1,000곳 이상의 병원에서 의료사회복지 실천을 하게 되었다(이효순 외, 2016: 42).

존스 홉킨스 대학교의 에머슨(Emerson) 박사 또한 의료사회복지의 필요성을 일찍이 염두에 두고 이의 발전을 위해 노력한 사람이다. 그는 의료영역에서 사회복지사를 폭넓게 활용했을 뿐 아니라 자신이 가르치는 의대생들로 하여금 질병을 사회적 관점에서 이해할 수 있도록 사회복지기관에서 자원봉사자로 일할 것을 요청하기도 했다. 이후 정신의학의 발전이 전문 의료사회복지 발전에 큰 영향을 미쳤는데 정신병의 사회적 원인에 대한 관심이 높아지면서 정신과에 사회복지사들이 채용되기 시작했다.

(3) 한국 의료사회복지의 역사

한국의 의료사회복지는 1883년 세브란스 병원에서 여전도회 회원들이 자원봉사자로서 부녀사회복지담당자 역할을 한 것에서 출발한다. 이후 1958년 한노병원에서 처음으로 사회복지사가 채용되어 결핵환자와 그 가정을 돕는 일을 시작하게 되었다. 1959년에는 국립중앙의료원과 원주기독병원에서 의료사회복지를 시작하게 되었다(이효순 외, 2016: 47).

한국에서 의료사회복지가 법적인 지위를 얻게 된 것은 1973년 공포된 「의료법 시행령」 제24조 제2항 제5호에 의거한다. 즉, '종합병원에는 「사회복지사업법」 규정에 의한 사회복지사업 종사자 자격을 가진 자 중에서 환자의 갱생, 재활과 사회복귀를 위한 상담 및 지도업무를 담당하는 요원을 1인 이상 둔다.'고 명시함으로써 의료사회복지활동의 법적 근거가 마련된 것이다. 같은 해인 1973년 '대한의료사회복지사협회'가 설립되어 2020년 현재는 전국 322기관, 1,316명의 의료사회복지사가 활동하는 것으로 집계되고 있다.[1]

3) 의료사회복지의 현황

현재 우리나라 의료사회복지의 실태는 어떠한가? 의료사회복지사는 어떠한 역할을 수행하고 있는가? 현재 우리나라 의료사회복지사의 활동실태는 어떠한가?

(1) 의료사회복지사의 역할

의료사회복지사는 내, 외부로부터 다양한 역할을 수행하도록 요청받는다. 의료사회복지사의 주요 역할은 다음의 네 가지로 정리할 수 있다(이효순 외, 2016: 59-62).

첫째, 의료사회복지사는 심리치료사의 역할을 수행해야 한다. 질병을 얻게 되면 대부분 심리적 위축감이나 불안감을 느끼게 되는데 이는 의료서비스의 효과에 장애가 되기 때문에 의료사회복지사는 개별 또는 집단상담이나 활동 등을 통해 환자의 자신감을 회복시키고 의욕을 증진시켜야 한다. 또한 환자 가족과 협력적인 분위기를 조성하여 환자의 재활과 재적응을 도울 수 있어야 한다.

둘째, 의료사회복지사는 서비스 조정자의 역할을 수행해야 한다. 의료자원과 사회자원이 효율적으로 활용될 수 있도록 조정해야 하는 것을 의미한다. 환자의 치료에는 의사나 간호사를 비롯하여 다양한 의료진이나 전문인들이 참여하게 되는데, 전문적 진단과 치료, 서비스 계획을 수립함에 있어 환자의 심리사회적, 경제적 환경에 대한 정보를 의료팀에 제공하여 환자에 대해 의료팀이 통합적으로 이해하고 서비스를 제공할 수 있도록 도와야 한다. 병원 직원에 대한 사회복지 사례자문, 병원

1) 출처: 대한의료사회복지사 협회 홈페이지 http://www.kamsw.or.kr/

에 대한 지역사회 자원체계관리, 병원시설의 편의와 융통성 점검 등의 역할이다.

셋째, 의료사회복지사는 자원동원가로서의 역할을 수행해야 한다. 치료나 재활에 있어 다양한 인적, 물적, 제도적, 법적 자원을 필요로 하기 때문에 의료사회복지사는 병원 내 자원뿐 아니라 지역사회의 공적, 사적 자원을 조직화하고 동원하는 중요한 책임을 안고 있다.

넷째, 의료사회복지사는 재활치료와 교정자의 역할을 수행해야 한다. 질병으로 인해 장애가 생기거나 문제행동이 발생하게 될 때 이들의 재활이나 사회적 기능 회복을 위해 의료사회복지사가 도울 수 있어야 한다.

최근의 한 연구에서는 1970년대에서 1990년대까지는 의료사회복지사의 역할로 심리사회적, 정신적 문제해결을 1순위로 보았지만, 2000년대에 들어서는 '경제적 문제해결'이나 '지역사회 자원연결'이 1, 2순위의 중요한 역할로 부각되고 있는 등 의료사회복지사에게 요구되는 역할에 큰 변화가 일어나고 있음이 드러난 바 있다(최권호, 김준표, 2017: 138).

한편, 홍영수(2009: 204-207)는 의료사회복지사의 업무에 관해 크게 임상업무, 행정업무, 교육연구업무로 구분하여 설명하고 있다.

먼저, 임상업무는 직접 또는 간접서비스로 나눌 수 있는데 직접서비스로는 개별 클라이언트, 집단, 가족을 대상으로 하는 상담이나 교육이 포함되고, 간접서비스로는 팀 협력이나 자원개발 및 관리, 슈퍼비전, 집단프로그램 개발 및 관리, 평가 등이 포함된다. 행정업무에 있어서는 보고서나 업무일지 작성, 사회복지부서 운영회의, 부서 직원 지휘감독, 기관행정이나 경영 관련 회의참석 등이 해당된다. 마지막으로 교육연구업무로는 실습생이나 수련생을 지도하고, 신규직원교육이나 전문성 향상을 위한 교육참가 및 조사연구사업이 포함된다.

(2) 의료사회복지사가 개입하는 진료과별 업무

의료사회복지사는 병원의 진료과목에 따라 다음 〈표 13-1〉과 같이 개입하게 된다.

■ 표 13-1 ■ 병원 진료과목과 의료사회복지사 역할

진료과목(임상과)	의료사회복지사 개입내용
내분비대사과	당뇨 환자의 심리사회적 원조와 생활요법, 당뇨교실 참여 지도
신장내과	혈액 투석 환자의 심리사회적 원조를 위한 개별/집단 지도
소화기내과	알코올성 간질환 환자의 심리사회적 평가와 단주교육 참여
심장내과, 흉부외과	심장질환자의 질병예방교육, 자원 연결
혈액내과	혈액질환자의 심리사회적 원조와 진료비 지원, 골수이식수술 준비과정 참여
종양내과, 치료방사선과	말기 암 환자의 심리사회적 원조
신경외과, 정형외과	장기 입원 환자에 대한 지원 연결
소아과	입양 상담, 소아 종양 환자에 대한 지원 연결, 부모의 자조집단활동 지원
산부인과	미혼모 상담, 강간 사례 등의 심리사회적 원조
응급의학과	행려환자, 자살환자 지원과 위기 관리
외과	장기기증 상담, 장기 공여자 관리
임상유전학과	암 또는 유전적 질환의 가족력, 사회력 평가
정신과	입원환자에 대한 개인력, 사회력 평가와 사회복귀 원조, 알코올 및 약물, 우울증 환자를 위한 프로그램 실시
재활의학과	관절염, 뇌졸중, 척수손상, 절단 장애 심리사회적 지원, 관련 기관 연계

출처: 원석조(2005: 254), 이효순 외(2016: 51), 홍영수(2009: 180). 내용 재구성

이와 같이 다양한 진료과목과 관련해 수행해야 하는 역할이 다양하게 때문에 의료전문용어나 증상에 대한 지식, 질환별 심리사회적 반응 등에 대한 전문지식과 이를 다룰 수 있는 기술이 필수적이다.

4) 자격제도

2018년 11월 23일 국회 본회의를 통과한 「사회복지사업법」에서는 의료사회복지사를 국가자격으로 전환하도록 규정함에 따라 2년간의 유예기간을 갖고 2020년 12월 전격 시행에 이르렀다. 이전에는 대한의료사회복지사협회에서 주관하는 자격시험을 통해 민간자격으로 인정되던 의료사회복지사 자격이 국가자격으로 법제화된 것이다. 기존에 발급된 민간단체 발급 자격증을 가진 의료사회복지사 1천 302명은 복

지부 장관이 시행하는 별도 교육을 이수하고 평가를 통과하면 국가자격으로 전환된다. 신규자격 발급의 경우는 '사회복지사 1급 자격을 취득한 사람이 보건복지부 장관이 지정한 수련기관에서 1년 이상의 수련과정을 이수한 경우' 의료사회복지사 자격을 발급받을 수 있게 된다(보건복지부, 2020b).

수련을 받을 경우 수련지도자는 의료사회복지사 자격소지 후 5년 이상의 의료사회 복지 경력이 있어야 한다. 자격발급을 위해 필요한 1,000시간의 수련시간은 150시간 이론교육, 20시간 학술활동, 830시간 의료현장실습 수련시간 이행 및 수련에 대한 평가활동으로 구성되어 있다.

의료사회복지사는 최근 추진하는 '지역사회 중심 통합 돌봄서비스(커뮤니티케어)'와 관련하여 의료기관에서 입원초기부터 환자의 퇴원계획을 수립하는 등의 직무를 수행하며 돌봄통합 창구 및 보건 · 의료, 돌봄 · 복지, 정착지원 등의 업무를 담당할 것으로 기대되고 있다(보건복지부, 2018).

5) 전망과 과제

1973년 「의료법 시행령」에 종합병원에 사회복지사를 두게 한 이후로 우리나라 의료사회복지는 많은 발전을 이루어 왔다. 그러나 의료사회복지사의 수 증가와 이들의 역할에 대한 인식이 향상되었음에도 불구하고 아직도 의료사회복지의 발전을 위해 개선하고 보완해 나가야 할 제도와 실천과제가 산적해 있다. 이를 몇 가지로 나누어 살펴보면 다음과 같다.

(1) 의료사회복지사 채용 관련 법적 정비가 필요하다

현재는 「의료법 시행규칙」 제38조 제2항 제6호에 '종합병원에는 「사회복지사업법」에 따른 사회복지사 자격을 가진 자 중에서 환자의 갱생 · 재활과 사회복귀를 위한 상담 및 지도 업무를 담당하는 요원을 1명 이상 둔다.'는 규정이 마련되어 있다. 그러나 이 규정이 강제조항이 아닌 것이, '둔다'라는 표현에 문제가 있다. 둔다라는 것은 둘 수도 있고, 그렇지 않을 수도 있다는 해석의 여지를 남기기 때문에 반드시 '두어야 한다'로 바꾸어 대상병원이 이 조항을 의무적으로 지키게 해야 한다. 종합병원 내의 병상 수와 상관없이 최소 1인 이상의 사회복지사만 있으면 된다는 「의료법 시행규칙」은 병상의 규모와 관계없이 단지 1~2명 정도의 의료사회복지사만을 채용해도 전혀 문제가 되지 않도록 규정한 이 법은 개정되어야 한다.

(2) 의료사회복지사의 업무에 대한 수가 인정과 병원 평가 항목에 의료사회복지사 관련 문항 반영이 필요하다

현재 우리나라에서는 정신과나 재활의학과에서 활동하는 사회복지사의 경우 각각 4개 항목, 3개 항목에 걸쳐 수가를 인정받도록 되어 있다. 그러나 의료사회복지사가 많이 개입하는 활동인 조혈모세포이식이나 장기이식에 관한 개입에 대해 수가가 인정되지 않고 있어, 이에 대한 수가 인정이 시급하다. 또한 병원 평가 항목에 의료사회복지사 관련 문항이 포함되어야 의료사회복지사의 역할과 전문성을 인정받는데 도움이 된다. 의료진들의 인식개선으로 인해 의료사회복지사에게 환자를 의뢰하는 경우가 증가하고 있지만, 실제 보험 청구가 가능한 과는 정신건강의학과와 재활의학과 밖에 없기 때문에 타과 환자를 대상으로 개별 면담을 하더라도 수가에서 인정받지 못하고 무료 서비스를 제공하게 된다. 따라서 의료사회복지사의 업무에 대한 보험 수가 인정이 시급하다. 진료지원부서에서 활동하는 영양사도 개별 상담이나 교육관련 활동을 수가로 인정받고 있는데 의료사회복지사가 실행하는 다양한 질병 교육이나 프로그램에 대한 수가는 인정되지 않고 있는 것이 현실이다(임정원, 김민영, 2017: 169).

(3) 의료사회복지사의 전문성 강화를 통해 영향력을 확대해야 한다

한 연구에서는 의료사회복지가 활성화되지 못하는 이유가 사회복지사 자신이 수행하는 업무에 대해 다른 전문가, 또는 제3자나 사회로부터의 승인을 받지 못하기 때문이라고 분석하고 있다(강흥구, 2009). 이는 결국 의료사회복지사의 업무에 대한 정당성을 확보하고, 이들의 전문적 개입에 대한 외부적 인정이 필요함을 의미한다. 정옥란(2008)의 연구에서는 의료전문직이 기관 내 사회사업실과 협력 후 그 결과에 불만족해 하는 이유가 '상담의뢰의 절차가 너무 복잡해서'와 '의뢰한 문제에 대한 피드백이 부족해서'가 각각 33.3%로 나타나, 대부분이 이러한 두 가지 이유로 불만족스러워 하는 것으로 나타났다. 이러한 연구결과는 의료사회복지사가 자신들의 업무를 더 접근가능하고, 전문적으로 발전시켜야 함을 의미한다. 타 의료전문직이나 사회가 인정하지 않는 의료사회복지사 업무는 결국 영향력을 발휘하지 못하기 때문이다.

2. 정신건강사회복지

1) 정신건강사회복지의 개념

정신건강사회복지란 정신의학영역에서 이루어지는 사회복지실천을 의미한다. 의료사회복지영역으로부터 분화되어 전문영역을 갖게 된 정신건강사회복지는 학자나 시대별로 그 정의에 다소 차이가 있어 현재까지도 그 개념 규정에 통일된 견해가 존재하는 것은 아니다. 그러나 한국정신보건사회사업학회(현 한국정신건강사회복지학회)의 정의를 보면 다음과 같다.

> 정신보건(건강)사회복지는 정신적, 정서적 장애를 가진 클라이언트와 그 가족을 대상으로 이들의 정신적, 정서적 장애로 인한 고통으로부터 그들의 건강을 회복시키고, 정신건강을 촉진하기 위한 서비스를 제공하는 것을 주 목적으로 하는 사회복지의 전문영역이다(한국정신보건사회사업학회 편, 2000: 16-17).

정신건강사회복지는 주로 정신과의사, 심리학자, 정신과간호사, 사회복지사 등이 한 팀이 되어 활동하며 병의원을 포함하는 정신건강의료기관, 정신재활시설, 정신요양시설, 지역사회정신건강복지센터 등에서 일하게 된다. 그런데 정신건강사회복지는 지역사회정신건강사업의 차원에서 개념 정의될 필요가 있다. 왜냐하면 만성적 정신질환을 가진 사람들 중에는 정신과적 증상 외에도 사회적 기능이나 적응의 장애가 있으며, 장기적인 치료나 관리를 필요로 하기 때문에 퇴원 후에도 지역사회에 거주하면서 지속적인 보호와 서비스를 받아야하기 때문이다. 따라서 예전에는 대부분 정신병원이나 정신요양원에서 수년씩 입원하는 형식으로 이들 정신장애인에 대한 보호가 이루어져 왔으나, 이제 높은 의료비용 문제나 환자의 효과적인 증상 관리를 위해 지역사회 중심의 정신건강사업이 보편화되었다.

2) 정신건강사회복지의 역사

(1) 미국 정신건강사회복지의 역사

미국의 정신건강사회복지 역사는 지역사회정신건강의 역사라고 해도 과언이 아니다. 따라서 미국에서 정신건강 영역에 사회복지실천이 도입된 초기 역사를 살펴보고, 지역사회정신건강이념이 도입된 역사적 배경을 살펴보도록 하겠다(한국정신보건사회사업학회 편, 2000).

미국에서는 1773년 버지니아주에 최초로 정신병원이 설립되었고, 1900년대에 이르러서 정신병원 입원환자였던 클리포드 비어스(Cliford Beers)라는 사람이 정신병원에서의 치료양식이 부적절하다는 점을 인식하고, 퇴원 후 정신위생운동을 펼치게 된다. 이후 1904년 아돌프 메이어(Adolf Meyer)에 의해 정신질환의 환경적 원인이해를 위한 가정방문이 이루어졌고, 사후지도를 통해 정신보건사회복지의 원리를 최초로 도입하게 되었다.

1913년 보스턴정신병원에서 최초로 '정신의료사회사업가'라는 용어를 사용하게 되었으며, 1918년까지 미국 동부와 서부에서 정신과 진료소나 정신병원에 사회사업가를 채용하기 시작했다. 이후 1926년 미국정신의료사회사업가협회가 결성되었고, 두 차례의 세계대전을 거치는 동안 사회사업가들이 군병원에 대거 채용되었으며, 전쟁 후 발생한 수많은 정신적 문제에 대한 사회사업적 개입이 이루어지게 되었다.

이 후 1946년 「정신보건법」이 제정되면서 지역사회정신건강에 대한 프로그램이 급속하게 발전되기 시작했다. 미국에서 지역사회정신건강사업이 발전하게 된 역사적 배경에는 「정신보건법」 제정이 그 효시가 된 것 외에도, 1950년 말부터 발견되기 시작한 항정신성 의약물(antipsychotic drug agents)의 효과에 기인한다. 정신의약물의 발견으로 인하여 심하던 정신과적 증상 대부분이 생리학적으로 조절되면서 정신병원에의 격리가 아닌 일반인들처럼 지역사회에서 자유롭게 생활할 수 있게 되었기 때문에 지역사회정신건강사업이 활성화될 수 있었다. 이에 더불어 1960년대 미국사회를 주도했던 인도주의 이념이 정신장애인들의 인권, 지역사회 복귀 주장에 영향을 미쳤고, 이는 결국 탈시설화 운동으로 연결되어 정신병원이나 요양원 수용자들의 지역사회 생활을 가능하게 열어 주었다(권순범, 2002).

(2) 한국 정신건강사회복지의 역사

우리나라 정신건강사회복지의 역사는 미군병원에서 일하던 미국인 정신의료사회사업가 랄프 모건(Ralph Morgan)이 한국 정신과의사들에게 사회사업가의 필요성을 인식시켜주면서 시작되었다. 1962년 국립정신병원이 개원되면서 처음으로 사회복지사를 채용하게 되었고, 그 후 가톨릭 성모병원, 중앙대 부속병원, 대구동산기독병원, 세브란스병원 등의 신경정신과에서 정신의료사회복지사를 채용하게 되면서 우리나라 정신건강사회복지 역사의 기초를 놓게 되었다(한국정신보건사회사업학회 편, 2000).

의료사회복지에서 살펴본 바와 같이 1973년 「의료법 시행령」 개정으로 종합병원에 사회복지사 1인 이상을 두게 한 법 규정을 통해 사회복지사의 정신건강분야 활동이 활발해지게 되었으며, 1995년 12월 「정신보건법」이 제정되면서 비로소 정신보건사회복지사 제도가 정식으로 도입되었다(황성동, 2004). 우리나라의 지역사회 정신건강 사업들은 대부분 미국의 사업모형을 받아들여 지역사회 정신건강센터 중심으로 운영되고 있다(권순범, 2002). 2020년 12월 현재 한국정신건강사회복지사협회에 등록된 회원 수는 정회원 4,439명, 특별회원 202명, 수련회원 312명으로 총 4,953명에 이르고 있다.[2]

3) 정신건강사회복지의 현황

(1) 정신건강사회복지사의 역할

우리나라에서는 정신질환을 가진 사람을 전문적으로 치료하는 기관으로 국립정신병원, 사립정신병원이 있으며, 이는 다시 종합병원 내의 정신과, 정신과 전문병원, 정신과 의원 등으로 분류된다. 한편 이들의 지역사회 내 생활을 돕고, 사회복귀를 돕는 기관으로는 정신건강복지센터, 정신재활시설, 중독관리통합지원센터, 자살예방센터 등이 있으며, 만성정신질환자의 요양시설인 정신요양시설이 있다. 이러한 기관에 종사하게 되는 사회복지사는 어떠한 업무를 수행하게 되는지 살펴보도록 하자.

먼저, 종합병원의 정신과나 정신과 전문 병·의원에서 사회복지사는 입원 시 사정 및 평가, 치료과정에서의 환자의 개별 및 집단 상담, 가족상담 및 가족 정신보건 교육, 사회기술훈련, 진료팀과의 협진 등의 역할을 수행한다. 퇴원과정에 있어서는 퇴원 및 재활계획을 함께 수립하고, 사회복귀를 위한 지역사회기관과 연결 및 의뢰 업무를 담당한다. 지역사회의 정신재활시설이나 정신건강복지센터에서는 개별상담뿐 아니라 사회복귀를 위한 집단치료, 사회적응훈련, 대인관계훈련, 지역주민 정신건강교육, 직업재활 등을 실시하고, 특히 정신건강복지센터에서는 지속적인 치료서비스, 반복입원의 예방, 응급상황 개입, 사회적 인식개선을 위한 사업 등을 수행한다.

(2) 정신건강기관의 유형과 현황

우리나라 정신건강기관에는 국, 공립, 민간 정신병원과 정신건강복지센터, 정신재활시설, 중독관리통합지원센터, 자살예방센터, 정신요양시설 등이 있다. 이 중 정신건강복지센터, 정신재활시설, 중독관리통합지원센터의 주요 사업을 살펴보면 다음과 같다.

① 정신건강복지센터

지역사회 중심의 통합적인 정신질환의 예방·치료, 중독관리 체계 구축, 정신질환자의 재활과 정신건강 친화적 환경 조성으로 국민의 정신건강을 증진하기 위한 목적을 가진다. 법적 근거는 「정신건강증진 및 정신질환자 복지서비스 지원에 관한 법률」 제15조(정신건강복지센터의 설치 및 운영)에 명시되어 있다. 정신건강복지센터는 광역 및 기초형으로 나뉘며 다음과 같이 그 업무를 구분할 수 있다.

■ 표 13-2 ■ 정신건강복지센터 업무 구분

영역	광역 정신건강복지센터	기초 정신건강복지센터
기획	• 지역사회 진단 및 연구조사 • 서비스 평가체계 구축	• 지역사회 진단 • 기획 및 자원 조정
중증 정신 질환 관리	• 편견해소사업 • 24시간 위기관리 지원 • 초발정신질환 관리체계 구축 • 탈원화 전달체계 구축 • 프로그램 개발 및 지원 • 노숙정신질환 관리	• 신규 발견체계 구축 • 사례관리서비스 • 위기관리서비스 • 사회재활 프로그램* • 직업재활 프로그램* • 주거서비스 네트워크 구축

정신 건강 증진 사업	• 인식개선 사업 • 24시간 상담 및 지원 • 자살위기개입 체계 운영 • 프로그램 개발 및 지원 • 고위험군 조기검진 지원 • 교육프로그램 개발 및 교육지원	• 홍보 및 교육사업 • 1577-0199 상담전화 • 고위험군 조기발견과 치료연계사업 　-어린이 청소년 　-성인 우울증, 스트레스 　-노인 우울증 및 치매 　-알코올 중독
정신 보건 환경 조성	• 사회안전망 구축 지원 • 언론 네트워크 구축 및 지원	• 보건복지 네트워크 구축 • 자원봉사운영체계 구축 • 지역 언론 협력체계 구축 • 경찰 및 구조구급 네트워크

* 사회재활 및 직업재활프로그램은 상황에 따라 직접 또는 네트워크 구축을 통해 제공할 수 있음
* 지역여건에 따라 아동·청소년사업, 자살예방시범사업 등을 적극 추진
* 기타 지역특성에 따른 특화사업(예: 새터민, 결혼이민자) 수행 가능

출처: 보건복지부(2020).

② 정신재활시설

정신의료기관에 입원하거나 정신요양시설에 입소하지 아니한 정신질환자의 사회복귀 촉진을 위한 사회적응훈련, 작업훈련 등 재활서비스 제공시설을 말한다. 법적 근거는 「정신건강증진 및 정신질환자 복지서비스 지원에 관한 법률」 제26조(정신재활시설의 설치 및 운영)에 명시되어 있다. 정신재활시설은 그 유형이 다양한데 생활시설, 재활훈련시설, 중독자재활시설, 생산품판매시설, 종합시설 등으로 분류할 수 있고, 특히 재활훈련시설에는 주간재활시설, 공동생활가정, 지역사회전환시설, 직업재활시설, 아동·청소년 정신건강지원시설이 있다.

■ 표 13-3 ■ 정신재활시설의 유형별 분류

시설 유형		사업 목적 및 내용
1. 생활시설		가정에서 생활하기 어려운 정신질환자에게 주거, 생활지도, 교육, 직업재활훈련 등의 서비스를 제공하며, 가정으로의 복귀, 재활, 자립 및 사회적응을 지원하는 시설
2. 재활 훈련 시설	주간재활시설	정신질환자에게 작업·기술지도, 직업훈련, 사회적응훈련, 취업지원 등의 서비스를 제공하는 시설
	공동생활가정	완전한 독립생활은 어려우나 어느 정도 자립능력을 갖춘 정신질환자 등이 공동으로 생활하여 독립생활을 위한 자립역량을 함양하는 시설

지역사회 전환시설	지역 내 정신질환자 등에게 일시 보호 서비스 또는 단기 보호 서비스를 제공하고, 퇴원했거나 퇴원계획이 있는 정신질환자 등의 안정적인 사회복귀를 위한 기능을 수행하며, 이를 위한 주거제공, 생활훈련, 사회적응훈련 등의 서비스를 제공하는 시설	
직업재활시설	정신질환자 등이 특별히 준비된 작업환경에서 직업적응, 직무기능향상 등 직업재활훈련을 받거나 직업생활을 할 수 있도록 지원하며, 일정한 기간이 지난 후 직업능력을 갖추면 고용시장에 참여할 수 있도록 지원하는 시설	
아동·청소년 정신건강 지원시설	정신질환 아동·청소년을 대상으로 한 상담, 교육 및 정보제공 등을 지원하는 시설	
3. 중독자재활시설	알코올 중독, 약물 중독 또는 게임 중독 등으로 인한 정신질환자 등을 치유하거나 재활을 돕는 시설	
4. 생산품판매시설	정신질환자가 생산한 생산품을 판매하거나 유통을 대행하고, 정신질환자등이 생산한 생산품이나 서비스에 관한 상담, 홍보, 마케팅, 판로개척, 정보제공 등을 지원하는 시설	
5. 종합시설	제1호부터 제4호까지의 정신재활시설 중 2개 이상의 정신재활시설이 결합되어 정신질환자등에게 생활지원, 주거지원, 재활훈련 등의 기능을 복합적·종합적으로 제공하는 시설	

출처: 보건복지부(2020a).

③ 중독관리통합지원센터

중독관리통합지원센터는 지역사회 중심의 통합적인 정신질환의 예방·치료, 중독관리 체계를 구축하고, 정신질환자의 재활과 정신건강 친화적 환경을 조성하여 국민의 정신건강 증진을 도모하기 위한 목적으로 설치, 운영하고 있다. 법적 근거는 「정신건강증진 및 정신질환자 복지서비스 지원에 관한 법률」제15조의3(중독관리통합지원센터 설치 및 운영)에 명시되어 있다.

■ 표 13-4 ■ 중독관리통합지원센터 기본사업 내용

영역	필수사업	선택사업
중독문제 조기발견 및 개입서비스	• 알코올 문제 신규발견 및 이용체계 구축 • 고위험 음주군 조기발견 및 단기 개입 서비스	• 기타 중독(도박, 인터넷, 마약) 신규 발견 및 이용체계 구축 • 기타 중독(도박, 인터넷, 마약) 고위험군 조기발견 및 단기 개입 서비스

중독질환 관리사업	• 알코올 중독자 관리체계 구축 -사례관리 서비스 -재활 프로그램	• 알코올 중독자 위기관리 서비스 • 알코올 중독자 직업재활 서비스 • 기타 중독 관리체계구축 -사례관리 서비스 -재활 프로그램
중독질환 가족지원사업	• 알코올 중독자 가족 신규발견 및 이용체계 구축 -사례관리 서비스 -가족모임 지원 서비스	• 알코올 중독자 및 기타중독자 가족 신 규발견 및 이용체계 구축 -가족교육 및 프로그램
중독 폐해 예방 및 교육사업	• 취약계층 알코올 문제 교육사업 • 인식개선 및 홍보사업	• 아동 · 청소년 예방교육사업 • 직장인 중독폐해 예방지원사업 • 지역주민 예방교육사업
지역사회 사회안전망 조성사업	• 보건복지 네트워크 구축 • 지역 인프라 구축	• 지역 법무 연계 · 협력체계 구축 • 자원봉사 관리 · 운영체계 구축 • 경찰 및 응급지원 네트워크 구축
지역진단 및 기획		• 지역사회 진단 및 연구 • 지역 특성을 도려한 특화 서비스 기획 • 자원조성 및 중재

출처: 보건복지부(2020a).

이 외에도 보건복지부장관 소속으로 중앙정신건강복지사업지원단을 두고 있으며, 시 · 도지사 소속으로 지방정신건강복지사업지원단을 두고 있다. 이상과 같이 우리나라의 주요 정신건강 기관의 유형과 주요 사업에 대해 살펴보았다. 의료기관 등을 포함한 정신건강 관련 기관 현황을 유형별로 살펴보면 다음과 같다.

■ 표 13-5 ■ 전국 정신건강 관련 기관 현황(2019년)(단위: 개소)

구분		기관수	주요기능
계		2,596	
정신건강복지센터	소계	257	• 지역사회 내 정신질환 예방, 정신질환자 발견 · 상담 · 정신 재활훈련 및 사례관리 • 정신건강증진시설 간 연계체계 구축 등 지역사 회 정신건강 사업 기획 · 조정
	광역	16	
	기초	241*	
자살예방센터**	소계	42	중앙 및 지자체 자살예방사업 지원, 민관협력 네트 워크 구축을 통한 자살예방활동 지원
	독립	7	
	부설	35	

중독관리통합지원센터	49	중독 예방, 중독자 상담 · 재활훈련
정신요양시설	59	만성 정신질환자 요양 · 보호
정신재활시설	349	병원 또는 시설에서 치료 · 요양 후 사회복귀촉진을 위한 훈련 실시
정신의료기관	1,839	• 정신질환자 진료 • 지역사회정신건강증진사업 지원

* 기본형 정신건강사업 제외

** 자살예방사업 운영형태에 따라 독립형과 부설형으로 구분함

출처: 보건복지부(2020a).

2019년 12월 31일 기준으로 전국에는 광역정신건강복지센터가 16개소, 기초정신건강복지센터가 241개소 설치, 운영되고 있으며, 중독관리통합지원센터가 49개소, 자살예방센터가 42개소 설치, 운영되고 있다. 정신건강증진시설로는 정신요양시설 59개소, 정신재활시설 349개소, 정신의료기관 1,839개소가 운영되고 있다(보건복지부, 국립정신건강센터, 2020). 시 · 도 단위로 보면 정신의료기관은 서울시에 가장 많이 설치되어 있으며, 정신재활시설 또한 서울시에 가장 많이 설치되어 있다.

4) 정신건강서비스 전달체계

우리나라의 정신건강서비스 전달체계는 보건복지부를 중심으로 산하에 국립정신건강센터, 중앙정신건강복지사업지원단이 있으며, 시 · 도 산하에는 광역정신건강복지센터, 광역정신건강심의위원회, 지방정신건강복지사업지원단 등이 있다. [그림 13-1]과 같은 체계로 정신건강서비스가 전달되고 있다.

5) 자격제도

1995년 「정신보건법」이 제정되고 1997년 1월부터 시행되면서 동법 제7조 규정에 의해 '정신보건사회복지사' 수련제도가 시행되었다. 2020년 현재에는 '정신건강사회복지사'로 명명하고 있고, 1급과 2급으로 나뉘어 있다.

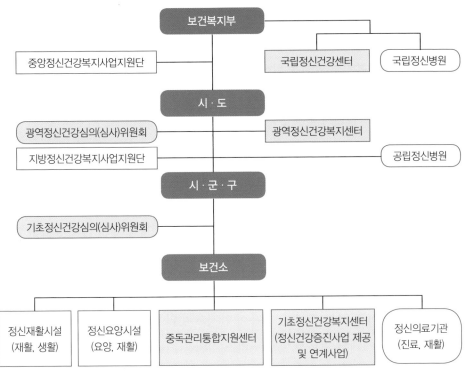

[그림 13-1] 정신건강서비스 전달체계

출처: 보건복지부(2020b).

정신건강사회복지사 1급은 사회복지학 또는 사회사업학에 대한 석사학위 이상을 소지한 사람으로서 보건복지부장관이 지정한 수련기관에서 3년(2급 자격 취득을 위한 기간은 포함하지 아니한다) 이상 수련을 마친 사람이고, 2급은 정신건강사회복지사 자격을 취득한 후 정신건강증진시설, 보건소 또는 국가나 지방자치단체로부터 정신건강증진사업등을 위탁받은 기관이나 단체에서 5년 이상 근무한 경력(단순 행정업무 등 보건복지부장관이 정하는 업무는 제외한다)이 있는 사람이다.

정신보건사회복지사 2급의 기준은 「사회복지사업법 시행령」 제11조 제2항에 따른 사회복지사 1급 자격을 소지한 사람으로서 수련기관에서 1년 이상 수련을 마친 사람이다(한국정신건강사회복지사협회, 2020)

6) 전망과 과제

정신건강사회복지의 발전을 위한 과제를 제시하면 다음과 같다.

(1) 정신건강복지센터 운영체계의 개선이 필요하다

최근 정신건강복지센터의 운영체계가 한계에 도달했다는 비판이 강하다. 정신건강전문요원에 대한 안정적 고용환경이 마련되지 못했기 때문이다(e마인드포스트, 2019. 5. 30.). 정신건강복지센터 종사자들은 사업에 대한 지나친 외부의 간섭, 개인사업자 공공법인이 아닌 개인사업자 등록으로 고용을 유지하게 되는 불안한 고용환경, 비상근센터장, 규정되지 않은 무제한의 업무량을 가장 큰 문제점으로 지적하였다. 특히 백화점식 업무에 대해 표준 업무량을 제시해서 책임성 있는 업무수행이 되도록 개선해야 한다는 것이다. 고용이 안정되지 않고, 처우가 열악한 정신건강전문요원들의 현 실태는 전문성 있는 서비스 실천을 기대하기 어렵다. 정신건강에 대한 전문성이 있는 공공법인이 위탁운영을 맡거나, 보건소 연계 공조직으로 확대한 직영운영체계로의 전환을 적극적으로 검토해 보아야 할 것이다.

(2) 정신건강서비스 전달체계의 개선이 필요하다

몇몇 연구에서 지적된 바와 같이 한국의 정신건강서비스 전달체계는 파편화되어 있다(전진아 외, 2017; 전진아, 강혜리, 2020). 정신건강정책 수립 이후 20년 이상이 지나면서 정신건강서비스의 양적 성장은 이루었으나, 정신건강서비스를 제공하는 주체가 매우 다양하고, 중증정신질환, 중독, 자살 등 각기 다른 유형에 대한 정책 수립이 이루어지면서 이러한 업무를 수행하는 기관 간 역할이나 기능에 있어 중복이나 누락의 문제가 생기게 된 것이다. 또한 지방자치단체별로 재원이나 환경, 인식의 차이로 인해 발생하는 문제도 있다. 이로 인해 서비스 제공주체 간 연계와 협력도 지역별 차이가 발생한다. 정신건강의 문제는 국민 누구나 쉽게 접근할 수 있어서 예방과 치료의 서비스를 받을 수 있어야 하는데 조기개입이나 위기나 재난에 대한 위기개입 접근성도 확보되어 있다고 보기 어렵다.

(3) 지역사회 정신건강에 대한 더욱 적극적이고 주도적인 개입이 필요하다

가족해체나 아동·청소년정신건강, 실직, 고령화, 노후대비 부족으로 인한 빈곤 등 각종 문제가 점점 심각해지고 있는 현대사회에서 이러한 문제들이 자살로 이어지는 비율이 높아지고 있다. 특히, 생애주기별로 겪는 여러 가지 정신건강의 문제에 적극적으로 개입하여 정신질환 발생을 예방하고 자살을 예방해야 할 것이다. 지역사회 보건소를 기점으로 정신질환 조기발견이나 예방사업을 더 활성화시켜야 하고, 특히 아동 청소년 및 대학생들은 학교를 통해 조기검진이나 선별검사 등을 실시하여 사전 예방사업이 효과적으로 진행될 수 있도록 중앙 및 지방정부가 지원해야 할 것이다. 사전 예방을 통해 정신질환의 만성화나 잦은 입·퇴원 반복을 막을 수 있고, 장기입원율을 낮출 수 있을 것이다.

(4) 정신건강 관련 기관 간 중복업무 정리 및 고유의 정체성 확립이 필요하다

현재 정신건강복지센터는 많은 부분에서 정신재활시설과 그 기능이 중복되는 경향이 있다. 지역사회 정신건강복지센터는 사례관리를 주 핵심업무로 규정하여 이를 시행할 필요가 있고, 주간재활프로그램 등은 정신재활시설의 업무로 두되, 지역에 정신재활시설이 없는 경우 이러한 업무를 정신건강복지센터가 맡아 수행할 수 있을 것이다. 또한 정신의료기관 내 서비스를 다양화하여 단순한 입원치료나 보호 외에 낮병동, 밤병동, 주간보호 등을 운영하여 입원 대신 다양한 서비스를 의료기관에서도 받을 수 있게 한다면 재입원이나 장기입원으로 인한 정부의 의료급여비용을 줄일 수 있게 될 것이다.

3. 학교사회복지

1) 학교사회복지의 개념

학교사회복지란 '학교에서 일어나는 학생의 문제들을 개인의 문제만이 아닌 개인을 둘러싼 환경과의 상호작용의 문제로 보고, 이러한 심리사회적 문제들을 학생-학교-가정-지역사회의 연계를 통해 예방하고 해결함은 물론, 학생이 자신의 잠재력과 능력을 최대로 발휘할 수 있는 교육환경과 교육기회를 제공하고자 하는 사회복지의 한 전문 분야'(한국학교사회복지사협회, 2020)이다.

외국학자 윈터와 말루치오(Winter & Maluccio, 1988: 210: 이태수, 2008:35에서 재인용)는 학교사회복지란 '학교 내 교육-학습의 과정에 장애요인이 되는 문제를 해결하고 모든 학생들의 학습에 대한 잠재능력을 최대화시키기 위하여 가정과 학교, 지역사회의 상호작용을 촉진시키는 사회복지의 한 실천영역'으로 정의내리고 있다.

학교사회복지사는 결국 아동이나 청소년의 문제가 이들의 특징뿐 아니라 학교환경 조건이나 방침 간 상호작용을 통해 나타나는 산물이라고 보고, 가정-학교-지역사회 간의 일차적인 조정자로 활동하게 된다(이태수, 2008).

2) 학교사회복지의 역사

(1) 외국의 학교사회복지 역사

학교사회복지를 가장 먼저 실시한 국가는 영국으로 알려져 있다. 처음에는 출석담당자(attendance counsellor) 또는 결석담당관(truancy officer)이라는 명칭으로 불리다가 최근에는 교육복지관(education welfare officer), 교육사회사업가(education social worker)라는 명칭을 사용하고 있다(원선애, 2007). 호주, 캐나다, 대만, 독일, 미국 등에서는 학교사회사업가(school social worker)라고 통칭하고 있으며, 뉴질랜드는 학교 내 사회복지사(social workers in school)라고 부르는 등 각 나라의 특성에 따라 그 용어가 다르게 사용되고 있다.

미국의 경우 1900년대 초반에 학교사회복지가 시작되었는데 일반아동보다는 보호가 필요한 아동들의 학업지원과 학교적응을 돕기 위한 목적으로 실시되었다. 1940년부터 1960년대까지는 교육기회의 불평등과 저소득층 아동들에 대한 교사들의 낮은 인식 등에 대한 문제제기와 함께 인권 차원의 학교사회복지 운동이 일어나기 시작했다. 이후 1980년대부터 현재까지는 학교교육의 질에 대한 제고가 일어나면서 학교와 지역사회의 다양한 자원체계를 연결하는 역할이 학교사회복지사의 역할로 부각되었다.

독일의 학교사회복지는 1970년에 서베를린의 제2차 교육제도에서 사회교육사(social pedagogues)가 등장하면서부터 시작되었는데, 학교사회복지사의 주요한 역할 중 하나는 알코올이나 마약 등의 범죄와 연관되어 있거나 심리적 어려움이 있는 학생들을 대상으로 한 서비스가 주요 역할로 명시되고 있다.

한편 스웨덴의 경우에는 1930년대 후반 한 양호교사가 학교에서 점심급식 제공을 위하여 지역사회의 자원들을 동원한 것으로부터 시작되었다. 스웨덴의 학교사회복지사는 학생들의 학업에 방해가 되는 요소들을 제거하는 것에 초점이 맞추어져 있다.

이와 같이 각 나라마다 학교사회복지의 출발 배경이 달랐지만, 2019년 현재 전세계 50여 개 국가에서 약 7만 4,000명의 학교사회복지사가 활동 중인 것으로 나타나고 있다(복지타임즈, 2020. 6. 19)

(2) 한국의 학교사회복지 역사

한국에서 학교사회복지는 다른 분야에 비해 역사가 짧고 비교적 새롭게 개척된 분야라 할 수 있다. 따라서 언제부터 학교사회복지가 시작되었는지에 대해서도 일치된 견해가 없지만, 1990년대 초·중반 학교 내 집단따돌림이나 학교폭력이 사회문제로 떠오르면서 관심을 갖기 시작한 일부 복지관(태화은평종합사회복지관)의 사업이 현 학교사회사업의 모태가 되었다고 보고 있다(이태수, 2008). 그러나 이미 그 이전인 1986년 김혜래 교사가 현대고등학교에 교사로 재직하면서 타교사들과 팀 접근으로 사회복지 서비스를 제공한 것을 학교사회복지의 첫 시도라고 보는 견해도 있다(주석진 외, 2020).

1993년 태화은평종합사회복지관이 수색초등학교와 연계하여 '꿈나무교실'을 운영하게 되면서 지역사회복지관이 학교사회복지에 관심을 갖게 된 계기를 마련한 것으로 보고되고 있으며, 이어 삼성복지재단이 본격적으로 이 사업에 지원하게 됨으로써 더 많은 기관들이 학교사회사업 프로그램에 참여하게 되었다. 같은 해인 1993년 학교 상주형 학교사회복지가 서울 화곡여자상업고등학교에서 시작되었고, 1997년부터는 교육부가 서울 무학여고, 대구 제일여상, 광주 북성중, 대전 충남중 등을 대상으로 시범사업을 실시하였다. 이 시범사업이 본사업으로 연결되지는 못했으나, 서울시 교육청의 경우 학교기반 학교사회복지를 본격화하게 된 계기를 마련했으며, 특히 영등포여상에서는 학교 자체 예산으로 학교상주형 학교사회복지사를 채용하게 된 최초의 학교가 되었다.

2000년대에 들어서 서울시 교육청은 시범사업을 더 확대하여 남강중학교, 동마중학교, 송파공업고등학교, 당곡고등학교, 은평공업고등학교 등을 대상으로 실시하였고, 2001년에서 2002년까지도 지속적으로 이 사업을 진행했다. 이후 강원도, 대전, 과천 등 지방자치단체에서도 시범사업을 실시하게 되었다. 그러나 2002년 사회복지공동모금회가 학교사회복지사업의 제도화를 위해 3년간 전국 14개 학교에 학교사회복지 프로젝트를 시작하게 되면서 학교사회복지는 확산되기 시작하였다. 이 여파에 힘입어 교육인적자원부에서 2003년부터 '교육복지투자우선지역 지원사업'을 실시하게 되는데 전국 6개 지역 45개 단위학교에 전문가를 배치함으로써 학교사회복지를 본격화하기 시작했고, 2004년에는 총 48개교에서, 2005년에는 96개교에서 사회복지사를 활용한 연구학교를 실시하게 됨으로써, 학교사회복지의 역사를 새롭게 써 나가게 되었다.

특히 2005년부터는 학교사회복지사 제도화를 위해 학교사회복지학회, 학교사회복지사협회, 한국사회복지사협회가 공동으로 주관하여 제1회 학교사회복지사 자격시험을 실시하게 되었고, 2007년에는 보건복지부와 교육부 공동으로 98개교에 학교사회복지사 파견사업을 시작하게 되었다. 2009년에는 학교사회복지활성화를 위한 조례제정(성남시)이 이루어졌고, 이후 2018년까지 지속적으로 학교사회복지 법제화를 위한 많은 노력이 있었다. 그 결실로 2018년 11월에는 「사회복지사업법」내 '학교사회복지'를 명시하는 법 개정이 이루어짐으로써 학교사회복지사가 국가자격으로 인정받게 되는 열매를 맺게 되었다.

이와 같이 지난 20여 년의 학교사회복지 역사는 민간과 공공의 다양한 시·도가 공존하는 모습을 띠고 있으며, 다양한 형태의 학교사회사업이 지닌 특성들과 유형에 대한 정리작업이 남아있는 실정이다.

3) 학교사회복지의 현황

(1) 학교사회복지사의 역할

학교사회복지사의 주 역할은 무엇일까? 학교사회복지사는 학생들이 학교에서 일어나는 여러 가지 문제들을 예방하거나 해결할 수 있도록 도움을 제공함으로써 학생의 복지를 실현하도록 돕는 전문가이다. 학생이 학교에서 행복하고 잘 적응할 수 있게 돕는 것이 학교사회복지사의 궁극적인 역할인 것이다. 이러한 역할을 조금 더 세부적으로 살펴보면 다음과 같다(원석조, 2005; 한국학교사회복지사협회, 2020).

- 임상전문가: 학생들을 위한 개별, 집단 상담과 치료적 개입을 제공한다. 아동의 정서불안이나 분노, 공격적 행동을 치료하고, 행동수정방법 등을 통해 학생의 행동을 변화시킨다. 가족 간의 관계개선에 도움을 제공한다.
- 교육자/자문가: 학습과 진로를 위한 정보를 제공하고, 사회성 기술이나 학습전략, 의사소통훈련, 각종 예방을 위한 교육을 제공한다.
- 매개자/연계자: 학생과 가족에게 필요한 자원을 발굴하고 연계해 준다.
- 옹호자: 학생과 가족의 인권을 보장하기 위한 옹호활동을 전개한다.
- 공조자/협력자: 교사를 비롯하여 다양한 전문가나 관련기관과 협력하고 공조한다.
- 폭력예방전문가: 학교 내 폭력의 증가로 인해 폭력을 방지하는 방법 등에 관해 교사나 학생들을 상대로 교육하거나 갈등을 중재한다.
- 학교-학생-가정-지역사회의 연계자: 이 네 체계 간의 연계 역할을 수행함으로써 학생문제의 원인을 사전에 예방하거나 제거하는 역할을 수행한다.

(2) 학교사회복지의 유형과 현황

학교사회복지사업은 운영주체나 재원에 따라 다음과 같이 구분해 볼 수 있다(한국학교사회복지사협회, 2020).

① 교육복지우선지원사업(2003~2020년 현재)

교육복지우선지원사업은 2003년부터 교육과학기술부에 의해 교육, 문화적 여건이 상대적으로 열악한 도시 저소득지역 학생의 교육·문화·복지 수준을 제고해 교육기회를 실질적으로 보장하기 위해 진행된 사업이다. 이 사업은 저소득층 영유아 및 아동, 청소년의 주요 취약성을 보장하기 위한 다차원적인 지원사업이고, 학교가 중심이 되는 지역사회교육공동체 구축을 통해 학습, 문화, 심리, 정리 등 삶 전반에 대해 지원하는 것을 목표로 한다.

② 지방자치단체지원 학교사회복지사업(2003~2020년 현재)

민간차원, 정부차원의 예산으로 사업이 운영되어 오다가 2003년 과천시에서 시 예산으로 학교사회복지사업을 시작하여 현재 지자체 학교사회복지사업은 경기도 9개 지역과 서울 은평구 1개 지역에서 운영되고 있다. 이 사업은 지방자치단체가 예산을 배정하여 운영하는 방식으로, 저소득학생 비율이나 지역 경제적 수준을 넘어서 보편적인 학교사회복지의 접근을 강조하는 것이 특징이다.

③ 민간지원사업 '하이원 학교사회복지사업'(2010~2020년 현재)

강원도 정선 지역 아동 및 청소년들의 밝고 건강한 성장을 돕기 위해 학교에 학교 사회복지사를 파견하여 한국학교사회복지사협회에서 운영하는 강원랜드 지원사업 이다.

다음 〈표 13-6〉은 현재 전국에서 실시하고 있는 학교사회복지사업의 현황을 지역별로, 사업유형별로 정리한 것이다.

■표 13-6■ 전국 학교 내 학교사회복지 운영 현황[6]　　　　　　　(단위, 개소, 명)

연번	지역	교육복지우선지원사업					지자체 학교사회복지사업					민간지원사업				총계
		초	중	고	특	소계	초	중	고	특	소계	초	중	고	소계	
1	서울	504 (168)	362 (125)	93 (0)	—	959 (293)	—	—	9 (9)	—	9 (9)	—	—	—	—	968 (302)
2	부산	283 (75)	163 (70)	—	—	446 (145)	—	—	—	—	—	—	—	—	—	446 (145)
3	대구	224 (83)	124 (52)	—	—	348 (135)	—	—	—	—	—	—	—	—	—	326 (135)
4	인천	123 (68)	84 (46)	3 (3)	—	210 (117)	—	—	—	—	—	—	—	—	—	210 (117)
5	광주	61 (53)	40 (35)	—	4 (2)	105 (90)	—	—	—	—	—	—	—	—	—	105 (90)
6	대전	47 (35)	25 (21)	6 (5)	—	78 (61)	—	—	—	—	—	—	—	—	—	78 (61)
7	울산	9 (9)	8 (8)	4 (4)	—	21 (21)	—	—	—	—	—	—	—	—	—	21 (21)
8	세종	15 (4)	8 (4)	—	—	23 (8)	—	—	—	—	—	—	—	—	—	23 (8)
9	경기	131 (52)	109 (60)	26 (6)	—	266 (118)	84 (84)	31 (31)	7 (7)	1 (1)	123 (123)	—	—	—	—	389 (241)
10	강원	47 (40)	43 (35)	12 (9)	—	102 (84)	—	—	—	—	—	3 (3)	2 (2)	1 (0)	6 (5)	108 (89)

6) 2020년 7월 현재, 괄호는 인력 배치

11	충북	41(15)	40(18)	–	–	81(33)	–	–	–	–	–	–	–	–	–	81(33)
12	충남	36(36)	31(31)	4(4)	–	71(71)	–	–	–	–	–	–	–	–	–	71(71)
13	전북	219(66)	116(54)	5(5)	–	340(125)	–	–	–	–	–	–	–	–	–	340(125)
14	전남	53(53)	30(30)	3(3)	–	86(86)	–	–	–	–	–	–	–	–	–	86(86)
15	경북	44(44)	41(41)	–	8(0)	93(85)	–	–	–	–	–	–	–	–	–	93(85)
16	경남	68(31)	35(15)	–	–	103(46)	–	–	–	–	–	–	–	–	–	103(46)
17	제주	16(16)	–	–	–	16(16)	–	–	–	–	–	–	–	–	–	16(16)
계		1,921(848)	1,259(645)	156(39)	12(2)	3,348(1,534)	84(84)	31(31)	16(16)	1(1)	123(123)	3(3)	2(2)	1(0)	6(5)	3,464(1,671)

출처: 한국학교사회복지사협회 홈페이지 www. kassw.or.kr

현재 전국에는 교육복지우선지원사업으로 진행되는 학교사회복지 수행 학교 수는 3,348개, 지자체 학교사회복지사업 학교 수는 123개, 민간지원사업 학교 수는 6개로 집계되고 있다.

4) 자격제도

2020년 12월 12일 전에는 민간자격증인 학교사회복지사협회를 통한 자격취득이 이루어졌으나 「사회복지사업법」 개정으로 인해 국가자격증으로 전환되면서 다음과 같은 기준으로 변경되었다.

- 수련제도
  - 국가자격 취득을 위해서는 수련(1,000시간)을 해야 함
  - 수련기관: 학교사회복지사업을 운영하는 학교
  - 수련지도자: 학교사회복지사 자격 취득 후, 5년 이상의 학교사회복지 실무를 갖춘 자
- 법정보수교육: 연간 12시간
  - 대상: 해당 자격증을 가지고 학교사회복지 관련 업무 종사자
  - 면제: 해당연도에 6개월 이상 근무하지 않거나, 대학원에서 사회복지학 전공

중인 자로, 면제대상자임을 증명한 자

–수탁기관이 보수교육대상자 명단 제출을 요청할 수 있는 기관

「초·중등교육법」 제2조에 따른 학교, 그 밖에 학교사회복지사의 자격과 관련된 업무를 수행한다고 보건복지부장관이 인정하는 시설 또는 기관(예: 교육청 및 교육지원청, 지역교육복지센터 등)

• 민간자격취득자의 특례

–기한: (3년 이내) 2023년 12월 11일까지

–방법: 보건복지부장관이 정하여 실시하는 과정(추후 안내 예정)

5) 전망과 과제

지난 20년간 학교사회복지가 공공과 민간에 의해 다양한 형태로 시행되면서, 학교사회복지의 필요성과 중요성은 이미 널리 인식되었고, 3,400여 개가 넘는 학교에서 학교사회복지사업이 수행되고 있으니, 짧은 기간에 큰 성과를 이룬 것이라 평가할 수 있다. 특히 학생들은 물론 교사나 학부모까지 학교사회복지의 효과에 대해 긍정적으로 평가하고 있는 현상은 매우 고무적이다(윤철수, 2007; 한국학교사회복지사협회, 2020). 그러나 아직까지도 학교사회복지사업의 제도화나 정착화에 대한 우려가 있는 것은 향후 과제가 많다는 의미일 것이다. 이에 대해 살펴보면 다음과 같다.

(1) 학교사회복지사 국가자격제도화의 안정화

1997년 시범사업으로 시작된 학교사회복지는 20년이 조금 넘는 역사를 가지고 있다. 그동안 학교사회복지실천은 학교교육의 이해당사자들뿐 아니라, 부모, 시·도교육청, 교육인적자원부 관계자들에 의해 인정받기까지 오랜 시간이 걸렸고, 2018년 「사회복지사업법」 개정을 통해 학교사회복지의 법제화라는 결실을 얻게 되었다. 학교사회회복지사 제도의 법적 근거를 확보할 수 있게 된 것이다. 학교사회복지사는 학교 전문상담교사나 보건교사와는 다르다. 물론 공유업무가 존재하지만, 학교사회복지사는 사례관리에서부터 가정-학교-지역사회 연계 및 자원개발, 가족복시서비스 등 독자적으로 수행할 수 있는 업무가 있고, 이러한 업무에 있어 전문가이다. 그렇기 때문에 법제화가 필요했고, 2020년 12월 시행으로 마침내 법적으

로 인정받는 국가자격 전문가로서의 위상을 확보할 수 있게 되었다. 앞으로의 과제는 학교사회복지사들의 지속적인 역량강화를 위한 수련, 보수, 슈퍼비전 교육 및 훈련과정 만들고, 전문성 함양을 위한 교육모델을 개발해 내고 적용함으로써 전문가로서의 학교사회복지사 제도를 정착시켜야 할 것이다(복지타임즈, 2020. 6. 19.).

(2) 학교사회복지사의 전문성 제고

현재 학교현장에서 일하고 있는 학교사회복지사들은 매우 헌신적이고 열정적인 사회복지사들이다. 특히, 학교현장의 보수성이나 교직자들의 배타성이 존재함에도 불구하고, 학생들에 대한 가치와 사회복지실천의 효과에 대한 믿음으로 일하고 있는 전문가들이다. 그러나 열정과 가치로만 이 전문직을 수행할 수는 없는 것이, 교육현장의 환경이 급속도로 변화하고 있고, 학생들의 가치와 문화, 학습환경이 시시각각 변화하며, 그들이 처한 가정의 환경도 많은 욕구와 문제를 배출하기 때문이다. 따라서 학교사회복지사들의 전문성 제고를 위해 자격제도 강화와 직무교육, 보수교육의 강화가 필요하다. 예를 들어, 학생에 대한 개입뿐 아니라 학교, 교사, 학부모, 지역사회 등 다체계에 대한 개입이 필수적이기 때문에 체계개입에 대한 교육을 추가할 필요가 있고, 상담교육에 있어서도 최근 학생들이 많이 경험하는 인터넷 중독이나 폭력, 물질남용 등에 대해 전문적으로 상담할 수 있는 교육도 제공되어야 한다. 이와 더불어 학교사회복지사는 교사, 보건교사, 영양교사 등 다양한 교사들과 팀워크를 수행해야 하는 전문가이기 때문에, 팀워크를 위한 실천적 기술, 전문가 간 갈등해소 방안 등에 대한 교육을 실시하여 학교사회복지사의 전문성을 제고해야 할 것이다(홍순혜, 2005). 또한 지자체운영사업, 교육복지우선사업, 민간지원사업 등 다양한 형태로 진행되는 학교사회복지사업의 정체성을 확립하고 역할이나 그 특성에 따른 실천모델 개발도 남겨진 과제라고 할 수 있다(윤철수 외, 2020).

생각해 볼 문제

1. 의료사회복지의 역사에 대해 국가별로 비교해 봅시다.

2. 의료사회복지사의 개입내용을 진료과목에 따라 정리해 봅시다.

3. 의료사회복지가 발전하기 위한 과제에 대해 생각해 봅시다.

4. 지역사회정신보건의 개념에 대해 생각해 봅시다.

5. 정신건강복지기관의 유형에 따른 각각의 사업내용에 대해 정리해 봅시다.

6. 학교사회복지의 개념을 정리해 봅시다.

7. 한국 학교사회복지의 발전 역사를 정리해 봅시다.

8. 한국 학교사회복지의 유형별 특징과 한계점에 대해 정리해 봅시다.

참고문헌

강흥구(2009). 의료사회복지의 장기적 발전 방향. 사회과학논총, 24(2), 1-26.

권순범(2002). 정신보건서비스 전달체계의 개선방안에 관한 연구. 서강대학교 대학원 석사학위논문.

보건복지부(2018). 의료사회복지사 · 학교사회복지사국가자격증 신설. 보도자료, 2018. 11. 23.

보건복지부(2020b). 의료 · 학교사회복지사 국가자격 제도 시행. 보도자료, 2020. 11. 30.

보건복지부(2020a). 2020 전국정신건강관련 기관 현황집.

윤철수(2007). 학교사회복지의 제도화, 어디까지 왔나. 복지동향, 109, 4-8.

윤철수, 노혁, 도종수, 김정진, 김미숙, 석말숙, 김혜경, 박창남, 성준모(2020). 사회복지개론. 학지사.

원선애(2007). 학교사회복지사 제도의 실태와 도입방안에 관한 연구. 광운대학교 대학원 석사학위논문.

원석조(2005). 사회복지개론. 양서원.

이태수(2008). 학교사회복지의 다양화에 따른 재구성과 제도화 전망. 학교사회복지, 14, 33-55.

이효순, 권지현, 양정빈, 천덕희, 추정인, 한수연(2016). 의료사회복지론. 학지사.

임정원, 김민영(2017). 의료사회복지사의 직무 실태와 활동 수가 현황, 한국사회복지조사연구, 54, 167-194.

전진아, 전민경, 홍선미, 전준희, 이용주, 오미애, 이난희, 김진호.(2017). 지역사회 정신건강서비스 연계 현황과 개선과제. 한국보건사회연구원.

전진아, 강혜리(2020). 정신건강서비스 전달체계의 현황과 과제. 보건복지, 282, 30-42.

주석진, 조성심, 라미영, 방진희, 엄경남, 이종익, 전구훈(2020). 학교사회복지론(제3판). 양서원.

정옥란(2008). 의료전문직의 의료사회복지사에 대한 역할인식에 관한 연구. 국민대학교 대학원 석사학위논문.

최권호, 김준표(2017) 의료사회복지사의 역할 불일치와 직무만족. 한국사회복지행정학, 19(4), 133-158.

한국정신보건사회복지사협회(2011). 정신보건사회복지사 수련지침서.

한국정신보건사회사업협회 편(2000). 정신보건전문요원 수련교재. 양서원.

한국학교사회복지사협회(2020). 한국학교사회복지사협회 20주년 보고서.

한인영, 최현미, 장수미, 임정원, 이인정, 이영선(2013). 의료현장과 사회복지실천. 학지사.

홍순혜(2005). 학교사회복지사 교육의 현황과 과제. 학교사회복지, 8, 115-144.

홍영수(2009). 의료사회복지론. 신정.

황성동(2004). 한국 정신보건사회복지의 발전 방향에 대한 고찰. 사회과학, 16, 165-175.

Barker, R. L. (1995). *Social Work Dictionary* (3rd ed). NASW press.

Friedlander, W. A. (1968). *Introduction to Social Welfare*. Prentice Hall.

Stroup, H. H. (1964). *Social Work*. American Book Co.

대한의료사회복지사협회. http://www.kamsw.or.kr/

한국정신건강사회복지사협회. http://whttp://www.kamhsw.or.kr/sub.php?menukey=89

한국학교사회복지사협회. www.kassw.or.kr

e마인드포스트(2019. 5. 30.). 정신건강복지센터 운영 체계 '한계' 도달…패러다임 바꿔어야.

복지타임즈(2020. 6. 19.). 학교사회복지사 전문성 확보 위해 노력하겠다.

제14장

한국 사회복지의
전망과 과제

이번 장에서는 우리나라의 중앙정부 및 지자체의 사회복지 정책 방향에 따라 아동, 청소년, 노인, 장애인 등 대상별 주요 정책들을 점검하여 현재 정책방향이 무엇인지 이해할 수 있도록 시도한다. 한편, 대상별 사회복지 정책과 사업 실현계획들이 가지고 있는 정책적, 실천적 측면의 문제들을 진단하고 현 단계에서 제기되어야 할 사회복지적 과제들을 제시한다.

1. 아동복지

아동복지분야 정책의 주요 방향은 2021년 기획재정부의 아동·청소년복지예산 (기획재정부, 2020)을 통해 확인할 수 있다. 정부는 온종일 돌봄체계 구축을 위해 지역사회 초등방과후돌봄서비스인프라 다함께돌봄센터를 확충하였고, 아동정책조정, 인권증진, 아동안전사고예방사업에 예산을 증액한 것으로 나타난다.

2020년대 아동복지는 아동보호 및 복지강화에 초점이 맞추어져, 먼저 요보호아동 자립지원은 경계선지능아동 자립지원사업과 보호종료아동 주거지원통합서비스 지원을 포함하고, 보호종료아동 주거부담해소를 위한 주거지원이 주된 지원대상이 된다. 두 번째, 입양단체 등 사후관리 지원은 국내입양 의식개선을 위한 교육·홍보사업이 아동권리보장원사업으로 이관되어 지원이 계속된다. 세 번째, 가정위탁 지원·운영의 경우 지방이전사업으로 중앙정부에서는 가정위탁아동 상해보험료나 입양·가정위탁아동 심리치료 등 지원사업을 중심으로 이루어질 것이다. 네 번째, 지역아동센터는 지역아동센터 운영비 지원, 특성별 지역아동센터 추가지원, 아동복지교사 파견지원, 공공성강화 시범사업 중심으로 사업이 진행될 것이다. 전체 센터의 70% 이상을 민간 개인이 운영하고 있어 소규모 영세성으로 인한 서비스 질 강화를 위해 적극적인 지원노력이 요청된다. 다섯 번째, 다함께돌봄사업은 2021년에만 약 450개소의 확충 계획을 가지고 학교-지자체가 협업을 진행할 것이다. 아동분야 강조점이 돌봄에 보다 치중될 것이라는 사실을 알 수 있다. 여섯 번째, 저출산 대응 및 인구정책 지원의 일환인 아동수당사업은 2021년 예산만 2조 2,195억 원에 달한다. 단순히 수당지원보다는 UN 아동권리협약에 따른 아동의 기본권 보장과 아동양육에 대한 사회적 책임 강화 정책이 요구된다. 일곱 번째, 문제인정부의 포용국가 아동정책에 따른 취약계층 아동통합서비스 지원사업은 아동보호전담요원 충원을 통해 통합서비스 전달체계 강화를 기할 것으로 예상된다. 여덟 번째, 갈수록 심각해지는 아동학대 문제에 대처하기 위해 아동보호전문기관의 설치와 사례관리체제 강화를 통한 아동학대 피해아동 및 가족에 대한 전문서비스 제공을 목표로 인력 및 기능보강사업이 확대될 것으로 예상된다.

정부는, 첫째, 그간 경제성장에 따라 우리 사회의 시민권리의식도 성숙되었으나

아동에 대한 인식 변화가 지체됨에 따라 우리 사회와 부모의 양면적 태도, 아동 권
리에 대한 지체된 인식이 아동의 삶 곳곳에서 나타나 아동 행복감을 저해하고 있는
상황, 둘째, 인공지능, 빅데이터, 스마트폰 등 신기술이 일상화되는 4차산업혁명에
따라 미래사회가 급변함에 따라 불확실한 미래에 대응하기 위해 경쟁을 더욱 심화
시켜 아동 행복에 부정적 영향을 미칠것이라는 점, 셋째, 외환위기(IMF) 이후 심화
된 소득 불평등과 빈부격차가 지속되는 추세에 따라 빈곤이 아동 삶의 질, 행복도를
낮추고 아동 발달에 악영향을 미칠 것이라는 사실, 넷째, 코로나19가 전 세계로 확
산됨에(2020. 3.12. WHO 팬데믹 선언) 따라 경기침체 장기화 우려와 함께 가정 내 돌
봄시간과 비용 급증에 따른 가정아동양육 역량을 저해하고 아동 위험 노출 가능성
을 염두에 두고 '현재 권리 주체로서 아동' 인식 명확화 및 정책에 체계적 반영, 아동

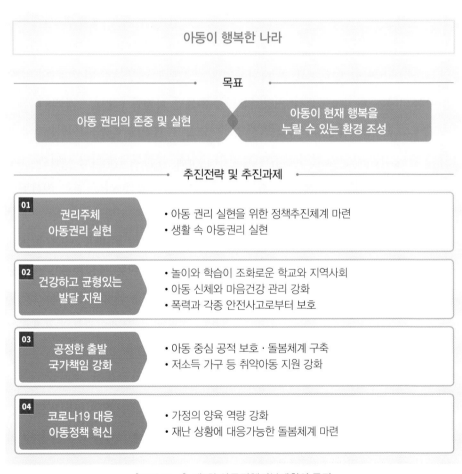

[그림 14-1] **제2차 아동정책기본계획의 특징**

출처: 관계부처합동(2020).

희망에 따라 활동하고 행복하게 발달하는 환경 조성, 격차를 넘어 공정한 성장기회를 제공하는 국가책임 강화, 코로나19에 따른 사회·환경변화를 고려한 아동정책 혁신을 방향으로 하는 '제2차 아동정책기본계획(관계부처합동, 2020)'(2020~2024년)을 추진하여 실질적인 성과를 이룰 계획이다([그림 14-1], [그림 14-2] 참고).

	성과지표	현재(2019)	목표지(2024)	통계생산	비고
총괄	삶의 만족도	OECD 28개국 최하위 (6.57점 2018)	OECD 최하위 탈피 (7.0점 이상)	복지부 (5년)	아동종합실태조사
	2019년 UN아동권리협약 권고사항 이행률	–	90%이상 불수용 분야 제외한 수치	복지부 (5년)	UN아동권리협약 제5,6차 국가보고서
권리	우리 사회가 아동·청소년 인권을 존중해주는 정도	77.1% (2019)	80.0%	여가부 (2년)	아동·청소년 인권실태조사
	학교에서의 학생 참여 및 존중	77.3% (2019)	80.0%	여가부 (2년)	아동·청소년 인권실태조사
발달	학교에 가는 것이 즐겁다고 생각하는 아동·청소년 비율	76.5% (2019)	80.0%	여가부 (2년)	아동·청소년 인권실태조사
	여가시간에 대한 만족도(13~19세)	43.3% (2019)	47.0%	통계청 (2년)	사회조사
	주관적 건강수준	70% (2019)	73%	교육부 복지부 질병관리본부 (1년)	청소년 건강형태조사
	영유아 건강검진율	74.5% (2018)	82%	건강보험공단 (1년)	건강검진통계
	어린이 인구 10만명당 교통사고 사망자 수	1.1명(2016) OECD 21위	0.6명 OECD 7위	OECD	어린이보호구역 교통안전 강화대책 20.1/ 행안부
	아동·청소년 전반적인 폭력 피해율	8.5% (2018)	8.0%	여가부 (2년)	청소년매체이용 및 유해환경 실태조사
	재학대판정률	10.3% (2018)	7.7%	복지부 (1년)	전국아동학개 현황보고
보호	공적 아동보호체계 완비 (아동학대 전담인력 배치 목표대비 완료율)	–	100%	복지부 (1년)	복지부 자체생산
	가정위탁 보호율	23.9% (2018)	37%	복지부 (1년)	복지부 자체생산
	공공보육 이용률	28.4% (2019)	40% (2021) 이후 목표치 재설정	복지부	복지부 자체생산
	아동결핍지수 전체 평균 지수는 1.58점	4.50점 (중위소득 50% 미만 기준, 2018)	4.00점	복지부 (5년)	아동종합실태조사

[그림 14-2] 제2차 아동정책기본계획의 성과지표

출처: 관계부처합동(2020).

2. 청소년복지

청소년복지는 지금까지 정부개편에 따라 주무부처가 자주 바뀌어 온 까닭에 청소년정책의 정체성 혹은 정책기조가 분명하지 않은 문제가 있어 왔다고 할 수 있다. 2005년에는 국무총리실 소속의 청소년위원회에서 2008년에는 보건복지가족부 아동·청소년정책실로, 2010년 다시 여성가족부로 이관되는 우여곡절을 겪었다. 이와 같은 여건으로 애초 추진하려 했던 '제1차 아동·청소년정책기본계획(안)'이 2010년 여성가족부로 이관되면서 무효화되고, 현재 '제6차 청소년정책기본계획'(2018~2022년)이 추진되고 있는 상황이다. 따라서 청소년복지의 전망과 과제는 '제6차 청소년정책기본계획'(2018~2022년)을 기반으로 점검하는 것이 적절할 것이다.

'제6차 청소년정책기본계획(관계부처합동, 2017)'(2018~2022년)은 청소년정책환경분석으로 첫 번째, 청소년인구 비중이 (1978년) 36.9% → (2017년) 18.0% → (2030년) 13.2%로, 인구절벽, 생산가능인구의 감소는 국가경쟁력 약화와 청소년이 짊어져야 할 미래부담 증가로 연결되므로 청소년 역량 제고·삶의 질 향상과 활동, 교육, 고용, 보호·복지 등 종합적·범사회적 정책 추진이 필요하다는 고민에서 출발하였다. 두 번째, 평균 가구원 수는 (1990년) 3.8명 → (2010년) 2.7명 → (2016년) 2.5명으로 줄어드는 반면, 한부모가구는 (2000년) 114만 가구 → (2010년) 161만 가구 → (2016년) 209만 가구로 획기적으로 늘어나는 추세에 있어 돌봄, 교육, 정서적지지 등 전통적 가족기능이 약화되는 경향, 가족 내 보호를 받지 못하는 청소년·사회적 양극화 문제에 취약한 위기 청소년이 증가하므로 가족정책과 연계한 돌봄·사회정서적 지지 등 청소년 자립지원을 강화할 필요가 있다. 세 번째, 청소년 스마트폰 과의존이 (2012년) 18.4% → (2016년) 30.6%로 증가하고 청소년유해업소(행안부)가 (2015년) 892천 개소 → (2016년) 930천 개소 → (2017년) 936천 개소로 증가함에 따라 청소년 유해환경 개선, 건전한 매체환경 조성을 위한 사회적 감시체계 강화가 요구된다. 네 번째, 4차산업혁명 등 급속한 미래변화에 따라 창의적 융합과 복합적 문제해결능력을 갖춘 인재 양성을 위해 학교교육과 나란히 학교 밖에서의 청소년교육·청소년복지차원에서 청소년 핵심역량 함양을 지원하는 청소년정책이 필요하다는 것에서 제6차 청소년정책기본계획([그림 14-3] 참고)을 수립하였다.

제6차 청소년정책기본계획은 먼저, 청소년 참여 및 권리증진을 위해 1-1. 청소년 참여 확대(지역사회에서의 청소년 참여 확대, 학교에서의 참여 및 권익 증진, 청소년 참여 방식의 다변화), 1-2. 청소년 권리증진 기반 조성(청소년 인권 및 권리 의식 제고, 청소년 근로권익 침해 예방 및 보호, 아동·청소년의 여가권 신장, 청소년 정신 건강권 보호, 청소년 신체 건강권 보장), 1-3. 청소년 민주시민 성장 지원(청소년 시민의식 함양, 양성평등 의식 제고, 청소년 인성 함양을 위한 지원 강화)를 제시하였다. 둘째, 청소년 주도의 활동 활성화를 위해 2-1. 청소년활동 및 성장지원 체계 혁신(역량 기반 청소년 활동 지원체계 구축, 청소년 주도 프로젝트 활동 활성화, 과학기술·산업 분야 핵심인재 양성, 수요자 중심으로 청소년활동 인프라 재구조화), 2-2. 청소년 체험활동 활성화(청소년 문화예술활동 지원, 청소년 스포츠 활동 활성화, 국제교류 활성화 및 내실화, 남·북한 청소년 교류 기반 조성, 청소년 체험활동 안전관리 강화), 2-3. 청소년 진로교육 지원 체제 강화(대상별 맞춤형 진로활동 내실화, 학교 밖 청소년 대상 진로교육 강화, 진로교육 활성화를 위한 협력체계 구축, 청년 취업 지원 기반 강화, 청년 창업 활성화)를 제시하였다. 셋째, 청소년 자립 및 보호지원 강화를 위해 3-1. 청소년 사회안전망 확충(촘촘한 청소년 복지지원체계 운영, 위기청소년 조기 발견 및 보호·지원 확대, 청소년 폭력예방 및 아동 안전 강화, 가족관계 증진을 위한 서비스 기반 조성, 성범죄로부터 안전한 환경 조성), 3-2. 대상별 맞춤형 지원(학교 밖 청소년 지원 강화, 가출 청소년 지원 강화, 비행 청소년 재범 예방 및 회복 지원, 다문화 청소년 지원 강화, 청소년 한부모 지원 강화, 저소득층 청소년 자립기반 마련, 나홀로 청소년 활동·돌봄 지원 강화), 3-3. 청소년 유해환경 개선 및 보호지원 강화(청소년이 안전한 생활환경 조성, 유해매체로부터 청소년 보호, 청소년의 미디어 과의존 예방 및 치유 지원 강화)를 제시하였다. 넷째, 청소년정책 추진체계 혁신을 위해 4-1. 청소년정책 총괄·조정 강화(청소년정책의 실효성 제고, 통합형 청소년정책 전달체계 구축, 청소년정책 위상 강화), 4-2. 지역·현장 중심의 청소년정책 활성화(지역사회 청소년활동 지원 확대 및 운영 내실화, 지자체 청소년정책 추진기반 강화, 청소년사업과 기업의 사회공헌활동(CSR)을 이어주는 플랫폼 마련(여성가족부)), 4-3. 청소년지도자 역량 강화(청소년지도자 전문성 강화, 청소년지도자 처우 개선)를 각각 제시하여 추진하고 있다. 이상과 같은 청소년 정책추진에도 제6차 청소년정책기본계획이 목표로 하는 청소년의 삶의 만족도와 행복감, 청소년 참여 및 권리증진, 청소년 주도의 활동 활성화, 그리고 청소년 자립 및 보호지원 강화가 이 기간뿐만 아니

구분	제5차 기본계획(증진)		제6차 기본계획(추가·강화)	
비전	청소년이 행복한 세상, 청소년이 꿈꾸는 밝은 미래		현재를 즐기는 청소년, 미래를 기대하는 청소년, 청소년을 존중하는 사회	
분야별 중점 방향 (중점 과제)	청소년의 다양한 역량강화	• 청소년시설 인프라 확대 및 활동 활성화	청소년 참여 및 권리 증진	• 청소년의 시민의식 함양 및 양성평등의식 제고 • 청소년 참여방식의 다변화
	청소년의 참여 및 권리 증진	• 청소년 참여기구 운영 확 대를 통한 참여 활성화	청소년 주도의 활동 활성화	• 청소년이 기획·운영하는 자기주도 활동 확대 • 디지털플랫폼을 통한 활 동성과 및 정보 공유기반 마련
	청소년 복지 및 자립 지원	• 지역사회 청소년 통합지 원 체계(CYS-NET) 확대	청소년 자립 및 보호지원 강화	• 지자체 중심의 지역단위 콘트롤 타워 기능 강화 • 아웃리치·거리상담 등 찾 아가는 서비스 강화 • 표준화된 진단도구 개발 및 유형·특성별 맞춤형 지원
	청소년 친화적 환경조성	• 청소년 사회안전망 구축 및 건전한 매체환경 조성		
	청소년정책 추진체계 강화	• 청소년정책 총괄·조정 기능 강화	청소년정책 추진체계 혁신	• 지역 특성을 고려 효율적 사업모델 개발 및 확산 • 수요자 중심으로 청소년 시설 자율적 개편 • 청소년사업 디지털화기획 위원회(가칭) 설치·운영

[그림 14-3] **제6차 청소년정책기본계획의 특징**

출처: 관계부처합동(2017a).

라 이후에도 의미있는 진전이 있도록 지속적으로 노력하여야 할 것이다.

3. 노인복지

우리나라는 2000년에 고령화사회에 진입한 이래 2026년에는 초고령사회로 들어
설 것으로 예측되는 반면, 전 세계적으로 가장 낮은 출산 수준로 인하여 노동공급감
소·노동생산성저하·저축률하락·재정수지악화로 이어져 사회적으로 경제성장

의 둔화와 노후보장을 둘러싼 세대 간 갈등이 첨예화될 것이다. 사회복지측면에서는 자녀양육과 노인부양이 사회적 공동책임으로 전가됨에 따라 보육과 노인간병은 이미 국가적인 과제로 부상하였다. 이와 같은 문제의 해소를 위하여 그간 가족의 영역에 맡겨져 왔던 치매, 중풍 등 노인간병과 장기요양문제를 사회연대원리에 따라 해결하고자 2008년 7월 1일부터 노인장기요양보험제도를 시행한 바 있다.

정부는 '모두가 누리는 포용적 복지국가'를 20대 국정전략으로 설정하고 소득보장[1] 및 건강·의료보장[2]을 중점적으로 추진하고 있지만, 남은 과제인 돌봄 불안이 사회문제화('간병 살인' '사회적 입원' 등) 되었으나 요양병원·시설에서의 돌봄은 국민들의 요구에 부응하지 못하고, 재가(在家)서비스 또한 공급기관별·사업별로 단편적·분절적으로 제공되어 노인이 필요한 다양한 서비스가 연계·통합되지 못하고 있는 실정에 있다. 따라서 광범위한 노인 돌봄 불안을 해소하면서 평소 살던 곳에서 계속 살기를 원하는 국민의 욕구를 충족하기 위해, 노인이 살던 곳에서 건강한 노후를 보낼 수 있도록 주거, 의료·요양·돌봄 서비스를 획기적으로 개선하는 '지역사회통합돌봄서비스(커뮤니티케어)'의 구현이 요구된다. 이를 위해 정부는 어르신 맞춤형주거지원인프라 대폭 확충(노인 공공임대주택(예: 2019~2022년 약 4만 호 예정)은 모두 케어안심주택으로 확보), 어르신의 집으로 찾아가는 방문건강 및 방문의료 실시[2018년 110만 가구(125만 명); 2022년 271만 세대(약 300만 명); 2025년 346만 세대(약 390만 명)에게 서비스 제공 목표], 재가 장기요양 및 돌봄서비스 획기적 확충(재가서비스 이용률 확대: (2017) 69%; (2022) 75%; (2025) 100%], 사람 중심의 민·관 서비스 연계 및 통합 제공[지역의 민·관 복지자원과 각종 서비스 등을 사람(노인, 장애인, 아동 등)을 중심으로 재구조화하고 통합 관리하여, 다양한 서비스가 필요한 사람에게 종합적으로 안내·연계될 수 있도록 뒷받침]을 목표로 한 '지역사회통합돌봄기본계획(1단계 : 노인 커뮤니티케어)'(관계부처합동, 2018)을 발표하였다. 즉, 지역사회 중심의 통합돌봄서비스(커뮤니티케어)가 본격적으로 제공되면 노인이 살던 곳에서 건강하게 계속 살 수 있는 여건 조성을 목표로 정책이 시행될 것이다([그림 14-4] 참고).

1) 기초연금·장애인연금 인상, 아동수당 도입
2) 건강보험 보장성 강화, 치매국가책임제

비전	노인이 살던 곳에서 건강한 노후를 보낼 수 있는 포용국가
목표	2025년까지 지역사회통합돌봄(커뮤니티케어) 제공기반 구축

4대 핵심요소	주거	• 노인 맞춤형 케어안심주택 • 집수리 사업	• 커뮤니티케어형 도시재생뉴딜
	건강 의료	• 집중형 방문건강서비스 • 노인만성질환 전담예방 · 관리	• 방문의료 • 병원 '지역연계실' 운영
	요양 돌봄	• 차세대 노인장기요양보험 구축 • 식사배달 등 다양한 신규 재가서비스	• 재가 의료급여 신설 • 회복 · 재활서비스
	서비스 연계	• 케어안내창구 신설(읍면동) • 지역케어회의 등 지역사회 민 · 관 서비스 연계 · 협력(시 · 군 · 구)	

추진 로드맵	① 선도사업 실시 및 핵심 인프라 확충 단계(2018~2022년) • 선도사업 실시: 커뮤니티케어 모델 개발 • 생활 SOC 투자: 케어안심주택, 주민건강센터, 커뮤니티케어에 도시재생뉴딜 • 법 · 제도 정비: 지역사회 통합 돌봄기본법 제정, 개별 법 및 복지사업지침 정비 ② 지역사회 통합 돌봄(커뮤니티케어) 제공기반 구축 단계(~2025년) • 장기요양 등 재가서비스 대대적 확충 • 인력 양성, 케어매니지먼트 시스템 구축 및 품질관리체계 • 재정 전략 마련 ③ 지역사회 통합 돌봄(커뮤니티케어) 보편화 단계(2026년~)

[그림 14-4] **지역사회통합돌봄기본계획**

출처: 관계부처합동(2018).

4. 장애인복지

정부는, 첫째, 장애인은 전체 인구의 5%인 251만 명 수준을 2010년부터 유지하고 있으나 고령화로 장애노인이 증가하고 있으며, 사회적 돌봄이 더 필요한 발달장애인(2016년 22만 명)이 매년 증가하는 장애인구 구조변화, 둘째, 장애인이 국가 및 사회에 우선적으로 요구하는 사항은 소득보장(41%), 의료보장(27.6%), 고용보장

(9.2%), 주거보장(5.1%) 순(2017년 장애인실태조사)으로 나타나는 장애인 분야의 다양한 복지수요 급증을 고려하여, 2018년부터 '장애인과 비장애인이 더불어 행복한 사회'를 비전으로 4대분야, 19대 중점과제, 71개 세부과제를 중심으로 제4차 장애인 정책종합계획(2013~2017년)을 추진하여, 2022년에는 장애인의 삶이 상당히 변화할 것으로 예측하고 있다([그림 14-5], [그림 14-6] 참고).

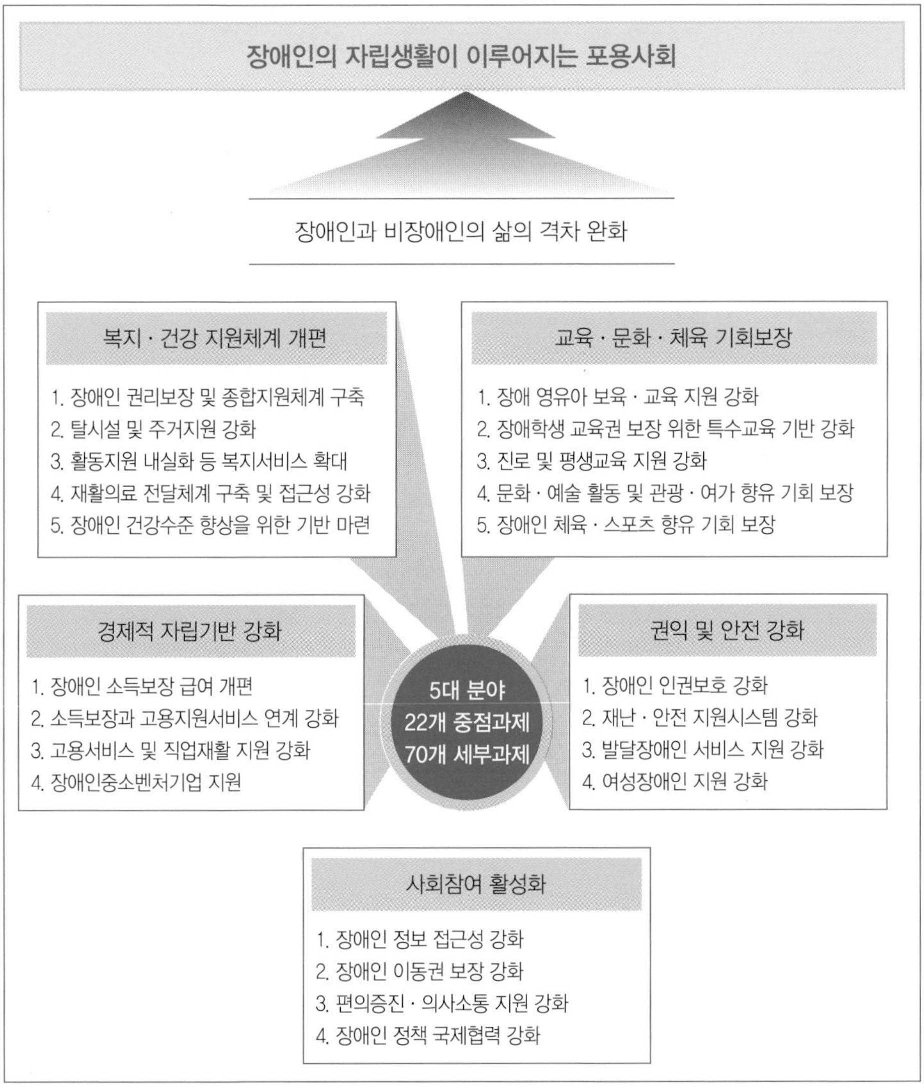

장애인의 자립생활이 이루어지는 포용사회

장애인과 비장애인의 삶의 격차 완화

복지 · 건강 지원체계 개편
1. 장애인 권리보장 및 종합지원체계 구축
2. 탈시설 및 주거지원 강화
3. 활동지원 내실화 등 복지서비스 확대
4. 재활의료 전달체계 구축 및 접근성 강화
5. 장애인 건강수준 향상을 위한 기반 마련

교육 · 문화 · 체육 기회보장
1. 장애 영유아 보육 · 교육 지원 강화
2. 장애학생 교육권 보장 위한 특수교육 기반 강화
3. 진로 및 평생교육 지원 강화
4. 문화 · 예술 활동 및 관광 · 여가 향유 기회 보장
5. 장애인 체육 · 스포츠 향유 기회 보장

**5대 분야
22개 중점과제
70개 세부과제**

경제적 자립기반 강화
1. 장애인 소득보장 급여 개편
2. 소득보장과 고용지원서비스 연계 강화
3. 고용서비스 및 직업재활 지원 강화
4. 장애인중소벤처기업 지원

권익 및 안전 강화
1. 장애인 인권보호 강화
2. 재난 · 안전 지원시스템 강화
3. 발달장애인 서비스 지원 강화
4. 여성장애인 지원 강화

사회참여 활성화
1. 장애인 정보 접근성 강화
2. 장애인 이동권 보장 강화
3. 편의증진 · 의사소통 지원 강화
4. 장애인 정책 국제협력 강화

[그림 14-5] **제5차 장애인정책기본계획**

출처: 관계부처합동(2017b).

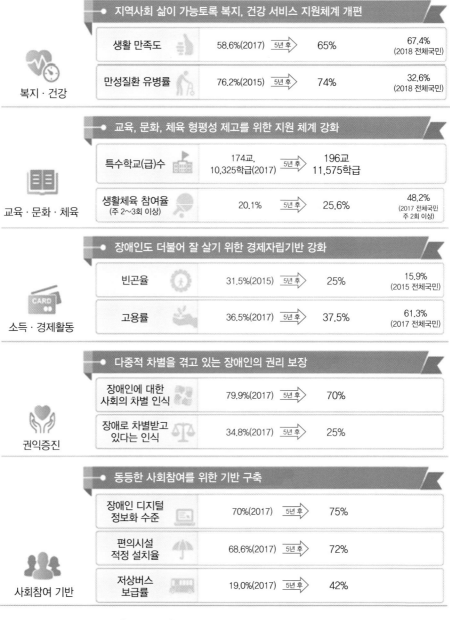

[그림 14-6] **제5차 장애인정책종합계획의 미래**

출처: 관계부처합동(2017b).

실질적인 장애인복지 개선을 위하여 애초 마련된 정책계획 추진정도 점검을 장애인정책조정위원회 중심으로 모니터링하여 효율적으로 정책을 진행하고 문제점들을 조기에 보완해 나가야 목표로 하는 성과를 성취할 수 있을 것이다.

생각해 볼 문제

1. UN 아동권리협약이 우리나라 아동복지 실천에 미치는 영향을 설명해 봅시다.
2. 청소년정책 추진 전달체계의 효과적 재편을 위하여 사회복지계와 연계 방안을 제시해 봅시다.
3. 노인장기요양보험제도의 효과적인 정착을 위하여 소비자(가족)의 도덕적 해이 문제와 요양보호사제도의 문제점을 각각 설명해 봅시다.
4. 장애인복지를 보다 활성화하기 위하여 필요한 분야별 개선방안을 자신의 말로 설명해 봅시다.

참고문헌

관계부처합동(2017a). 제6차 청소년정책기본계획(2018~2022년).

관계부처합동(2017b). 제5차장애인정책종합계획(2018~2022년).

관계부처합동(2018). 지역사회통합돌봄기본계획(1단계: 노인 커뮤니티케어).

관계부처합동(2020). 제2차 아동정책기본계획.

기획재정부(2020). 열린재정-세출/지출 세부사업 예산편성현황(총지출 및 추경포함).

노충래(2000). 로즌버그의 자긍심척도와 집단자긍심척도를 활용한 교포청소년의 심리정신건강에 관한 연구. 한국아동복지학, 10(1), 107-135.

박정란(2009). 여성 새터민의 자녀돌봄과 일: 실태와 지원방안. 한민족문화연구, 28, 97-135.

저자 소개

손병덕(Sohn, Byoung Duk)
미국 Washington University in St. Louis 석사
미국 Harvard University 석사
영국 University of Oxford 박사
현 총신대학교 사회복지학과 교수

백은령(Paik, Eun Ryoung)
가톨릭대학교 석사
가톨릭대학교 박사
현 총신대학교 사회복지학과 교수

성문주(Seong, Moon Ju)
영국 The University of York 석사
영국 University of Oxford 석사
영국 University of Oxford 박사
현 남서울대학교 사회복지학과 교수

신승연(Shin, Seung Yeun)
미국 St. Louis University 석사
미국 Columbia University 박사
현 평택대학교 사회복지학과 교수

오혜정(Oh, Hye Jeong)
미국 University of Illinois-Urbana Champaign 석사
총신대학교 석사
총신대학교 박사
현 총신대학교 사회복지학과 교수

이상무(Lee, Sang Moo)
미국 Washington University in St. Louis 석사
미국 Washington University in St. Louis 박사
현 평택대학교 사회복지학과 교수

이은미(Lee, Eun Mi)
영국 University of Kent 석사
서울대학교 박사
현 서울신학대학교 사회복지학과 교수

황혜원(Hwang, Hye Won)
미국 Michigan State University 석사
미국 Michigan State University 박사
현 청주대학교 사회복지학과 교수

사회복지개론
Introduction to Social Welfare

2021년 8월 5일 1판 1쇄 인쇄
2021년 8월 10일 1판 1쇄 발행

지은이 • 손병덕 · 백은령 · 성문주 · 신승연
　　　　오혜정 · 이상무 · 이은미 · 황혜원
펴낸이 • 김진환
펴낸곳 • ㈜**학지사**
　　　　04031 서울특별시 마포구 양화로 15길 20 마인드월드빌딩
대표전화 • 02-330-5114　　팩스 • 02-324-2345
등록번호 • 제313-2006-000265호

홈페이지 • http://www.hakjisa.co.kr
페이스북 • https://www.facebook.com/hakjisabook

ISBN 978-89-997-2466-4 93330

정가 20,000원

출판 · 교육 · 미디어기업 **학지사**

간호보건의학출판 **학지사메디컬** www.hakjisamd.co.kr
심리검사연구소 **인싸이트** www.inpsyt.co.kr
학술논문서비스 **뉴논문** www.newnonmun.com
교육연수원 **카운피아** www.counpia.com